韓·中 領土의 관한 論攷

- 간도를 중심으로 -

백산학회 편

2005. 11.

白山資料院

목 차

〈論 文〉

〈說 林〉

近代 中國東北(滿洲)史 研究의 動向*

金 基 勳**

〈目 次〉

Ⅰ. 서 론

중국 동북지방 (滿洲)의 근·현대사에 관한 국내 학계의 연구는 양적인 면이나 질적인 면에서 보아 이제 초기 단계라고 보아도 큰 무리가 아니라고 생각된다. 특히 일본에서의 「滿洲」연구가 60년대 이래 활발하게 진행되어 온 것에 비하면 그러한 느낌을 더욱 강하게 받는다.[1] 본고의 목적은 근대 중국 동북 지방에 관한 국내 학계의 연구 동향을 개관하고, 현재 연구의 문제점과 앞으로의 연구방향에 대한 약간의 고찰을 시도해 보려는 것이다.

---

* 본고를 위한 자료수집 과정에서 독립기념관 한국독립운동사연구소의 장세윤씨로부터 많은 도움을 받았다. 깊은 감사를 드린다.

**육군사관학교 교수

1) 1960년대와 70년대 일본의 「만주」연구 동향에 관해서는 鈴木陸史의 「'滿洲'研究の 現狀 と課題」(『亞細亞經濟』, 12-4, 1971年 4月)와 金子文夫의 「1970年代における〈滿洲〉研究 の狀況 (1) (2)」(『亞細亞 經濟』 20-1, 2. 1979年 6月, 11月)을 참고할 것.

중국 동북 지방은 고조선 시대 이래 고구려, 발해를 거치는 동안 한 민족의 생활터전이 되었음으로 이 지역에 대한 관심과 연구는 한국 고대사의 일부로서 끊임없이 진행되어 왔던 것이 사실이다. 더우기 최근 중국, 러시아와의 인적 학술적 교류가 활발하여지면서부터는 해당국의 연구성과도 손쉽게 얻을 수 있을뿐만 아니라, 현지를 답사할 수 있는 기회도 주어져 고구려 발해 등 고대사 연구는 더욱 활발하게 진행되고 있다.

그러나 중국동북지방의 근·현대사에 관한 연구는 아직 일천하며, 그 연구 분야도 일부에 국한되고 있다. 중국동북지역이 중국의 일부라는 관점에서 볼 때 역사학계 특히 동양사 학계에 이 지역의 근·현대사에 관한 연구 성과를 기대해 볼만하나, 현실은 연구자의 숫자나 연구 성과 면에서 모두 매우 초보적인 단계에 머물고 있다. 淸末 이 지역에서 이루어진 개혁운동이나, 民國 초기의 장작림, 장학량으로 이어지는 동북 군벌에 관한 연구는 거의 찾아볼 수가 없고, 滿洲철도주식회사, 滿洲事變, 滿洲國 등 일제의 滿洲 진출에 관련된 분야나 중국 공산당의 활동 등과 관련된 연구 또한 소수 연구자들이 이제 막 연구를 시작하고 있는 실정이다.[2)]

동양사학계의 滿洲 지역 근·현대사에 대한 미미한 관심과 달리 국사학계는 약간 일찍부터 이 지역에 대해 상대적으로 깊은 관심을 보여왔다. 관심의 방향은 서로 연관성을 갖고 있는 세가지 분야로 압축된다고 볼 수 있다. 첫째가 間島 領有權에 관한 분야이고, 둘째가 在滿韓人에 관한 분야이며, 마지막이 滿洲에서의 抗日獨立運動 분야이다.

---

2) 임성모, 『만주국 협화회의 대민지배정책과 그 실태』(연세대학교 석사학위 논문, 1990) ; 윤휘탁, 「'만주국' 시기 일제의 치안숙정 공작이 농민에게 미친 영향과 그 결과」(『역사학보』 147집, 1995.9); 동 「'만주국'시기 일제의 대민지배의 실상-보갑제도와 관련하여-」(『동아연구』 30집, 서강대 동아연구소, 1995.9): 동 『일제하 '만주국' 연구 - 항일무장투쟁과 치안숙정공작-』(서울: 일조각, 1996).

크게 보면 세 분야 모두가 내적으로 긴밀하게 연관되어 있으며, 이 연관성은 재만한인의 역사적 존재와 결부되어 있다. 우선 間島 領有權 문제의 경우를 보자. 1880년대에 청과 조선 간에 벌어진 소위 勘界分爭은 정부가 애초부터 발의하여 시작한 것이 아니었다. 조선말기에 한인들이 중국 동북 특히 間島 지역(대략 지금의 연변 조선족 자치주)으로 대거 이주하여 거주하고 있었는데, 강제 귀환의 위기에 몰린 이들 間島 거주 한인들이 줄기차게 호소하여 정부가 움직였던 것이다. 만일 그 당시 間島에 韓人들이 집단거주하고 있지 않았다면, 어쩌면 감계분쟁 즉 間島 領有權 문제가 발생하지 않았을지도 모른다. 그 다음 滿洲에서의 독립운동을 보자. 이 경우는 더욱 在滿韓人社會와 밀접하게 연관되어 있다. 무장항일독립운동의 인적·물적·정신적 토대가 되었던 것은 바로 재만한인 사회의 존재였으므로, 실로 이들 재만한인들이 없었다면 중국동북지방이 가장 활발한 해외 독립운동 근거지가 될 수 없었을 것이다. 이처럼 한국과 관련된 중국동북지방 문제가 在滿韓人社會라는 문제를 중심으로 긴밀하게 연관되어 있어 때로는 한 논문에 이 세가지 주제가 다 검토되기도 한다.

하지만 본 연구의 필요상 그것을 세가지로 구분하였다. 그 이유는 우선, 첫번째 분야인 間島 領有權 문제는 영토 교섭의 과정 등 한인사회 문제와 비교적 관련성이 적은 문제들이 독립적으로 연구되는 경향이 많기 때문에 하나의 독자적인 관심 분야로 취급할 수 있다고 보았기 때문이다. 다음, 두번째의 재만한인 문제와 세번째의 독립운동 문제는 상대적으로 첫번째 분야 보다 더욱 구분하기 힘들다. 연구사적으로 볼 때 재만한인에 관한 연구는 해외독립운동사의 일부로 진행되어 왔기 때문에 더욱 그러하다. 그러나 滿洲 이민사 자체도 하나의 독립적인 연구과제로서 인식될 때 이 방면에 관한 보나 심회된 연구가 가능하다고 생각되어 재만한인사 분야를 재만 독립운동사와 구분해 보았다.

이 세가지 분야 중 마지막 분야인 중국 동북지구에서의 한인들의 항일 독립운동은 이미 그 연구 동향이 다른데서 많이 검토되어 왔으므로,[3] 중복을 피한다는 입장에서 본고에서는 제외하였다. 따라서 본고에서는 국내의 한국 근대사 학계에서 중국동북지역에 대한 관심을 갖는 여러 분야 중 間島 領有權 문제와 在滿韓人社會사에 대한 연구동향을 주로 개관하려 한다.

Ⅱ. 間島 領有權 문제

1. 연구 동향 개관

조선 초기 압록강과 두만강에 四郡 六鎭을 개척한 15세기 이래 조선의 북방 경계는 압록강과 두만강으로 인식되어 왔다. 그러나 이는 조선 측에서 나름대로의 강역을 확보한 것이며 당시 중국의 명나라와 어떤 공식적인 국경 문제에 대한 합의의 결과는 아니었다.[4] 최초로 조선과 중국 간에 국경에 대한 논의가 행해진 것은 1712년 백두산 정계비를 설립하는 과정에서이다. 그러나 이 때에도 두만강의 명칭과 江源 문제에 대한 정확한 규정이 없어 1880년대에 소위 間島 領有權을 둘러싼 국경 분쟁이 일어날 소지를 남겼다. 1885년과 1887년 양차에 걸쳐 벌어진 조선과 청 간의 국경선 획정을 위한 勘界 회담은 어떤 결론에도 이

---

3) 장세윤, 「중국지역 한인 민족해방운동사 연구의 과제와 전망」(『신연철교수 퇴임기념논총』, 서울: 일월서각, 1995); 조규태 외 「중국동북지역의 독립운동사 연구」(국가보훈처 연수원, 1995); 박영석 「해외한인 독립운동사 연구에 대한 회고와 전망」(『한민족 독립운동사』 12, 국사편찬위원회, 1993).

4) 강석화, 「1712년의 朝淸 定界와 18세기 조선의 북방 경영」 『진단학보』 제79집 별책(1995), 135.

르지 못하고 유산되어 버렸다. 이때 타결되지 못하였던 국경문제는 조선이 일본에 외교권을 상실당한 시기인 1909년에 청과 일본간에 체결된 소위 間島協約을 통하여 압록강과 두만강을 국경으로 규정함으로써 일단락 되었다. 그러나 조선이 배재된 상태에서 이루어진 이 조약의 유효성 문제가 해방 후 국내 학자들에 의하여 줄기차게 제기되어 오고 있다. 間島 領有權 問題란 바로 이러한 역사적 과정에서 제기된 제반 문제, 즉 18세기 초의 백두산 정계비 설립 문제, 19세기 후반 국경선 획정 회담시의 분쟁, 그후 체결된 間島協約 문제 등을 포괄적으로 지칭한다.

間島 領有權 문제에 대한 학술적인 연구는 일제 시대에 주로 일인학자들에 의한 자료 정리와 연구로부터 이루어지기 시작하였다. 그 중 가장 손꼽히는 연구는 朝鮮統監府 間島派出所(1907-1909) 총무과장을 지낸 국제법학자 篠田治策에 의한 연구다. 그는 間島 파출소에서의 정계비 답사와 자료 조사 성과를 토대로 1930년 후반에 『白頭山定界碑』(1938)를 저술하였는데,[5] 이 연구서는 정계비와 間島문제에 대한 선구적인 업적으로서, 해방 후 한국인 학자들의 연구 방향과 관점에도 많은 영향을 미치고 있다. 해방 후 한국인 학자로서 최초로 이 문제에 대한 관심을 갖고 연구를 시작한 것은 신기석이 아닌가 생각된다. 1950년대 중반 신기석은 「間島귀속문제」(1955)라는 논문을 통하여 백두산 정계비 설립에서부터 감계담판, 間島協約에 이르는 전 과정을 분석하였다.[6] 이 논문에서 신기석은 間島가 한국에도 근거가 있고 중국에도 근거가 있어 소속미정인 땅이지만, 이 지방을 개척하여 寶庫로 만든 공로자가 한국인

5) 篠田治策, 『白頭山定界碑』(동경: 낙랑서원, 1938).

6) 신기석, 「간도귀속문제」(중앙대학교30주년 기념논문집, 1955년 11월). 이 논문은 그의 『간도영유권에 관한 연구』(서울: 탐구당, 1979)와 『한민족의 대륙관계사 : 백산학회 창립 30주년기념』(백산학회, 1996)에 재수록 되어 있다.

들이었다는 점을 강조하고, 앞으로 이 문제가 지역주민 다수의 의사에 의하여 결정되어야 합리적인 해결이 될 것이라고 결론지었다.[7] 어떤 의미에서는 지금까지 間島 영토 문제에 대한 거의 모든 논문의 기본적인 방향이 신기석에 의하여 이때 이미 잡혀진 것이 아닌가 하는 생각마저 든다.[8] 그런데 50년대 신기석의 관심은 개인적인 것에 그친 것으로 보인다. 다른 학자들의 호응 연구가 거의 발견되지 않기 때문이다.

본격적으로 間島 領有權 문제가 학계의 관심 사항으로 부상한 것은 1960년대 이후이다. 1960년대 초 중공이 백두산 일대를 자국의 영토로 삼으려한다는 의도가 전해지자[9] 이선근이 「백두산과 間島問題」(1962)라는 논문으로 이 문제에 대한 관심을 촉구한 바가 있었다.[10] 그러던 중 60년대 중반에는 북한이 한국전 참전의 대가로 백두산 일대와 천지를 중공 측에 양보하였다는 소식이 국내에 전파되면서,[11] 間島問題에 대한 학자들의 관심이 더욱 높아졌다. 역사학계의 대표적인 반응은 1960년대 중엽 국경과 북방 영토 문제를 전문적으로 다루는 백산학회의 창립과

---

7) 신기석, 『간도 영유권에 관한 연구』, 100.

8) 신기석의 논문은 특히 정계비 설립 과정이나, 감계 담판, 간도 협약 등에 관한 사실 기술이 자세하여 최근까지도 이 방면에 관한 연구자들이 자주 인용하고 있다. 그의 논문이 발표된지 거의 40여년 후인 1990년대 중반에 백산학보 30주년 기념 논문집 (1996)에 재수록된 것은 바로 이러한 사정을 반영하고 있는 것으로 보인다.

9) 1961년 초 중국이 자국의 영토로 천지를 완전히 포함시킨 지도를 발간하자, 북한이 만주 일부까지 우리 영토로 표시한 지도를 펴내 즉각 반발하는 등 천지를 둘러싼 북한과 중국 간의 분규가 국내에 보도되었다. 김주환 이형석, 『압록강과 두만강 -백두산 천지-』 (서울: 홍익재, 1991), 32.

10) 이선근, 「백두산과 간도문제-회상되는 우리 강역의 역사적 수난」 (『역사학보』 17 · 18 합집, 1962).

11) 1965년 여름 중소간의 국경충돌이 격화되는 가운데 외국 메스컴들을 통해 중국이 북한 측에 북한영역 100평방 마일을 한국동란 참전 및 원조 대가로 할애하여 줄 것을 강력히 요구하고 있다는 사실이 국내에 알려지게 되었다. 이일걸, 『간도 협약에 관한 연구』 (성균관대학교 박사학위 논문, 1991), 220.

이 학회의 기관지인 『白山學報』의 창간(1966)으로 나타났다.[12] 창간으로부터 지금까지 30여년간 매년 꾸준히 발행되고 있는 『백산학보』는 백두산과 間島領有權 문제에 대한 수많은 연구논문과 함께 이 방면에 관한 다양한 사료를 발굴 수록하여 조선 말기의 한국측 사료 정리에도 많은 기여를 해왔다. 한편 사학자들 외에도 소수이지만 외교학자 또는 국제법 학자들도 間島 領有權 문제를 그들 분야의 전문적인 시각에서 다루기 시작하여,[13] 실로 이 문제는 관련 학계들의 새로운 관심 사항으로 부상하게 되었던 것이다.

1960년대로부터 시작된 이러한 학계의 관심은 70년대에 들어 와 『間島領有權關係 拔萃文書集』(1975)의 간행으로도 반영된다.[14] 이 문서집은 국회도서관이 일본외무성 및 육해군성이 가지고 있던 문서 중에서 間島 領有權에 관계되는 문서를 추려서 복사하고, 그 중에서 이 문제의 연구에 참고가 될만한 사료를 다시 추려 우리말로 번역하고 원문과 함께 수록한 것이다. 지금도 학자들의 연구에 많은 도움을 주고 있는 기초 자료집이다. 이 자료집 외에 70년대에 나온 間島 관련 논문으로서 주목할 것은 조광의 논문인 「조선 후기의 변경의식」(1974)이다. 종래에는 백두산 정계비 설치 후 조선인의 間島 지역에 대한 소유의식이 주로 개항 후 間島 문제를 중심으로 전개되었던 것으로 간주되어 왔으나, 조광은 18세기 말엽부터 19세기 초엽까지의 실학자들 사이에 이미 관심의 대상이 되었던 사실을 새롭게 제기하고 있다. 그에 의하면 실학자

12) 1966년 4월 발기인 총회를 가진 백산학회는 초대 회장에 김상기, 부회장 겸 총무에 유봉영 교수를 선임하고, 그해 12월 백산학보 창간호를 발간하였다. 백산학회의 창립 구성원을 보면 이선근, 이병도, 천관우 등 당시의 한국사학계의 원로들이 대거 참여하고 있음을 알 수 있다. 『백산학보』 1호 (1966), 233-234.

13) 노계현, 「間島協約에 關한 外交史的 考察」 (유진오 박사 회갑기념 논문집, 1996) ; 이한기, 『韓國의 領土』 (서울: 서울대학교 출판부, 1969).

14) 국회도서관, 『間島領有權關係 拔萃文書集』 (서울: 국회도서관, 1975).

들은 백두산 정계비 설치로 조선은 영토를 상실하게 되었고, 따라서 그들은 정계 당시 이에 참여했던 관리들에 대한 비난과 함께 이른바「失地回復主義」(irredentism)를 주장하고 있다는 것이다. 그리고 이러한 실학자들의 주장을「문화적 민족주의」의 한 단면으로 파악하고 있다.[15)]

이러한 경향 속에서 1980년대 초반에는 間島 領有權 문제 등 영토 문제 전반을 학문적으로 한 차원 높이 승화시켜 보려는 일부 학자들의 노력이 잠시 동안 있었다. 그것은 고려대학교 민족문화연구소의『領土問題硏究』창간(1983년)이었다. 창간사에서 밝히고 있듯이, 이 학술지는 "우리민족이 생활하여온 일체의 문화적, 생활사적 공간"이라는 의미의「문화영토」라는 새로운 개념을 표방한다. 이러한 개념 하에 각지에 이주한 재외한인 사회의 존재를 민족의 생활 영역이 확대된 것으로 보고, 그 확대된 세계 속의 한국문화의 공간적 실체를 학술적으로 입증해보려고 시도하였다.[16)] 그러나 무슨 연유에서인지 이 학술지는 제2호(1985년)를 끝으로 간행이 중단되고 말았다. 두 권의 논문집에 間島 領有權 문제 자체를 직접 다룬 연구 논문은 실려있지 않다. 그러나 間島 관련 자료가 포함된 양태진의「한국영토관계 문헌 목록 (其1), (其2)」(1983, 1985)을 게재하고 있고, 1903년 金魯奎 (? - 1905)가 間島의 조선領有權을 주장하기 위하여 저술한『北輿要選』의 원문과 해제, 번역문을 싣고 있어 간접적으로 間島문제를 취급하고 있다.[17)]

거의 같은 시기에 間島 문제는 아니지만 백두산 문제가 정치권의 관심으로도 제기된 바 있었다. 즉, 1983년 9월 정기국회에 국회의원 50여 명의 공동 서명으로「백두산 領有權 확인에 관한 결의안」이 제출되어

15) 조 광,「朝鮮 後期의 邊境意識」(『백산학보』16호, 1974. 6).
16) 홍일식, 창간사 (영토문제연구 창간호, 1983), 1-2.
17) 양태진,「한국 영토관계 문헌목록 (其1) (『영토문제연구』창간호, 1983);「한국영토관계문헌목록(其 2)」(『영토문제연구』2집, 1985). 조광,「北輿要選 解題」; 김노규 저, 이동환 역『北輿要選』(『영토문제연구』창간호, 1983).

국민들에게 백두산 일대의 영토문제에 대한 관심을 환기시킨 것이다. 이것은 "1950년대 북한과 중공간의 국경분규가 있은 이후, 우리도 모르는 사이에 백두산 천지의 수면이 남북으로 양분되어 있음이 확인"된 것에 대해 천지만이 아니라 "백두산 전체가 대한민국 영토임을 국내외에 거듭 천명"하려는 목적으로 제출되었던 것이다. 이 발의는 천지가 半分된 사실이 공식적인 문서로 발표된 바가 아직 없다는 것과, 당시 진행 중이던 남북관계나 대중국관계를 고려하여 보류하자는 정부측의 방침에 따라 본회의에 상정되지 못하고 폐기되고 말았다.[18] 그 목표와 대상이 동일하지는 않지만 학계와 정치권이 거의 동시에 영토 문제에 대해 깊은 관심을 표명한 셈이다. 아마도 80년대 초 이후 중국과의 관계가 개선될 징후가 보이기 시작하자, 관계 개선의 「선결 과제」로써 한·중간의 영토 문제가 제기된 것이 아닌가 생각한다. 여하간에 영토에 대한 관심이 전반적으로 고조되는 가운데 80년대에도 間島 領有權 혹은 이와 관련된 문제에 대한 연구물들이 꾸준히 발표되었다.[19] 그리고 이 시기에 간도 문제를 전문적으로 연구하는 재야학자들이 등장하기 시작하였다는 점도 주목된다.[20]

1980년대까지 점차 누적되어 온 연구성과를 토대로 間島領有權 문제는 1990년대에 들어오면서는 보다 심화되거나 참신한 각도에서 새롭게 조명되기도 한다. 이러한 경향은 선학들의 연구에 의하여 관심이 촉발된 젊은 연구자들의 등장과 무관하지 않다고 본다. 최소한 세편의 연구

---

18) 김득황,『백두산과 북방강계』(서울: 사상연, 1987), 32-34.

19) 예컨데 김혜자의「조선 후기 북변 범월 문제 연구」(1982); 김경춘의「조선 후기의 국경선에 대한 일고」(1984); 박용옥의「백두산 정계비 건립의 재검토와 간도 영유권」(1985); 김득황의『백두산과 북방강계』(1987); 양태진의『한국의 국경연구』(1981)와『한국 변경사 연구』(1989) 등을 꼽을 수 있다.

20) 예를들면 양태진은 앞 注에서 언급한『한국의 국경연구』(1981)와『한국변경사연구』(1989) 외에도『한국영토사연구』(1991) 등의 저서를 출판을 통하여 간도를 포함한 녹둔도 등 한국의 북방영토사 연구 전문가로서 널리 알려지고 있다.

가 박사 학위 논문으로 제출되었다. 이일걸은 정치외교학과 학위논문인 『間島 협약에 관한 연구』(1990)에서 間島를 중국의 영토로 규정한 間島협약이 체결되기 까지의 일본과 청과의 외교적 교섭 과정을 자세히 분석하고 있다. 일본이 조선 통감부를 통하여 적극적으로 間島문제에 개입한 것은 滿洲 진출을 위한 발판을 마련하기 위해서 였으며, 그러한 목적을 가진 일본이었기에 보다 큰 滿洲에서의 다른 이권을 획득하기 위하여 間島협약을 통하여 間島를 포기하게 되었다고 주장한다.[21] 이러한 주장이 새로운 것은 아니다. 그러나, 일본 정치 지도자들의 정책결정 과정 분석과 특히 이 분석 과정에서 間島의 소유권에 대한 일본인들 간의 내부적 의견 차이, 예컨데 조선통감부 측과 외무부 측, 또는 위촉받은 間島 조사자들 간의 견해 차이에 주목한 것은 새로운 연구 방향의 가능성을 암시한다.

한편 신각수는 『국경분쟁의 국제법적 해결에 관한 연구』(1991)를 국제법 학위 논문으로 제출하였다. 이 논문을 통하여 신각수는 그동안 단편적으로 다루어져 오던 間島 영토 분쟁과 관련된 모든 조약들의 유효성을 하나하나 새롭게 분석한 다음, 백두산 정계비가 국경조약으로서의 효력은 갖고 있으나, 間島 귀속 문제는 정계비 건립 당시의 상황만으로는 판단할 수 없고, 19세기 후반 봉금정책이 폐지된 이후에 누가 이 지역에 대한 개간활동을 주로 담당하였는가 하는 상대적 평가에 의하여 결정되어야 한다고 주장한다.[22] 백두산 정계비 비문 속의 「土門」江과 「豆滿」江이 별개의 江임을 증명함으로써 저절로 間島의 領有權이 주장될 수 있다고 보아오던 종전의 많은 연구와는 다른 시각을 보여주고 있다.

가장 최근에는 강석화에 의해 『조선 후기 함경도의 지역발전과 북방

21) 이일걸, 『간도협약에 관한 연구』 (성균관 대학교 박사학위논문, 1990).
22) 신각수, 『국경분쟁의 국제법적 해결에 관한 연구』 (서울대학교 박사학위 논문, 1991).

영토의식』(1996)이 국사학과 학위논문으로 제출되었다. 여기에서 강석화는 19세기 말에 벌어진 한국과 청 간의 국경분쟁은 정계비 건립 이후인 18 -19세기 동안 꾸준히 진행된 함경도 지역의 성장의 결과 이었으며, 북방 영토에 대한 지리적 지식의 축적과 아울러 성장된 영토의식의 변화가 그 정신적 배경으로 작용하였음을 밝혀주고 있다.[23] 이 연구는 기존의 연구들이 대부분 국경문제가 일어난 당시 즉 18세기 초와 19세기 말의 사건사 중심으로 서술된 결과, 정계비 건립 이후에 북방에 대해 무관심하다가 갑자기 19세기 말에 국경 문제가 돌발한 것처럼 인식되기 쉬웠던 점을 적절히 보완해 주고 있다. 뿐만 아니라, 間島 문제가 그 귀속을 따지는 영토적인 관점에서만이 아니라, 우리나라의 북방 지역 발전사라는 새로운 영역의 연구를 촉발하는 계기로도 활용될 수 있음을 잘 보여주고 있다.

학위논문 이외에도 미진하였던 연구분야를 세밀하게 분석하여 이 방면의 연구를 심화하는 예들도 발견된다. 예컨대, 국제법적인 입장에서 間島 領有權 문제를 꾸준하게 연구해오고 있는 노영돈은 間島協約이 무효라는 것을 재확인 하면서, 현재 중국이 間島를 점유하는 것은 정당한 권한에 의한 dominium 이 아니고, 사실상의 지배에 불과한 imperium 이므로, 오늘날의 間島領有權 문제는 적어도 분쟁상태에 있다는 점을 여러군데서 강조하고 있다.[24] 한편, 일본의 최초의 간섭 결과 등장하였던 間島派出所의 설치 과정, 조직과 운영, 철수 원인과 과정 등에 대한 연구들도 80년대에 이어 90년대에도 이루어지고 있다.[25] 間島문제를 매

---

23) 강석화,『조선후기 함경도의 지역발전과 북방영토의식』(서울대학교 박사학위 논문, 1996).

24) 노영돈,「북방정책과 간도영유권문제」(여산 한창규 박사 화갑기념 현대공법의 제문제, 1993);「소위 청일 간도협약의 효력과 한국의 간도 영유권」(『국제법학회 논총』 40-2, 1995).

25) 권구훈,「일제의 통감부 간도 파출소 설치와 성격」『한국독립운동사연구』 6집

개로 滿洲로 진출하려는 일제의 정책 변화를 실증적으로 검토하고 있다는 점에서 이 방면의 연구가 다양화되고 심화되어가는 또 다른 예라고 생각된다.

이러한 관심과 연구의 증가에도 불구하고 국내의 역사학계에서는 間島 領有權 등의 영토 문제는 주변 문제로 남아있다. 이것을 보상이라도 하듯 최근에 개최된 한국사 연구회의 세미나에서는 주제를 북방영토 문제로 잡아 이 문제에 대한 관심을 고취하고 동시에 새로운 시각을 모색한 바가 있다.[26)]

지금까지 살펴본 바와 같이 60년대부터 본격화 된 間島領有權에 대한 관심과 연구는 지속적으로 확대되어 왔다. 그 결과 1712년 정계비가 건립되던 당시의 상황, 1880년대 이후 間島 문제를 둘러싼 조선과 청 간의 국경분쟁의 전개 과정, 일제의 개입에 의한 間島협약 체결과정 등에 대한 사실은 상세하게 알려지게 되었다. 아울러 청의 間島 領有權을 인정한 間島 협약의 국제법적 효력의 무효성 등에 관한 연구성과도 상당히 축적되었다고 볼 수 있다. 그리고 이 방면에 관한 논문이나 저술들은 어떤 시각에서 접근하던지 결론은 間島는 한국의 영토로 귀속되어야 하던지, 또는 아직도 귀속문제가 해결 안된 분쟁상태라는 주장으로 요약된다. 한편, 間島 문제는 국경 분쟁에 대한 보다 보편적이고 확대된 연구를 촉진 시킨다든지, 북방 지역에 대한 개발 문제를 새롭게

(독립기념관 한국독립운동사연구소, 1992). 이 문제에 대한 앞선 연구로서는 추월망, 「통감부 간도 파출소의 설치 동기」(『사총』 26, 고대사학회, 1982); 강창석, 「통감부의 간도 정책 연구 - 통감부의 간도 문제 관여를 중심으로」(『동의논집 인문사회과학편』 14, 동의대학교, 1987) 등이 있다.

26) 최근에 개최된 한국사 연구회의 세미나 「한국사에서의 북방 영토문제」(1996년 11월 16일)에서는 간도를 포함한 녹둔도 등 북방 영토 문제를 주제로 삼아, 국제법학자, 지리학자, 사학자 등이 발표와 토론에 참가하는 소위 학제간 연구를 시도한 바 있다. 토론 시에는 간도 영유권과 관련된 현실적인 문제도 조심스럽게 논의되었다.

연구 대상으로 부상시키기도 하는 등 시각의 전환에 따라 계속 개척할 관련 분야가 많다는 것을 보여 주고 있다.

2. 과제

지금까지 해방 이후 間島 領有權 문제에 대한 국내의 연구 동향을 대략적으로 살펴보았다. 이 문제에 대한 북한, 중국, 일본 등지의 연구는 극히 소수이다. 중국의 조선족 학자들이 이 문제에 대한 언급을 기피한다는 것은 널리 알려진 사실이며, 그들에 의해 출간된 서적에서는 間島(연변) 지역이 조선과 중국 사이에 분쟁의 대상이 되었던 지역이라는 역사 자체가 아예 등장하지 않는다.[27] 이러한 의미에서 본다면, 間島 領有權 문제는 국내의 연구가 주축이 되고 있다고 보아야할 것이다. 그런데 이와같이 국내학자들만의 연구, 따라서 우리들 안에서의 논쟁 차원에만 머문다면, 我田引水격인 연구의 量産化를 우려하지 않을 수 없다. 그러므로 이 문제에 관한 앞으로의 우선적인 과제는 외국학자들의 참여를 유도하는 것이 아닌가 생각한다. 그 중에서도 특히 이 문제에 관해 우리의 직접적인 파트너 격인 중국학자들의 참여 유도가 절실히 요망된다. 영토문제라는 事案의 민감성 때문에 실현이 어려울지 모른다. 그렇다면, 양적으로는 적지만 그들에 의해 발표된 間島 문제에 대한 연구를 체계적으로 입수하고 정리하는 작업이라도 이루어져야 하리라고 생각된다.[28] 間島 領有權 문제에 대한 외국학자들의 참여나 그

27) 가장 공식적인 중국 조선족의 역사서라고 할 수 있는 『조선족 략사』(조선족 략사 편찬조, 연변 인민출판사, 1986)를 보면, 「간도문제」는 간도협약과 관련된 일제의 대륙침략의 일환으로 등장할따름이지 (27~31쪽), 조선 말기의 감계분쟁은 아예 취급하지 않고 있다.

28) 필자가 아는 한 간도 문제에 지속적인 관심을 가진 중국학자는 청대 및 근대의 중한관계를 전공하는 臺灣의 張存武이다. (그의 논문 및 저서는 참고 문헌 목록

들의 연구 성과의 소개는 우리들만의 연구가 지니는 한계를 찾아내고 극복할 수 있는 하나의 계기를 마련한다는 점에서 반드시 이루어져야 할 과제라고 생각한다.

다음 과제로서는 間島 문제를 「領有權」이라는 영토 문제에 국한시키지 말고, 이와 관련된 새로운 주제를 개발해 나가는 것이 필요하다는 점을 들고 싶다. 연구 동향에서 언급한 바와 같이 국내의 연구는 間島 領有權과 직접 관련된 역사적 사건들은 거의 충분할 정도로 자세하게 검토하여 왔다. 앞으로 새로운 사실이 발견된다 하더라도 기존 연구의 방향을 대폭 수정시킬만한 사실은 되지 못할 것이다. 그러므로 이제는 間島 문제를 「領有權」 자체에 국한시키지 말고, 새로운 시각으로 접근하여 間島 문제가 보다 생산적인 연구를 촉발하는 계기가 되도록 노력하여야 할 것이다. 이러한 경향은 이미 발견된다. 앞서 언급하였던 강석화의 논문(1996)은 19세기말에 발생한 감계분쟁이 함경도 지방의 지역발전의 결과 생겨난 영토의식의 반영으로 분석하고 있다. 이러한 접근은 영토적인 문제와 전혀 무관한 것은 아니지만 間島의 귀속 문제 자체와는 직접적인 관련을 갖고 있지 않다. 오히려 그 결과 우리는 18-19세기의 북방지역 개발사라는 새로운 주제를 접하게 된 셈이다. 이와 비슷한 주제로서 검토될 만한 것은 많이 발견된다. 예컨데, 조선 관리들의 태도 변화의 원인에 대한 탐구가 있을 수 있을 것이다. 18세기 정계비 건립 당시의 유화적인 대청 태도가 19세기 말의 감계 분쟁에서는 강경한 태도로 바뀐다. 조정이 이범윤을 間島 관리사로 임명한 것도 그러한 연장선상에서 이해될 수 있다. 조선이 이렇게 강경한 입장을 취하게 된 국제정세의 변화 또는 인식의 변화가 무엇이었을까 하는 문제

을 참조할 석). 국내에서도 그것을 알고 있어서 약간 인용되기는 하지만 (예: 임계순 「만주 노령 동포사회」 (1987), 脚註 30), 번역이나 혹은 본격적인 검토를 통하여 소개된 바는 없다.

는 한말 대청관계를 규명하는 또 다른 열쇠로서 작용할 수 있지 않을까 하는 생각이 든다.

다른 예로서, 정계비 건립의 한 계기가 되었던 범월 사건의 처리과정에 대한 법적인 분석도 새로운 생산적인 연구를 가져올 수 있을 것이다. 왜냐하면, 이러한 사건 처리 과정은 조공체제 하에서의 「국제」적 사건의 처리, 즉 양국에 관련되는 범법자 처리 문제를 살펴 볼 수 좋은 사례를 제공하기 때문이다. 마지막의 예로서, 이일걸의 논문(1990)이 그 가능성을 비쳤듯이, 일본인들의 間島 문제에 대한 시각 차와 그 원인에 대한 분석도 새로운 주제꺼리다. 조선 통감부의 견해가 일본 중앙 특히 외무부와 대립하고 있었다는 사실은 일제의 정책이 정부 기관 간에 일관성있게 수행되지 못하였다는 사실을 나타내는데, 이것은 국내의 일본 제국주의 연구를 한층 더 심화시켜 줄 수 있는 연구 소재가 될 것이다.

間島 領有權 문제는 이제 상당한 연구 업적을 축적하였다. 그러나 주로 국내 학자들에 의하여 이루어져왔다는 점을 극복하기 위하여, 외국인 학자의 참여나 연구 성과의 체계적인 소개가 필요하다. 또한 間島 문제를 領有權 자체에 초점을 맞추어 오던 지금까지의 관점을 조금 변경하여, 관련된 주변 주제를 새롭게 탐색할 수 있는 계기로 삼는다면, 間島 문제는 장차 풍부한 연구의 소재를 제공할 수 있는 근원으로서도 작용할 수 있을 것이다.

Ⅲ. 在滿韓人社會史

1. 연구 동향 개관

在滿韓人社會史는 원래 이론적으로는 19세기 중엽이래 본격적으로 시작된 재만 한인사회의 형성과 정착 과정, 이것에 영향을 미친 관계 국가들의 정책, 사회경제적 생활상, 교육, 정치활동 등 모든 분야를 포함하고 있다. 그러나 재만한인들의 주요한 정치활동인 항일독립운동은 이미 독립적인 분야로서 커다란 발전을 하고 있기 때문에 여기서는 검토를 생략하였다. 在滿韓人社會史에 관한 그간의 연구를 포괄적으로 소개한 경우가 아직 없으므로, 여기서는 개별 연구의 자세한 분석보다는 시대별로 국내 연구자들에 의해 진행된 연구 성과를 개관하여 그 특징적인 연구 동향을 살펴보는 것에 초점을 맞추었다. 그리고 일제시대의 연구를 간략하게 살피긴 하였으나, 주로 해방 후 최근까지 국내 학자들에 의하여 이루어진 연구에 국한하였다.

한국인들에 의하여 재만한인 사회가 분석되기 시작한 것은 이미 일제시대에서부터 시작되었다. 그러나 대부분이 신문이나 잡지에 투고한 단문의 투고가 주를 이루고 있고, 그 내용도 단기간에 경험한 체험을 바탕으로 한 것들이다. 그런 중에도 예외적으로 한두편 정도의 연구는 주목할 만하다. 예를들면, 滿洲事變 직전의 한인의 滿洲이주 상황과 滿洲에서의 궁상을 묘사하고, 일본과 중국의 외교적 대립이 가져다 준 중국인들에 의한 조선인 압박 상왕을 리얼하게 묘사하고 있는 김삼민의 『재만조선인 궁상과 그 해결책』(1931)이 있다.[29] 일제의 식민통치 결과가 조선에서의 경제사정 악화를 가져왔고 그 결과 滿洲로 이민할 수 밖에 없는 구조적인 원인을 수많은 통계 자료를 통하여 분석하고 있다. 그러나 1920년대말 중국 당국에 의한 재만 한인 압박을 계기로 그 원인과 해결책을 추구한 이 저서는 그 논리의 치밀성에도 불구하고, 재만한인 사회의 특수한 시기만을 대상으로 하고 있다는 한계성이 있다.

아마도 재만한인 문제에 관한 최초의 전문서이며 지금까지도 자주

---

29) 김삼민, 『朝鮮人の窮狀と其の解決策』 大連, 1931.

인용되는 연구서는 이훈구가 滿洲事變 직전에 현지 조사 결과를 토대로 저술한『滿洲와 朝鮮人』(1932)이라고 보아야 할 것이다.[30] 미국에서 교육을 받은 경제지리학자인 이훈구의 이 저술은 재만한인 201호에 대한 현지 설문조사를 토대로 하고 있어, 1930년 전후의 재만한인들의 실정을 알아볼 수 있는 1차 자료로서 가치를 지닌다. 원래 이 연구는 미국 지리학회의 프로젝트인 세계의 변방지역에 관한 연구의 하나로 수행되었다. 그 결과 재만한인 만이 아니라 滿洲 지역의 중국 이민사회에 대한 분석도 포함하고 있으며, 재만 한인들은 중국인과 아울러 滿洲라는 중국의 변방을 개척하는 개척민의 일환이라는 맥락에서 묘사되고 있다. 그러므로 이훈구의 연구는 중국 근대사에 미친 韓人 이주민들의 건설적인 기여를 실증적으로 입증하였다는 점에서도 큰 의미를 지닌다.

해방 이후에는 남북 분단, 중국과의 교류 단절 등으로 남한에서는 재만한인들의 존재가 점차 망각되어 갔다. 그에 대한 연구도 20여년간 거의 중단되었다. 게다가 재만한인 사회사에 관한 자료들도 해외 각지에 분산되어 있었고, 접근도 어려워 연구를 하려해도 하기가 힘든 실정이었다. 이러한 악조건에도 불구하고 1960-70년대에 들어오면서 몇 명의 국내 학자들에 의하여 한인이민사가 개척되기 시작하였다. 대표적인 최초의 움직임은 60년대 말 현규환 (전문사학자가 아니고 醫師였음)이『韓國流移民史』上・下권(1967)을 출판한 일이었다.[31] 현규환은 "국가적으로 불행하였던 시대에 비참한 환경 속에서 조국과 민족에서 유리된 자들에 대한 관심을 불러 일으키고, 民族支流인 이들 류이민들의 역사를 민족본사에 통합하는 데 필요한 기본자료를 제공한다"[32]는 목표 하

30) 이훈구,『滿洲와 朝鮮人』(평양: 숭실전문학교, 1932).

31) 현규환,『韓國流移民史』上・下卷 (서울: 어문각, 1967). 뒤에 이 책은 홍사단 출판사에 의해 1976년 재간되었다. 본고는 이 1976년 판을 참고로 하였다.

32) 현규환, 상게서 上卷, 권두언.

에, 고대로부터 근대에 이르는 방대한 자료를 수집·정리하여 출간한 것이었다. 조선말기 이후의 재만 한인 이주사는 이 책의 上卷 滿蒙篇에서 이주 상황, 정착 상황, 사회활동, 교육, 종교, 항일활동 등 다양한 주제로 분류하여 정리되어 있다.

뒤어어 70년대 초에는 경제사학자인 고승제가 60년대 말이래 관심을 갖고 추진하던 해외 이민 연구를 『한국이민사연구』(1973)로 출간하였다.[33] 이 저서는 현규환이 고대로부터 근대 流移民을 총망라하였던 것에 비하여, 주로 근대 韓人들의 해외 이민을 다루었다. 근대 한국해외이민사를 본격적인 연구의 대상으로 올려 놓은 최초의 학술서라고 할 수 있을 것이다. 滿洲이민을 비롯하여 연해주, 일본, 하와이 등지로의 이민사가 포함되어 있는데, 총 7章 중 2章이 滿洲이민사에 할애되고 있다.[34]

그러나 위 두 저서들은 모두 재만한인 이주사를 해외이민사의 일부로 다루고 있어, 滿洲 이민사만에 초점을 맞춘 전문연구서라고는 할 수 없었다. 이에 비해 70년대 말에 발간된 박영석의 『만보산사건연구』(1978)는 최초의 滿洲移民 관련 전문연구서라고 할 수 있을 것이다.[35] 1931년 滿洲事變 직전에 발생한 한인과 중국인들과의 충돌인 만보산사건을 그 발생 배경, 경과, 그리고 그 사건에 연루된 제문제를 한국, 중국, 일본 삼국을 대상으로 폭넓게 검토한 후 박영석은 만보산 사건이 일제의 대륙침략정책 상 조작된 사건이라고 결론짓고 있다. 그런데 이 책이 갖는 연구사적 의미는 만보산 사건 자체의 연구만이 아니다. 박영석은 재만한인에 관한 연구를 독립운동사 연구와 불가분의 관계로 파

33) 고승제, 『한국이민사연구』 (서울: 장문각, 1973).
34) 제1장: 「간도 한국인 이민의 기원과 한국인 사회의 형성」, 제7장: 「만주 농업이민의 성격과 일제의 통제」.
35) 박영석, 『萬寶山事件硏究』 (서울: 아세아문화사, 1978).

악한다. 즉 박은 "한민족 독립운동사가 주체적인 제조건과 객관적인 제조건의 통일적인 파악의 토대위에서 규명되어야 한다고 본다면, 그것은 ... 당시 독립 운동을 가능케 했던 정신적, 인적, 물적 기반과 국제정세의 제조건 등의 기초적 연구가 선행되어야 할 것"[36]이라고 봄으로써 재만한인 연구를 독립운동 연구의 기초를 제공하는 선행 연구로써 이해한다. 이러한 박의 관점은 그후 재만한인 연구자들의 기본적인 경향이 되었다.

이들 외의 연구로서 오세창의 연구들을 들 수 있는데, 그는 일제시대 재만한인의 사회적 실태와 재반조신인 민회 등에 관심을 갖고 연구를 하였다. 오세창의 논문들은 독립운동단체와 대비되는 친일조직들을 분석한 결과를 제시함으로써 재만 한인사회의 복잡한 사회상을 보다 실상에 가깝게 이해할 수 있도록 해주었다고 할 수 있다.[37]

이와같이 1960-70년대에 점화되기 시작한 在滿韓人社會史 연구가 어느 정도의 성과는 올리고 있었지만, 자료 수집이나 현지 학계의 동향 파악 등 아직 많은 점에서 어려움이 있었고, 연구자도 극소수에 국한되고 있었다. 이러한 사정은 1980년대 초까지만해도 그대로 유지되었으나, 80년대 중반 이후부터 호전되기 시작하여 90년대에 들어와서는 더욱 사정이 좋아져 왔다. 그 가장 큰 이유는 80년대 중반부터 그동안 단절되었던 중국과의 학술교류가 가능하여짐에 따라 在滿韓人社會史에 관한 관심과 연구 기반이 확대되어 나갔기 때문이라고 생각한다.

1980-90년대의 가장 두드러진 연구 환경과 경향의 변화는 중국 조선족 학자들의 연구 성과가 국내 학계에 소개되고, 국내 연구에 반영되기 시작하였다는 것으로 볼 수 있다. 중국 특히 연변에서의 조선족 역사에

---

36) 박영석, 상게서, 서문.

37) 오세창, 「在滿韓人의 社會的 實態: 1910-20」(『백산학보』 9호, 1970); 「在滿 朝鮮人民會 硏究」(『백산학보』 25호, 1979).

대한 연구가 시작된 것은 1950년대 후반부터이나, 文化大革命(1966-1976)으로 인하여 침체 상태에 빠져 들어 거의 연구가 없었다. 그러다가 70년대 말 개방·개혁 정책과 함께 다시 부활하여 주로 80년대 이후부터 자료 발굴과 함께 각종 연구가 본격적으로 이루어지기 시작하였다. 이러한 조선족 학자들의 연구 성과는 중국과의 왕래가 어느 정도 허용되기 시작한 80년대 초반부터 조금씩 소개되기 시작하다가, 80년대 후반 이후 특히 90년대에 들어와서는 조선문 연구물의 국내 재출판, 번역, 혹은 영인 등의 방법을 통하여 국내에 활발하게 소개되었다. 조선족 학자들이 국내 대학 및 연구소에 초빙되는 경우도 많아졌고, 이들이 국내 학술지에 직접 기고하는 경우도 많아졌다.[38] 역으로 한국 학자들이 현지를 방문하여 직접 자료를 수집하고 연구 동향을 파악할 수 있는 기회도 증가하였다. 그 결과 지금은 조선족 학자들의 연구 성과와 연구 동향은 국내 학자들에게 상당히 알려졌고,[39] 또한 그들과의 협력 연구도 이루어지고 있다.[40] 80년대 초반까지만 해도 한국의 滿洲移民史

38) 연변학자들의 연구가 번역, 재출판되거나, 직접 국내 학술지에 기고를 한 예는 참고문헌 목록 중 〈중국 조선족 학자들의 연구〉 부분을 참조할 것.

39) 중국이나 연변학계의 한국학이나 조선족 역사 연구 동향에 대해서는 다음의 자료들이 참조 가능하다. 신일철, 「중국의 "조선족 항일열사전" 연구」 (『한국독립운동사연구』 2, 독립기념관 한국독립운동사연구소, 1988), 전해종, 「동북(만주)사에 대한 중국에서의 연구」 (『대한민국 학술원 논문집(인문사회과학편)』 29, 대한민국학술원, 1990); 심의림, 「중국에서의 한국학 연구」 (『아시아문화』 6, 한림대 아시아문화연구소, 1990); 김희태, 「무장항일 독립운동에 대한 연변사학계의 시각」 (『한국독립운동사연구』5, 독립기념관 한국독립운동사연구소, 1991); 김성호, 「중국 연변대학의 조선족 연구단체 및 학자들」 (『쟁점 한국근현대사』 2, 한국근대사연구소, 1993); 신주백, 「중국 동북지방 역사학계의 연구 동향과 자료현황 - 연변지방을 중심으로 -」 (『역사와 현실』 15, 한국역사연구회, 1995).

40) 대표적인 협동 작업의 결과로서 서굉일 마해룡 편, 『間島史新論』 上,下 (서울: 우리들의 편지사, 1993)을 들 수있다. 마해룡(東巖)과 연변대학의 박창욱 교수가 주관이 되어 진행된 이 논문집에는 국내와 연변 연구자들의 논문 100여편을 싣고 있다. 새롭게 쓰여진 논문들도 일부 있지만, 대부분 그동안 발표되었던 논문

등 재만한인사 연구에는 해외학자로서는 일본인 학자들만의 연구가 주로 참조되어 왔던 사실에 비추어 볼 때,[41] 80년대 후반 이후의 이러한 경향은 국내의 재만한인사 연구를 한층 더 확대 심화시킬 수 있는 계기를 마련해 주었다고 생각된다.

이러한 연구 환경과 경향의 변화 속에 在滿韓人社會史는 취급하는 주제도 다양해 졌고, 연구자의 수도 증가하였다. 在滿韓人社會를 이루게 된 滿洲 지방으로의 移民은 통상 조선 후기인 1860년대를 전후한 시기부터 이루어지기 시작하여, 일제 시기를 거쳐 해방이 된 1945년까지 계속 되었다고 본다. 거의 일세기에 걸쳐 이루어진 이민은 그 시대의 특징에 따라 우선 일제 시대(1910-1945)와 그 이전의 시대인 초기 이민시대(19세기 후반-1910)로 구분될 수 있고, 일제 시대는 다시 滿洲事變(1931)을 중심으로 대략 前期 (1910-1920년대 말)와 後期(1930년-1945년)로 나누어 볼 수 있다. 국내의 연구 관심을 이러한 이민 시기를 중심으로 살펴 보면, 80년대 중반까지는 주로 滿洲事變 이전의 시기 그것도 대개 1910년대와 20년대에 머물렀으나 80년대 후반 이후 특히 90년대에 들어와서는 일제시대 이전이나, 滿洲事變 이후에까지 즉, 移民時期 全體로 연구 관심이 확대되고 있는 추세이다. (세부적인 사항은 각 주제별 검토를 참고할 것).

초기 이민사회의 형성에 대해 초점을 맞춘 연구로서는 임계순의 「滿洲·露領 同胞社會(1860-1910)」(1987)를 들 수 있다.[42] 아직 번역되어

들을 그대로 또는 약간 보완하여 재수록하고 있는 것 같다. 연변학계의 재만한인사회사에 관한 연구 경향을 일별할 수 있는 좋은 기회를 제공하고 있다.

41) 이러한 상황은 60-70년대 이 방면의 연구를 주도한 학자들이 참조하던 선학들의 연구 목록을 살펴 보면 쉽게 들어난다. 박영석, 「일제하 한국인 만주이민문제」(『한민족 독립운동사 연구』 서울: 일조각, 1982), 54.

42) 임계순, 「滿洲·露領 同胞社會(1860-1910)」(『한민족독립운동사』 2, 국사편찬위원회, 1987).

발표하지는 않았지만 김택중의 『韓民流移東北之研究: 1860-1910』(1985)도 관련 연구자들에게는 익히 알려진 연구이다.[43] 김택중의 연구는 한국만이 아니라 중국 측의 자료와 연구 성과도 이용하고 있어, 이 방면에 관한 韓·中 간의 연구 성과를 동시에 알 수 있는 기회를 제공한다. 일제가 최초로 在滿韓人社會에 간섭하기 시작한 사건으로 이해되는 조선통감부 間島 派出所에 대한 연구나, 間島 협약에 관한 연구도 넓은 의미에서는 초기 이민사회에 관한 연구 성과로도 볼 수 있을 것이다. (이들 연구에 대해서는 앞서 다루었던 間島領有權問題 항목 참조).

대부분의 연구자들이 관심을 가장 많이 기울이고 있는 시기는 1910년대와 20년대이다. 이러한 연구 동향은 이 시기가 일본의 식민통치가 시작되었고 경제적 수탈이 강화되어 정치적 혹은 경제적인 동기에 의한 대량 이민들이 발생한 시기로서 연구자들이 그 중요성에 끌리어 이 시기를 특별히 주목하였기 때문일 것이다. 아울러 在滿韓人社會史에 대한 연구가 독립운동 연구의 일환으로 시작되었던 점도 일부 이러한 연구 동향을 유도한 것으로고 생각된다. 滿洲에서의 항일 독립운동은 1930년대 이전까지는 주로 우익 민족주의자들에 의해 진행되었으나, 1930년대 이후에는 좌익 공산주의자들에 의해 이루어졌다. 최근에 와서는 양자의 운동을 모두 해외 독립운동에 포괄시켜 연구하려는 경향이 시작되고 있기는 하지만, 얼마전까지만 하더라도 국내에서의 해외 독립운동사 연구는 거의 대부분 1910-1920년대의 우익 민족주의 운동에 대한 연구에 치중되어 왔다. 그 결과 우익 민족주의 운동의 사회경제적 기초라는 입장에서 시작된 在滿韓人社會史 연구도 자연스럽게 1930년 이전의 연구에 초점이 맞추어진 것이 아닌가 하는 생각이 든다.

日帝時代 중 滿洲事變 이전의 재만 한인사회에 대해서는 여러 가지

43) 김택중, 『韓民流移東北之研究: 1860-1910』(대만 정치대학교 석사 논문, 1985).

개설적인 연구가 이미 1970년대 이래 계속되어 왔으나, 80년대 이후에는 재만사회의 형성과 정착 과정 또는 이러한 과정에 영향을 미치는 중국이나 일제의 정책, 경제적 실태, 교육 등 다방면에 관한 연구들이 등장하였다. 이러한 모든 연구를 다 열거할 수는 없는 관계로 대표적인 연구자의 연구 동향만을 간략하게 소개하려 한다.

박영석은 70년대 이래 80년대 이후에도 계속 재만사회에 대한 활발한 연구 성과를 축적하여 이 방면의 연구를 선도해 왔다. 그는 경주 이씨 일가와 이상룡의 화이관을 중심으로 한 사례 연구를 통하여 재만사회의 형성과정과 실상을 실증적으로 분석한 바가 있고,[44] 일제의 이민정책, 동북 군벌(장작림 및 장학량)의 재만한인 정책 등 일제와 중국의 정책에 대해서도 깊은 연구 관심을 나타내고 있다.[45] 또한 일제의 「臣民」임과 동시에 중국의 「국민」이기도 해야했던 동북 거주 귀화 한인들의 이중국적 문제를 통하여 在滿韓人社會를 법적인 차원에서 검토하기도 하였다.[46]

한편 1910-1920년대 재만한인들의 경제 상황에 대한 본격적인 연구들이 80년대 후반부터 등장하기 시작한다. 홍종필은 『滿洲 (中國東北地方) における朝鮮人農業移民の 史的研究』(1987)에서 재만 한인들의 농업 특히 수전 농업의 경영 상태를 분석하여 「滿洲國」 수립 이전 시기의 한인 이주민들의 불안정한 영농 사정을 예시하고 있다.[47] 이 외에도

44) 박영석, 「일제하 재만한국 流移民의 촌락 형성에 관한 연구: 울진 경주 이씨 일가의 이주 사례를 중심으로」 (1979); 「일제하 재만 韓國流移民 신촌락 형성에 관한 연구: 특히 석주 이상룡의 화이관을 중심으로」(1981).

45) 박영석, 「일제하 한국인 만주 이민 정책」 (1982); 「장학량 중국 동북 군벌 정권의 對韓人 정책」 (1990).

46) 박영석, 「일제하 재만한인의 법적 지위 - 이중 국적을 중심으로-」 (1990).

47) 홍종필, 『滿洲 (中國東北地方) における朝鮮人農業移民の 史的研究』 (京都大學, 1987) 이 논문은 경제상황만이 아니라, 한인 이민의 전개 과정, 정착상의 문제점, 사회생활, 종교활동, 교육, 독립운동, 중국인에 의한 압박 등 재만한인 사회

그는 길림지방 조선인의 경제상황, 재만조선인의 정착상의 문제, 분포 상황과 생업 등 경제 상황 또는 그와 관련된 문제들을 다룬 논문들울 계속 발표해 오고 있다.[48]

재만한인들의 교육은 줄기차게 지속되었던 滿洲 항일운동의 정신적 자원이 되었는 바, 이러한 관점에서 민족주의 교육 문제가 중요하게 검토되기 시작하였다. 대표적인 연구로서 1910년대의 교육에 관해서는 서굉일의「1910년대 北間島의 민족주의 교육 운동」(1984-85) ,「일제하 北間島 한인들의 민족주의 교육운동(1906-1919)」(1983)와 천경화의「대종교의 민족교육운동에 관한 연구」(1983) 등을 꼽을 수 있다.[49] 이들 연구의 특징은 이민사회의 초기 민족교육운동을 기독교 대종교 등 주로 종교활동과 밀접하게 연관지어 검토하고 있다는 점이다. 1920년데의 교육에 대해서는 이명화의「1920년대 滿洲지방에서의 민족교육운동」(1988)을 꼽을 수가 있는데, 민족교육이 종교단체만이 아니라 좌우익 단체, 순수 민간인들 등 다양한 방면에서 추진되었고, 중국과 일제의 교육 간섭과 그에 대한 투쟁 속에서 전개되었음을 밝히고 있다.[50]

일제의 대륙 침략과 이에 대한 중국의 대응이 격화되던 1920년대 후반, 이러한 양국의 대립은 중국 당국의 재만조선인 박해로 나타났다. 이러한 현상에 관해서는 이미 박영석의『만보산연구』(1978)에서도 다

의 전반적인 면모들을 포괄적으로 다루고 있다.

48) 홍종필,「'만주' 길림지방 조선인 이민의 경제상황에 대하여 -1920년대 초기를 중심으로 -」(『백산학보』 39호, 1992);「1920년대 '재만' 조선인의 정착상 문제에 대하여 - 상조권, 귀화, 소작 관습을 중심으로 -」(『이태영교수 화갑기념논총』, 동간행위원회, 1993);「'재만' 조선인 이민의 분포 상황과 생업 - 1910-30년대를 중심으로 -」(『백산학보』 41호, 1993).

49) 서굉일,「1910년대 北間島의 민족주의 교육 운동(1),(2)」(『백산학보』 29집,1984; 30·31합집, 1985) ;「일제하 北間島 한인들의 민족주의 교육운동연구」(『인하사학』, 인하역사학회, 1995). 천경화,「대종교의 민족교육운동에 관한 연구」(『백산학보』 27집, 1983).

50) 이명화,「1920년대 만주지방에서의 민족교육운동」(『한국독립운동사연구』 2집, 1988).

루어진 바가 있으나, 최근에 나온 임영서의 「1910-1920년대 間島 한인에 대한 중국의 정책과 민회」(1993), 황민호의 「1920년대 후반 재만한인에 대한 중국 당국의 정책과 한인사회의 대응」(1995)는 중국 당국의 박해 정책의 원인을 보다 상세하게 분석하고, 한인 사회의 대응을 다각적으로 검토하고 있어 이 방면에 대한 심화된 연구 성과를 보여주고 있다.[51)]

滿洲事變 이후 1930년대와 40년대의 재만사회에 관한 연구는 비교적 최근에 와서야 몇몇 연구자들이 관심을 기울이기 시작하였다. 이것은 그간의 연구가 주로 滿洲事變 이전에 치우치던 경향에 대한 반성의 결과이기도 하고, 한편으로는 중국 조선족 학자들과의 교류가 활발해 지면서 이 시기에 관한 자료 및 연구 결과가 소개된 결과라고도 생각된다. 우선 이 시기의 日帝의 韓人移民政策에 관한 연구로서 김기훈의 「〈滿洲國〉時代 日帝의 對滿 朝鮮人 農業移民政策史硏究」(1993)을 들 수 있는데, 일제의 한인 이주 정책을 초기의 '放任政策'과 후기의 '統制政策'으로 나누어 분석하고 있다. 그리고 '放任政策' 형성을 주관한 관동군의 정책형성과정에 대한 분석이 그의 「關東軍의 入滿 朝鮮人 '放任' 정책 형성과정」(1994)에서 시도되었다.[52)]

재만한인들의 경제상황에 대한 연구는 이형찬의 「1920-30년대 한국인의 滿洲 이민 연구」(1988)이 있는데, 1920년대의 滿洲 이민의 동기를 식민 경제의 구조적 원인과 정책적 원인으로 나누어 살펴보고, 1936년 「滿洲國」이 실시한 농촌실태 조사 결과인 연길현 양성촌 A屯에 관한

---

51) 임영서, 「1910-1920년대 間島 한인에 대한 중국의 정책과 민회」(『한국학보』 73, 일지사, 1993); 황민호, 「1920년대 후반 재만한인에 대한 중국 당국의 정책과 한인사회의 대응」(『한국사연구』 90, 한국사연구회, 1995).

52) 김기훈, 「〈滿洲國〉時代 日帝의 對滿 朝鮮人 農業移民政策史硏究」(『학예지』, 육사 육군박물관, 1993); 「關東軍의 入滿 朝鮮人 '放任' 政策形成過程」(『육사논문집(인문사회편)』,1994).

분석을 통하여 1930년대 間島 지방 한인농가의 경제상황을 분석하고 있다.[53] 이 농촌실태 조사의 나머지 부분인 양성촌 B둔에 관한 분석은 그후 김기훈의 「〈滿洲國〉 하 재만 조선농민의 경제상황」 (1995)에서 시도되고 있다.[54] 한편, 20년대와 아울러 30년대의 間島 지방 한인들의 농촌 경제 및 사회 문제는 윤휘탁의 「1920-30년대 滿洲 중부 지역의 농촌사회구성- 間島 지방의 조선인 농민을 중심으로-」(1992)에서도 검토되었다.[55]

滿洲事變 이후 일제는 항일세력을 농민들로부터 강제로 분리하여 고립시키려는 '匪民分離' 공작의 일환으로 전 滿洲 지역에 집단부락을 건설하게 되는데, 이러한 공작은 총독부가 間島의 재만한인들을 통제하기 위하여 집단부락을 건설한 것이 그 효시가 된다. 이 재만한인 집단부락에 관한 국내 최초의 연구로는 홍종필의 「'滿洲事變' 이후 조선총독부가 건설한 조선인 집단부락에 대하여」(1995)가 있다.[56] 또한 일제는 항일독립운동 세력을 와해시키기 위해 間島 협조화, 滿洲국 협화회 등을 조직하여 특수공작을 실시하였는데, 이러한 특수 공작의 실태를 윤휘탁이 「〈滿洲국〉 시기 일제의 특수 공작 실태」(1996)에서 분석하고 있다.[57] 이들 연구는 滿洲事變이후 일제가 중국 동북 지방에서 조직적으로 벌인 항일운동 탄압 정책에 대한 분석으로서 이 시기의 항일운동사를 연구하는데도 많은 도움을 줄 것으로 기대된다.

---

53) 이형찬, 「1920-30년대 한국인의 滿洲 이민 연구」 (『일제하 한국의 사회계급과 사회변동』 한국사회사연구회논문집, 1988).

54) 김기훈, 「〈滿洲國〉 하 재만 조선농민의 경제상황」 (육사 화랑대연구소 보고서, 1995).

55) 윤휘탁, 「1920-30년대 滿洲 중부 지역의 농촌사회구성- 間島 지방의 조선인 농민을 중심으로-」(『박영석교수 화갑기념논총』 하권, 탐구당, 1992).

56) 홍종필, 「'滿洲事變' 이후 조선총독부가 건설한 조선인 집단부락에 대하여」(『명지사론』 7호, 1995).

57) 윤휘탁, 「〈滿洲국〉 시기 일제의 특수 공작 실태」 (『길현익교수 정년기념 사학논총』, 동 간행위원회, 1996).

이상 1980년대 이후 최근까지 在滿韓人社會에 관해 국내 연구자들에 의하여 진행된 연구 성과를 초기, 일제 전기, 일제 후기로 나누어 각 시기별로 개략적인 검토를 시도하여 보았다. 대체적인 경향은 연구자들의 숫적 증가, 주제의 다양화, 대상 시기의 확대 등으로 그 특징을 요약할 수 있을 것이다. 한편, 80년대 특히 80년대 후반 이후 중국 조선족 학자들의 연구 성과도 여러 가지 형태로 국내에 많이 소개 되었는데, 이들 연구에 대한 연구 동향 분석은 다음 기회로 미루기로 한다. 그리고 숫자는 적지만 외국 거주 연구자 혹은 유학생들의 연구 (현지어로 쓰여짐)도 몇 편 발견되는데, 이들 중 일부는 국내에 번역되어 소개되기도 하고, 일부는 학위논문의 형태로만 남아있다. 본문 중에 일부는 소개되었으나, 소개되지 않은 연구를 포함하여 모두 참고 문헌 목록란에 따로 구분하여 일괄적으로 제시하였다.

2. 과제

在滿韓人社會에 대한 연구는 해외 독립운동사 연구의 일환으로서 독립운동사의 연구가 활발하게 진행되는 것과 궤를 같이 하여 꾸준히 발전되어 왔다. 여기서는 이러한 발전에도 불구하고 在滿韓人社會에 관한 역사적 연구가 좀 더 보완하고 발전시켜야 할 방향을 앞으로의 과제로서 제시하여 보고자 한다.

在滿韓人社會 연구가 해외독립운동사 연구의 일환으로 취급된 것은 당시의 역사 현실을 고려하여 볼 때 쉽게 수긍이 가는 일이다. 그리고 운동사 연구의 열기가 在滿韓人社會史에 대한 관심을 높여 주었다는 점에서 이러한 연구 경향은 크게 나쁠 것도 없다. 그러나 독립운동사와 在滿韓人社會史 연구가 결부된 결과로서 부수적으로 나타난 현상은 在滿韓人社會에 대한 전 시기를 포괄하고 있지 못하다는 점이다. 특히

1930년대 이후의 연구가 취약하다. 그러므로 이 시기의 재만사회형성 및 전개에 대한 보완적 연구가 우선적인 과제라고 생각한다. 지금은 항일 민족주의 운동에 좌우익 모두를 포괄하여 취급해야 된다는 움직임이 있으나, 얼마전까지만 하더라도 국내의 해외 독립운동사 연구가 주로 우익 민족주의 운동에 초점을 맞추고 있었다. 대부분의 재만한인사 연구가 1930년대 이전에 국한되었던 것도 이러한 경향에 상당히 영향을 받았던 것으로 짐작된다. 그 결과 1930년대에서 해방기까지 즉「滿洲國」(1932-1935) 시기의 在滿韓人社會에 대한 연구가 상대적으로 미약했고, 지금도 이 시기에 대한 관심이 일부 연구자에게 국한되고 있고 그것도 겨우 시작 단계에 불과하다. 전체적인 在滿韓人社會史를 완성한다는 점에서 이 시기에 대한 많은 관심과 연구가 절실히 요망된다.

그렇다면 1930년대 이후 재만사회에 대한 어떠한 국면들이 검토되고 있지 못한가? 모든 가능한 연구 주제들을 열거할 수도 없고, 또 그런 자리도 아니어서 몇 가지만 예로서 제시하여 본다. 1930년대는 일제가 滿洲를 철저히 장악하였기 때문에 그 이전 시기와는 정치 환경이 매우 달라졌다. 이러한 변화된 환경 속에서 일제에 의하여 추진되었던 이민 정책 또는 이민과 관련되어 건설된 만선척식회사, 안전농촌, 집단부락 등 30-40 년대 특유의 현상에 관한 세부적인 검토가 앞으로의 연구 과제가 될 수 있을 것이다. 그리고 이 시기에는 단순한 농업 이민만이 아니라, 자신의 꿈을 滿洲에서 실현하여 보려는 수많은 지식인들의 渡滿 현상도 일어났다. 이들은 항일운동단체 보다는 오히려 일본 기관 (滿洲國 정부, 학교, 군대 또는 관련 기관)에 참여한 경우가 숫적으로 더 많을 것이다. 이들은 농민들보다 숫자는 훨씬 적지만 영향력의 면에서는 오히려 재만사회를 주도해 나갈 정도로 컸다. 그들의 드러난 경력을 보고, 그들 모두를 친일파로서 일괄 취급한다는 것은 당시의 현실을 전혀 고려하지 않은 지나치게 단순한 평가가 아닌가 한다. 이제는 항일 - 친일의 고정적인 구도에서만이 아니라, 「식민지」 지식인의 제 3의 선택이라는 관점에서도 이들 재만지식인들의 활동을 한 번 살펴보는 것도 우리에게 남겨진 과제라고 볼 수 있다.

다음 과제로서, 재만사회사 연구에 사회과학자들의 연구 방법이나 관점들을 원용하는 소위 학제간 연구의 필요성을 들고 싶다. 80년대 중반 이후 인적 물적 교류가 확대되기 시작하면서 중국 조선족에 대한 국내의 관심도 또한 고조되었다. 그 결과 사학자가 중심이 된 재만한인사만이 아니라 인류학자 등 사회과학자들에 의하여 과거만의 한인사회가 아니라 지금의 한인사회 즉 중국 안의 조선족 사회도 다루어지기 시작한 것이다. 그러한 경향을 대표적으로 보여주는 것이 80년대 후반에 인류학자인 김광억에 의하여 편집된 『중공 한국교민 연구자료집』(1987)이다.[58] 이 자료집은 유네스코 한국위원회의 지원을 받아 중국대륙의 한인사회에 대한 현황 조사를 위한 준비 단계로 마련되었는데,[59] 80년대 후반까지 이 방면에 관한 국내 사회과학자들의 연구관심을 살펴볼 수 있는 자료로서도 가치가 있다.[60] 90년대에 들어와 한중 간의 국교

---

58) 김광억 (편), 『중공 한국교민 연구자료집』(서울: 유네스코 한국위원회, 1987). 유네스코 한국위원회는 계속적으로 한국 해외 교민 연구 사업의 일환으로 중국의 한인사회 연구를 지원하였는데, 그 성과로 출간된 것이 한상복·권태환 공저인 『중국 연변의 조선족: 사회의 구조와 변화』(서울: 유네스코 한국위원회, 1992)이다.

59) 현지조사 이전 준비단계에서 이런 자료집 발간 외에 문헌조사를 바탕으로한 중국 한인사회에 대한 인류학적 연구를 수행한 경우도 있다. 예컨데 전경수, 「중국 동북의 조선족: 민족지적 개황」(서울대 사회과학 연구소, 『사회과학과 정책연구』 11-2, 1989).

60) 이 자료집은 중공에서 나온 자료, 국내 연구자들의 연구 결과 및 그들의 자료, 재미교포 방문기, 일본학자들의 보고문과 연구결과 을 포함하고 있는데, 그 중 국내 학자들의 연구 상황을 통하여 80년대 이 방면에 관한 국내의 연구 관심을 살펴볼 수가 있다. 특히 두드러지게 발견되는 연구 동향은 중국의 현재 한인사회가 한국의 전통문화와 만족정체성을 어느 정도, 어떤 조건하에서 유지할 수 있는가라는 문제의식과 이것을 중국의 소수민족 정책과 결부하여 동태적으로

정상화가 이루어지고 난 후 이러한 경향은 더욱 두드러져, 중국 조선족의 실태를 파악하고 장래를 전망하는 다양한 방면에서의 접근이 활발하게 시도되고 있다.[61] 이들 사회과학자들은 조선족을 중국 소수민족 정책의 구조 속에서 살피거나, 민속지적인 접근법을 통하여 조선족의 사회 및 문화를 분석하고 있다. 이들의 연구 관심이 조선족의 과거 역사 자체가 아니기 때문에, 그들의 연구 결과나 자료가 그대로 이용될 수는 없지만, 그들의 접근 방법과 시각 등은 在滿韓人社會史 연구자들의 안목을 넓히는데 많은 도움을 제공할 수도 있을 것이다.[62]

Ⅳ. 결 론

국내의 중국 동북지방(滿洲)은 주로 국사학계가 관심을 가져 연구를

파악하려는 시도들이다. 이 『중공 한국교민 연구자료집』에서 소수민족 정책의 구조 속에서 중국 한인들의 현재와 미래를 분석하는 몇게의 논문들의 제목을 살펴보면 다음과 같다. 이영희, 「중국의 소수민족 정책과 한민족」(『우상과 이성』 서울: 한길사, 1980); 김광억, 「중국의 한인사회와 문화: 소수민족 정책과 사회적 조건을 중심으로」(『재외한인사회와 문화』 한국 국제문화협회편, 1984); 김영화, 「중공의 소수민족 정치 통합에 관한 고찰」(『해외동포』, 1985 송년호). 이 논문들은 모두 상기 연구 자료집에도 전재되어 있다.

61) 이러한 사회과학자들의 학술활동을 보여주는 것으로서 『중국연구』(건국대학교 중국문제연구소)는 1993년 12월호를 中國東三省特輯으로 꾸며, 박치정의 「중국 소수민족 정책과 조선족의 장래」 등 정치 경제 문화에 관련된 8건의 논문을 싣고 있다.

62) 사회과학적 연구방법을 이민사 연구에 직접 원용한 사례는 사회학자 정진성씨가 재일조선인들을 다룬 경우를 들 수 있다. 그는 「구조적 강제」라는 개념을 사용하여 식민 통치기 조선인들의 일본 도항이 「자발적」이 아니라 식민지와 식민본국과의 사회경제적인 구조 속에서 「강제」로 이루어졌다고 분석한다. 이러한 관점은 중국의 조건이 일본과는 다르지만, 만주 이민의 경우에도 한 번 시도되어 볼 수 있다고 본다. 정진성, 『일제시기 일본으로의 조선인 이주에 관한 사회구조적 분석』(『박사학위논문개요집』 한국 고등교육 재단, 1994).

주도해 오고 있다. 그 연구 분야는 間島 領有權 문제, 在滿韓人社會史, 재만 독립운동사 등 세가지 분야로 압축될 수 있다. 본 논문에서는 그 세가지 분야 중 間島 領有權 문제와 在滿韓人社會史 두 분야의 연구 동향과 과제에 관하여 살펴 보았다. 주요한 검토 내용을 요약함으로써 결론에 대신하고자 한다.

間島 領有權 문제는 일제 시대 일인학자들에 의한 선구적인 연구가 있으나, 우리 학자들에 의한 연구가 본격적으로 시작된 것은 1960년대부터라고 볼 수 있다. 북한과 중국이 비밀리에 조중국경선 조약을 맺었다는 소식이 국내에 전파되면서 일기 시작한 間島 문제에 대한 관심의 결과이다. 그동안 白頭山 定界碑 建立, 勘界談判, 間島協約 등 間島 領有權과 관련된 역사적 사건은 매우 소상하게 연구되었다. 이 문제에 관한 연구에는 사학자만이 아니라 정치외교학자, 국제법 학자 들도 참여하여 많은 연구가 이루어져 왔다. 요즈음에는 間島 문제는 領有權 문제 자체만이 아니라 한말 영토의식이 형성된 배경에 관한 연구 등 다양한 접근이 젊은 학자들에 의하여 이루어지고 있는 추세이다.

그러나 間島 領有權 문제는 거의 대부분 국내의 학자들에 의하여 수행되었기 때문에, 앞으로는 외국학자들의 참여나 그들의 연구 성과를 체계적으로 소개하여 우리의 연구성과와 비교 검토하는 일이 남아있는 과제의 하나이다. 그리고, 일부에서 이미 시작되고 있듯이, 間島 문제를 領有權 문제에만 국한시키지 말고 새로운 시각으로 접근한다면 보다 생산적인 연구가 나올 수 있다고 전망된다. 이와같이 관련 연구 분야를 확대해 나가는 것이 또 하나의 과제가 될 것이다.

在滿韓人社會는 한말부터 시작하여 해방되던 시기까지 지속된 滿洲 이민의 결과로 형성되었다. 이러한 한인사회의 형성과 정착에 대한 국내의 연구는 1960-70년대로부터 시작되었으나, 연구자도 극소수이었고 자료 수집도 매우 어려운 연구 환경이었다. 이러한 상황은 1980년대 특히 80년대 중반 이후 중국과의 관계가 정상화되면서부터 달라졌다. 관심도 많아졌고, 연구 여건도 호전되었다. 그 결과 지금은 연구자의 숫자도 늘어나고, 연구 분야도 더욱 다양화 되어 가고 있어 앞으로 이 방면의 연구는 전망이 꽤 밝은 편이다.

그런데 在滿韓人社會에 대한 연구는 주로 독립운동에 대한 연구의 전제 또는 배경적 연구로 취급되었다. 아마도 부분적으로는 그러한 결과로서 우익 민족주의자들이 滿洲에서 활약하던 시기 즉 1920-20년대에 在滿韓人社會의 연구에 집중되어 왔다고 본다. 따라서 첫 번째 과제는 지금까지 소홀하게 다루어졌던 滿洲事變(1931년) 이후에 대한 연구의 활성화가 될 것이다. 다음 과제는 사회과학자들의 방법론이나 시각 등을 원용하여 연구의 다양화를 더욱 진척시키는 것으로서, 이러한 시도는 이 방면 연구의 지평 을 확대해 주는 데 많은 도움이 될 것으로 생각한다.

【附錄 : 近代中國東北(滿洲)史 硏究目錄】

1. 간도영유권 관계

가. 국내 학자의 연구

강석화 1995「1712년의 조청 정계와 18세기 조선의 북방경영」『진단학보』 세79집 별책

_____ 1996『조선후기 함경도의 지역발전과 북방영토의식』(서울대학교 박사학위 논문)

강창석 1987「통감부의 간도정책 연구 - 통감부의 간도문제 관여를 중심으로」『東義論集 (인문사회과학편)』제14집 (東義大學校)

권구훈 1992「일제의 통감부 간도 파출소 설치와 성격」『한국독립운동사연구』6

국회도서관 1975『간도영유권관계 발췌문서집』서울: 국회도서관

고대 민족문화연구소 1983, 1985『영토문제연구』1, 2집

김경춘 1984「조선조 후기의 국경선에 대한 일고 - 무인지대를 중심으로-」『백산학보』30·31 합집

김노규 저, 이동환 역 1983『北輿要選』『영토문제연구』창간호

김득황 1987『백두산과 북방강계』서울: 도서출판 사상사회연구소

김용국 1970「백두산고」『백산학보』8집

김주환 이형석 1991『압록강과 두만강 -백두산 천지-』서울: 홍익재

김찬규 1990「간도 귀속에 관한 법적 고찰」『고시행정』9호 1월호

김혜자 1982「조선후기 북변 범월문제 연구」『이대사원』제18 19 합집

노계현 1966「간도협약에 관한 외교사적 고찰」『 유진오 박사 회갑기념 논문집』

_____ 1968『한국외교사연구』서울: 海文社

_____ 1977「間島領有權 問題에 關한 硏究」『世林韓國學論叢』1집 (世林獎學會)

노영돈 1993「북방정책과 간도영유권문제」『여산 한창규 박사 화갑기념 현대공법의 제문제』(여산 한창규박사화갑기념논문집 간행위원회)

_____ 1995「소위 청일 간도협약의 효력과 한국의 간도 영유권」『국제법학회논총』40-2

박용옥 1978「간도문제」『한국사론』5 (국사편찬위원회)

_____ 1985「백두산 정계비 건립의 재검토와 간도영유권」『백산학보』30 · 31 합집

신각수 1991『국경분쟁의 국제법적 해결에 관한 연구』(서울대학교 박사학위논문)

_____ 1955「간도귀속문제」『중앙대학교 30주년 기념 논문집 인문사회과학편』

신기석 1973『新考 東洋外交史』서울: 탐구당

_____ 1979『간도영유권에 관한 문제』서울: 탐구당

양태진 1981『한국의 국경 연구』서울: 동화출판사

_____ 1989『한국 변경사 연구』서울: 법경출판사

_____ 1991『한국 영토사 연구』서울: 법경출판사

_____ 1992『한국 국경사 연구』서울; 법경출판사

_____ 1992『근세 북방 국경 관련사료초록집』서울: 법경출판사

_____ 1994『우리나라 영토 이야기집』서울: 대륙출판사

유봉영 1972 백두산 정계비와 간도문제『백산학보』13집

이선근 1962「백두산과 간도문제」『역사학보』17 · 18합집

이일걸 1990『간도협약에 관한 연구』(성균관대학교 박사학위 논문)

이한기 1969『한국의 영토』서울: 서울대학교 출판부

조 광 1974「조선후기의 변경의식」『백산학보』16집

_____ 1983「北輿要選 解題」『영토문제연구』창간호

추월망 1982 「통감부 간도파출소의 설치동기」『史叢』26호 (고대사학회)
한국사연구회 (편) 1996 『한국사에서의 북방영토문제』(세미나 발표집, '96년 11월 16일)

나. 외국학자의 연구

張存武 1971 「淸代中韓邊務問題探源」『中央研究院近代史研究所集刊』第2期
張存武 1972 「淸韓隆防政策及其實施」『中央研究院近代史研究所集刊』第3期
張存武 1981 「穆克登所定的中韓國界」『中央研究院國際漢學會議論文集』
篠田治策 1938 『白頭山定界碑』東京: 樂浪書院

2. 재만한인사회사 관계

가. 국내 학자의 연구

고승제 1968 「間島移民史의 社會的 分析」『白山學報』5호
_____ 1973 『韓國流移民史研究』서울: 장문각
김광억 1982 「중국대륙의 한인사회」『사회과학과 정책연구』4권 2호. (서울대학교 정책연구소)
_____ 1984 「중국의 한인사회와 문화」『재외한인사회와 문화』(한국국제문화협회 편)
_____ (편) 1987 『中共 韓國僑民 研究資料集』유네스코 한국위원회
김기훈 1993 「만주국 시대 일제의 대만 조선인 농업이민정책사 연구」『학예지』(육사, 육군박물관)
_____ 1994 「關東軍의 入滿 조선인 방임정책 형성과정」(영문) 『육사논문집 인문사회과학 편』46 (육사 화랑대 연구소)
_____ 1996 「滿洲國 하 재만 조선 농민의 경제상황 -1930년대 연길현 양성촌 B둔을 중심으로 -」(육사 화랑대연구소 연구보고서)

김삼민 1931『朝鮮人の窮狀と其の解決策』大連

김종수 1988『중국의 우리민족』서울: 도서출판 한울

김홍수 1991「일제하 재만 한민족의 역사교육」『강원사학』(강원대 사학과)

_____ 1995「중국 연변 조선족의 근대민족교육에 관한 연구 - 1910년 전후의 연길과 용정 지방을 중심으로 - 」『국사관논총』64 (국사편찬위원회)

박영석 1978『만보산 사건 연구 -일제 대륙 침략 정책의 일환으로서의 - 』서울: 아세아문화사

_____ 1979「일제하 在滿韓國流移民의 촌락 형성에 관한 연구: 울진 경주 이씨 일가의 이주사례를 중심으로」『한국사연구』24

_____ 1979「일제하 한국인 만주이주에 관한 연구: 일제하 한국인 이주정책을 중심으로」『省谷論叢』10

_____ 1981「일제하 재만 韓國流移民 신촌락 형성에 관한 연구: 특히 석주 이상룡의 화이관을 중심으로」『동국사학』15 ·16합집

_____ 1989「일제하 재만한인사회연구: 동북사변 이후의 永新농장을 중심으로」『국사관논총』1 (국사편찬위원회, '89.10)

_____ 1990「장학량 중국 동북 군벌 정권의 대한인정책 -길림성 관내의 제반 밀령 훈령을 중심으로-」『汕耘史學』4 (汕耘학술문화재단)

_____ 1990「일제하 재만한인의 법적 지위 -이중국적을 중심으로 -」『윤병석 교수 화갑 기념 논총』서울: 지식산업사

_____ 1995「일본제국주의라 재만한인의 법적 지위에 관한 제문제 -1931년 만주사변 이전을 중심으로- 」『한국민족운동사연구』11 (한국민족운동사 연구회)

_____ 1995「張學良 中國東北軍閥의 對韓人政策 -특히 길림성을 중심으로-」『오세창교수 화갑기념논총』(동 간행위원회)

박치정 1993「중국 소수민족 정책과 조선족의 장래」『中國硏究』12집 (건국대학교 중국문제 연구소, '93.12)

서굉일 1981「北間島 기독교인들의 민족운동연구(1),(2),(3)」『신학사상』32, 34, 35집

_____ 1984, 85「1910년대 북간도의 민족주의 교육운동(1),(2): 기독교 학교의 교육을 중심으로」『백산학보』29, 30 · 31합집

_____ 1995「일제하 북간도 기독교인들의 역사적 상황과 민족이념의 실천 -명동학교의 사례를 중심으로-」『한민족 공영체』3호 (해외한민족연구소)

_____ 1995「일제하 북간도 한인들의 민족주의 교육운동 연구 (1906-1919)」『인하사학』(인하역사학회)

서굉일 마해룡 (편) 1993『間島史新論』上 下 (서울: 우리들의 편지사)

신일철 1988 중국의 조선족 항일열사전 연구『한국독립운동사연구』2집 (독립기념관 한국독립운동사 연구소) : 549-567

오세창 1970「在滿韓人의 社會的 實態: 1910-1930」『白山學報』9호

_____ 1979「在滿 朝鮮人 民會 硏究」『白山學報』25호

유승주 1978「조선후기 서간도 이주민에 대한 고찰: 강북일기의 해제에 붙여」『아세아연구』21-1

윤휘탁 1992「1920-30년대 만주 중부지역의 농촌사회구성 -간도 지방의 조선인 농민을 중심으로-」『박영석 교수 화갑기념 한국사학논총』下 서울: 탐구당

_____ 1996「'만주국' 시기 일제의 특수 공작 실태」『길현익교수 정년기념 사학논총』

이만열 1990「1880년대 서간도 한인촌 기독교 공동체에 관한 연구」『숭실사학』6 (숭실대 사학회)

이명화 1988「1920년대 만주지방에서의 민족교육운동」『한국독립운동사연구』2집

_____ 1990「북간도 지방에서의 민족주의 교육과 식민주의 교육」『실학사상연구』1 (연세대 무악 실학회)

이영희 1980「중국의 소수민족 정책과 한민족『우상과 이성』서울: 한길사

이훈구 1932『만주와 조선인』평양: 숭실전문학교

이형찬 1988「1920~1930년대 한국인의 만주이민연구」『일제하 한국의 사회계급과 사회변동』(한국사회사연구회 논문집 12)

임계순 1987「만주·노령 동포사회」『한민족 독립운동사』2 (국사편찬위원회)

임영서 1993「1910-1920년대 간도한인에 대한 중국의 정책과 민회」『한국학보』73집 (서울: 일지사)

전경수 1989「중국동북의 조선족: 민족지적 개황」『사회과학과 정책연구』11-2 (서울대 사회과학 연구소)

조정남 1988『중국의 민족문제』서울: 교양사

천경화 1983「대종교의 민족교육운동에 관한 연구」『백산학보』27집

최상철 1996『중국조선족언론사』마산: 경남대학교 출판부

최영희 1984「역사상으로 본 한민족의 해외이주」『재외한인의 사회와 문화』(한국국제문화협회편)

현규환 1967『한국유이민사』, 서울: 어문각 (再版 서울: 홍사단출판부, 1976)

홍종필 1992「만주 길림지방 조선인이민의 경제상화에 대하여 - 1920년대 초기를 중심으로-」『백산학보』39호

_____ 1993「1920년대 재만조선인의 정착상 문제에 대하여 -상조권, 귀화, 소작 관습을 중심으로-」『이태영교수 화갑기념논총』(동 간행위원회)

홍종필 1993「만주(중국동북지방) 조선인 이민의 전개과정 소고」『명지사론』5호 (명지사학회)

_____ 1993「재만 조선인 이민의 분포 상황과 생업 -1910~30년대를 중심으로-」『백산학보』41호

_____ 1994「만주사변 이전 재만조선인의 교육에 대하여」『명지사론』6호

_____ 1995「만주사변 이후 조선총독부가 간도지방에 건설한 조선인 집단부락에 대하여」『명지사론』7호

황민호 1995「1920년대 후반 재만한인에 대한 중국당국의 정책과 한인사회

의 대응」『한국사연구』90 (한국사연구회)

나. 중국 조선족 학자들의 연구

(1) 국내에 직접 기고, 번역 소개, 또는 국내에서 재출판된 경우

고영일 1990「중국 조선족 교육사의 서막을 논함」『한국학 연구』2 (인하대 한국학 연구소)

권 립 1992「만주 근대 수전의 개발과 우리 민족」『김창수 교수 화갑기념논총』동 간행위원회, 서울: 범우사

권 립 1993「반제반봉건투쟁에서의 이중적 성격과 이중적 사명」『間島史新論』하

권 립 1995「중국거주 한민족 역사의 특질에 대하여 - 이중적 성격과 이중적 사명을 중심으로 -『오세창교수 화갑기념논총』(동 간행위원회)

권 립 1990「광복이전 중국거주 한민족의 법적지위에 대하여」『汕雲史學』4 (산운학술문화재단)

권혁수 1993「1920-30년대의 동북지방 조선족 농민의 경제상황에 관하여」『명지사론』5호

김성호 1993「중국연변대학의 조선족 연구단체 및 학자들」『쟁점 한국근대사』2 (한국근대사연구소)

김원석 1992「중국 조선족의 遷入史에 대한 연구」『동아연구』25집 (서강대학교 동아연구소)

김원석 1995「중국조선족의 遷入起点에 관하여」『한국사학』15 (한국정신문화연구원)

김춘선 1993「일제동북침략과 조선족에 대한 정책」『間島史新論』상

김 택 1993「교육사료전집」『間島史新論』상

박문일 1993「동북조선거류민들의 교육운동과 그 역사적 역활」間島史新論』상

박창욱 1993「조선족 중국이민사연구」『間島史新論』상

박창욱 1991「조선족의 중국이주사연구」『역사비평』15 (역사문제연구소, 1991.11)

방 향 1993「동북군벌정부의 조선인 압박추방정책」『間島史新論』하

손춘일 1992「중국연변조선족 취거구의 형성에 대하여」『박영석 교수 화갑기념 한국사학논총』하 (서울; 탐구당) *試論延邊朝鮮族聚居區的形成『민족사석사논문집』1 (연변대학교 민족연구소: 연변인민출판사, 1991) 改稿

손춘일 1993「조선민족 집거구 형성과 반봉건투쟁」『間島史新論』상

심혜숙 1994『중국조선족의 취락지명과 인구분포』(서울: 연변대학출판사 서울대학교출판부)

연변민족연구소 교육사 연구실 1989『연변 조선족 교육사』서울: 논장

연변조선족자치주개황 집필소조 1988『중국의 우리민족』서울: 도서출판 한울

우영란 1993「위만주국시기의 집단부락에 대한 연구」『間島史新論』하

임희준 1993「1909년 간도협약과 재동북조선인관계」『間島史新論』상

최수한 1994「중국 동북 조기 조선 개척민의 역사 탐색」『명지사론』6.

최홍빈 1993「20세기초 중국동북에서의 반일민족독립운동」『間島史新論』상

한준광 1990「중국 조선족의 천입과 민족 공동체의 형성」『구주논총』5-1 (대구대 동서구문제연구소)

한진옥 1993「일제의 황민화 교육」『間島史新論』하

(2) 중국에서 발표된 연구

김동화 1993「중국조선족에 대한 중국공산당의 민족정책의 력사적 고찰」『당대 중국 조선족 연구』(연변: 인민출판사)

김동화 김승철 (편) 1993『당대중국조선족연구』연변: 인민출판사

김만석 1989「일제의 집중영 집단부락」『봉화』, 북경: 민족출판사

김성호 1991「연변조선족들의 이주력사에 관한 약간의 조사연구」『민족단

결』 1991년 4호, 북경: 국가민족사무위원회
김춘선 1991 「試論 九一八事變前日本帝國主義對朝鮮族的政策及後果」『민족사석사논문집』 1 (연변대학 민족연구소 편)
김춘선 1991 「試論日本帝國主義對朝鮮族的 統制與利用 政策」『朝鮮族研究論叢』 2 (연변대학 민족연구소 편)
김 택 (주필) 1995 『길림조선족』 연길: 연변인민출판사
류병호 1989 「30년대 조선족 이주민」『봉화』 북경: 인민출판사
류병호 1991 「論日本帝國主義向東北的朝鮮人移民政策及其影響」『민족사석사논문집』 1 (연변대학 민족연구소 편)
리원길 1989 『설야』 연길: 연변인민출판사
민족출판사 1989 『봉화』 (중국조선민속 발자취총서 3) 북경
박경수 1987 『연변농업경제사』 연길: 연변인민출판사
박경휘 1987 『조선민속사연구』 심양:료녕출판사
박김춘 1991 「從東三省政略看清末期朝鮮移民的法律地位」『 朝鮮族研究論叢』 2 (연변대학 민족연구소 편)
박문일 1991 「1906-1919년 기간 중국 동북 조선족 인민들의 사립학교 교육운동과 그의 역사적 역활」『조선족연구논총』 2 (연변대학 민족연구소 편)
박창욱 1995 『중국조선족역사연구』 연길: 연변대학출판사
손춘일 1991 「論九一八事變前我國朝鮮族民族教育發展的特點」 (1991.7 국제고려학회 발표문)
新賓滿族自治縣民委朝鮮族志編纂組 編 1994 『新賓朝鮮族志』 (瀋陽: 遼寧民族出版社)
심여추 1987 『연변조사실록』 연길: 연변대학출판사
연변 민족연구소 교육사 연구실 1987 『연변조선족교육사』 연길: 연변인민출판사
연변역사연구 편집부 1988 『연변역사연구』 (상) 연변: 연변역사연구소

연변조선족자치주개황 집필소조 1984 『연변조선족자치주개황』 연길: 연변인민출판사

정판룡1988 「연변대학에서의 조선학 연구」 『조선학 연구』 1 연변

조선족략사편찬조 1987 『조선족략사』(조선문) 연길: 연변인민출판사

황룡국 외 1988 『조선족혁명투쟁사』 심양: 료녕민족출판사

황유복 1993 중국 조선족 이민사의 연구 『조선학』 북경: 중앙민족학원 조선학 연구소

현룡순 리정문 허룡구 (편) 1985 『조선족 100년사화』 (1, 2, 3 집) 심양: 료녕인민출판사

다. 외국에서의 연구

(외국인 학자, 교포 학자, 유학생들의 연구 및 그것의 국내 번역 소개도 포함)

Chung, In-taek 1966 The Korean Minority in Manchuria: 1900～1937 (Diss. The American University)

Kim, Ki-hoon 1992 Japanese Policy for Korean Rural Immigration to Manchukuo, 1932-1945 (Diss. University of Hawaii)

Lee, Chae-Jin 1986 Chinas Korean Minority: The Politics of Ethnic Education Boulder: Westview Press

Shin, Paull Hobom 1980 The korean Colony in Chientao: A Study of japanese Imperialism and Millitant Korean Nationalism, 1905 - 1932 (Diss. University of washington)

金澤中 1985 『韓民流移東北之研究: 1860-1910』 (석사논문, 臺灣 國立政治大學校)

小針進 1986 「현대 중국에 있어서 조선민족- 그 아이덴티티와 국제환경」 (동경 외국어 대학 졸업논문: 국문번역) 『중공한국교민연구자료집』,

김광억 편 (1987, 유네스코 한국위원회)

申奎燮 1993「日本の 間島政策と朝鮮人社會 -1920年代 前半の 懷柔政策を中心として-」『朝鮮史硏究會論文集』31 (朝鮮史硏究會)

楊昭全 1988『中朝關係史論文集』北京 世界知識出版社

이채진 1988『중국안의 조선족』서울: 청계연구소

정진성 1984『일제시기 일본으로의 조선인 이주에 관한 사회 구조적 분석』Colonial Migration from Korea to Japan (University of Chicago, 1984)『박사학위 논문 개요집』(한국고등교육재단, 1994), 195-200 (한글개요); 455-457(영문목차)

홍종필 1987『만주 (중국 동북 지방)에 있어서 조선인 농업이민의 사적 연구 - 1910~1930년을 중심으로-』(日文) (京都大學校)

3. 연구사 관계

金子文夫 1979「1970年代における『滿洲』研究 の狀況 (1) (2)」『亞細亞 經濟』20-1, 2. (1979年 6月, 11月)

鈴木陸史 1971「'滿洲'研究の 現狀 と課題」『亞細亞經濟』, 12-4 (1971年 4月)

김성호 1993「중국 연변대학의 조선족 연구단체 및 학자들」『쟁점 한국근현대사』2 (한국근대사연구소)

김희태 1991「무장항일 독립운동에 대한 연변사학계의 시각」『한국독립운동사연구』5 (독립기념관 한국독립운동사연구소)

박영석 1993「해외한인 독립운동사 연구에 대한 회고와 전망」『한민족 독립운동사』12, 국사편찬위원회

신일철 1988「중국의 "조선족 항일열사전" 연구」『한국독립운동사연구』2 (독립기념관 한국독립운동사연구소)

신주백 1995「중국 동북지방 역사학계의 연구 동향과 자료현황 - 연변지방을 중심으로 -」『역사와 현실』15 (한국역사연구회)

심의림 1990「중국에서의 한국학 연구」『아시아문화』6 (한림대 아시아문화연구소)

장세윤 1995「중국지역 한인 민족해방운동사 연구의 과제와 전망」『신연철 교수 퇴임기념논총』(서울: 일월서각)

전해종 1990「동북(만주)사에 대한 중국에서의 연구」(『대한민국 학술원 논문집 (인문사회과학편)』29 (대한민국학술원)

조규태 외 1995「중국동북지역의 독립운동사 연구」(국가보훈처 연수원)

4. 기타 중국동북관계 연구

(본문에 인용된 연구만 수록)

임성모 1990「만주국 협화회의 대민 지배정책과 그 실태」(연세대학교 석사학위 논문)

윤휘탁 1995「'만주국' 시기 일제의 치안숙정이 농민에게 미친 영향과 그 결과」『역사학보』47집

윤휘탁 1995「'만주국' 시기 일제의 대민지배의 실상 -보갑제도와 관련하여-」『동아연구』30집 (서강대 동아연구소)

윤휘탁 1996『일제하 '만주국' 연구 -항일무장투쟁과 치안숙정 공작-』서울: 일조각

〈白山學報 第47號, 1996.12.30. pp.171~213〉

韓國統監 伊藤博文의 間島領土政策 構想의 背景

－ 國際關係的側面에서의 一考察 －

崔 長 根*

〈目 次〉

Ⅰ. 間島政策構想의 槪要〔서론〕

본고에서는, 일본이 1907년 8월 19일 간도영토정책을 단행하게 했던, 일본을 둘러싼 동아시아 정세를 분석함으로써 일본의 간도정책의 의도를 고찰해보고자 한다. 우선 간도정책을 둘러싼 일본국내의 동향에 관해서 살펴보기로 한다.

明治日本은 露日講和條約(1905년 9월 5일)을 전후로 해서 大陸領土政策의 方針을 확대변경시켰다. 즉 종래의 「日本의 以益線의 초점은 朝鮮이다」[1]에서 이제는 「滿韓不可分論」[2]을 주장하여 그 정책의 범위를 크게 확대시켰다.

* 대구대학교 강사

1) 歷史科學協議會編『史料日本近現代史』, 三省堂, 1985, 161頁.

2) 外務省編纂『日本外交文書』(以下,『外交文書』라고 한다) 第三十四卷, 日本國際連合協議會發行, 524頁.

伊藤는 1897년 清日講和조약을 체결時에는 全權大使로서, 그리고 1903년 7월부터 1905년 12월까지는 天皇의 最高諮問機關인 樞密院의 議長으로서 露日戰爭은 물론이고 戰時中에 韓國과 체결되어진 「日韓議定書」(1904년 2월 23일), 第1次 「日韓協約」(同8월 22일)을 擁護하여 한국 침략을 적극적으로 추진했다고 말할 수 있다.

그런데 이전 伊藤가 露日協商(1903년 8월이후 수차례)을 주장했으나, 결국 日本政府의 意見과 상당한 格差를 보여 좌절되고 英日同盟이 閣議決定되어졌다. 『伊藤博文傳』에 의하면, 「露國과 戰爭을 치른다고 해도 당시의 軍備로써는 도저히 勝算이 없었으므로 당분간 協商으로 위기를 피하고 국력을 배양한 다음 전쟁의 기회를 기다렸던 것이 옳았다」라고 한 것처럼 결코 정부가 추진한 대륙침략정책과 다를 바가 없었다. 말하자면, 伊藤는 統監부임 이전부터 일관해서 적극적인 대륙침략정책의 추진론자였었고,[3] 물론 韓國統監으로서 그 職責上 하루라도 빨리 韓國을 日本에 併合시키는 것이었다.

그럼 伊藤의 滿韓領土政策과 깊은 관계를 갖고 있는 間島領土政策의 構想過程을 개략해보면 다음과 같다.

伊藤는 1905년 11월 17일 第2次 「日韓協約」(乙巳保護條約)을 强制하고, 同 12월 20일 統監府設置의 방침을 결정했고, 12월 21일에는 韓國統監으로 임명되었다.

伊藤는 한국통감으로 부임할 때, 대륙정책추진론자인 大陸浪人 內田良平를 個人參謀로서 同行했다. 伊藤가 통감으로 재직할 때, 內田의 의견이 적극적으로 반영되었다는 것은 선행연구에서 벌써 밝혀진 대로이다.

특히, 間島와 관련해서 內田가 伊藤統監에게 다음과 같이 提言했다. 「먼저 韓國을 완전히 日本領土로 만들어야 한다.」[4] 그리고 「韓日併

3) 春畝公追頌會『伊藤博文傳』下, 復刻版, 原書房, 昭和45, 516~524頁.
4) 黑龍會編『日韓合邦密史』上, 原書房, 昭和41, 60頁.

合 후에는 一進會會員을 間島地方에 移住시켜서 朝鮮에서 間島를 架橋로 해서 滿洲를 侵略한다」고 했다.[5)]

또, 「한일합방 후에는 一進會의 百만의 무리를 이끌고 滿洲에 移住시키고, 支那에 革命이 일어나면 그 틈을 타서 滿州와 蒙古를 獨立시키고, 韓日合邦과 같이 滿蒙을 連邦國으로 해야한다」고 하면서, 우선 南滿州進出의 발판으로서 間島地方의 地理的 重要性을 강조했다.[6)]

실제로 間島領土政策은 統監伊藤에 의해서 實行되어지지만, 당시 간도지역은 日本政府와 軍部를 비롯해서 民間의 大陸侵略論者들로부터도 매우 중시되어졌다.

日本政府가 韓淸간의 國境紛爭問題인 間島問題에 대해 관심을 가지게 된 것은 1903년 이후의 일이다. 당시 外務大臣 小村壽太郎는 駐韓公使 林權助로부터 韓淸間島交涉에 관한 內容을 알려듣고 본격적으로 韓淸간의 間島問題에 注日하게 되었다.[7)] 露日戰爭이 시작되자 淸國은 이 기회를 이용하여 間島交涉에 대한 露國과 日本의 干涉을 피하기 위해 韓國政府에게 間島交涉을 제의했으나, 日本은 韓國政府를 꾀어 露日講和後 日本의 仲介로 公平하게 間島問題를 해결해야 한다고 하여 그 교섭을 중단시켰다.[8)] 그리고 1905년 10월 이후에는 본격적으로 間島實地調査 및 間島問題를 연구하면서 직접적인 淸日交涉의 기회를 노렸다.[9)]

軍部도 마찬가지로 間島地域의 重要性을 강조했다. 군부는 러일강화

初瀨龍平『內田良平ㄴの研究』九州大學出版會, 1980, 96頁 參照.

5) 內田良平『皇國史談 日本之亞細亞』黑龍會, 昭和7, 269~270頁. 前揭書『內田良平の研究』, 109~110頁 參照.

6)『黑龍』五號(1910年 9月) 69頁, 前揭書『內田良平研究』96頁 參照.

7)「間島の版圖に關し韓淸兩國紛議」(以下,「間島淸韓紛議」라고 한다)(『外務省マイクロ』, MT, 14133所收, 040~123頁.

8) 上揭, 040~090頁 參照.

9) 中井錦城『朝鮮回顧錄』糖業研究會出版部, 大正4, 181頁.
上揭, 082~090頁 參照.

조약 이후 재차 제2의 러일전쟁을 염두에 두고 對露戰略을 구상하고 있었다.

그 주요내용은 「主作戰은 滿州로 유도하되 咸鏡北道地方에서 烏蘇里地方으로 공격하여 敵을 견제한다」는 것이었다.[10)]

그리고 또 「우리의 作戰을 有利하게 展開하기 위해서는 계획중인 長春吉林간의 鐵道敷設을 敦化 延吉을 경유해서 琿春까지 연장해야한다고 하고, 이를 달성하기 위해서는 外交上의 問題인 間島問題를 帝國(日本)의 장래를 위해서 신속하게 해결해야 한다」고 주장했다.[11)]

그리고 대륙침략주의자인 大陸浪人들은 露日戰爭末期부터 간도지방에 관심을 갖게 되었고, 간도지방에 一進會의 이주를 주장하기도 하였다. 특히 中井錦城는 자진해서 정부 및 통감부 그리고 軍部의 허가 및 지원을 받아 間島實地를 調査했고, 報告書를 作成하여 軍部 및 統監府에 제출하여 간도경영을 선동하기도 했다.[12)]

이러한 상황하에서 한국통감 伊藤는 1906년 7월경에 주한공사 林權助로부터 間島領土政策의 제안을 받고 그것에 동의하고 통감부에 間島政策案의 검토를 하달했다.[13)] 이렇게하여 간도영토정책은 통감부가 중심이 되어 추진되었고, 한국정부는 統監의 要請에 응해서 同10월 30일 內部大臣 李址容은 公文書로써 間島問題關連資料를 통감부에 제출했고,[14)] 연이어 11월 18일 外務大臣 朴濟純은 間島韓人保護의 依賴書를 제출했다.[15)]

---

10) 防衛廳方位研修所戰史室 『叢書戰史 大本營陸軍部〈1〉』 朝雲新聞社, 昭和42, 162頁. 本文에서 「北關」을 가리키는 地域은 咸鏡北道를 말한다. 여기에 관해서는 最近 間島에 관한 代表的인 研究로서 『近代東アジアの政治力學』(李盛煥著, 錦正社〔東京〕, 1991, 326頁)을 들을 수 있는데, 상세한 것은 이 책을 참고하기 바람.

11) 前揭書 『叢書戰史 大本營陸軍部〈1〉』, 163~166頁.

12) 「間島に關する調査概要」(前揭 「間島淸韓紛議」, 107頁 收所).

13) 林權助 『わが七O年を語る』 第一書房, 昭和10, 233~238頁.

14) 「間島問題」(金井柱編 『朝鮮統治資料』 第一卷, 韓國資料發行所, 1970, 513頁).

통감伊藤는 이미 10월에 동계획을 外務大臣 林董에게 알렸고, 林 外務大臣은 伊藤의 간도정책에 대해 훌륭한 處置라면서 격찬을 아끼지 않았다.[16]

伊藤가 한국정부에게 요구하여 제출되어진 公式文書상의 諸資料는 日本政府각료로부터 동의를 얻는 절차인 閣議決定을 위해서이고 또 한 이유는 日淸間의 交涉을 成立시키기 위한 大義名分을 내세우기 위해서였다.

이렇게 해서 그 작업은 순조롭게 진행되어 통감부에 의해서 「間島督務廳編成」 「間島憲兵隊編成」 「一件書類起案」이 작성되었고,[17] 이것은 同12월 12일에는 秘密文書로서 外文省에 제출되었고, 1907년 2월 8일에는 閣議決定을 통해 정식으로 일본정부의 동의를 얻게 되었다. 단지 閣議의 내용은 본래 伊藤가 의도했던 領有權交涉이 主導가 아닌, 領有權交涉을 은폐하고 점진적으로 통감부의 지위를 확보한다는 間島經營을 위주로 한다는 方針이었다.[18]

바로 그 시점에 日本은 露國으로부터 露日協商을 제의받았다. 아직까지 露國가 간도를 점령하고 있을 때였다. 伊藤는 간도와 관련이 깊은 露國과의 協商을 적극적으로 권유하여 협상체결을 지켜본 뒤[19] 1907년 8월 19일 '韓人을 보호하기 위해 통감부의 관리를 간도에 파견한다'라는 명목으로 계획된 조직을 몰래 현지에 파견시켰다.[20] 즉시 淸國政府는 일본의 不法行爲를 지적하며 철퇴를 요구하게 되어, 간도지방에서 영유권을 둘러싼 청일대립이 시작되었다. 이렇게하여 비밀리에 추진되

15) 前揭「間島問題」, 508~509頁, 前揭書『外交文書』四十卷, 78~79頁.
16) 伊藤宛林書簡 (『伊藤文書』六, 411頁).
17) 前揭「間島問題」, 510頁, 545頁.
18) 前揭「間島問題」, 508~509頁, 前揭書『外交文書』第四十卷, 78~79頁.
19) 前揭書『外交年表並文書』, 280~282頁.
20) 「間島問題回顧」(條田治策『白頭山定界碑』樂浪서원, 昭和13, 291~292頁).

었던 통감부의 간도영토정책이 표면화되었다.

한편, 통감伊藤는 현재 정부주도의 滿韓政策의 모순을 지적하면서 일본의 장래를 우려하여 1906년 5월 22일 滿州問題協議를 開催하였고, 1907년 1월 19일에는 露國제안의 露日協商을 積極的으로 추진하여 7월 30일에 그 체결을 봤다. 바로 두 사건은 통감伊藤의 間島政策 실시를 전후해서 행하여졌던 것이었다.

이것은 伊藤의 滿韓政策의 일환으로 실행되었던 間島領土政策의 本質을 理解하는데 重要한 자료가 되므로 상세히 검토해 보기로 한다.

Ⅱ. 統監伊藤과 滿州問題協議會

일본이 乙巳保護條約을 强制하여 한국의 外交權을 비롯해서 主權을 박탈하자, 統監府政治에 반대하는 反日運動이 全國的인 규모로 확대되어 갔고, 露日講和後, 滿州에 있어서 日本軍政官의 獨斷的인 行爲로 인하여 滿州開放을 요구하는 유럽列强의 불만을 초래하게 되었다.

특히 한국통감伊藤는 對滿州政策은 물론이고 日本의 權益과 直接的인 關連이 있는 對韓國政策에까지 그 영향이 파급되는 것을 가장 우려했다.21)

伊藤는 勅命을 받고 1906년 4월 20일에 행해지는 凱旋觀兵式에 참가하기 위해 4월 21일 京城을 出發하여 上京(東京)하게 되었다. 그때 西園寺首相도 滿州問題를 우려하여 4월 14일자로 이미 만주를 시찰하고 있는 중이었다.

伊藤은 이 기회를 利用하여 滿州問題를 논의할 것을 결심했고, 5월 14일 西園寺首相의 귀국을 기다렸다가 5월 22일 滿州問題協議會를 개

21) 外務省編『日本外交年表並重要文書』上(以下,『年表並文書』라고 한다), 262頁.

최하였다.

이 協議會에는 統監侯爵伊藤博文 樞密院議長侯爵山縣有朋 元帥侯爵大山巖 內閣總理大臣西園寺公望 樞密院顧問官伯爵松方正義 伯爵井上馨 陸軍大臣法學博士坂谷芳郎 外務大臣林董 陸軍大爵伯爵桂太郎 海軍大將男爵山本權兵衛 參謀總長子爵兒玉源太郎 등 元老 政府각료 軍部의 首腦部가 列席했다.[22)]

伊藤는 基調演說中에서 滿州問題協議會를 개최하게 된 동기에 관해서 5가지의 예를 지적하고 있다.

① 1906년 2월 자신이 한국에 부임하기 바로 직전에 당시의 外務大臣 加藤高明로부터, 滿州問題에 관해서 各國으로부터 불만을 초래하고 있는데 軍衙와 外務省이 서로 意見이 對立되어 그 回答을 遷延하고 있다는 事情을 듣고, 大磯에서 山縣 大山 加藤外務大臣 그리고 당시의 參謀次官兒玉大將들과 會合을 가지고 1개조항을 제외하고 현안문제에 관해 대책을 세웠음에도 불구하고 任地에서 들리는 소문에 의하면 아직도 현안문제가 해결되지 않았다는 것이다.

② 東京駐箚英國大使 맥도날드로부터 滿州問題와 관련해서 3월 31일자로 伊藤統監에게 機密私書가 보내져왔다는 것이었다.

③ 山縣侯爵가 書簡을 통해서 「滿州에 관한 問題는 사실상 外務省과 軍官憲간에 意見이 충분히 論議가 되지 않아서 外國에 回答이 遷延되어 外國으로부터 疑惑을 초래하고 있다는 것을 지적받았다는 것이고, 그리고 西園寺首相이 滿州視察旅行을 하고 있다는 보도를 받았다는 것이다.

④ 現在 袁世凱가 滿州에 있어서의 日本의 行動은 北京條約의 違反을 지적하면서 日本에 대해 不滿을 품고 있다는 것이 淸國으로부터 報

---

22) 前揭書『年表並文書』, 260~261頁.

道되었다는 것이다.[23)]

여기서 伊藤가 滿州問題協議會의 개최를 결단케 한 것은 맥도날드의 機密私書와 淸國人의 不滿을 낳고 있다는 점이었다. 日本이 露日講和條約을 실천한다는 명목으로 南滿州鐵道株式會社를 설립하여 淸國의 意志를 무시한 채 무리하게 工事를 진행함으로써 淸國의 不滿이 全國的인 규모로 확산되고 있었기 때문이었다.[24)]

특히 맥도날드의 機密私書의 內容은 다음과 같다.[25)]

첫째로 현재 만주에 있는 日本軍官憲이 軍事的으로 外國貿易을 拘束하고 있고 滿州에 대한 門戶開放主義는 以前의 露國보다 훨씬 더 閉鎖的이고 특히 日本人과 차별하여 유럽人에게만 閉鎖的이라는 것이다. 이 때문에 현재 美國과 英國이 電信으로 日本에게 엄중히 항의를 하고 있다는 것이다.

둘째는 현재 日本이 취하고 있는 정책은 만약 露國과 戰爭이 일어났을 때 日本을 同情해서 軍費를 供給해 줄 國家들과 疎遠하게 하는 自殺的인 政略이나 다를 바가 없다는 지적이었다.

셋째는 歐電에 의하면, 日本은 포츠마스조약을 講和조약이라기보다는 休戰條約이라고 생각하고 있다는 것이 報道되어져서 北京의 淸露談判이 이같은 보도를 구실로 談判을 연기하여 滿州로부터 露國의 撤兵이 진척되지 않아서 極東아시아의 정세가 여전히 긴장상태에 놓여있다는 사실을 伊藤에게 指摘하고 있다.

그런데 統監伊藤의 임무가 하루라도 빨리 韓國을 日本에 併合시키는데 있으면서도 불구하고 왜 滿州問題를 걱정하고 있었을까? 물론 직접적인 문제는 현재 시행중인 만주정책임에 틀림이 없지만, 伊藤가 韓國

---

23) 上同書, 261～262頁.

24) 上同.

25) 上同書, 262頁.

統監임에 불구하고 만주문제에 介入하게 된 이유를 다음과 같이 지적하고 있다.

「이 문제는 경우에 따라서는 단지 일본의 외교적문제일 뿐만아니라 그 영향이 직접적으로 韓國에 波及될 가능성이 있다. 滿州에 있어서의 日本의 行動에 대해 列强이 물의를 일으켜서 해외 諸新聞으로부터 비난공격을 받게받게 되면은, 현재 한국의 상하民心이 아직도 日本에 순종하지 않고 틈만 있으면 몰래 露國을 통해서 日本의 政略에 反對하려고 하는데, 열강의 비난을 계기로 해서 당장 한국이 딴 생각을하여 문제를 일으키게 된다고 생각해 볼 때 본인은 職責上 이것을 等閑視할 수 없다」는 것이었다.

바로 滿州問題는 韓國政策과 직결되는 韓國問題라는 인식이었다.

그리고 또 伊藤는 露國이 여전히 日本의 滿州政策에 대해 干涉의 여지가 있다는 것을 지적하고 있다.26)

즉 露日戰爭이후 지금은 露軍이 멀리 北滿州에 후퇴하였기 때문에 유사시에 순식간에 大軍을 淸國에 出動할 수 있는 것은 日本 뿐이다. 그런데 만약 지금 淸國에 亂이 일어나서 각국이 出兵을 하게 된다면 露國도 반드시 南滿州는 물론이고 北淸에 兵을 出動시키려고 할 것이다. 일본은 露國軍의 出動을 도저히 용납할 수 없으므로, 지금은 어떤 일이 있어도 淸國이 평온하도록 최선을 다해야 할 것이다. 따라서 滿州 지방에 있어서 淸國이 원하는 방침을 허용해야 한다는 것이다.

덧붙여서 伊藤는 對열강 및 對淸國에 대한 日本이 취해야 할 자세에 관해서 다음과 같이 지적하고 있다.27)

먼저 對列强과의 관계의 重要性을 指摘하면서, 지금 만주의 狀況과 日本軍政官의 行動은 그 모순성이 극에 달해 있어서 外國의 비난을 모

26) 上同.
27) 上同書, 263頁.

면할 수가 없다.「설령 가까운 장래에 戰爭이 일어나지 않는다고 해도 日本의 財政的인 측면에서 생각해볼 때 日本은 조금도 英美國人들의 心情을 상하게 해서는 안될 것이며, 그들의 同情을 받지 않으면 안된다」고 지적했다.

그리고 軍事當局者의 횡포에 대한 淸國人의 不滿을 指摘하여,[28] 현재 滿州에 있는 軍政官에 관한 規定은 淸國人의 不滿을 낳고도 남을 정도이다. 거기에다가 실제로 軍政官의 行動은 淸國人의 活動은 물론이고, 日本領事조차도 그 활동의 여지가 없다. 그렇기 때문에「軍政署를 폐지하고 그 地方의 行政은 淸國官憲에게 일임해야 한다. 그렇게 되면 그 地方의 行政과 人民의 保護는 淸國의 責任이 되고, 淸國이 이를 감당하지 못하여 援助를 要請해 올 때, 비로소 日本이 滿州行政에 加擔할 수 있을 것이다. 그런데 오늘날처럼 軍政을 실시하고 있으면 淸國이 滿州의 行政 및 人民의 保護를 감당해내지 못할 경우에는 당연히 日本이 그 責任을 면할 수 없다고 주장했다.[29]

결국 伊藤가 말하고자 하는 것은, 滿州에 있어서의 日本의 施設은 國際條約은 물론이고 日本政府에서도 누차 政綱을 發表하여 그 문제성을 지적했음에도 불구하고 軍政에 의한 實際狀況은 우방국의 同情을 잃게 하고 또 日本帝國의 威信을 손상케하여 장래에 回復할 수 없는 不利益을 초래함에 틀림이 없다는 것이었다.

이렇게하여 統監伊藤는 現實의 각종 懸案問題를 指摘하여 12개조항의 代案을 提示했다.[30]

---

28) 上同書.
29) 上同書, 262頁.
30) 上同書, 265~266頁.

(1) 關東總督府의 名稱은 적당한 시기에 변경할 것
(2) 軍政은 撤兵期限을 기다리지 말고 점차로 廢止할 것
(3) 地方의 秩序를 維持시키기 위해서는 「北洋糸東軍」이 南滿州에 駐屯하도록 허락할 것
(4) 가급적이면 빨리 大連을 開放하고 大連港에서 賦課하는 清沿岸貿易稅를 廢止할 것
(5) 大連을 開放함에 있어서 民刑事를 管轄할 수 있는 司法機關을 大連에 設置할 것
(6) 安東縣 新市街地 및 南滿州鐵道停車場敷地內에는 外國人의 居住 및 營業을 許可할 것. 단, 露國人만은 相互條件으로 할 것
(7) 露國人의 旅順에 歸任을 허락할 때는 相互條件으로 日本人의 哈爾賓地方에 歸任을 要求할 것
(8) 營口道台의 赴任은 가급적이면 빨리 許可할 것
(9) 新民屯奉天間鐵道는 清國에게 讓渡할 것을 協議할 것
(10) 木材상의 事業을 中止하고, 鴨綠江森林合同經營에 관해서 신속히 清國과 協議할 것
(11) 奉天城內를 비롯한 각 地域에 있는 人車鐵道 중에서 實際로 使用할 수 없는 것은 신속히 撤去하고, 경우에 따라서 清日合同의 民營의 計劃을 세우도록 할 것
(12) 軍政官이 清國으로부터 徵收한 船車稅를 廢止할 것

이상의 案件은 全員一致로 同意되었고, 단지 關東總督의 機關은 平時組織으로 변경할 것과 軍政署는 점차로 廢止하도록 하는데 領事가 있는 곳은 당장 폐지할 것을 결정하고, 伊藤統監의 提議에 의한 協議會는 큰 성과를 올리고 막을 내렸다.[31] 그러나 그후 滿鐵의 總裁가 된 後藤新平는 文裝的武備를 주장하여 결국 軍部의 武斷的經營과 다를 바가 없었다. 그래서 伊藤統監 西園寺首相 林外相들의 意志와 상반되는 現玉參謀總長의 意志와 같이 진행되어졌다.[32] 결국 滿州問題는 伊藤의 主張

31) 上同書, 263~264頁.
32) 前揭書, 栗原『對滿蒙政策の一面』, 27頁.

대로 추진되지 못했다.

이상과 같이 協議會의 개최의 직접적인 동기는 滿州問題를 改善하는데 있지만, 사실은 한국통감으로서 職責上의 課題로 韓國政策(韓日併合)上의 問題였다고 할 수 있다. 그렇다고해서 滿州政策과 전혀 관계가 없다고도 말할 수 없다. 伊藤의 생각은 政府主導의 滿州政策에 모순성을 지적하여 새로운 滿州問題의 對策을 提示하는데 있었다. 이후에 추진되는 間島政策도 그 方策의 하나였다.

실제로 伊藤統監이 駐韓公使에서 駐清公使로 부임해간 林權助로부터 同年 7월경에 間島領土政策에 관한 提案을 받고 本格的으로 그 검토에 들어가지만, 이미 協議를 개최할 시기에 間島問題에 관심을 가지고 간도地域에 관한 영토적 정책을 고려하고 있었다고 생각되어진다. 물론 이 시기에 간도영토정책에 대한 구체적인 방안까지 고려되어졌다고는 할 수 없지만, 단지 滿州에서 물란을 일으켜 列强은 물론이고 清國과 露國을 자극시켜 커다란 재앙을 초래하는 것보다는 우선 어느 정도 外國의 요구를 들어 만주지방을 안정시켜서 列强의 同情을 얻으면서 清國의 信賴를 받고, 露國을 완전히 滿州로부터 축출하는 한편, 韓國을 日本에 併合시키고 그리고 간도지방을 경유해서 南滿州 및 滿州全域으로 地步를 확대시켜 나간다는 것이었다.

이후 伊藤의 간도정책에 관한 구체적인 내용이 밝혀졌다. 그 내용을 보면, 먼저 韓國政策을 진행하면서 韓清간의 國境紛爭中인 間島問題에 介入하여 間島의 領有權을 回復하고 間島를 발판으로 해서 南滿州에 그 정책을 확대한다는 것이다.

그렇게 말할 수 있는 근거로써는, 伊藤統監의 個人參謀인 內田良平가 「韓日併合은 韓國人을 操縱해서 순수한 한국인의 운동으로 행해져야 한다고 伊藤에게 建議하고 있다. 이같은 韓國支配論理는 실제로 伊藤가 施行하는 韓國統治方法과 일치하고 있다.[33] 또 內田는 日本帝國의 基盤

을 견고히 하기 위해서는 樺太 台灣 韓國 滿州를 植民地化해야 한다는 것이다.[34] 그리고 만주문제와 관련해서는 韓國을 併合하고 百만의 一進會會員을 間島를 비롯해서 滿州에 移住시켜 滿州를 支配한다고 주장하고 있기 때문이다. 이것은 바로 伊藤統監의 滿韓政策論과 一致하고 있으므로 당시 內田과 伊藤의 친밀한 관계를 엿볼 수 있다.

伊藤統監은 1906년 7월경에 間島政策에 관해 검토하게 되는데 이것은 同年 5월 22일에 개최된 滿州問題協議會의 연장선상에서 이루어졌다고 볼 수 있다.

Ⅲ. 統監伊藤와 日露協商

露日協商의 發端은 1907년(明治40) 1월 19일자로 林董 外務大臣이 駐露公使 本野一郎로부터 一通의 電報를 받으면서 시작된다. 그 內容을 보면, 「露國 官民은 日本이 멀지않은 장래에 재차 逆襲해 오리라고 疑念을 품고 있는 듯하다. 그래서 露國外相 〈이즈올스키〉 氏가 本官이 파리를 출발할 당일 本官에게 '만약 露日간에 확실히 將來에 平和를 확보할 證明이 있다면 日本에게 많은 것을 讓步할 수 있다'고 말했다. 本官의 見解를 말씀드린다면, 今後 日本의 急務는 진실로 極東平和를 維持해서 國力을 伸長하는 데 있다고 믿어진다. 露國이 適當한 條件으로 發議를 해온다면 好意를 가지고 검토해 볼 필요가 있다고 생각한다」면서 日露協商을 提議해 왔다.[35]

---

33) 黑龍會編『日韓併合秘史』上, 13頁, 韓相一『日韓近代史の空間』日本經濟評論社, 1984, 153頁 參照.

34) 黑龍會編『朝鮮統治問題』, 黑龍會出版部, 1920, 14～25頁, 前揭書『日韓近代史の空間』, 153頁 參照.

35) 明治40年 1月 19日字「在魯國本野公使發 林外務大臣宛電報」(前揭書『外交文書』

露國의 協商提議에 대해 가장 민감하게 반응한 사람중에 한 사람이 바로 韓國統監 伊藤博文이었다. 이때 伊藤는 露國外相으로부터 제안받은 露日 協商의 절호의 기회를 놓쳐서는 안된다고 元老 各大臣 및 政府관계자를 설득하여 결국 일본이 協商에 응하게 되었다.[36)]

林外務大臣은 同2월 2일 「日本帝國은 露國에 대해 조금도 侵略的行動을 할 意志도 없고, 露國의 提議에 적극적으로 同義한다고 露日協商의 意志를 전달한다.[37)] 이렇게 해서 同協商이 추진되어지게 되는데, 특히 韓國統監伊藤의 滿·韓政策論이 적극적으로 반영되어지면서 交涉이 진행된다.

協商의 窓口는 露國外相과 駐露本野公使가 되지만, 日本政府의 意見은 林外相이 종합하여 本野公使에게 전달하게 된다. 특히 日本政府의 意見을 종합하는 과정에서 韓國統監 伊藤博文와 駐英大使 小村壽太郎의 意見이 크게 對立하게 되는데 결과적으로는 元老會議 및 閣議會議에서 政府의 方針을 決定하게 된다.

여기서 伊藤가 기대하는 協商의 目標는 滿州 및 韓國에 대한 양국의 權益關係를 明確히 하는 데 있었다. 伊藤 자신의 지적에 의하면, 「日露戰爭을 事前에 防止하지 못한 이유는 露國가 滿州를 勢力의 範圍로 둘려고 했고 日本은 韓國을 그 勢力의 範圍로 둘려고 했었다. 그러나 결국 양국은 그 주장을 固守하여 서로 양보하지 않았기 때문이라고 말한다.」[38)] 즉 여기서 伊藤은 적어도 韓國併合을 露國으로부터 直接的으로 確認받는 데 있었다고 할 수 있다.

반면 駐英大使 小村壽太郎은 다음과 같다.

四十卷第一冊, 97頁).

36) 6月 11日字「伊藤韓國統監發 西園寺總理大臣宛電報」(上同書, 153頁).

37) 同2月 2日字「林外務大臣發 在露國本野公使宛電報」(上同書, 98頁).

38) 6月 11日字「伊藤韓國統監發 西園寺總理大臣宛電報」(上同書, 98頁).

極東의 平和를 위해서라면 반드시 露國과 協約을 맺을 필요가 없으며, 만약 이번 기회를 利用하여 條約을 체결한다면 日本은「將來 露國이 노리고 있는 北滿州 및 黑龍江地方을 인정해서는 절대로 안되고 日本의 利權을 확보하는 데 그 便宜를 요구하고, 그리고 露國이 東歐問題를 해결하기 위해 歐州諸國과의 外交交涉의 틈을 利用해서 日本의 利益을 享有해야 한다는 것이었다.」[39] 그리고 또 韓國 및 滿州에 있어서의 勢力分割은 절대로 있어서는 안된다는 것이 小村의 持論이었다.[40]

결국 伊藤는 滿州權益의 一部를 露國에게 양보하는 한이 있더라도 韓國併合을 러시아로부터 인정받아야 한다는 것이라면, 小村는 절대로 滿州는 물론이고 그 이외의 地域이라도 露國에게 양보해서는 안된다는 것이었다. 이렇게하여 兩者의 意見이 크게 對立되었다.

露國는 2월 21일 露國의 案으로서,「機會均等主義에 反하지 않는 한 포츠마스조약의 權利를 진적으로 尊重할 것을 약속한다」(제1조),「淸國의 獨立 및 領土를 保全하고 淸國에 있어서 列國의 商工業의 機會均等主義를 承認하고 그리고 平和的 手段으로써 그 事態 및 主義를 擁護支持할 것을 약속한다」(제2조)는 2개 條項을 日本政府에 提案했다.[41]

日本은 露國案에 대해서 3월 3일 元老會議를 열고,「日本은 北滿州에 있어서 露國에게 모든 鐵道 電信에 관한 權利를 認定하고 그리고 同地域에 있어서의 露國의 權益을 保證하며 이에 直接的 間接的으로 防害하지 않을 것을 약속한다. 마찬가지로 露國는 日本에 대해 南滿州地域에 있어서 동등한 대우를 할 것을 약속한다」(제3조), 그리고「1904년 및 1905년에 맺어진 日韓條約 및 協約에 의한 政治的 權利共通關係를 承認하고, 이러한 關係가 더욱 發展함에 있었어도 防害 干涉하지 않을

39) 洞2月 15日字「在英國小村大使發 林外務大臣宛電報」(上同上書, 102~103頁).
40) 同2月 28日字「在露國本野公使發 林外務大臣宛電報」(上同書, 108頁).
41) 同2月 21日字「在露國本野公使發 林外務大臣宛電報」(上同書, 107頁).

것을 약속한다」(제4조)라고 하는 2개 條項을 要求했다.[42]

이 元老會議의 內容은 伊藤의 主張이 거의 수용되었다는 것을 금방 알 수 있다. 특히 여기서 注目해야 할 것은 지금까지 露國가 1905年의 乙巳保護條約을 合法的인 條約으로서 認定하지 않고 있었다는 사실을 알 수 있다.

그리고 또 露國가 露日講和條約을 견지하는 입장이라면, 日本은 적극적인 滿·韓利權分割을 주장하고 있는 것을 알 수 있다.

伊藤는 본 政府案에 만족하게 되었고 露國의 反應이 무엇보다 염려되었다. 일본정부의 案에 대한 露國의 回答이 상당히 지연되자, 伊藤는 政府案이 無理한 要求임은 일찍이 깨닫고, 3月 30日 林外務大臣에게 다음과 같은 내용의 電報를 보낸다.

「이 시점에서 우리(日本)에게 가장 必要不可欠한 것이 滿韓問題임에 틀림없다. 특히 韓國에 관한 問題는 무엇보다도 緊要하여 지금 이 기회를 놓치면 재차 紛議(戰爭)을 일으키지 않으면 안될 것이다. 게다가 근래 韓國內의 狀態는 排日의 氣運이 날로 더해지고, 틈만 있으면 歐美人에게 日本의 行爲를 고발하고 있는 사태를 도저히 憂慮하지 않을 수 없다. 客下(林外相)께서 이러한 사태의 진전에 특히 注目해 주시길 원합니다.」[43] 이 단락이 伊藤가 露日協商을 勸告하게 된 근본 취지이며, 伊滿의 滿韓政策上의 順位를 역력히 엿볼 수 있다.

露國으로부터 回答은 정확하게 1개월이 지난 뒤인 4월 3일에야 전달되어 왔다. 그 내용인 즉, 2개조의 日本案을 秘密條約으로 하고, 그 대신에 제3조에 「蒙古 및 滿州 以外의 淸國의 邊境地帶에 대해서는 露國의 優越的 地位를 承認할 것」을 要求해 왔다.

伊藤統監은 露國의 要求에 대해 2回(4월 11일·13일)에 걸쳐서 林外

42) 同3月 3日「元老會議」(上同書, 108~109頁).
43) 同3月30日字「伊藤韓國統監發 林外務大臣宛電報」(上同書, 118頁).

務大臣에게 다음과 같이 眞言했다.

「露國 政界의 現狀을 엿볼 때, 가능한 한 이번 기회에 交涉問題를 解決해야 하는데, 蒙古에 관한 主權 및 領土保全問題와 같은 것은 第2條로 미루고 재차 言及할 필요가 없으며, 滿州南北分割에 관해서도 談判의 進行에 阻礙가 된다면은 劃線할 필요없이 全權 本野公使에게 委任하여 多少 讓步해야 한다고 생각한다」(4월 11일 書簡).[44]

「韓國에 관한 條項은 本條約中에 規定해서 發表한다. 여기에 덧붙여서 本野公使의 提案처럼 公文을 交換해서 『將來의 發展』이라는 語句를 『合併』까지도 포함하는 내용을 명백하게 하는 것이 가장 좋은 方法이다. 단지 이렇게도 안될 경우에는 本條項을 秘密條項으로 옮기는 데 위의 本野公使의 提案을 採用해야 할 것이다. 韓國內의 形勢가 지금과 같은 추세로 진행된다면 해가 갈수록 『併合』은 점점 힘들게 될 것이다. 그렇기 때문에 지금 우리(日本)의 意志를 明確하게 미리 러시아에 承諾을 얻어두어야 한다.」

「蒙古問題에 관하여 露國의 意志를 살펴보면, 滿州를 南北으로 兩分하고 韓國을 日本에게 주는 대가로 蒙古를 얻을려고 하는 것이 本協定에 임하는 露國의 對策임에 틀림없다. 그 때문에 露國가 韓國에 대한 日本의 要求를 無限定으로 承諾함에도 불구하고 日本이 露國의 要求인 蒙古에 대해 여러 가지 束縛을 한다면 露國가 日本의 要求에 同意할 리 없을 것이다. 현재 우리에게 있어서 가장 시급한 과제가 韓國問題를 根本的으로 解決하는 것이기 때문에 蒙古에 관해서는 가급적이면 露國의 要求를 收容하는 것이 緊要하기 때문에 蒙古의 主權 및 領土保全問題와 같은 것은 일부러 再차 言及할 필요는 없고 本協約 제2조의 大體論으로 인정해주어 러시아의 面目을 살려주는 것이 得策일 것이다.」,

44) 同4月 11日字「伊藤韓國統監發 林外務大臣宛電報」(上同).

「內外 形勢를 살펴볼 때 신속히 協約을 체결하지 않으면 안될 것이다」라고 主張했다(4월 13일).[45)]

여기서 보는 바와 같이, 伊藤의 主張은 露國에게 公文으로 韓國併合을 인정받고 또 南滿州의 權益을 全的이 아니더라도 部分的이라도 인정을 받아야 한다는 것이다. 이를 露國으로부터 承諾을 받을려면은 露國의 要求를 들어주어야 한다는 것이다. 단, 일본의 요구처럼 公文을 통해서 認定해주자는 것이 아니라, 南北滿州의 分割을 要求하지 않는 대신에 蒙古의 主權 및 領土保全問題는 제2조로써 적용하여 露國의 面目을 세워주자는 것인데, 결국 이것은 露國에게는 確固한 權益을 전혀 인정하지 않은 채 日本의 權益만은 確固하게 인정받자는 태도였다. 露國가 일본의 이런 제안을 인정할지는 의문이다.

露國의 요구에 대한 駐英大使 小村의 주장은 이렇다.[46)] 즉, 「蒙古에 대한 러시아의 主張은 완전히 片務的일 뿐만 아니라, 우리가 제출한 對案 제2조에 抵觸되고, 만약 우리가 蒙古에 있어서 利益의 優越한 地位를 露國에게 인정을 한다면, 露國은 우리에게 滿州全部에 있어서 利益의 우월한 지위를 인정하는 것 이외에 다른 交換的利益은 없다」는 것이었다.

4월 16일 日本政府는 露國의 主張을 論議하기 위하여 閣議를 열었다. 각의에서 결정된 내용은 다음과 같다.

① 「滿州問題에 관한 日本의 對案 제3조를 秘密條約으로 옮겨도 帝國政府는 異義가 없다.」
② 「韓國에 관한 조항은, 韓國이 外國의 同情과 援助를 기대하고 陰謀와 奸策을 꾀하려고 하기 때문에 이것을 防止하기 위해 帝國政府가 추가로 본조약 중에 記入시켜서 公表되어지기를 희망하지만, 韓國政府가 절대로 그것이 公表되는 것에 同意하지 않을 때는 이 條項을

45) 同4月 13日字「伊藤韓國統監發 林外務大臣宛電報」(上同書, 122頁).
46) 4月 8日字「在英國小村大使發 林外務大臣宛電報」(上同書, 124頁).

秘密協約으로 옮겨도 된다. 그리고 『將來發展』이라는 語句의 意義(併合)를 外交文書에 明文化해야 한다는 本野公使의 意見에 관해서는 日本帝國이 露國政府로부터 充分히 同意를 얻을 수 있다는 確信이 서기 이전에는 그 같은 취지의 提議를 通告하는 것은 得策이 아니라고 생각한다.」

③「露國의 提案中에서 蒙古地域 및 滿州 以外의 淸國邊境地域의 權益主張에 관해서는 露日兩國 서로의 利益에 接觸하지 않는 한계 내에서 인정하고, (中略) 가급적이면 본 조항을 削除시키도록 노력해야 한다. 만약 露國政府가 本件을 協商中에 반드시 요구를 한다면은 滿州에 있어서의 만족스런 利益의 範圍를 要求하는 대신에 日本帝國은 外蒙古에 있어서 本日 調印되어진 條約 제2조의 규정에 反하지 않는 범위 내에서 露國의 平和的活動에 대해서는 防害 및 干涉하지 않을 것을 約束한다.」

④「원래 본조약은 兩國의 親密關係를 표시하는 性質의 것이기 때문에 日本帝國은 조금 그 形式을 완화하여 조약을 체결함에 있어서 全權委任狀에 의하지 않고 特別委任으로 한다.」

라는 것이었다.[47)]

결국 協商을 진행함에 있어서 西園寺 首相을 비롯한 政府각료는 伊藤의 意見을 主로 참작하였으나, 日本이 韓國 및 南滿州分割을 요구하게 되자 露國는 蒙古 및 滿州 이외의 邊境地域의 權益을 요구해 왔다. 만약 日本이 韓國併合을 요구하면 露國가 더 이상의 權益을 요구하고 나설 것임에 당연하였다. 그래서 日本 政府의 意見은, 정작 露國가 持論을 계속해서 주장한다면은 同協商의 中心課題이기도 한 韓國併合을 明文化시키는 것을 삭제하기로 결정되었다. 이렇게 해서 日本政府가 同協商에 대한 기대감도 서서히 식어져 갔고, 協約의 形式도 全權委任에서 特別委任으로 格을 낮추어 條約의 意味를 흐지부지하게 했다.

林外務大臣 閣議內容을 伊藤統監에게 通告하자,[48)] 伊藤자신도 閣議內

47)「閣議決定」(上同書, 1224～126頁).

容을 전혀 理解할 수 없는 것은 아니었다. 伊藤는 機會의 重要性을 강조하면서 각의내용 및 協商의 진행에 대해서 다음과 같이 지적하고 있다.

「본協商을 빠른 시일내에 체결하지 않으면 形勢가 一變하여 協約이 결국 파국으로 치닫을 경우도 있다. 그러니까 多少의 損益에 구애받지 말고 가급적이면 露曆 5월 5일 이전에 調印하도록 조치를 취해주었으면 한다.」[49)]

「韓國의 情勢를 보면은 기독교가 만연되고 排日思想이 배양되어 韓國統治의 前途에 있어서 많은 困難이 따를 것이 必至이기 때문에 이 기회에 韓國問題를 決定하지 않는 것은 상당히 遺憾이지만 情勢가 정세인 만큼 高見(閣議決定)에 同意할 수밖에 없다」고 하면서 하루빨리 協約의 체결의 必要性을 강조하고 있다.[50)]

小村駐英大使는 閣議內容에 대해 이렇게 지적하고 있다.

「지금은 韓國併合의 時機로서는 시기상조이다. 그런데 지금 억지로 露國로부터 併合을 要求할 必要는 없다. 그리고 蒙古問題는 日本의 提案 제2조에 抵觸되기 때문에 만약 이 문제를 決定할 경우에는 英國政府와 交涉이 필요하다고 생각하며,[51)] 露國가 절대로 蒙古問題를 規定하지 않고서는 協商을 할 수 없다고 할 경우에는 協議를 中止할 수밖에 없다」고 주장했다.[52)]

6월 11일 伊藤統監은 西園寺首相에게 直接 書簡을 보내어 韓國問題를 초우선으로 해결해야 하는 理由를 설명하고 최후의 수단으로 西園寺 수상에게 韓國問題의 해결을 기대하였다.

---

48) 同4月 24日字「林外務大臣發 伊藤韓國統監宛電報」(上同書, 132頁).
49) 同4月 23日字「伊藤韓國統監發 林外務大臣宛電報」(上同書, 132頁).
50) 同4月 25日字「伊藤韓國統監發 林外務大臣宛電報」(上同書, 132～133頁).
51) 同4月 27日字「在英國小村大使發 林外務大臣宛電報」(上同書, 133頁).
52) 同5月 10日·15日·19日字「在英國小村大使發 林外務大臣宛電報」(上同書, 143頁, 131～132頁, 139頁, 144頁).

「韓國에 있어서 각국의 公使館이 이미 撤退하였으므로 이제는 日本이 自由롭게 外交關係를 措置할 수 있는 것이 일반적인 解決이지만, 韓國과 各國과의 條約이 아직 存在하고 있을 뿐만 아니라 各國이 公使館을 再建하지 않겠다는 保證契約도 없고, 특히 治外法權같은 것은 이집트가 困境에 처한 예를 보면 알 수 있듯이 치외법권을 쉽게 폐지할 수가 없다. 그러니까 국경을 접하고 가장 利害關係가 깊은 露國와 協商을 체결하게 되면, 앞으로 韓國과 各國간의 모든 문제를 解決하는 데 便宜를 얻을 수 있는 것은 말할 여지도 없다. 그러니까 어느 方面을 봐도 韓國問題에 관해서 露日간에 解決을 부는 것은 현재 日本帝國에 있어서는 매우 시급한 일이다. 그런데 直接的으로 理解關係가 있는 韓國問題를 방치하고 오히려 間接的利害關係에 속하는 蒙古問題에 重點을 두는 것은 도저히 납득할 수 없다」고 지적하면서 재삼 韓國問題解決의 必要性을 강조했다.[53)]

日本 政府는 元老會議를 거쳐 協商締結을 위한 政府方針案을 최종적으로 확인하였다.[54)] 6월 14일 林外務大臣은 元老會議에 의한 政府案을 伊藤統監에게 통고했다.

伊藤는 同15일 林外務大臣에게 電報를 보내어 元老會議의 承認에 대한 자신의 心境을 다음과 같이 설명하고 있다.[55)]

> 「廟議에서 이미 決定된 韓國에 관한 事項을 協約에서 削除한다는 것은, 즉 『將來發展(併合의 意味를 포함)』의 承認을 露國에게 要求하지 않는다는 意味로 결코 現在狀態까지도 그 승인을 포기한다는 意味는 아닐 것이다. 이때 그 승인을 받아주지 않으면 韓露條約存廢問題같은 것도 露國에게 그 議論을 主張하게 하는 여지를 남겨 두고 있다. 이러한 이

53) 同6月 11日字「伊藤韓國統監發 西園寺總理大臣宛電報」(上同書, 153~154頁)
54) 同6月 14日字「林外務大臣發 伊藤韓國統監宛電報」(上同書, 154~155頁).
55) 同6月 15日字「伊藤韓國統監發 林外務大臣宛電報」(上同書, 155頁).

유로 露國와 韓國간에 맺어진 各種의 協約 및 契約廢棄에 異議를 달게 될 것이므로 露國에게 그 승인을 받아두지 않으면 재작년(1905년) 11월의 韓日協約(乙巳「保護條約」)에 대해 露國는 항상 異議를 주창할 地位에 있을 것이다.」

특히 여기서 注目되는 것은, 乙巳條約 체결의 주역이었던 伊藤자신이 乙巳「保護條約」이 諸外國으로부터 完全히 인정받을 수 없는 國際法上 결함이 있는 조약이라는 것을 폭로하고 있다.

伊藤는 6월 19일 林外務大臣에게 書簡을 보내어 「현재 露國는 포츠마스條約에 韓國에 대해 日本의 指導監理를 妨害하지 않는다라고 約束하고서는 그 이후 韓露條約의 存續을 主張하고 있지 않는가. 그러니까 韓日의 現在의 關係를 확고하게 認定(韓日併合)받아 주지 않으면 앞으로 언제 異議를 提出할지 모른다」, 그런데도 불구하고 「廟議에서 결국 露日協商 중에서는 韓國에 관한 事項을 완전히 삭제하는 것으로 決定한다면 本官은 도저히 이대로 가만히 있을 수 없다」, 「이 사실을 首相 및 元老에게도 傳達해 주기를 바란다」.56)

이것이 이번 露日協商에 있어서 伊藤統監의 마지막 메시지였다.

以上의 內容에서 살펴보면, 伊藤統監은 「滿韓問題」를 明確하게 하는데 協商의 目的으로 두고 있었다. 특히 韓國問題(韓日併合)가 무엇보다도 緊要한 課題이므로 이번 露日協商이 절호의 기회라고 믿고 있었다. 現在 韓國內의 形勢는 統監政治에 反對하여 排日的狀況가 날로 심각하여 이 기회를 놓치면은 다시 露日戰爭을 각오하지 않고서는 韓日併合이 더욱 힘들게 될 것이 기정사실이다. 이러한 이유로 이번 기회에 반드시 露國으로부터 韓日併合을 認定받지 않으면 안된다는 것이었다. 결국 韓日併合의 승인은 얻지 못하고, 南滿州에 대한 權益만을 확보하게 되었다.

---

56) 同6月 19日字 「伊藤韓國統監發 林外務大臣宛電報」 (上同書, 157頁).

여기서 注目되는 것은, 아직 韓淸兩國간에 소속이 결정되지 않은 間島問題이다. 南滿州의 權益을 確保하므로써 間島問題가 원활히 해결될 것만 같은 분위기를 풍기지만, 실제로 이 條項은 露日兩國간의 秘密條約에 의해서 規定되었기 때문에 淸國과의 關係에서는 아무런 도움이 되지 못하며 오히려 露日秘密條約은 淸國으로부터의 비난의 대상이 되어, 伊藤의 間島領土政策의 實行에 마이너스적인 영향을 끼쳤다고 말할 수 있을 것이다.

뿐만아니라, 伊藤는 현재의 滿州情勢를 지적하고, 將來 滿州政策의 일환으로서 韓國政策을 고려하고 있었으며, 그리고 間島의 主權을 回復하여 南滿州를 비롯해서 全滿州政策의 발판으로 삼으려고 했다. 그러나 伊藤 스스로가 지적하고 있는 乙巳「保護條約」의 欠點은 韓國政策은 말할 필요도 없고, 韓國外交權의 接收를 명목으로 수행하려고 하는 間島政策에도 적지 않은 지장이 우려되었음에 틀림없다. 이렇게 해서 間島政策을 目前에 두고 실시되었던 露日協商에의 기대는 완전히 수포로 돌아가고 말았다.

Ⅳ. 兩事件과 間島政策과의 관련

統監伊藤를 주축으로 해서 수행되어진 間島領土政策은 1906년 7월경에 구체적인 案이 검토되어 다음해 2월 8일에 閣議에서 同意를 얻게 되었고, 8월 19일 間島地方에 統監府의 官吏를 파견시킴으로써 본격적으로 間島政策이 시작되었다.

伊藤가 실시한 間島政策의 意義는 統監의 職分으로서 韓國政策의 일환이라고 볼 수가 있으며, 한편으로는 將來 日本帝國의 發展을 고려한 滿州政策의 일환으로 진행되었다고도 말할 수 있다.

本文에서 살펴본 滿州問題協議會(1906년 5월 22일) 그리고 露日協商(1907년 2월~7월 30일) 역시 滿韓政策의 일환으로 실시되었다는 것이 밝혀졌다.

滿州問題協議會 露日協商 間島領土政策 등 3가지 사건을 時期的으로 생각해 보면, 露日講和 이후 日本政府(軍部 포함)의 滿州政策의 모순성이 표면화되어 벽에 부딪히게 되었고, 그 영향이 韓國政策에까지 미칠 것을 우려하여 1906년 5월에 滿州問題協議會를 개최하게 되었고, 한편 間島問題는 韓國問題로서 伊藤가 統監으로 부임할 당시부터 統監府의 課題로 台頭되어 있었다. 이러한 상황에서 協議會가 개최될 당시 伊藤의 滿韓政策의 構想은 무리하게 滿州經營을 그만두고 日本의 利益과 直接的인 관계가 있는 韓國을 먼저 日本에 「併合」한다는 것이었다. 한국을 併合하고 그것을 기반으로 해서 서서히 滿州를 經營한다는 것이었다. 당연히 滿州政策에 유리한 位置에 있는 韓國問題인 間島問題를 고려했을 것이다.

伊藤는 5월 22일에 協議會를 마치고, 마침 7월경에 당시 韓國公使에서 淸國公使로 전임해간 林權助로부터 間島領土政策의 提議를 받아 間島領土政策을 決心하고 구체적인 方案을 세우면서 閣議同意를 얻어 間島地方에 이미 組織되어진 統監府의 官吏의 일부를 現地에 派遣할 준비를 하고 있는 찰나에 露日協商이 成立되었던 것이다. 이 露日協商에서 伊藤의 생각대로 露國으로부터 韓國併合問題를 認定받고 南滿州의 權益을 확보하게 되었다면, 露國의 後援을 받으면서 間島問題는 충분히 日本(혹은 韓國)에 유리하게 해결될 수가 있었을 것이다.

이러한 意味에서 韓國統監 伊藤에 의해서 혹은 主導로 추진되어진 滿州問題協議會 露日協商 그리고 間島領土政策은 伊藤의 滿韓政策의 연장선상에서 이루어진 사건이라고 말할 수 있을 것이다.

〈白山學報 第48號, 1997.6.30. pp.259~281〉

朝鮮 孝宗朝 北伐論 研究

金 世 英*

〈目 次〉

Ⅰ. 序 論

丙子胡亂 직후 북벌론은 對淸關係에 주체적으로 대처한다는 명분으로 왕의 주도하에 전개되었는데 대표적인 경우는 孝宗때였다. 당시 孝宗이 북벌론을 國策으로 적극 추진한 이유는 仁祖反正(1623년)에 의한 왕위계승의 正統性 문제가 야기되었기 때문이다. 효종의 등극도 사실상 常道에 어긋나는 왕위계승의 정통성 결여라는 문제점을 안고 있었다. 이러한 왕위계승의 정통성 문제를 보완하기 위한 수단으로 제시한 것이 북벌론이었고 이를 명분으로하여 왕권강화를 모색하고자 추진된 것이었다. 당시 신료들도 효종의 북벌론 공론화에 적극적으로 참여하였는데, 그 저의는 대청외교노선의 실패에 대한 책임 회피와 自黨의 정치적 입지 강화에 있었다.

이후 북벌론은 顯宗·肅宗祖에 계속되었으나 효종조와는 그 성격상

* 상명대 교육대학원

차이가 있었다. 현종·숙종조의 북벌론은 신료들 중심으로 제기되었는데, 숙종조의 북벌론은 南人 尹鑴가 중국의 三藩亂을 기회로 명나라 부흥세력과 연합하여 북벌을 시도하였으나 왕의 비협조와 중신들의 반대 및 청의 정치적 안정으로 인하여 좌절되었다.[1)] 이와같이 효종과 현종·숙종조의 북벌론은 주도세력과 목적 및 공론화 과정이 각기 달랐다.

효종조 북벌론에 관한 지금까지의 연구경향은 크게 세 가지 관점에서 취급하고 있다. 첫번째는 춘추대의론적 관점에서 다룬 것인데,[2)] 북벌론을 문화민족의 자존을 위한 주체성 발휘였다고 하는 긍정적 견해다. 이는 효종과 宋時烈의 북벌론을 다함께 민족문화 수호를 위한 자구책으로 취급하였고 특히 송시열의 북벌론에 역점을 두었다.

두번째는 당시 효종의 북벌론은 自强策이었다고 긍정하는 반면에 효종과 반목하는 입장에서 제기한 산림과 송시열의 북벌론은 이상적 명분에 불과했다고 비판하는 견해다.[3)] 이는 효종의 북벌론이 복수심에서 비롯되기는 하였으나 위기 상황에서의 실천적 부국강병책이였다는 긍정적 평가다.

세번째는 효종과 송시열 양자의 북벌론을 양난이후 집권세력의 권위

---

1) 洪鍾佖,「三藩亂을 前後한 顯宗 肅宗年間의 北伐論 - 特히 儒林과 尹鑴를 중심으로」,『史學研究』27, 1977, 99~108쪽 참조.

2) 權五惇,「北伐大義 -尤庵 宋時烈先生을 중심으로」,『斯文論叢』1 , 斯文學會, 1973.
崔昌圭,「尤庵學의 民族史的 再定立 -朝鮮朝 韓國學의 正脈」,『百濟研究』10, 忠南大百濟文化研究所, 1979.
趙鍾業,「北伐과 春秋大義」,『百濟研究』10, 忠南大百濟文化研究所, 1979.
柳南相,「尤庵의 心性理氣論과 義理思想에 관한 研究」,『尤庵先生 300周忌紀念尤庵思想研究論叢』, 斯文學會, 1992.
李章熙,「尤庵 宋時烈思想에 관한 一考」,『尤庵先生 300周忌紀念 尤庵思想研究論叢』, 斯文學會, 1992.
洪淳昶,「宋子의 北伐論과 民族意識」,『尤庵先生 300周忌紀念 尤庵思想研究論』斯文學會, 1992.

3) 李京燦,「조선 효종조의 북벌운동」,『清季史學』5, 韓國精神文化研究院, 1988.

상실 과정에서 집권층의 권력유지라는 정치적 목적과 명분론에서 기인한 것으로 보는 비판적 견해다.[4] 따라서 북벌론은 민족자존 및 주체성 그리고 자강책과도 상관이 없다는 주장이다.

이와같이 17세기의 북벌론를 당시 청에 대한 대응책으로만 규정하는 대외적 문제에 비중을 두는 경향이 컸다. 그러나 효종조 북벌론의 근본 목적은 청에 대한 復讐雪恥 혹은 민족주체성의 발로에만 있는 것이라기 보다 왕권과 신권이 각기 정치적 입지 강화를 위한 대립관계에서 취해진 정책 수단으로 제기되고 추진되었다는 점을 간과해서는 안될 것이다.

이에 본고는 북벌론의 공론화 배경이 대내적 정치상황에 근본을 두고 있다는 것에 초점을 맞추었다. 따라서 북벌론을 중심으로 효종과 신료들의 정치목적과 방법상의 차이를 밝히는 한편, 왕권과 신권이 어떻게 정치적으로 경쟁・대립하면서 권력을 유지하였는가를 규명하고자 한다.

Ⅱ. 北伐論의 時代的 背景

1. 丙子胡亂 前後의 政治狀況

17세기에 중국은 명·청의 왕조 교체가 있었고 일본은 豊臣政權과 江

4) 李離和, 「北伐論의 思想的 檢討」, 『創作과 批評』38, 創作과 批評社, 1975 겨울. 姜萬吉,「北伐論에서 北學論까지」, 『月刊朝鮮』, 朝鮮日報社, 1981. 7.
李迎春, 「尤庵 宋時烈의 政治思想硏究-尊周・北伐論을 중심으로」, 韓國精神文化硏究 院附屬大學院 碩士學位論文, 1984.
沈珉植, 「孝宗朝 北伐論의 成立過程에 대한 硏究」, 高麗大 敎育大學院 碩士學位論文, 1987.
鄭昇媛, 「朝鮮朝 孝宗의 王權强化와 軍備擴充策」, 誠信女大 敎育大學院 碩士學位論文, 1996.

戶政權이 교체되고 있었다. 이러한 상황에서 조선의 지배층이 당면했던 문제점은 性理學的 大義明分論에 입각하여 정치 기반을 확보하는 것이었다. 따라서 집권층 내부의 갈등이 왕위계승의 정통성 문제로 표면화되었다. 특히 대외문제와 결부시켜 왕위계승의 문제 제기가 심각했던 시기는 仁祖反正과 胡亂이후다. 인조의 왕위계승과 호란을 전후한 斥和派·主和派의 대립이 가장 좋은 예다.

일찌기 光海君은 변화하는 국제질서 속에서 국난 치유를 위한 정책을 모색하였다. 대내적으로 왕실 재건과 田制 정리에 힘썼고 軍政 개혁과 문화사업도 추진하였으며 대외적으로 명에 대한 事大交隣政策에서 벗어나 실리적인 외교노선의 전환을 꾀하였다. 중립외교노선을 취함으로써 명과 후금의 교체에 따른 국제질서의 재편성 과정에서 전란의 위기상황을 모면할 수 있었다.

그러나 광해군의 중립외교노선은 오히려 인조와 서인세력에게 반정의 기회를 제공하는 명분이 되었다. 당시 반정세력들의 사고는 다음의 仁穆大妃 敎書에서 엿볼 수 있다.

> 선조대왕이 불행이도 맏아들이 없어서 임시방편으로 형제간의 순차를 뛰어넘어 광해를 세자로 삼았다. 광해는 세자로 있으면서 나쁜 행위가 현저히 드러났으므로 선조는 말년에 자못 후회하였다. … 광해는 배은망덕하게도 황제의 지시도 두려워하지 않고 몰래 딴마음을 품고 누르하치에게 굴복하였다. … 우리 예의지국으로 하여금 오랑캐와 짐승의 무리가 되게 했으니 가슴 아프고 골치 아픈 일을 어찌 다 말할 수 있겠는가. 天理를 없애고 人倫을 무너뜨림으로써 위로는 종사에 죄를 짓고 아래로는 백성들의 원한을 샀다.[5)]

위의 사실에서 볼 수 있듯이 인조와 서인세력은 광해군의 이중외교

5) 『仁祖實錄』 卷1, 仁祖元年 3月 甲辰條.

와 왕위계승의 정통성 결여를 들어 반정을 일으켰다. 인륜을 바로하고 명에 대한 사대교린정책에서의 이탈을 바로잡고자 한다는 것이 명분이었다.

그러나 인조와 서인정권 역시 반정의 정당성을 구체적으로 입증해야 했다. 반정세력은 인목대비의 교서를 통해서 광해군을 축출하고 인조를 宣祖의 후사로 해야 한다는 것을 정당화하려 하였으나 인조의 祖統直承은 전례수행의 宗法的인 문제를 야기하였다. 祠堂 告由에서 인조의 생부인 定遠君에게 적용할 칭호에서 전례상의 문제가 발생했다. 인조가 할아버지의 뒤를 계승했기 때문에 정원군에 대한 칭호 문제로 논란이 일어났다.[6] 인조가 정원군과의 종법적인 부자관계가 유지되는 것인가, 또 선조를 계승할 정당한 차례인가하는 논란을 발생시켰다.[7] 왕위계승의 정통성에서 야기되는 이러한 문제들은 인조정권의 존립마저 위협할 수 있었다. 인조의 왕위 계승은 10여년 간의 논란 끝에 元宗(정원군)追崇典禮로 정통성을 확보할 수 있었다. 원종을 추숭하여 종법적인 부사관계를 유지하고 宣祖 — 元宗 — 仁祖로 이어지는 종통의 계보를 만들어 예학적인 명분을 확보함으로써 반정정권의 정통성을 확립하는 한편 왕권의 강화 의지를 확고히 하였다. 원종추숭론를 지지한 세력은 인조를 중심으로한 서인계열 반정공신세력이였는데, 대표적인 인물은 朴知誠였다. 그러나 이에 대립하는 金長生 중심의 사림세력은 조부의 종통을 손자가 계승할 수 있기 때문에 원종추숭은 필요치 않다는 입장을 고수했다.[8] 결국 왕위계승의 정통성 논쟁은 인조의 독단적 결정으로 원종추숭론으로 귀결되었다.

6) 『燃藜室記述』 卷22, 元宗故事本末 元宗仁獻王后追崇條.
7) 李迎春, 「朝鮮後期 王位繼承의 正統性 論爭 硏究」, 韓國精神文化硏究院 韓國學大學院 博士學位論文, 1994, 124쪽.
8) 위의 논문, 125-153쪽 참조.

인조가 독자적 결정을 내리게 된 까닭은 당시의 정치상황이 매우 불안했기 때문이였다. 반정공신들은 군사를 일으킨 경험을 통하여 기회만 있으면 언제라도 반란을 일으킬 소지가 있었다. 사실 반정후 1624년(인조 2)의 李适의 亂을 비롯하여 1627년(인조 5)의 李仁居의 亂, 1628년(인조 6)의 柳孝立의 亂을 거쳐 1644년(인조 22) 沈器遠의 逆謀事件에 이르기까지 모반사건이 끊이지 않았다. 때문에 인조는 왕실의 권위 확보와 자신의 왕권을 강화하기 위해서 독단적인 결정을 하게 되었던 것이다. 그 결과 인조는 공론을 누르고 공신세력의 힘을 이용하여 사림세력을 견제할 수 있게 되어 신권에 대한 왕권의 우위를 확립할 수 있었다. 이후 왕위계승에서의 정통성 문제는 효종·현종·숙종조에 이르기까지 많은 논란을 야기했고[9] 禮訟論爭으로 이어져 黨爭으로 전개되었다.

한편 尊明排清의 성리학적 의리론을 반정의 명분론으로 제공하여 준 사림세력은 그들의 정치적 정당성 확보에 주력하였다. 이들은 주자의 尊華攘夷的 명분론으로 존명사대의 명분에 확고한 정당성을 부여했고 나아가 조선을 小中華의 위치에 올려 놓았다. 그리하여 이들은 임진왜란시의 명군 지원에 대한 존명적 태도를 정당화하고 報恩의 자세에서 명을 축으로한 국제 질서를 확인하기에 이른다. 華夷觀에서 비롯된 崇明反淸이라는 대외관계에서 존명주의는 왜란이후 더욱 팽배해졌고 慕華思想도 경화되었다.[10]

이러한 가치관에 입각한 사림세력은 인조반정이후 변화된 국제질서를 무시한 채 집권과 동시에 반청외교를 실시하여 호란을 자초하였다. 광해군 당시 평화적인 관계를 유지하던 朝淸關係가 존화양이 사상에서 비롯된 서인정권의 존명배청 외교노선으로 인하여 악화되었고 드디어

---

9) 조선후기 왕위계승의 정통성 문제에 대한 것은 위의 논문 참조.
10) 유봉학,「18·9세기 大明義理論과 對淸意識의 推移」,『한신논문집』 5, 한신대학 출판부, 1988. 251~253쪽 참조.

는 두 차례의 호란을 겪게 된 것이다. 청[11]이 조선을 침략한 목적은 개국당시의 경제적 궁핍을 해결하고 명에 대해서 정치적·군사적 우월성을 과시하려는 것이었다고 볼 수 있다.[12]

이렇게 해서 1627년(인조 5) 丁卯胡亂이 일어나자 朝廷은 호란의 수습책을 둘러싸고 主和論과 斥和論의 두 입장으로 대립하게 되었다. 주화론자들의 주장은 위기를 모면하여야 나라를 보전하고 명에 대한 대의도 지킬 수 있다는 것인데 반하여 척화론자들은 대의명분론을 내세워 주화론자들을 맹렬히 공격하였다. 마침내 호란의 수습책은 주화론자들의 주장에 따라 和議를 받아 들여 청과 兄弟之盟을 맺게 되었다.[13] 그러나 청은 조선에 대하여 정치적·경제적·군사적인 압박을 가하여 君臣 관계의 맹약을 요구하였다.[14] 당시 청은 皇帝라 칭한 國書를 보냈는데, 이에 격분한 인조는 청의 사신을 만나지도 않고 국서도 받지 않았다. 조신의 정국이 척화론으로 향방을 잡자 청은 1636년(인조 14) 다시 침략을 감행하였다. 이것이 2차 침입인 丙子胡亂이다. 이때 왕자와 비빈은 강화도로 갔고 인조는 길이 막혀 남한산성으로 피난을 갔으나 청병에게 포위되고 말았다.[15] 이러한 가운데서도 척화론자들은 화의를 반대하고 있었고 인조 역시 척화를 결심하였다.

그러나 청병에게 포위된 성내에서의 계속되는 고립상태와 전세의 약화 및 청의 군사적 우월성으로 인하여 정국은 주화론으로 흐르게 되었

---

11) 後金에서 청으로의 국호를 개칭하기 전시기도 편의상 청이라고 서술하기로 한다.

12) 崔韶子, 「淸과 朝鮮 -明·淸交替期 동아시아의 국제 질서」, 『梨大史學硏究』 22, 이화사학연구소, 1995, 190쪽. ; 1차 조선정벌의 결과로 조선의 對明事大에 일단 제동을 걸고 歲幣 등 경제적 이득을 구하였고, 2차의 정벌로 군신관계라는 형식을 통해 조선의 대명관계를 단절시키고, 경제적으로 좀더 유리한 조건을 취할 수 있게 되어 對朝鮮의 관계에서 朝貢이라는 기본틀을 완성시켰다.

13) 정묘호란에 대한 자세한 내용은 『燃藜室記述』 卷25, 仁祖朝故事本末 丁卯虜亂條 참조.

14) 『仁祖實錄』 卷32, 仁祖14年 4月 庚子條 및 6月 庚寅條.

15) 『燃藜室記述』 卷25, 仁祖朝故事本末 丙子虜亂丁丑南漢山城條.

다. 당시 조정은 崔鳴吉·金瑬·洪瑞鳳·金盡國·張維·尹暉·申景愼·金自點·李成求 등의 주화론자와 金尙憲·鄭蘊·尹煌·尹集·吳達濟·洪翼漢·趙絅 등의 척화론자로 나뉘어 대립하게 되었다.[16] 화의를 두고 격렬한 논쟁을 전개하였지만 조정의 대립을 해결할 뚜렷한 대안은 없었다. 결국 인조는 최명길 등의 주화론에 따라 화의를 결심하기에 이른다. 이렇게 해서 三田渡의 굴욕인 丁丑盟約(1637년, 인조 15)을 맺게 되었다. 그 맹약의 골자는 명과 단절할 것, 왕자와 대신을 볼모로 보낼 것, 청과 군신의 관계를 맺을 것, 명의 공격에 조선군이 원병할 것 등이었다.[17] 그리하여 昭顯世子와 鳳林大君이 인질로 갔고 홍익한, 윤집, 오달제의 3학사도 심양으로 끌려가 죽음을 당하였고 김상헌도 뒤에 잡혀가 옥중생활을 하였다. 이로써 조선과 청의 朝貢關係가 성립되었다.

호란이 끝난 후 반청적 척화론자들이 전쟁의 책임을 지고 실각하였고 최명길·김자점 등 주화론자들이 정국을 주도하였다. 정국이 주화론자들에 의해서 운영되고 있었지만 오랑케에게 항복했다는 민족적 수치심은 반청론을 무마시킬 수 없었기 때문에 최명길은 정계를 주도하는 한편 척화론자들과 일정한 관계를 유지해 나갔다.[18] 그는 주화론자였지만 친청적 성향의 인물은 아니었다.[19] 그러나 주화론자들 사이에서 강력한 친청 세력이 형성되고 있었다. 김자점, 鄭命壽, 李馨長 같은 사람들은 청의 힘을 통하여 정치적 입지를 강화하려 하였다. 김자점은 반정공신으로 인조의 신망을 받아 근왕세력으로 권력의 기반을 마련했고 심기원의 역모사건을 통하여 득세하였지만, 청의 힘을 빌어 왕권을 견

16) 沈玟植, 앞의 논문, 25쪽.

17) 정축맹약의 자세한 내용과 조·청의 조공에 대해서는 全海宗, 「淸代 韓·中關係의 一考察 -朝貢制度를 통하여 본 淸의 態度의 變遷에 대하여」, 『東洋學』1, 檀國大 東洋學硏究所, 1971 참조.

18) 『仁祖實錄』 卷36, 仁祖16年 4月 辛未·乙酉條.

19) 『燃藜室記述』 卷25, 仁祖朝故事本末 丙子虜亂丁丑南漢出城條.

제하기 위하여 친청 노선을 택하였다.[20] 그러나 삼전도의 굴욕이후 반청적 대의론이 더욱 고조되고 인조가 서거한 후 효종의 즉위와 척화파의 정계진출로 김자점은 축출되고 말았다. 이로써 정국은 주화론자들이 퇴각하고 김상헌, 김집 등의 반청적 사림세력들이 주도하기 시작하였다. 그리하여 이들은 당시 팽배해졌던 숭명배청론을 통하여 정권을 유지하려 하였는데 이것이 효종조의 북벌론이다.

2. 鳳林大君의 王位繼承

호란이후 조선에서는 復讐雪恥의 논의가 일어났다. 청에 대한 굴복은 小中華로 자부하던 조선에 큰 치욕감을 안겨 주었기 때문이었다. 이러한 분위기에서 인조도 숭명배청론의 입장에서 북벌을 생각했지만 청으로 入朝할 것과 왕권을 讓位하라는 청의 위협 때문에 북벌에 대하여 미온적인 태도를 취하게 되었고 이에 불만을 품은 반정공신 심기원 등이 모반을 일으켰다.[21] 이 무렵 청에서 귀국한 소현세자의 돌연한 죽음과 세자책봉을 둘러싸고 전개된 왕과 신료들간의 논쟁을 통해서 왕위계승의 정통성 문제와 효종의 왕권강화 배경을 살펴보기로 한다.

소현세자는 8년간의 인질생활을 마치고 1645년(인조 23) 2월에 최명길·李敬輿·김상헌 등과 함께 귀국하였다. 그러나 인조는 처음에 소현

---

20) 沈玹植, 앞의 논문, 26-27쪽 참조.

21) 『仁祖實錄』 卷45, 仁祖22年 3月 己酉條. 사건의 수사과정과 처리는 『燃藜室記述』 卷27, 仁祖朝故事本末 沈器遠之獄條 참조. ; 심기원의 모반사건은 반정공신 심기원이 병자호란이후 팽배해진 숭명배청론에 힘입어 李一元·權瀗 등과 공모하여 인조를 제거하고 懷恩君을 추대하려 했던 것으로 말로만 反淸을 논하는 淸流 50여명을 살해하고 실권을 삽아 명과 연합하여 對淸을 토벌하고 宗社와 常經을 지킨다는 것이었다. 그러나 이 사건은 副司直 黃瀷 등의 告變으로 거사 직전에 발각되었다. 수사과정에서 김자점이 참여하여 林慶業을 연루시켜 죽였다.

세자의 일행을 돌려보내기로한 청의 결정에 대하여 그 저의를 의심하였다.22) 이즈음 인조는 오랜 동안 건강이 좋지 않았고 계속되는 모반사건들을 겪고 있던 처지여서 청에 대하여 호의적 태도를 보였던 세자를 좋게 보지 않았다.23) 세자에 대한 인조의 생각이 어느 정도였는가 하는 것은 대신들의 뜻과는 달리 세자의 귀국환영대회를 약소하게 치루게 했던 사실에서 가늠할 수 있다.24) 그러나 사실 인조가 우려한 것은 세자의 친청적인 태도보다 왕위의 불안함에서 기인했다고 할 수 있다.

1636년(인조 4)의 정축맹약 당시 청이 세자를 인질로 잡아간 후 인조가 항복조건을 이행하지 않거나 배신할 경우 왕권을 박탈하고 세자가 왕위를 계승토록 하겠다는 조항이 있었다.25) 이는 인조의 왕위를 세자로 교체시킬 수 있다는 것으로서 인조에 대한 협박이 주요 목적이었던 것이다. 인조는 입조하는 문제와 양위를 위협하는 청의 태도에 대하여 우려하고 있었다. 이러한 상황에서 소현세자가 영구 귀국하기 전 1643년(인조 21)에 일시 귀국한 것이 인조의 의심을 더욱 크게 하였다. 당시 인조의 심중은 다음과 같은 언급에서 엿볼 수 있다.

> 청인들이 나를 입조케 하려한 것은 '前汗'때부터 이미 그러하였으나 내가 병중이라고 해명하였기 때문에 저들이 강요하지 못하였다. 지금 들으니 九王은 연소하고 배짱이 강하다 하니 그 뜻을 어찌 헤아릴 수 있겠는가. 전에는 저들이 세자를 대우하기를 심히 박하게 하였는데 지금

---

22) 『仁祖實錄』卷45, 仁祖22年 12月 庚申條. "上日 淸國此擧 果出於好意 而無別情耶"

23) 崔韶子, 「淸廷에서의 昭顯世子」, 『全海宗博士華甲記念 史學論叢』, 一潮閣, 1979, 198~230쪽에 의하면 소현세자의 호의적 태도는 세자가 인질생활을 청에서 하고 있었기 때문에 반청적 태도로 청을 대할 수 없었고 본국과 청의 사이를 원활하게 하는 역할을 담당하였기에 이로 인하여 청과는 밀접한 관계를 유지할 수밖에 없었다고 한다.

24) 『仁祖實錄』卷46, 仁祖23年 2月 癸酉條.

25) 『仁祖實錄』 卷34, 仁祖15年 正月 戊辰條. "爾以長子及第一子爲質 諸大臣有子者以子 無子者 以弟爲質 萬一爾有不虞 朕立質子嗣位"

은 지나치게 후하게 한다 하니 내가 의심하지 않을 수 없다.[26]

따라서 소현세자가 영구 귀국했을 때 인조가 청의 역위 음모를 의심했던 것은 가능한 일이었다. 또한 심기원모반사건[27] 과 세자빈의 지나친 거동도 세자에 대한 의심을 더욱 증폭시키는 계기가 되었다.

소현세자는 귀국한지 두달만에 발병하였고 1645년(인조 23) 4월 발병 3일만에 급서하였으므로[28] 이에 대하여 많은 의혹이 있었다.[29] 이때 인조는 소현세자 사후처리 과정에서 냉담한 태도를 보였다. 의관들의 과실을 처벌하지 않은 점, 구체적인 사인규명이 없었던 점, 입관을 서둘렀던 점, 소현세자의 사후의례를 신속하고 조촐하게 치룬 점 등이 이를 입증한다. 이에 三司가 간쟁을 했으나 인조는 개의치 않았다. 뿐만 아니라 적장자의 죽음은 三年喪이 경상이었으나 朞年喪을 치루게 하였다.[30] 한달이 지나자 朝野에서 元孫의 世子冊封을 서두를 것을 주청하는 상소들이 올라 오기 시작하였다. 당시 세자의 적장자가 있었기 때문에 새로운 세자책봉문제는 순리적으로 별 어려움이 없는 것이었는데,

---

26) 『仁祖實錄』 卷44, 仁祖21年 10月 辛未條.

27) 이 모반사건은 사실 소현세자를 옹립하려고 했던 것이었으나, 세자의 인품이 마땅치 못하여 회은군을 추대하려했던 것이다.

28) 『仁祖實錄』 卷46, 仁祖23年 4月 戊寅條. ; 의관들은 세자의 병을 학질로 판명하였고 李馨益이 침을 놓았다. 당시 세자의 갑작스러운 죽음에 대해서 실록의 기록에서는 "세자가 10년동안 이역땅에서 온갖 어려움을 겪다가 고국에 돌아온지 겨우 두달만에 병에 걸렸는데 의약을 맡은 관리들이 함부로 침과 약을 쓴탓으로하여 마침내 구원하지 못하게 되었다."라고하여 의관 이형익의 잘못을 지적하고 있다.
소현세자가 사망한 당시의 나이는 34세, 인조 51세, 원손 11세, 봉림대군 27세였다.

29) 소현세자 죽음에 대하여 金龍德, 「昭顯世子研究」, 『史學研究』 18, 1964, 448~468쪽에서는 인조가 毒殺한 것으로 주장하고 있다. 즉 인조의 승인하에 총희 趙貴人이 독살한 것으로 추정하고 있다. 그 후환을 막으려고 인조와 총희 조씨가 宮中詛呪說을 조작하여 강빈을 賜死시키고 소현세자의 아들들도 유배시켰다고 한다.

30) 『仁祖實錄』 卷46, 仁祖23年 5月 戊子條.

인조는 원손이 너무 어리다고 大君 중에서 책봉할 뜻을 비추었다. 대신들이 원손의 입학과 혼례의 의례문제를 제기했을 때 반응하지 않았던 사실에서 그의 뜻을 엿볼 수 있다.[31] 인조의 나이가 51세였고 원손의 나이도 11세였기에 원손의 세자책봉은 조선의 왕위계승에 있어서 당연한 전례였다. 그러나 1645년(인조 23) 5월 봉림대군이 돌아오자 인조는 세자책봉문제를 확정하려 하였다. 인조는 그 해 윤6월에 定嗣問題로 大臣會議를 소집하여[32] 다음과 같이 자신의 생각을 분명히 밝혔다.

나의 오랜 병이 가끔 심해지고 원손이 저처럼 미약하다. 오늘의 형편을 놓고볼 때 저 어린 것이 자라기를 기다릴 수가 없다. … 병이 이러하여 나라일이 날로 어렵고 위태롭게 될뿐만 아니라 만일 내가 죽게 된다면 나이 어린 임금이 아마도 임금의 역할을 감당할 수 없을 것같아 염려된다. 나는 대군 중에서 택할까 한다.[33]

세자책봉에 있어서 원손이 어리고 몸이 약하여 정국을 주도할 능력이 없다는 이유로 원손의 계승을 반대하고 대군에게 뜻이 있음을 분명히 했던 것이다.

대부분의 신료들은 인조와는 다른 견해를 밝혔다. 좌의정 홍서봉은 태자가 없을 때 태손이 대를 잇는 것은 常經의 道라며 봉림대군의 세자책봉을 반대하였다.[34] 沈悅도 인조가 아직 젊고 원손이 어리긴 하나 어린 임금이 종통을 이은 경우가 많았다며 홍서봉과 같이 전통적 관례

---

31) 『仁祖實錄』 卷45, 仁祖22年 12月 丙寅條.

32) 이날의 회의 참석자는 領議政 金瑬, 左議政 洪瑞鳳, 中樞府 領使 沈悅, 洛興府院君 金自點, 中樞府 判使 李敬輿, 右贊成 李德泂, 兵曹判書 具仁垕, 漢城判尹 許徽, 工曹判書 李時白, 吏曹判書 李景奭, 禮曹判書 李植, 左參贊 金壽賢, 戶曹判書 鄭太和, 右參贊 金堉, 副提學 李棨, 大司諫 呂爾徵 등 16명의 大臣·重臣·三司長官들이었다. : 『仁祖實錄』 卷46, 仁祖23年 閏6月 壬午條.

33) 위의 책, 壬午條.

34) 위의 책, 壬午條. “考諸往牒 太子不在 繼以太孫 此乃不易之常經 反常行權恐非國家之福”

를 들어 인조의 뜻에 반대하였다.35) 이경여도 이에 뜻을 같이 하는데 그는 대대로 적자가 종통을 계승하는 것이 常經이며 이를 어기고 權道를 행한다면 중앙과 지방의 인심이 동요할 것이라며 민심의 이반을 우려하였다.36) 李景奭은 嫡長의 후계자를 교체해서는 안된다는 이유로 先王의 뜻을 들어서 세자책봉에 대한 인조의 생각이 잘못 되었음을 지적하였다.37)

이와 같이 대부분의 신료들은 常經을 지켜야 한다고 인조의 의견에 반대하고 원손의 계승을 당연시 하였다. 원손의 세자책봉이 상경의 원칙이라고 주장한 홍서봉, 심열, 이경여, 이경석, 이식, 김육, 정태화, 이덕형 등은 왕위계승의 기본적 명분론을 들어 그들의 의견을 주장하였다. 그러나 인조는 더욱 완강한 어조로 다음과 같이 자신의 의중을 밝혔다.

> 아무리 태평한 세상에 산다고 해도 반드시 나라에 다 자란 대군이 있어야 복으로 되는 것이다. 더구나 오늘이야 더 말할나위가 있는가.38)

인조는 신료들의 반대 여론에도 불구하고 원손의 자질이 명철하지 못하여 인재가 못된다고 하여 신료들의 의견을 무시하였다.39) 이에 대하여 원손의 師傅을 지낸 김육, 이식, 이경석 등은 원손이 별로 失德한

---

35) 위의 책, 壬午條. "瑞鳳之言 正合臣意 殿下雖有微恙 春秋鼎盛 元孫雖曰微弱 已至十歲 自古幼主之繼緖者何限 宗統甚重 恐不可輕議也"

36) 위의 책, 壬午條. "世嫡承統 今古之常經 常經之外 更無所陳 … 若遽用權道 則羣情不服而多致患難 今者擧國之係望於元孫已久 若聞此言 則中外人心 必皆波蕩 甚可懼也"

37) 위의 책, 壬午條. "國有長君 雖曰社稷之福 無易樹子 乃是先王之典 且國家安危之機 若能如燭照龜卜 則聖慮所在 不爲無見 而若一行處變之擧 而反致四方之疑惑則雖以利害言之 亦不知其可也"

38) 위의 책, 壬午條.

39) 위의 책, 壬午條. "上曰 元孫性質不明 決非負荷之才也"

일이 없고 학문에 명민한 면모가 있다고 하여[40] 원손의 자질을 변호하였고 원칙론에 입각한 논리를 전개하였다. 그러나 김류와 김자점은 인조의 의견에 동조하였는데 특히 김자점은 세자책봉문제는 인조의 깊은 사려에서 나온 것이므로 왕의 결정권 행사에 따라야 한다고 적극적으로 찬성하였다.[41]

이렇게 되자 인조는 자신의 주장을 따르든지 그렇지 않으면 사임할 것을 신료들에게 종용하였다.[42] 결국 인조의 강압에 더 이상 진언하지 못하고 종사를 위한다는 명분으로 이날의 회의는 봉림대군의 세자책봉을 결정하고 끝이났다.[43] 그러나 정작 세자로 책봉된 봉림대군은 그 결정을 거두어 줄 것을 두 번씩이나 간청했으나 인조는 거부하고 1645년(인조 23년) 9월 세자로 책봉하였다. 그러나 이러한 결정으로 인하여 이후 현종·숙종조에 왕위계승의 정통성 결여의 문제가 예송 논쟁으로 나타나 당쟁으로 이어졌다.

그러면 인조가 상경의 도를 어기면서까지 봉림대군을 세자로 삼은 의도는 무엇이었을까? 앞에서도 언급했듯이 인조는 심양 인질생활에서 보였던 청에 대한 세자의 호의적 태도에 대한 불신으로 갈등이 있었다. 또한 끊이지 않는 모반사건과 반정을 통한 왕위계승의 정통성 결여에서 기인한 왕실권위의 취약성을 드러내고 있었고, 국제적으로 청의 입조와 양위의 위협이 있었다. 이런 점에서 인조는 왕실의 권위회복과 왕권강화의 목적으로 장성한 봉림대군을 세자로 지목한 것이다. 이러한 인조의 의지는 봉림대군의 세자책봉 이후 후속조치로 姜嬪獄事와 소현세자의 세아들을 유배시킨 사실에서도 입증된다.

40) 위의 책, 壬午條. "堉日 元孫幼沖 別無失德矣 …… 植日 進講之時 可見其英發"
41) 위의 책, 壬午條. "自點日 此擧出於聖上之深思遠慮 宜速斷定 何必持難耶"
42) 위의 책, 壬午條.
43) 『燃藜室記述』 卷27, 仁祖朝故事本末 定儲嗣條.

강빈옥사는 1646년(인조 24) 1월 인조의 음식물에 독이 들어 있다고 하여 강빈의 궁녀와 임금의 주방 궁녀을 내수사에서 심문하고, 세자빈 강씨를 후원 별당에 연금시킨 것이 발단이었다.[44] 국문결과 뚜렷한 증거가 없었지만 신료들의 반대에도 불구하고 인조는 강빈이 독약을 넣은 주동자라며 법대로 처단할 것을 지시하였다. 비망기를 내려 심양에서 있었던 세자빈의 행동과 潛圖易位 음모 등을 열거하고[45] 강빈의 친정 형제들인 姜文成·姜文明을 국문할 것을 지시했다. 이때 김자점은 대부분의 신료들이 강빈을 구원하려고한 입장과는 달리 인조의 뜻에 동조하였다.[46] 인조는 김자점과 후궁 조씨의 간계에 따라 강빈의 형제들을 장살하고 신료들의 적극적인 간쟁에도 불구하고 마침내 3월에 강빈을 賜死시켰다.[47]

인조가 강빈을 사사한 것은 소현세자에게 가졌던 의혹에서 비롯된 것이지만 결정적으로는 강빈이 심양에서 역위의 음모를 꾸민 것으로

---

44) 『仁祖實錄』 卷47, 仁祖24年 正月 申亥條. 그런데 실록에서는 인조와 세자빈의 궁이 완전히 떨어져 있어서 임금의 음식에 독을 넣는 일은 형평상 불가능했으나 당시 인조의 의사가 그러하므로 사람들은 모두 후궁 조씨가 모함한 때문이 아닌가하고 의심하였다고 했다.

45) 『仁祖實錄』 卷 47, 仁祖24年 2月 庚辰條에 의하면 세자빈 강씨는 심양에 있을때 몰래 임금의 자리를 바꾸려고 꾀했고, 왕비의 옷을 지었으며 참람스럽게 內殿이라고 불렀다면서 인조는 이에 더해 지난해 가을 자신의 처소에 와서 강빈이 고함을 치고 심지어는 자신에게 문안도 하지 않는다며 강빈의 불손한 행동을 열거했다. 그러면서 인조는 그 동안의 궁내의 잦은 詛呪事件과 置毒事件도 모두 강빈에 의한 것이라고 주장하였다.

46) 『燃藜室記述』 卷27, 仁祖朝故事本末 姜嬪之獄條에서 김자점은 “오늘날 이 한 과부가 종사에 죄를 지어 그 죄악이 분명히 드러났으니 다만 전하께서 처리하실 것이지 신하가 감히 의논할 것이 아니옵니다.”라고 말하며 강빈의 처벌을 당연한 것으로 여겼다. 또한 『仁祖實錄』 卷47, 仁祖24年 2月 甲申條에 의하면 김자점은 강빈의 심양생활에서의 괴오를 하나하나 열거하며 인조에게 빠른 시일에 처형할 것을 말하고 그 일을 주도하였다.

47) 『燃藜室記述』 卷27, 仁祖朝故事本末 姜嬪之獄條.

믿었기 때문이다. 사실 인조의 누적된 의심은 세자내외가 심양에서 돌아올 때 가져온 대량의 재물, 강빈이 장계에 멋대로 손을 댄 일, 왕비옷을 지은 것, 강빈을 '殿'字를 붙여 부른 것 등에서 비롯되었던 것이다. 강빈의 처형 이후에도 인조는 辛生의 獄을 다시 일으켜 姜家에게 滅門之禍를 입혔다. 처음부터 강빈에 대하여 관대한 처분을 바라던 조야에서는 이러한 가혹한 조치에 대하여 그 여론이 동정적이였고 기회가 있을 때마다 강빈의 신원을 위하여 노력하였다.[48)]

강빈을 제거하기는 했지만 봉림대군의 계승권에 위협이 될 수 있는 요소는 아직 남아 있었는데, 그것이 바로 원손을 비롯한 소현세자의 아들들이였다. 인조는 강빈의 옥에 연좌해서 이들을 제주도에 유배시켜 후에 있을 수 있는 후환을 막으려고 했다. 세 아들 石鐵·石麟·石堅은 유배 당시 12세, 8세, 4세였고 이러한 유배 사실은 그해 10월 청의 칙사가 왔을 때 탐문의 대상이 되었다. 칙사의 일행이 이들의 생사여부를 물은 것은 소현세자와의 친분에서 비롯된 것이겠지만 보다 근본적인 저의는 그것을 가지고 인조에게 압력을 행사하기 위한 것이었다.[49)] 이렇게 해서 인조는 봉림대군의 세자책봉에서 기인한 위협과 장애를 막으려는 조치를 취했고 이것은 곧 봉림대군의 왕위계승에 문제가 될 수 있는 점을 없애려는 노력이었다. 드디어 1649년 5월 봉림대군은 인조의 뒤를 이어 왕위에 등극하였는데 세자로 있은지 4년 후였다.

---

48) 李迎春, 「朝鮮後期 王位繼承의 正統性 硏究」, 178쪽 참조. ; 강빈의 신원운동은 주로 사림세력에 의해서 추진되었는데, 강빈의 詛呪說과 置毒說이 뚜렷한 증거가 없는대도 그 조치가 너무도 참혹했기 때문이다. 결국 1717년(숙종 43년)에 가서야 강빈은 신원되고 숙종이 친히 글을 지어 제사를 올렸다.

49) 『仁祖實錄』 卷48, 仁祖25年 10月 乙亥條.

Ⅲ. 北伐論의 公論化

1. 孝宗의 北伐論 推進과 王權强化

효종은 즉위초에 세자책봉시 유일하게 적극적으로 찬성을 표해준 김자점을 제거하였다. 김자점은 인조의 왕권강화 과정에서 심기원의 역모사건·봉림대군의 세자책봉·강빈의 옥 등에서 신임을 얻고 왕실과 연계하여 득세하였으나[50] 호란이후 정국은 주화파에 의해서 주도되기는 했지만 반청적 분위기가 여전했다. 이에 김자점은 친청화하여 청의 힘으로 권력을 유지하고자 하였지만 이러한 그의 태도는 왕권을 위협하는 것으로 받아들여졌다.

그리하여 효종은 즉위초에 김자점을 제거한 후 심양의 인질생활에 대한 설욕의지와 인조의 왕업을 잇는다는 뜻에서 북벌론을 표방하였다.[51] 그러나 보다 중요한 것은 인조반정과 자신의 변칙적 왕위계승에서 기인하는 정통성의 명분을 확보·유지하기 위한 대책으로 북벌정책

---

50) 『仁祖實錄』 卷44, 仁祖21年 5月 戊戌條·卷47, 仁祖24年 7月 丁未條 및 『燃藜室記述』卷30, 孝宗朝古事本末 金自點獄條에 의하면 인조에게서 신망을 받은 김자점은 인조 21년에 左議政, 24년에 領議政을 지내게 되었고 손자 세룡을 인조의 딸 효명옹주와 혼인 시켜 왕실과 밀접한 관계를 맺을 수 있었다. 특히 효명옹주의 생모인 조귀인과 연계할 수 있었던 것이다.

51) 인조 역시 복수설치에 뜻을 두고 있었는데, 당시 조선후기 대일외교문서인 書契에서는 1645년(인조 23)부터 청의 연호를 쓰지 않고 干支年으로 표기하고 있었으며 (『對馬島宗家關係文書-書契目錄集Ⅰ』, 國史編纂委員會, 1991.), 효종 즉위년에는 인조의 이러한 뜻을 계승하여 인조의 玉冊이나 長陵誌에도 청의 연호를 쓰지 말자는 조신들의 의견을 효종이 따른 점(『孝宗實錄』 卷1, 孝宗卽位年 8月 庚戌條.) 을 미루어 보아 이미 인조도 북벌을 생각하고 있었던 것같다. 효종은 후에 인조가 북벌을 생각하고 있었지만 같이 추진할 인물을 구하지 못했다며 인조가 구체적인 실천을 하지 못한 이유를 설명하였다.

을 추진했다고 보아야 할 것이다. 이 북벌론은 당시 청에 대한 복수심이라고 하는 조야의 공감대 형성으로 성립된 것이지만 효종이나 반청적 사림세력에게는 김자점세력이 공통적인 제거의 대상으로 인식되었다. 이에 효종은 즉위초부터 여론을 장악하고 있던 반청적 사림세력인 김상헌을 비롯한 金集·송시열·宋浚吉 등을 중용하였고[52] 1649년(효종 즉위년) 6월 김자점을 削奪官職하고 다음해 3월 광양으로 귀양을 보냈던 것이다.

이러한 가운데 김자점이 1651년(효종 2) 자신을 제거하려는 세력에게 결정적인 명분을 제공하고 말았다. 그는 譯官 이형장과 결탁하여 청의 연호를 쓰지않은 인조의 長陵誌文을 증거로 제시하여 효종의 북벌정책을 밀고하였다.[53] 이에 청은 조선에 사신을 보내는 한편 군사를 관외에 주둔 시키기에 이르렀다. 청의 査問에서는 元斗杓, 이경석, 조경, 이시백 등의 활약으로 수습되었다. 이 일로 김자점은 1651년(효종 2) 12월에 사형에 처해졌다. 이것이 곧 金自點의 獄인데, 김자점의 반역행위를 국문하는 과정에서 인조의 후궁 조귀인과의 역모 모의가 발각되어 조귀인마저 제거하게 되어 조정내 친청세력 제거는 일단락 되었다.[54]

그러나 아직도 조정에 친청세력이 남아 있었으므로 청의 동태를 계속 주시해야 했으며 따라서 왕권의 확립은 제약을 받고 있었고 사림세력은 정계에서 일단 물러나야 했다. 여하튼 김자점을 비롯한 친청세력

---

52) 李京燦, 앞의 논문, 196-197쪽 참조. ; 당시 조정의 집권세력인 서인은 반정에 공을 세운 훈신세력의 洛黨과 原黨 그리고 신진세력인 조야의 漢黨과 山黨으로 분파되어 있었다. 낙당과 원당은 김자점과 원두표를, 한당과 산당은 김육과 김집을 대표로하여 정권에 대한 세력 다툼을 맹렬히 하고 있었다.

53) 『燃藜室記述』 卷30, 孝宗朝故事本末 淸使査問條. : 김자점이 新王이 산림세력을 등용하여 군사를 일으키려 한다고 밀고하여 발단이 되었고 수습은 이경석과 조경이 白馬山城에 圍籬安置 되면서 수습되었다.

54) 김자점의 옥과 조귀인의 옥에 대한 경과와 처리에 대한 자세한 것은 『燃藜室記述』 卷30, 孝宗朝故事本末 金自點獄條 참조.

제거는 효종의 입장에서 보면 사림의 도움으로 왕권을 강화할 수 있는 계기가 되었고 반청사림세력측으로서는 정국의 주도권을 잡을 수 있는 기틀을 마련할 수 있었다.

효종은 친청세력 제거에는 반청사림세력의 도움을 받았지만, 이들이 기회가 있을 때마다 강빈의 신원을 계속 요구하자 이러한 점이 왕위계승의 정통성을 부정하고 왕권에 도전하는 것으로 인식되었기 때문에 사림을 멀리하게 되었다.

효종이 처음에 김상헌과 김집 등 사림세력을 중용했던 것은 훈신세력인 김자전, 원두표 등의 주청에 의한 것으로 선왕 때부터의 예우에 따른 것이었다. 그러나 사림세력의 등용을 제의했던 훈신들이나 이를 받아들인 효종은 각기 그 목적이 달랐다. 훈신세력은 사림세력을 끌어들여 정치적 명분과 정권유지를 강화하려 하였고 효종은 사림세력을 영입함으로써 신료들 각당파간의 대립·견제를 유도하여 자신의 왕권을 강화하려는 목적에서 였다. 반면, 사림세력이 중앙정계에 진출한 것은 훈신세력의 정국 주도를 비판하고 정권 장악의 계기를 마련하고자 하였던 것이었다.

집권초기에 효종은 사림계 산림의 중앙진출에 대하여 미온적 태도를 보였다. 그가 산림을 등용하긴 했지만 송시열의 입대를 허락하지 않자 송시열이 낙향하였을 때[55] 산당의 당주였던 김집은 효종에게 송시열을 변호하며, 그를 옆에 두고 수양시켜 쓴다면 도움이 될 것이라하여 등용을 요청하였다.[56] 그러나 효종은 별다른 반응을 보이지 않았었다.

이러한 상황에서 1650년(효종 1) 대동법을 둘러싼 논쟁이 김육과 김

55) 「孝宗實錄』 卷1, 孝宗卽位年 6月 甲寅條. ; 당시의 송시열의 태도에 대하여 실록에서는 이렇게 서술하고 있다. “시열은 임금에게서 인정을 받아 돌보아주는 것이 특별하였으나 한번 접견해주지 않는다고 벼슬을 내놓고 대뜸 돌아갔으니 들은 사람들은 모두 너무 지나치다고들 하였다.”

56) 『孝宗實錄』 卷1, 孝宗卽位年 7月 甲申條.

집 사이에 있었는데, 효종은 김육의 주장대로 대동법을 실시하기로 결정하였다. 그 이유는 북벌정책을 추진하기 위해서 대동법을 실시하여 재정을 확보할 필요가 있었기 때문이기도 하였지만 산림세력을 견제하기 위한 목적도 작용했다고 해석할 수 있다. 이에 조정을 떠난 김집, 송준길 등 산림세력은 이때부터 강빈의 호칭을 중심으로 논쟁을 전개하였는데, 왕권을 견제하려는 목적에서 나온 것으로 보인다. 산림이 조정에서 물러가게 된 계기는 김육과의 불화에서였지만 사실은 효종이 북벌론을 추진함에 있어서 이들과 견해 차이가 있었기 때문이 아닌가 한다.

효종은 즉위초 자신의 북벌론을 함께 추진할 세력으로 반청산림을 지목하였으나 북벌정책 추진에서 방법상의 차이로 산림세력이 잠시 정계에서 물러가게 되자 자신의 뜻에 부합되는 인물을 중심으로 북벌진영을 구축하였다. 효종은 먼저 朴遾를 자신의 북벌론에 부합하는 인물로 보았는데, 그가 올린 5개조의 군정개혁 상소에서 군정능력을 인정하였기 때문이었다.[57] 그러나 박서가 1653년(효종 4)에 갑자기 죽게 됨에 따라 효종은 북벌론의 대임을 훈신 원두표와 무신 李浣에게 일임하였다.

원두표는 인조대부터 사림세력과 원만한 관계를 유지하고 있었고 문관 출신으로서 북벌론의 이론적 근거도 충분하였다.[58] 그리하여 효종은 박서가 죽자 그 후임으로 원두표를 兵曹判書에 특서하였고 나아가 나라를 그에게 맡기겠다고 말할 정도로[59] 그를 신임하였다. 무신 이완은 어영대장과 훈련대장 등을 역임하면서 북벌론에 참여하였는데 주로 효종의 신변 안전을 위한 궁궐숙위와 왕의 호위 및 중앙군을 지휘하였다. 그러나 이완은 사림들에 의해서 탄핵을 받게 되어 사임신청을 하였으

57) 『孝宗實錄』 卷10, 孝宗4年 正月 庚寅條.
58) 李京燦, 앞의 논문, 202쪽.
59) 『孝宗實錄』卷13, 孝宗5年 8月 丙寅條.

나 효종이 이를 거절하였다.[60] 효종은 공론화된 북벌정책을 비판하는 신료들 사이에서 인재난을 겪고 있었기 때문에 원두표와 이완에 대한 신임이 각별하였다.

효종은 당파를 막론하고 군정 사무능력에 뛰어난 자를 발탁하여 등용하였고 북벌에 소요되는 경비조달을 위하여 한당세력인 김육의 대동법 시행과 金益熙의 군사개혁안에 관심을 표했다. 특히 효종은 인사정책에 있어서 능력을 제일로 하였는데, 인재선발의 중요한 기준은 군사적 능력이었다. 일찌기 李舜臣이 柳成龍에게 천거 받아 왜란에 큰 공을 세운 전례를 들어 대신들에게 각기 무사선발을 위한 천거를 하도록 지시하여 실제로 즉석에서 서용한 일도 있었다. 이때 천거된 사람은 柳赫然·朴敬祉·成欽 등이었는데[61] 유혁연은 후에 최초로 무신출신 承旨로까지 특채된 인물이다.[62] 천거방법 이외에 觀武才를 통하여 무사를 선발하여 인재난을 해결하고 이들을 중심으로 군비를 확충하기도 하였다. 그러나 무신의 채용은 많은 조신들에게 불만의 대상이 되었고 후일 이로 인하여 문·무간의 불신이 생겨 북벌정책 수행과정에서 문신들의 지지를 잃는 계기가 되었다.

효종의 북벌정책은 무력을 통한 정벌에 있었기 때문에 사실상의 북벌계획은 군비확충이었다. 군비강화를 통한 북벌계획은 1652년(효종 3)부터 본격적으로 추진되었으나, 실은 효종 즉위초부터 왜군을 방어한다는 명분으로 청의 감시를 피해 성을 수축하였고 군사와 무기를 정비하는 등 북벌계획을 구체적으로 추진하고 있었다. 그러나 이것이 빌미가 되어 청의 감시가 심해져 즉위초에 잦은 사신의 방문을 당하여야 했다.[63] 淸使臣의 잦은 방문은 경제적으로도 부담이 되었지만 그 보다는

---

60)『孝宗實錄』卷12, 孝宗5年 2月 甲申條.
61)『孝宗實錄』卷11, 孝宗4年 8月 乙酉條.
62)『孝宗實錄』卷13, 孝宗5年 12月 乙亥條.

군사력 정비에 큰 장애가 되어 북벌을 적극적으로 추진하기 어려운 상황이었다. 그러나 1652년(효종 3)을 전후하여 청의 내정에 변화가 있었고[64] 김자점을 비롯한 조정내의 친청세력 제거가 이루어져 군비확충에 전력할 수 있었다.[65]

효종의 북벌 정책 중 주요한 것을 살펴보면, 첫째 중앙군의 강화, 둘째 지방군의 정비, 셋째 관무재 · 閱兵式 거행 등을 들 수 있다. 효종은 군사력을 정비함에 있어서 수도권 중심의 중앙군을 증강시키는데 힘을 쏟았다. 우선 守禦廳을 강화하고자 南漢山城의 재건을 도모하였고 도성에 인접한 지역의 군사관할을 맡게 하였다.[66] 1652년(효종 3) 6월 이완을 禦營大將으로 특서하여[67] 禦營軍을 확장하였고 어영청에 자체적 재정 운영권을 주어 군경비를 해결할 수 있도록 하여 독립된 군영으로 완성시켰다. 이로써 어영군은 국왕을 호위하는 수도경비군이 되었다.

효종은 어영군의 증강 후 8월부터 왕의 친위병인 禁軍의 군사력을 육성하였는데 이는 왕권의 강화를 위한 조치였다. 당시 금군의 수는 600명이었으나 효종은 이들 전원을 騎馬部隊로 만들어 전투력을 증진

---

63) 『孝宗實錄』 卷5, 孝宗1年 8月 戊申條. ; 청의 사신들은 정축조약에서 금하는 축성과 군사모집 및 무기정비에 대하여 예민하게 반응하여 효종은 적극적인 북벌 정책의 추진이 자유롭지 못하였다.

64) 청은 대조선강경정책을 고수하던 섭정왕 多爾袞의 죽음으로 世祖(順治)가 親政을 하게 되었지만 여전히 諸王들의 정쟁이 계속되었다. 게다가 중원에서의 漢人의 항거와 復明戰이 끊이지 않아 혼란스러운 내정에 주의를 기울일 수밖에 없어 조선에 대해서는 유화정책으로 돌아섰다. ; 禹仁秀, 「朝鮮 孝宗代 北伐政策과 山林」, 『歷史教育論集』 15, 慶北大 歷史教育學會, 1990, 102쪽 및 이경찬, 앞의 논문, 200쪽 참조.

65) 효종의 북벌계획으로는 군비확충이 중점적이었는데, 당시 군사정책에 대하여는 車文燮, 「孝宗朝의 軍備擴充」, 『朝鮮時代 軍制研究』, 檀國大 出版部, 1977에 자세히 서술되어 있다.

66) 『孝宗實錄』 卷7, 孝宗2年 7月 辛丑條.

67) 『孝宗實錄』 卷7, 孝宗2年 8月 己酉條. "特叙李浣 復拜御營大將"

시키고자 하였다.[68] 그리고 금군의 겸직를 금하여 질적으로 향상시키는 등 특별한 대우를 하였다. 효종의 금군에 대한 특별 대우와 왕의 친위군 확장은 사림들에게 비판의 대상이 되었다. 당시 예조판서 李厚源은 왕궁호위군의 정비에 대하여 사대부 사이에서 유언비어가 돌아 피난을 가기도 한다면서 이러한 상황은 금군의 교만하고 횡포한 행위때문이라고 비난하였으며 또한 금군에 대한 정비 및 예우에 반대하였다.[69] 그러나 효종은 재정적 부담이 컸음에도 불구하고 금군의 수를 1천명으로 확충시킬 계획을 하였고[70] 훈련장을 마련하는 등 금군의 증강을 강력히 추진하였다. 그리고 효종은 1653년(효종 4)부터 이완을 訓練大將으로 임명하여 訓練都監軍의 증강을 추진하였다. 훈련도감군을 위한 군비 증액은 경제적 부담이 커서 사실상 어려운 것이었다. 그러나 효종은 훈련도감군을 1만명으로 확충하여[71] 어영군과 함께 수도경비군으로 만들 계획을 히고 1654년(효종 5)에 馬軍 1백명, 9년에 步軍 1천명을 확보하였다.

이와같이 어려운 상황이었지만 수어청군, 어영군, 금군, 훈련도감군의 정비을 중심으로 중앙군의 군비를 확충한 것은 효종에게 있어서 군사력을 이용한 북벌계획를 달성하려는 의지가 있었기 때문이다. 이렇게 효종이 군사력을 중앙군에게 편중시켜 군비를 확충한 이유는 자신에게 중앙군을 집중시켜 왕권을 강화하고 전쟁시 일사불란한 태세를 갖추고자 했었던 것으로 보여진다.

한편 효종은 지방의 군사정비도 소홀하지 않았다. 예컨대 지방군은 營將制度와 奴婢推刷制度를 통하여 정비하였는데, 결과적으로 중앙군만

68)『孝宗實錄』卷9, 孝宗3年 8月 壬子條.
69)『孝宗實錄』卷9, 孝宗3年 11月 甲戌條.
70)『孝宗實錄』卷14, 孝宗6年 4月 癸酉條.
71)『孝宗實錄』卷18, 孝宗8年 1月 丙寅條.

큼 큰 성과를 거두지는 못했다. 효종은 1654년(효종 5) 원두표가 추천한 20여명의 영장을 남부지역에 파견하여 북벌을 위한 준비를 하도록 하였다.[72] 그러나 잦은 흉년과 오랜 良役의 폐단으로 인하여 지방민의 불만이 커졌고 조신들도 영장파견의 성과가 없는 것에 대하여 비난만을 가했다. 이에 조정에서는 1655년(효종 6)에 김익희가 10만 양병을 위한 시책으로 건의한 노비추쇄의 시행문제를 논의하기에 이르렀다. 효종이 노비추쇄도감을 설치하여 성적이 가장 나쁜 추쇄관을 사형에 처할 것을 지시함에 따라 문신들은 도감의 提調를 기피하였다. 그러나 효종은 무관이나 음관이 아닌 문관 모두에게 노비 10만명을 추쇄하도록 하였지만,[73] 1656년(효종 8) 7월 노비추쇄를 마무리할 때까지 별성과가 없었다.

이와같이 효종은 군비확충을 위하여 지방군도 적극적으로 보강하려 노력하였으나 오히려 영장과 어사의 파견으로 인하여 향촌사회에 재정적 부담을 가중시키게 되어 민심도 잃고 신료들의 비난만을 샀다. 특히 영장을 파견한 지역이 주로 남부 경상·전라 등의 25개 지역이었는데, 그 이유는 남부지방이 재야 사림세력의 거점이었기 때문에 그들을 견제하기 위한 것이었다. 따라서 상대적으로 효종의 군사력 확충에 반대하는 사림들의 상소가 계속 증가하였다. 이밖에도 지방의 군비확충책으로는 束伍軍給保法 및 空戶充定 등이 있었다.

중앙군 및 지방군의 정비는 효종에게 있어서 북벌론의 추진을 위하여 필요한 일이기도 했지만 그보다 변칙적인 왕위계승에서 오는 위협을 막기 위한 군사력 확보에 그 목적이 있었다고 할 수 있다. 효종은 인조의 치세기간 계속되었던 역모사건과 왕위계승의 정통성 결여 및 친청세력의 도전을 왕권유지에 큰 장애로 인식하였기 때문에 무엇보다

---

72) 『孝宗實錄』 卷12, 孝宗5年 2月 壬申條 및 4月 壬申條.
73) 『孝宗實錄』 卷14, 孝宗6年 正月 甲寅條.

군사력의 확보를 중요시 하였다. 이러한 인식하에 그는 북벌론이 공론화되자 자연스럽게 군사력을 자신에게 집중시켜 나갔던 것이다.

그리하여 효종은 북벌론를 추진할 때 관무재와 열병식을 실시하여 인재를 등용하고자 했다. 1652년(효종 3) 5월에 관무재를 다시 설치할 것을 분명히 하였는데[74] 이것은 무사들의 기량 시험과 군사훈련을 통하여 새로운 인재를 선발하는 것이 목적이었다. 이에 대사헌 閔應亨 등 신료들이 관무재의 시행에 관해서 반대하는 상소를 올렸으나 효종은 그 해 8월에 慕華館에서 관무재를 거행하였다.[75]

무사 선발를 위한 관무재는 매년 실시되었으며 일반군사들의 능력을 사열하는 열병식도 병행하였다. 군사들의 사기를 진작시키려는 의도로 열병식을 행하였는데, 이는 특히 1654년(효종 5)에 청의 나선정벌군 지원요청에 의하여 거행되었다.[76] 호무적인 성격의 효종은 스스로 활쏘기와 발나기 등의 군사훈련을 하였고 궁인들에게도 수시로 군마훈련을 시키는 등[77] 관무재와 열병식에 갖는 관심은 지대했다. 이러한 그의 태도는 왕과 세자가 직접 관무재 습진에 참여하는 것에 대하여 南龍翼이 반대의 의견을 말했을 때 남용익을 이 행사에서 제외시키도록 명령한 사실에서도 엿볼 수 있다.[78]

---

74) 『孝宗實錄』 卷8, 孝宗3年 5月 乙酉條.

75) 『孝宗實錄』 卷9, 孝宗3年 8月 壬寅條.

76) 나선정벌의 지원군은 1654년(효종 5) 3월과 1658년(효종 9) 5월에 조총수 100명씩을 두 차례 원병하였는데, 반청의식에도 불구하고 원병을 한 이유는 조선군의 능력을 시험해보고 중국의 지형도 사전에 알아 두려는 효종의 의도가 있었기 때문이었다.

77) 『孝宗實錄』 卷16, 孝宗7年 2月 丙子條.
효종의 호무적인 성격은 1654년(효종 5) 제주도에 표류한 하멜 일행의 조총을 제작하게 한 것, 그들을 훈련도감에 배치하여 서양의 군술에 관심을 표한 것, 심양에서의 인질생활 때에 본 청군 군복의 편리한 점을 모방한 것 등에서도 잘 나타난다.

78) 『孝宗實錄』 卷12, 孝宗5年 2月 庚寅條.

이에 앞서 이완이 密符를 풀어놓고 어전에서 불평하는 방자한 행동을 한 일이 있었는데, 문신들은 여기에 대해서 일개 무관이 조정을 무시하는 행동이었다고 하여 탄핵하기도 하였다.[79] 이러한 상황에서도 노량에서의 열병식이 예정대로 행해짐에 따라 문·무의 대립은 더욱 고조되어 갔다. 사간원에서는 원칙을 무시한 무신들의 승진을 비판하고, 병조판서 원두표와 무신 통제사 황헌을 탄핵하였다.[80] 그러나 오히려 원두표는 영장의 품계를 높여 줄 것을 주장하여 문신들의 반대가 극렬하였는데, 이 때도 효종은 문신들의 반대를 일축해 버렸다.[81] 북벌론이 추진되는 동안 이러한 문·무의 대립은 해소 되지 않았고 효종조 북벌론의 큰 장애로 작용하였다. 그뿐만 아니라 당시 항간에서는 괴이한 유언비어가 난무하고 민심이 효종에게서 떠나 있었다.[82] 그러나 효종은 자신의 정사가 광해군 때보다 심하지도 않은데 왜 그러는지 알 수 없다고[83] 할 정도로 민심이반의 향배를 바로 파악하지 못하였다.[84]

이러한 상황에서 문·무대립의 악화를 야기한 사건이 일어났는데, 그것은 順天營將 白弘性과 儒生들사이에 있었던 일이었다. 훈련 중이던 백홍성과 제사를 지내려 향교로 향하던 유생들이 길에서 마주쳤는데 길을 비켜주지 않는다고 유생들이 항의하자 백홍성이 제물을 빼앗고 곤장까지 치는 일이 발생하였다. 이에 호남일대의 유생들이 격분하여 백홍성의 처벌을 요구하는 시위를 하였으나 효종은 아랑곳하지 않고 백홍성을 옹호하며 시위 주도자를 停擧에 처하기까지 했다.[85] 이러한 처사에

79)「孝宗實錄」卷12, 孝宗5年 2月 戊子條.
80)『孝宗實錄』卷12, 孝宗5年 3月 丙午, 庚戌, 壬子條.
81)『孝宗實錄』卷12, 孝宗5年 4月 壬申條.
82)『孝宗實錄』卷13, 孝宗5年 11月 己酉條.
83)『孝宗實錄』卷12, 孝宗5年 6月 丁丑條.
84) 禹仁秀, 앞의 논문,『歷史教育論集』15, 103-104쪽 참조.
85)『孝宗實錄』卷14, 孝宗6年 6月 戊午條.

대하여 전국의 유생들과 관학유생, 조신들 모두가 그 부당함을 상소하였으나 효종은 오히려 유생과 관련된 일이 발생하면 문신들이 시비를 가리지 않고 그들을 구하려한다고 하며 그들의 행동을 비난하였다.[86] 이렇게 해서 문·무의 갈등이 더욱 악화되었고 효종도 문신에 대한 불만 표출로 인하여 신료들의 지지를 기대하기란 사실상 어려웠다.

이와같이 문신의 불만, 민심의 이반, 잦은 재앙, 재정적 부담에 따른 정책적 비효율성이 고조됨에 따라 효종은 조정내에 이반세력이 있지 않을까 우려하였다.[87] 결국 효종의 북벌계획은 별로 이렇다할 성과 없이 추진을 중단하는 난세에 이르렀고, 효종은 다음과 같이 당시의 심정을 토로하였다.

> 나의 일거일동이 다 사람들에게 비난을 사니 이후 어찌 대궐밖을 한발자국이라도 나갈 수 있겠는가.[88]
> 나라에 수치스러운 일이 있는데도 불구하고 짐짓 세월만 보내고 있으니 장차 무슨 면목으로 이 세상에 나서겠는가 … [89]
> 참으로 가슴아픈 것은 할 일은 많은데 때가 이미 늦은 것이다. 어찌 슬픈 일이 아니겠는가 …[90]

이후 효종 주도의 북벌론은 사실상 끝을 맺었다고 할 수 있다. 이에 1658년(효종 9)에 이르러서는 송시열에게 북벌을 위임하게 되었다.

---

86) 『孝宗實錄』 卷14, 孝宗6年 6月 甲戌條.
87) 『孝宗實錄』 卷16, 孝宗7年 3月 壬午條. "上曰 … 恐不測之禍 在於蕭墻之內也"
88) 『孝宗實錄』 卷17, 孝宗7年 9月 己巳條.
89) 『孝宗實錄』 卷18, 孝宗8年 正月 乙丑條.
90) 『孝宗實錄』 卷18, 孝宗8年 5月 丁未條.

2. 宋時烈의 政治思想과 北伐論

효종은 자신이 주도한 북벌론이 사실상 실패하게 되자 새로운 북벌론의 추진인물로 송시열을 주목하게 되었다. 그러나 1658년(효종 9)에 입조한 송시열은 초기부터 북벌론의 목적과 이념에서 효종과는 견해를 달리하였다.

그렇게 해서 효종 즉위초에 잠시 산림세력[91]이 기용되었으나 김자점세력의 제거와 김육과의 불화로 정계에서 퇴진하였다.[92] 이들이 처음으로 정계진출의 기회를 얻었던 것은 인조 당시였다. 인조는 반정을 통한 왕위 계승에서 오는 정통성의 결여 문제로 유교적 통치질서의 유지를 위해서 산림세력을 등용하지 않을 수 없었다. 인조는 사림에 대한 예우를 극진히 하였으며 뒤를 이은 효종 역시 그렇게 할 수밖에 없었다.[93]

이후 효종은 다시 이들을 등용하여 친청세력을 제거하는 동시에 신료들간의 대립·견제를 유도하려 하였다. 그러나 산림세력이 효종 주도의 북벌론에 이의를 제기함에 따라 결국 1658년(효종 9)에 송시열의 북벌론을 수용하였던 것이다.

송시열은 당시 산림의 종주로서 父親 甲祚에게 金時習과 趙光祖를

91) 李佑成, 「李朝 儒教政治와 '山林'의 存在」, 『韓國의 歷史像』, 創作과 批評社, 1982, 255~258쪽에 의하면 山林이란 山中과 林下에서 處士生活를 하는 사람들인데, 처음에는 시골에서 講學하고 있는 道學者를 山林學者 또는 山林養德之士라고 일컬었고 이것을 줄여부른 것이다. 그러나 뒤에는 국가로부터 徵召를 받아 과거를 거치지 않고 관직에 나가거나 온갖 특대를 향유하는 특정인사에게만 존칭으로 붙였다.

92) 禹仁秀, 「17세기 山林의 進出과 機能」, 『歷史教育論集』 5, 143-144쪽에 의하면 산림세력은 정계를 떠나 있어도 정치에 무관심 했던 것은 아니고 정계에 진출하였다고 해도 항상 林下로 돌아가려 하는 성향을 지닌 부류였다.

93) 위의 논문, 164쪽에 의하면 본래 사림에 대한 예우란 전통적으로 徵召, 問病, 食料, 藥品, 衣服 등을 하사하는 것이었다.

흠모하도록 가르침을 받았고, 학문적으로는 李珥의 학통을 이어받았다.[94] 그는 24세에 沙溪 김장생 문하에서 『近思錄』, 『心經』, 『家禮』 등을 수학하였다. 당시 김장생 문하에는 송준길, 李惟泰, 尹宣擧, 俞棨 등이 함께 공부하고 있었는데 그가 타개한 후 아들 김집에게 학업을 마쳤다.[95] 이 시기부터 송시열은 주자서에 몰두하여 조광조 — 이이 — 김장생 — 김집을 잇는 기호학파의 적통이 되었다. 송시열의 사상적 연원은 사실 주자에게 있다고 하겠으나 주자의 학통을 조광조 — 이이 — 김장생으로 보았기 때문에 기호학파의 사상적 영향도 무시할 수 없을 것이다.[96] 따라서 주자의 至治主義와 민생문제가 송시열의 정치사상에 지대한 영향을 주었다.[97]

그러나 송시열의 사상이 조선사회에 부합되는 정치이념화할 수 있었던 것은 기호학파를 통해서였다고 할 수 있다. 이이의 주기론적 정치사상 중에서 사회모순를 해결하여 국력을 강화하려한 실천론적 사회개혁론의 영향이 컸다. 이러한 사회개혁론은 송시열의 사상에 있어서 관념적 범주를 벗어나 구체적 이론으로 전개할 수 있는 틀을 마련해 주었다. 또한 그는 김장생에게서 禮學이 정치에서 차지하는 의식 절차의 의미를 배웠는데 후에 예송논쟁에 있어서도 격렬한 정쟁의 중심이 되기도 하였다.[98]

이렇듯 송시열의 정치사상은 철저한 유교주의 철학, 특히 공자의 『春秋』에서 정립된 尊周大義論에 기반을 두고 있다.[99] 尊周論은 崇明排淸

94) 洪淳昶, 앞의 논문, 195쪽 참조.

95) 『宋子大全』 附錄 「年譜」 참조.

96) 李迎春, 「尤庵 宋時烈의 政治思想 硏究 -尊周 · 北伐論을 中心으로」, 13~25쪽 참조.

97) 사실 송시열은 평생을 주자학을 신봉하며 살았다고 하여도 무리가 아니다. 효종도 송시열이 말을 할 때마다 주자를 내세운다고 한적이 있을 정도이다.
; 『宋書拾遺』 卷7, '幄對說話' '上曰卿言必朱子'

98) 黃善嬉, 「儒學思想이 朝鮮後期社會에 미친 영향」, 『史學志』16, 檀國大史學會, 1982, 700~702쪽 참조.

意識을 기치로 걸고 있지만 춘추대의론에서 비롯되는 尊華攘夷라는 문화적 개념에 근거한 復讐雪恥라고 할 수 있다. 송시열은 당시 명을 문화의 중심으로 보았고 청을 야만적인 것으로 보았기 때문에 華夷論的 관점에서 존주대의론을 강조했던 것이다. 이러한 주장은 당시 조선사회에서 하나의 정치구호로 대두되었는데 이는 성리학의 심화와 경직화에서 비롯된 中華思想과 밀접한 관계가 있다. 따라서 송시열의 북벌론은 이러한 춘추대의적 문화관념에서 제기되었고 복수설치에 대한 성리학적 명분이 될 수 있었다.

그리하여 송시열이 효종 즉위초에 북벌론을 공론화하는 일에 참여하였으나 己丑封事를 올려 효종의 북벌론에 상반되는 입장에서 북벌론을 피력하였던 것이다. 그의 정치사상이 성리학적 가치관에 근거하고 있었기 때문에 북벌론에서도 治子의 修己를 우선시하는 북벌론을 기축봉사에서 제시하였다.[100] 북벌론 방법의 제일을 正君心에 두고 다음으로 養民 — 養兵을 하여 역량을 축적시켜야 한다고 주장하였는데 그중에서도 正君心과 養民을 특히 강조하였다. 그러나 북벌론의 당위성에는 효종과 의견을 같이 하였다. 효종이 북벌 계획으로 군비확충책에 주력을 하였기 때문에 송시열은 처음 8년간의 북벌론 추진 기간에는 참여하지 않았다. 산림세력이 정계를 떠날 때 그도 김집과 함께 향촌으로 돌아가 재야세력으로 기반을 확보하고 있었고 이후 1658년(효종 7)에 다시 출사하여 북벌론을 위임받게 되었다.

효종이 산림의 등용을 적극적으로 추진한 것은 1657년(효종 8)에 송준길이 출사하면서 시작되었는데,[101] 이때 송시열은 母親喪을 당하여

99) 李迎春, 「尤庵 宋時烈의 政治思想 研究 -尊周·北伐論을 中心으로」, 26쪽 참조. ; 공자의 『春秋』에서 정립된 춘추대의(존명대의)는 '尊中華 攘夷狄'으로 나타나 중국 역사상 외침이 있을 때마다 강조되어 온 것이다.

100) 『宋子大全』 卷5, 己丑封事.

101) 송준길과 송시열은 같은 山黨으로 어려서부터 동문수학한 가까운 사이로 그

丁酉封事만 올렸다.[102]

송시열은 1658년(효종 9) 7월 입조할 당시 학문적으로 이미 원숙한 경지에 있었고 산림의 총수로 있었다. 사실 송시열과 효종의 관계는 효종이 대군으로 있었을 시절 짧은 기간동안이였지만 스승과 제자의 사이였다. 그리하여 그는 출사하기 전에 丁酉封事에서 향촌사회의 지지기반과 민심을 유지하여 정치적 노선을 민생문제 해결에 두어야 한다는 것과 이를 통하여 왕권을 견제하며 정국을 주도해야 한다는 것을 표방하였다. 아울러 효종의 북벌론을 위시한 8년간의 정책 전반을 비판하기도 하였다. 북벌보다 민생문제를 더욱 중시하고 구체적인 방안을 제시하였는데, 기축봉사의 주장이 관념론적이었던 것에 비하여 여기서는 실천위주로 정책제시가 구체화 되었음을 알 수 있다.

이후 효종은 송시열과 북벌에 관해서 많은 논의를 하였는데 건강이 악화되자 송시열을 이조판서로, 송준길을 이조참판으로 임명하여[103] 국가의 대사를 위임하기에 이르렀다. 그러나 무리한 군비확충으로 재정적인 부담이 가중되고 있는 상황에서도 효종이 그 뜻을 버리지 못하자 송시열은 "주자는 병사를 더 뽑음이 어려운 것이 아니라 양병이 어렵다고 하였는데 더 뽑은 후에는 어떤 방법으로 군량을 마련하겠습니까"[104]라며 국가재정과 직결되는 군비확충의 중지를 요청하였다.

정치성도 유사하였다. 송준길은 贊善으로 임명되어 세자교육과 경연에 참여하게 되었고 특히 경연석상에서 『心經』을 통하여 正君心의 수양을 강조함으로써 효종의 호무적인 성격을 변화시키는 등 많은 영향을 미쳤다. 당시 효종의 시책에 이렇다할 과실이 없는 것은 송준길이 『心經』을 강론하면서라고 중신들이 말할 정도였다(『孝宗實錄』 卷19, 孝宗9년 正月 壬子條). 이후 효종은 송준길을 신임하여 계속해서 세자교육은 물론 부마들의 교육마저 부탁하였다(『孝宗實錄』 卷19, 孝宗9년 正月 壬子條).

102) 『宋子大全』 卷5, 丁酉封事. ; 『孝宗實錄』 卷19, 孝宗8年 8月 丙戌條.

103) 『孝宗實錄』 卷20, 孝宗9年 9月 壬子條, 10月 壬申條.

104) 『孝宗實錄』 卷20, 孝宗9年 9月 癸卯條.

이렇듯 효종과 송시열의 북벌논의는 공개적으로 합의되기 어려웠기 때문에 이들 두 사람은 獨對·密札·密敎(密勿敎書)의 형태로[105] 서로 간의 의견격차를 줄이려 노력하였다. 1659년(효종 10) 3월에 송시열의 요청으로 독대가 이루워졌는데[106] 독대의 성격상 그 내용은 기록되지 않아 사실을 알 수 없으나 송시열이 후에 당시의 대화내용을 「幄對說話」에 기록하였다. 이 기록에 의하면 효종이 10만 양병을 통하여 10년 내에 북벌을 단행하여 일거에 성패를 결정짓겠다고 했는데[107] 이에 반해 송시열은 치자의 수기근본론을 들어 군주의 수양을 선결과제로 제시하였음을 알 수 있다.[108]

이와같이 송시열은 기축봉사와 정유봉사에서 正君心 — 養民 — 養兵의 순서로 북벌론의 추진계획을 일관되게 주장하였다. 그리하여 그는 正君心을 위하여 경연에서의 『心經』 강의를 계속하여 효종의 호무적인 성격을 교정하기에 노력하였고[109] 왕의 검소한 생활을 강조하였다.[110] 다음으로 養民을 중시하였는데, 이것은 북벌 추진의 구체적이고 실제적인 계획이었다. 효종의 무리한 군비확충으로 인한 일반백성의 고초를 북벌론의 저해 요소로 지적하는 한편 그러한 폐단을 시정하기 위한 안민책으로 제반 시책을 내놓았다. 양민론을 위한 구체적 실천방안은 공납을 감해줄 것과 강화도와 남한산성에 비축해둔 곡식을 풀어 기민을

---

105) 李迎春,「尤庵 宋時烈의 政治思想 硏究 -尊周·北伐論을 中心으로」, 49쪽.

106) 『孝宗實錄』 卷21, 孝宗10年 3月 壬寅條.
獨對란 왕과 신하가 승지 및 사관과 내시도 없이 은밀히 둘이서 국가의 중대 사안을 가지고 논의하는 것으로 사실이 기록되지 않는 것이다.

107) 『宋書拾遺』 卷7,「幄對說話」.

108) 『宋書拾遺』 卷7,「幄對說話」.

109) 『孝宗實錄』 卷21, 孝宗10年 正月 己酉條에 의하면 효종은 송시열과 송준길이 경연에 참여하지 않자 강론은 하였지만 하지 않은 것과 같다고 할 정도였다.

110) 『孝宗實錄』 卷20, 孝宗9年 9月 乙未條에 의하면 송시열과 송준길은 공주의 저택을 짓는 공사가 너무 사치스럽다고 하며 백성이 궁핍한 때의 이러한 공사를 중지할 것과 아울러 청에서 유입되는 사치품을 중지할 것도 요청하였다.

구휼할 것 등이었다.[111] 또한 군포의 부담도 길이와 규격을 정하여 법에 맞게 할 것과 부역 및 군역을 감하고 평준화시킬 것[112] 등을 강조하였다.

요컨대 치자의 근본인 정군심이 이루워지고 양민을 위한 민생문제를 해결한 후에야 마지막 단계로 양병을 할 수 있다는 것이 송시열의 북벌론이었다. 즉, 그는 시종일관 효종의 군비확충을 통한 북벌론을 반대하였다. 그러나 2년여 동안 진행된 송시열의 북벌 추진도 효종의 갑작스러운 죽음으로[113] 인하여 그 결실을 맺지 못하고 끝을 맺었다.

효종의 북벌론 추진복석이 왕권강회에 있었다면 송시열의 목적은 산림의 정국 주도권 확보였다고 할 수 있다. 사실 송시열은 송준길과 유계, 이유태, 윤선거 등을 소집하여 자신의 북벌 추진세력을 북벌진영으로 구축하였다. 이렇듯 송시열은 효종조의 북벌론을 위임받으면서 효종이 親政하며 북벌을 주도했던 8년여년간 제거되었던 인물들을 정계에 복귀시킴으로써 반대세력을 물리치고 정국의 주도권을 획득하려고 하였다.[114]

111) 『孝宗實錄』 卷20, 孝宗9年 11月 庚戌條.

112) 『孝宗實錄』 卷21, 孝宗10年 3月 壬寅條.

113) 『孝宗實錄』 卷21, 孝宗10年 5月 甲子條. ; 효종의 죽음에 대하여서는 그 의문점이 있지만 실록에서는 병의 원인이 귀밑뺨에 난 종기에서 비롯 되었다고 기록하고 있다. 1659년(효종 10) 5월에 효종이 서거하였는데 며칠사이로 종기의 독이 퍼져 위급하였고 서거 당시에 효종은 의관 柳後聖과 申可貴를 불러 침을 맞아야 할지에 대해서 물었는데, 유후성은 경솔히 해볼 수 없다하였고 신가귀는 독이 퍼졌으니 나쁜 피를 빼야 한다며 침을 맞을 것을 권하였다. 이에 신가귀가 효종의 뺨에 침을 놓았고 이것이 잘못되어 핏줄을 찔러서 피가 멈추지 않아 위급해 죽었다고 기록하고 있다.

114) 李迎春, 「尤庵 宋時烈의 政治思想 研究 -尊周·北伐論을 中心으로」, 6쪽. ; 이러한 정치적 목적은 숙종조에 가서 더욱 심화되는데, 송시열의 존주대의론을 통한 북벌론의 추진이 효종대에는 어느정도 유교적 덕치주의의 구현에 있었지만, 숙종대에는 정쟁에서의 우위를 점하기 위한 대의명분의 장악에 목적이 있었던 것으로 볼 수 있다.

Ⅳ. 結 論

지금까지 호란이후 효종조의 北伐論이 왕과 신료들사이에서 어떻게 공론화되고 추진되었는가 하는 것을 근본목적과 실시방법에 초점을 맞추어 살펴보았다.

왕과 신료들은 인조반정과 호란 및 세자책봉 등 일련의 정치사건을 통하여 각기 정치적 입지를 강화하기 위하여 북벌론을 공론의 대상으로 했다고볼 수 있다. 왕권의 입장에서는 호란을 야기한 청을 응징한다는 것이 명분이었지만 근본적인 목적은 왕위계승의 정통성 보완이였다. 다시 말해서 인조의 무력정변을 통한 왕위계승과 효종의 변칙적 세자책봉은 왕위계승의 정통성 결여라는 심각한 문제을 안고 있었다. 따라서 인조는 원종추숭론을 예학적 명분으로 하여 봉림대군의 세자책봉으로 실추된 왕실의 권위와 미약한 왕권을 확보하려 하였고 효종 역시 북벌계획을 통하여 군권을 장악함으로써 정통성 결여를 보완하고 왕권을 강화하려 하였다.

그러나 송시열을 비롯한 사림세력은 북벌의 당위성은 인정하면서도 왕과 주화파 및 무신들이 주도하는 무력에 의한 북벌론에 이의를 제기하여 이들을 견제하는 한편 북벌론의 명분으로 민생문제의 해결책을 제시하여 여론과 정국의 주도권을 장악하여 나갔다. 이와같이 17세기 조선 조정은 북벌론이란 공통의 명제를 중심으로 그 목적과 방법에 상호 이견이 있었으나 왕과 신료들은 타협과 견제를 반복하면서 세력균형을 유지해갔다고 볼 수 있다.

결국 공론 배경과 추진 목적의 차원에서 보면 효종조의 북벌론은 단순히 대외적 대응책의 일환에서라기 보다는 권력투쟁이라는 정치상황에서 기인했다고 볼 수 있다.

〈白山學報 第51號, 1998.8.30. pp.121～153〉

조선후기 한인의 만주로의 '犯越'과 정착과정

金 春 善*

〈目 次〉

Ⅰ. 머리말

한인의 만주이주는 엄밀히 말하면 明末·淸初부터 비롯되었다고 볼 수 있다. 이 시기 한인의 이주 형태가 집단적인 것은 아니었지만, 전쟁포로나 인삼채집을 위한 犯越 등에 의하여 꾸준히 이주가 이루어져 왔다.

그런데 지금까지 만주 이주에 관한 연구는 주로 1860년대 이후 한인들의 대량 이주에 관심이 집중된 것이 사실이다.[1] 따라서 明末·淸初부

* 연변대 민족연구소 부소장

1) 먼저 한국에서 발표된 주요 논문들을 연대별로 정리하면 다음과 같다.
高承濟, 「間島移民史의 社會經濟的 分析」, 『白山學報』5, 1968.12; 吳世昌, 「在滿韓人의 社會的 實態」, 『白山學報』9, 1970; 朴永錫, 「日帝下 韓國人 滿洲移住에 關한 研究」, 『성곡논총』10, 1979; 朴永錫, 「日帝下 韓國人 滿洲移民問題-日帝의 韓國人移民政策을 中心으로-」, 『韓民族獨立運動史研究』, 일조각, 1982; 이형찬, 「1920-1930年代 韓國人의 滿洲移民研究」, 서울대 사회학과 석사논문, 1988; 윤병석, 「韓人'朝鮮族'의 間島開拓과 民族運動」, 『金昌洙敎授花甲論文集』, 1992; 洪鍾佖, 「'滿洲' 吉林地方 朝鮮人 移民의 經濟狀況에 대하여-1920年代 初期를 中心으로-」,

터 약 2백여 년간의 한인의 만주에로의 범월과 한인의 정착과정에 대해서는 구체적으로 밝혀지지 않은 실정이다.

한인의 만주이주는 시대 변천에 따라 이주 형태와 규모 면에서는 현저한 차이를 보이고 있지만, 한민족이 만주로 향한 발길은 수 백년간에 걸쳐 지속적으로 이루어진 것만은 의심할 바 없는 사실이다. 특히 청 봉금시기 한인의 만주 범월은 그 형태가 소수인에 의한 유동적이고 단기적인 것이라 할지라도 필경 한인의 만주이주의 최초 이주형태였다는 점에서 주목할 필요가 있다. 그리고 한인의 만주 범월은 당시 朝·淸양국의 守邊政策과도 밀접한 연관이 있었다. 즉 조선의 북방경영 정책과 청조의 만주지역에 대한 봉금정책은 한인의 만주 범월에 커다란 영향

『白山學報』39, 1992; 洪鍾佖, 「20年代 '在滿朝鮮人'의 定着問題에 대하여-商租權·歸化·小作慣習을 中心으로-」, 『이태영교수 화갑기념논총』, 1992; 洪鍾佖, 「在滿 朝鮮人 移民의 分布狀況과 生業」, 『白山學報』41, 1993; 洪鍾佖, 「滿洲 (中國東北地方) 朝鮮人移民의 展開過程 小考」, 『명지사론』 5, 1993; 全海宗, 「韓族의 滿洲(특히 間島)移住에 대하여」 -19세기 중기까지의 略史와 研究의 問題点-, 『東亞研究』26, 1993.8; 全海宗, 「延邊 韓族의 定着過程과 初期 韓人社會」 -19世紀 末에서 1920年代 初까지의 移民과 農業經營-, 『東亞研究』28, 1994.9; 尹輝鐸, 「1920-30年代 滿洲 中部地域의 農村社會構造」-間島地方의 朝鮮人 農民을 中心으로-, 『韓國史學論叢』, 1995;

다음으로 중국측에서 발표된 주요 논문들을 연대별로 정리해 보면 다음과 같다.

朴昌昱, 「試論中國朝鮮族的遷入及其歷史上限問題」 『朝鮮族研究論叢』1, 延邊大學出版社, 1987; 朴昌昱, 「論朝鮮族的遷入及歷史起點」 『朝鮮族研究論叢』1, 延邊大學出版社, 1987; 孫春日, 「試論延邊朝鮮族聚集區的形成」 『朝鮮族研究論叢』2, 延邊大學出版社, 1989; 朴昌昱, 「朝鮮族의 中國移住史 研究」, 『역사비평』 1991.겨울호; 王承禮, 「中國朝鮮族史研究中的若干問題」 『中國朝鮮族遷入史論文集』, 黑龍江朝鮮民族出版社, 1989; 劉鳳翥, 「關於朝鮮民族史研究中的幾个問題」, 『中國朝鮮族遷入史論文集』, 黑龍江朝鮮民族出版社, 1989; 安華春, 「略述東北朝鮮族的遷入」, 『中國朝鮮族遷入史論文集』, 1989; 金元石, 「關於朝鮮族歷史上限的起點問題」, 同上; 金成鎭, 「淺談中國朝鮮族遷入和形成」, 同上; 金元石, 「中國朝鮮族의 遷入史에 對한 研究」, 『東亞研究』, 西江大 東亞研究所, 1992.12; 金元石, 「中國朝鮮族遷入史述論」, 『中國朝鮮族歷史研究論叢』2, 延邊人民出版社, 1992.12;

을 주었다. 따라서 한인의 만주 이주형태와 규모도 조·청양국의 정책 변화에 따라 부단히 변화되어 갔으며, 1860년대에 이르러 압록강 북안 지역에는 점차 한인이주민들이 정착하기에 이르렀던 것이다.

본고에서는 이와 같은 사실에 주목하면서 명말·청초에서 1860년대에 이르는 시기의 한인 이주문제를 규명하기로 한다. 이를 위해 먼저 청조의 만주지역에 대한 봉금정책과, 그에 대응한 조선의 북방경영을 살피기로 한다. 그리고 이러한 조건 아래 犯越해 갔던 한인의 이주와 정착과정을 크게 압록강대안지역과 두만강대안지역으로 나누어 고찰하기로 한다.

Ⅱ. 청조의 만주경영과 봉금정책

청조의 만주경영은 크게 軍府制를 토대로 한 二將軍(盛京將軍·吉林將軍·黑龍江將軍)體制의 확립과 封禁을 통한 만주족의 특권보호 및 경제이권의 독점으로 특징지울 수 있다. 청조는 順治元年부터 전국적으로 行省制를 실시하였으나 만주지역만은 淸皇朝의 '發祥地'라하여 이른바 特別之制인 軍府制를 실시하였다. 군부제는 장군이 직접 統軍·治民·防邊 등 일체를 관리하는 軍政合一의 통치기구로써 청초의 八旗制度과 그 성격면에서 일치하였다. 1644년 8월 順治皇帝는 명나라가 만주에 설치하였던 都·司·衛·所를 전부 철폐하고 盛京에 內大臣을 설치하고 正黃旗內大臣 何洛會를 盛京總管으로 임명하였다. 1646년 5월에는 內大臣을 奉天昻邦章京으로 개칭하고 전 만주지역을 관할하게 하였다.[2] 그리고 1653년에는 奉天仰邦章京 관할내의 沙爾虎達, 梅勒章京海塔, 尼噶禮 등을 뽑아 寧古塔에 주둔시키고 寧古塔昻邦章京을 설치하였으며[3]

2) 『世祖實錄』, 卷二六.

1676년에는 船廠(吉林)에 吉林烏拉城을 구축하고 그곳에 將軍署와 將軍府를 설치하였다. 그후 러시아가 黑龍江地域으로 침략세력을 확장하자 청조는 1683년 黑龍江省(黑河市 瑷琿)지역에 黑龍江將軍을 증설함으로써 만주지역에 대한 三將軍體制를 확립하기에 이르렀다.

한편 청정부는 장기간의 전쟁으로 인하여 침체된 滿洲經營의 再建과 朝廷의 재정확보를 위하여 만주지역을 부분적으로 개간하려 시도하였다.[4] 이에 따라 청조는 1644년 「開墾荒地條例」[5]의 반포를 비롯하여, 1653년에는 「遼東招民開墾授官例」, 1656년에는 「遼東招民開墾條例」를 각각 제정하여 漢人들의 만주이주를 적극 권장하였다. 이 시기 청조는 漢人 移農者에게 매달 식량 一斗를 빌려주었으며 토지 一垧에 종자 6升, 매 다섯 사람에게 소 한 마리씩 주었으며, 추수 후에도 모자라는 식량과 종자를 공급하기도 하였다. 그리고 招民官에 대하여 賞授, 陞敘까지 시키는 奬勵정책을 펼쳤다.[6] 결과 당시 遼東地區에는 漢人開墾民들이 대폭 증가하였고, 1653년에는 遼陽地域에 遼陽府, 遼陽縣, 海城縣 등 최초의 民人[7] 관리기구가 설치되기도 하였다.

---

3) 『世祖實錄』, 卷七五; 1662年 奉天昻邦章京과 寧古塔昻邦章京을 遼東將軍과 寧古塔將軍으로 改稱하였다. 遼東將軍은 1665年에 다시 盛京將軍으로 改稱.

4) 당시 요동지역의 개간을 적극 주장한 사람은 奉天府尹 張尙賢이었다. 그는 1661년 청정부에 보고를 올려 황폐한 만주를 개척하는 것은 청조의 根本之地를 충실하는 長久之策임을 다음과 같이 기술하였다. "沃野千里 有土無人 有几處荒城·廢堡·敗瓦·頹垣 点綴于茫茫原野中而已… … 欲弭外患 必當籌畵隄防 欲消內慢 必當充實根本 以圖久遠之策", 『淸聖朝實錄』 卷2, 25-26쪽.

5) 『大淸會典事例』, 卷 一六六; "… … 州縣衙所荒地無主者, 分給流民及官兵屯種, 有主者令原主開墾, 無力者官給牛具籽種… …."

6) 劉獻廷, 『廣陽雜記』, 卷三; 『盛京通誌』, 卷三五, 「戶口」; "… … 招百名者, 文授知縣武授守備; 百名以下60名以上者, 文授州同州判武授千總, 60名以下50名以上者, 武授縣丞主簿武授百總; 若數外多招者, 每百名加一級"

7) 民人에는 明나라 시기에 滿洲에 居住하던 漢族土族, 河南·河北·山東 등지에서 들어온 流民, 關內地域에서 정배온 流人 등이 포함된다.

그러나 漢人流民들의 요동지역으로의 대거 이주는 급기야 토지점유를 둘러싼 漢旗人간의 민족모순을 유발하여 지방기인들의 불만을 자아냈다. 특히 開墾을 奬勵하기 위해 실시되던 "招民授官" 정책은 朝廷의 官吏任用制度를 문란하게 하여 吏部에서도 이에 대한 폐지를 주장하기에 이르렀다.[8] 이러한 상황에서 청조는 부득불 1668년에 "遼東招民開墾授官例"의 폐기를 선포하고, 漢人들의 山海關 출입을 점차적으로 제한하기 시작하였다.[9]

1677년 중국대륙을 통일한 康熙帝는 장백산을 청조 發祥의 靈山이라 하여 內大臣 覺羅武默納을 보내어 祭祀를 올리게 하고 장백산과 압록강, 도문강이북의 1천여 리에 달하는 지역을 '龍興之地'로 규정함으로써 청조의 봉금정책은 본격화되었다.[10] 그렇다면 이 시기 청조가 요동지역에 대한 개간을 폐지하고 봉금정책을 실시한 목적은 무엇일가?『吉林通志』의 기록을 실표 보면 당시 청조가 봉금책을 실시한 주요 원인은 다음과 같은 세 가지 이유에서 찾아볼 수 있다. 첫째, 만주족의 '龍興之地'를 보호하기 위해서이다.[11] 그들은 장백산일대를 淸皇朝의 '發祥地'로 인정하였기에 만약 개간으로하여 漢人들이 밀려들어와 잡거하게되면 旗人들의 '武藝本習'과 풍속습관을 보존할수 없다고 생각하였기 때문이다.[12] 둘째, 만주기병과 기인들의 "養生之地"를 보호하기 위해서이

8)『皇朝經典類纂』卷13

9) 楊賓,『柳邊紀略』, 卷1.

10)『淸聖朝實錄』卷70, 80쪽, "長白山發祥重地 奇迹甚多 山靈宜加封號 永著祀典"

11)『吉林通志』卷29; 乾隆皇帝는 "盛京爲滿洲根本之地, 所關至重, 今彼處聚集民人甚多, 悉將地畝占種, 与其徒令伊等占種, 孰若令旗人耕種乎? 卽旗人不行耕種, 將地畝空閑, 以備操兵圍獵, 亦無不可"라 하여 滿洲의 土地를 荒廢化할 지언정 民人들에게 開墾시켜 그들이 占居하는 것을 許容하지 않았음을 알 수 있다. 이것은 당시 淸朝가 北京에 首都를 정한 후에도 계속 盛京을 陪都로써 보존하고 있는 사실과 결부시켜 생각할 때 滿洲地域에 대한 滿洲族의 獨占은 만일의 경우를 고려한 대비책이었다고 볼 수 있을 것이다.

12)『吉林通志』卷1; "惟烏拉, 寧古塔等處兵丁不改易滿洲本習耳, … … 嫻習騎射, 滿

다. 즉 만주의 토지는 滿洲八旗의 안식처와 식량의 주요한 공급기지였다. 그러나 료동지구의 개간과 漢人들의 토지점유는 팔기병과 旗人들의 生計를 직접적으로 위협하고 있었던 것이다.[13] 셋째, 장백산일대에서 산출되는 인삼, 진주, 귀중한 야생동물 등 특산물을 독점하기 위해서였다.[14] 이러한 측면에서 볼 때, 당시 청조의 봉금정책은 청조의 발상지를 보호하려는 이념적인 측면과 이 지역에서 산출되는 人蔘, 鹿茸 등 특산물을 독점하려는 경제적인 측면이 동시에 내포되어 있었음을 알 수 있다.

청조의 봉금정책은 먼저 盛京邊墻(老邊)및 吉林柳條邊墻(新邊)의 구축과 각종 圍場, 哨卡의 설치를 통하여 구체적으로 실시되었다. 盛京邊墻(1648～1654)은 山海關에서 시작하여 동북쪽으로 開原의 威遠堡에 이르고, 여기에서 다시 동남쪽으로 興京에 이른 후 서남으로 鳳凰城의 南海岸(지금의 遼寧東溝縣)에 이르는데 邊墻의 총 길이는 960餘里이고 16개의 邊門이 설치되어 있었다.[15] 그리고 吉林柳條邊墻(1670～1681년)은 남쪽으로는 盛京邊墻의 開原威遠堡邊門부터 시작하여 북으로는 法特東亮子山(舒蘭縣二道河子)의 法特哈邊門을 지나 松花江에 이르는데 4개의 邊門을 설치하였다. 柳條邊墻의 총 길이는 690餘里이며 높이는 4,5尺, 邊壕의 넓이와 길이는 각각 一丈에 달하였다.[16] 清朝는 盛京邊墻과 吉

語, 以備任用"

13) 『吉林通志』 卷1; "民人流入, 私墾地畝, 於該處旗人生計大有防碍"

14) 『順治年間檔』(滿文檔), 順治4年, 6年, 8年檔, 청조의 봉금책은 採蔘量의 현저한 감소현상을 극복하기 위한 것이었다. 順治 4년(1647) 採蔘量은 398斤 2兩이었으나 順治 6년(1649)에는 162斤에 불과하였다. 이는 5분의 3이 감소한 결과였다. 順治 8년 청조는 採蔘人을 順治 4년의 116명에서 471명으로 증가하고 일인당 1斤8兩의 人蔘을 採集하도록 하였으나 採集量은 350斤에 불과하여 일인당 採集量의 절반에도 미치지 못하는 상황이었다.

15) 楊賓, 『柳邊紀略』 卷1; "揷柳爲邊, 高者三四尺, 低者一二尺, 若中土之竹籬而掘壕於其外, 人呼爲柳條邊, 又日條子邊"

16) 高士奇, 『扈從東巡目錄』; 孔經偉, 『清代東北地區經濟史』, 黑龍江人民出版社, 1990年,

林柳條邊墻에 도합 20개의 邊門을 설치하고 매개 변문에 正五品以下 3~40명의 병정을 배치하여 中原地域 漢人들의 출입을 엄격히 통제하였다. 또 봉금지역내에 盛京圍場, 吉林圍場, 南荒圍場 등 각종 圍場을 설치하였으며 盛京以東, 伊通州以南, 圖們江以北지역에서의 民人들의 居住, 開墾, 人蔘採集, 山林採伐, 鑛山開發 등을 일체 금지시켰다.[17)]

청조의 봉금정책이 제일 엄격히 실시된 지역은 豆滿江北岸의 南荒圍場을 중심한 북간도일대였다. 봉금시기 백두산일대에는 청정의 蔘山, 圍場, 採捕場이 밀집되어 있었는데 북간도지역만 하더라도 布爾哈通河(一名 珍珠營)·噶哈哩河(嘎呀河)·海蘭河 등 採捕河流와 瑚珠山(瑚珠站)·阿布達哩(琿春東溝)·烏爾琿山(黑頂子)·呼蘭山(琿春東南 火龍溝) 등 採捕山이 있었다.[18)] 청조는 이러한 採捕河流와 圍場들을 打牲烏拉總管이란 전문적인 기구를 설치하여 관리하였다. 길림에 설치된 他牲烏拉總管은 산하에 3993명의 打牲丁을 거느리고 전문적으로 특산물을 채집하여 청황실에 공급하였다. 1712년 백두산정계비 건립이후 청조는 1714년 琿春에 琿春協領을 설치하고 正黃, 廂黃, 正白 三旗를 주둔시켜 北間島一帶의 경비를 증강함과 동시에 長白山一帶에 대한 봉금을 진일보 강화하였다. 따라서 1762년 청정부는 「寧古塔等處地方禁止流民例」를 반포하여 이미 입경한 民人들은 里甲에 편입시켜 納租하도록 하며, 금후 다시 입경하는 流民들에 대하여서는 守邊官員들이 엄격히 처벌할 것을 지시하였다.[19)] 그리고 1776년 乾隆帝는 盛京, 吉林地方은 清朝의 '龍興之地'로써 만약 이곳에 유민들이 잡거하면 滿洲族의 風俗習慣을 보존하

150쪽面 參照

17) 『海龍縣志』卷2, "盛京以東, 伊通州以南, 圖們江以北, 悉爲封禁. 移民之居住有禁, 田地墾群有禁, 森林礦山之采伐有禁, 人蔘東珠之掘捕有禁", 이 시기 당지백성들은 봉금지역을 '蘇勒荒'이라 불렀는데 蘇勒는 만어로서 '空閑'이라는 뜻이었다.

18) 吳祿貞, 「延吉廳建設之沿革」, 『延吉邊務報告』, 奉天學務公所, 1907, 1~3쪽.

19) 『三姓檔』 卷 四二; "嗣後倘復有流民潛入境地者, 將看守邊門官員, 嚴參議處"

는데 영향이 있음을 강조하면서,[20] 吉林將軍 傅森에게 "流民들의 入境을 영원히 금지시킬 것"을 지시하였다.[21] 이에 따라 吉林將軍은 吉林烏拉, 各圍場, 烏拉, 額穆, 寧古塔, 琿春, 伯都訥, 三姓, 阿勒楚喀 등지에 105개의 哨所(卡倫)을 설치하고 流民들의 출입을 엄격히 통제하였다.[22]

Ⅲ. 조선의 북방경영과 한인의 만주 '범월'문제

1. 한인의 만주 범월과 조선정부의 禁越措置

1605년 努爾哈赤과 조선은 양측 邊界民들의 犯越과 盜蔘등에 관하여 約定한 바 있었으나,[23] 양국간의 彊域을 공식적으로 設定한 것은 1627년의 '江都會盟'과 1637년의 '南漢和約'에서 비롯되었다고 볼 수 있다. 1627년의 '江都會盟'에서는 "兩國은 이미 和好를 講하였으니 今後 兩國은 이 誓約을 遵하여 각각 彊域을 嚴守하고 私越을 禁斷한다"[24]고 하

20) 『東華錄』(乾隆朝), 卷 三二 "盛京, 吉林爲本朝龍興之地, 若聽任流民雜處, 殊与滿洲風俗攸關"

21) 『東華錄』(乾隆朝), 卷 三二.

22) 哨所는 常設초소와 闕設초소가 있었는데 常設哨所는 44所, 闕設哨所는 61所가 있었다. 闕設哨所는 봄에 設置하고 겨울에는 閉鎖하는 臨時的인 哨所였다. 그리고 당시 吉林將軍府에는 他牲烏拉總管이란 특수한 기구가 있었다. 이 기구는 어디에도 소속되지 않고 北京內務府에 직속되어 전문적으로 淸皇室에 진귀한 보물만 공납하는 기구였다.

23) 1605년 努爾哈赤의 建州衛와 조선은 양측 邊界民들의 犯越과 盜蔘등에 관한 최초의 約定이 이루어 졌다. 본 約定에서 努爾哈赤은 渡江者가 발생할 경우 양측은 상호 拿送할 것을 요구하였으며, 조선측에서도 만주의 기타 部族들이 조선변경을 침입하지 말 것을 요구하였다. 이로 보아 建州衛와 조선은 국경이 확정되지 않은 상황에서도 鴨綠江과 豆滿江을 자연경계로 서로 범월을 금지하고 있었음을 알 수 있다(『事大文軌』, 萬曆 33年 9月 6日 胡書 및 11月 11日 答書).

24) 『仁祖實錄』 권16, 仁祖 5년 3월 3일, 丁卯條.

였으며, 1637년의 '南漢和約'에서도 '各守封疆'을 재차 규명하여 조·청 변민들의 越境을 嚴禁하기로 하였다.[25] 여기에서의 疆域이란 비록 근대적 의미에서 확정된 국경선은 아니었지만 대체로 압록강과 두만강을 사실상의 국경으로 인정하고 있었다. 이는 당시 범월문제를 둘러싸고 양국간에 빈번히 발생되는 외교분규를 통해서도 어느정도 증명된다 하겠다. 그러나 양국간의 강역설정에도 불구하고 한인들의 만주 범월은 계속되었다. 이러한 현상은 당시 변민들이 국경에 대한 모호한 인식에서 비롯된 것이라 볼 수 있겠으나 그보다도 더 중요한 것은 만주지역이 장기간 그들의 피난처이자 생활터전의 일부분으로 간주되어 왔기 때문이었다.[26]

조선은 淸 建國前인 世祖代에 이미 압록강 및 두만강연안에 沿江防衛線을 구축하여 北境關防에 임하고 있었다.[27] 그러나 압록강연안은 교통이 지극히 불편한데다가 군사상의 방어와 주민유지가 곤란하여 세조대에 점차 군을 폐하기에 이르렀다.[28] 특히 丁卯胡亂과 丙子胡亂에서

---

25) 『仁祖實錄』 卷34, 仁祖 15年 1月 30日 丁丑條.

26) 『仁祖實錄』 권34, 仁祖 15년 1월 30일, 丁丑條; 한인들이 압록강과 두만강이북 지역에 이주하여 개간한 사실은 일찍 명나라 시기에도 발견되고 있다. 『世祖實錄』 14년 3월 壬戌, 壬申, 辛已, 丁亥條에는 한인이 朝·明間의 空間地에 집을 짓고 토지를 개간한다는 기사가 있으며, 明宗代에도 邊界民이 다수 女眞地域으로 넘어갔고 특히 豆滿江越便의 伊應巨島에서 경작지를 개간하고 慶興府民으로 하여금 경작케하고 진을 설치하였다는 기사가 있다(金慧子, 「朝鮮後期 北邊越境問題 硏究」, 『梨大史苑』18·19합집, 1982, 60쪽에서 재인용).

27) 金聲均, 「朝鮮朝北境關防定礎略考」, 『白山學報』15, 1973, p.15, 당시 豆滿江沿岸에는 慶興·慶源·穩城·鍾城·會寧·富寧·茂山 등으로 이어지는 防衛線이 형성되었고, 鴨綠江沿岸에는 惠山·甲山·三水·茂昌·閭延·虞芮·慈城·滿浦·江界·渭原·理山·碧潼·昌城·朔州·義州 등으로 이어지는 沿江防衛線이 형성되어 있었다.

28) 姜英哲, 「朝鮮初期의 軍事道路」, 『韓國史論』 7, 國史編纂委員會, 1981, 364~366쪽; 그리고 宋炳基는 「東北·西北界의 收復」이란 논문에서 조선이 四郡의 邑治를 撤廢한 것은 이 일대의 領土의 포기를 의미하는 것은 아니었고 군사상으로 국경방어

청령과 인접한 평안도와 함경도는 청군의 대량 약탈로 인하여 거의 황폐화되었다. 이를 계기로 조선의 대청 위기의식은 점차 고조되었으며, 북변개척[29]보다는 청의 재침입에 대비할 수 있는 방어체제를 구축하는 것이 급선무라고 인식하게 되었다.[30] 이에 따라 숙종 5년 吉州 — 薛嶺 — 甲山간의 도로는 차단되었으며,[31] 숙종 11년 三道溝事件을 계기로 三水府 서쪽에 설치되었던 厚州鎭과 폐사군지역에 설치한 茂昌·慈城 2鎭도 전부 혁파되었다.[32] 그후 지방관원들로부터 북방지역을 개척하여야 한다는 上疏가 계속되었으나 조정은 禁越과 防守에 어려움이 있다는 이유로 시종 소극적인 태도를 보여왔다.[33]

그러나 여기에서 주목되는 것은 이 시기 두만강 상류지역에 위치한 茂山府는 폐지되지 않고 계속 유지되었다는 점이다.[34] 삼도구사건 시

據點을 후퇴시킨 데 불과한 것이었다고 설명하고 있다(『韓國史』 9, 162~172쪽).

29) 孝宗 1년(1650) 함경감사 鄭世規는 茂山을 據點으로 豆滿江邊에 주민들의 居住를 許容하자고 建議하였으며, 孝宗 2年 江界府使 李義도 廢四郡 地域에 百姓을 募集하여 設屯할 것을 建議하였으나 朝廷에서는 祖宗朝의 廢棄는 우연히 아니므로 一時에 바꿀 수 없다고 允許하지 않았던 것이다(『孝宗實錄』 2年 7月 乙巳條; 鄭元容, 『北行隨錄』, 北略擬議 上, 「北關摠錄」).

30) 肅宗代 조선은 淸의 정세에 대하여 상당히 비관적으로 보았다. 즉 淸은 內亂이나 蒙古의 侵攻으로 인하여 中原의 세력을 유지하지 못하고 옛 根據地인 瀋陽과 寧古塔으로 돌아올 수 있다는 것이었다. 이럴 경우 淸勢力의 移動經路에 위치한 조선의 西北地域은 큰 피해를 입게되며, 지어는 戰爭이 일어날 수도 있다고 인정하였다. 이에 따라 조선은 西北路의 防備를 강화하고 都城 및 江都의 수비체제를 정비하고 내륙에 위치한 방어시설을 강화하여 이에 대비코자 하였던 것이다(『肅宗實錄』 卷8, 肅宗 5年 9月 11日 癸卯, 卷13, 肅宗 8年 11月 24日 丁卯, 卷22, 肅宗 16年 1月 3日 乙未).

31) 『肅宗實錄』 卷8, 肅宗 5年 12月 10日 辛未.

32) 『肅宗實錄』 卷17, 肅宗 12年 3月 13日 丁卯.

33) 『肅宗實錄』 22年 正月 癸酉條, 23年 5月 丁酉條. 肅宗 22年 僉使 李忠立은 廢四郡지역을 복구하면 '救荒·備邊·順天時·悅人心' 등 一擧四得의 효과를 볼 수 있다는 上疏를 올렸으며, 이듬해 領中樞府事 南九萬도 廢四郡지역을 無人化하였기에 오늘 採蔘奸民이 마음대로 범월하는 결과를 가져왔다고 지적하면서 북변지역을 개척할 것을 건의하였다.

厚州鎭의 폐지와 함께 무산부도 혁파하여야 한다는 주장이 거론되었으나 이미 거주하고 있는 주민들의 처리문제와 지방관원들의 완강한 반대로 말미암아 무산부는 계속 유지될 수 있었던 것이다.[35] 그러나 무산부가 혁파되지 않은데는 위의 원인 외에도 당시 무산부가 위치한 지리적 환경과도 밀접한 관계가 있지 않았나 생각된다. 왜냐하면 무산부는 두만강 상류지역에 위치하였고, 대안인 북간도지방도 1714년 琿春協領 설치 이전까지는 거의 무인지대로 방치되어 있었기 때문이었다. 특히 무산대안의 外六道溝는 훈춘협령이 설치된 이후에도 훈춘아문과 몇백리 떨어져 있는 관계로 사실상 청측의 세력이 거의 미치지 못하고 있었다. 이에 대해 청측도 "琿春 부근지방은 매년 협령에서 派兵하여 巡視하였으나 茂山對岸 지방은 琿春과 거리가 멀어 疏忽할 수밖에 없었다"[36]고 인정하고 있었다. 이로 보아 무산부의 유지는 당시 무산부가 지니고 있는 지리적 특성에서 기인한바가 크다고 볼 수 있다. 어쨌든 이 시기 무산부를 혁파하지 않고 주민들의 입주와 개간을 허용한 것은 그후 조선정부의 소극적이던 북방경영이 적극적인 방향으로 전환할 수 있는 토대를 마련하였고, 나아가 북변지역 개발에 전범이 될 수 있었다는 점에서 긍정적인 의미를 지니고 있는 것이라 할 수 있다.[37]

---

34) 무산은 조선초 富寧府管內의 萬戶鎭에 불과하였으나 중종 4년(1509) 僉使鎭으로 승격하였으며, 현종 15년(1674)에는 위치를 두만강변으로 옮겼고, 숙종 10년(1684)에는 僉使鎭에서 都護府로 격상되었다(姜錫和, 「朝鮮後期 咸鏡道의 地域發展과 北方領土意識」, 서울대학교 대학원 박사논문, 1996, 17쪽).

35) 『備邊司謄錄』 제41책, 肅宗 13年 1月 21日.

36) 吳祿貞, 앞의 책, 2쪽, 「第4章: 韓民越墾之始末」.

37) 이 시기 茂山府의 발전은 정부의 정책적인 조치에 의하여 이루어진 것은 아니었다. 다만 본 지역이 淸의 官衙와 멀리 떨어져 있는데다가 토지가 비옥하여 주민들의 유입이 자연적으로 증가하자 조정은 단지 이에 상응한 조치로서 먼저 진을 설치하였다가 후에 읍으로 승격시켰던 것이다. 이러한 읍치 신설 방식은 그후 조선정부가 북방을 경영함에 있어서 하나의 전범이 되어 長坡鎭, 長津柵의 僉使鎭, 厚州鎭을 설치할 때에도 모두 같은 방법을 사용하였다.

위에서 살펴본 바와 같이 정계비 건립이전 조선정부의 북방경영은 상당히 소극적이었다. 이러한 현상은 한인의 범월문제를 대함에 있어서도 예외가 아니었다. 조선정부는 변민들의 범월원인이 생활난[38]에 있음을 번연히 알면서도 청과의 충돌을 우려하여 변강지역에 대한 개척을 포기한 채 일방적으로 禁越措置만 강화하는 사대근성을 보였다.

청조는 丁卯胡亂 이후 조선정부에 한인들의 범월을 엄격히 단속할 것을 여러차례 요청해 왔다.[39] 그것은 당시 청조가 한인의 범월문제를 단순히 경제적인 차원이 아니라 두 나라 국경문제 내지는 영토문제로 인식하고 있었기 때문이었다. 그리하여 孝宗 3년(1652년) 11월 清世祖는 한인들이 월강하여 盜蔘함은 작은 일이나 封疆은 대사인 만큼 특별한 금지조치가 없다면 범월이 계속될 것이니 범월자는 물론이고 해당 지방관원까지 처벌할 것을 조선정부에 강요하기에 이르렀다.[40]

仁祖 13년(1635) 11월 渭原郡民의 범월사건을 계기로 조선정부의 禁越措置는 대폭 강화되었다. 仁祖는 범월인을 비롯하여 지방관인 군수 許詳, 僉使 李顯基, 萬戸 金進 등을 모두 誅殺하라고 명하였으며,[41] 仁祖 24년(1646년)에는 범월자중 주동자는 境界上에 梟示하고 나머지 월경자는 絕島로 유배시키기도 하였다.[42] 그후 조선정부의 금월조치는 진일보 강화되어 孝宗代에는 월강자는 斬하고 그 妻子는 奴로, 해당 지방

38) 『肅宗實錄』 卷22, 肅宗 16年 11月 9日 丙申. "上日 北路生理甚難 只以採蔘爲事 其罪雖重 其情則可矜"

39) 『淸三朝實錄』 太宗 天聰 5年 閏 11月 癸亥條; "朝鮮國人 每年潛入我境 盜採人蔘 獵取禽獸 事覺 屢諭使臣 各嚴禁人民勿令越境 竟不聽從"; 『淸三朝實錄』 卷15, 太宗 天聰 7年 8月 乙丑條, "自定盟以來 我國人曾有擅入貴境者否貴國之人頻入我境 一次爲扎弩擒獵 放還 一次爲我邊人逐去 今又有貴國步行者二人騎馬者三人 入我布爾哈兎地方邊人擒獵解來 三乘馬者中道逸去 止以二步行者送還貴國 越境情由王詢二人自知也 如次婁出知自何意 王宜嚴行禁飭 其熱思之", 9月 癸卯條.

40) 『通文館志』 卷之9, 紀年 孝宗大王 3年.

41) 『仁祖實錄』 卷31, 仁祖 13年 11月 丙寅條.

42) 『通文館志』 卷9, 紀年 仁祖 24年.

관은 流配시켰으며, 顯宗 13년에는 "隨從犯越人은 本營鎭으로 연행하여 嚴刑 3차, 再犯者는 嚴刑 5차, 三犯者는 梟示"[43)]하는 범월자 처단법을 정식으로 제정하기에 이르렀다.

한편 이 시기 청정부는 북간도지역의 南荒圍場內에 瑚珠山·阿布達哩·烏爾琿山·呼蘭山 등 採捕山을 설치하고 打牲丁들게 皇票[44)]를 발급하여 인삼을 채집하도록 하였다. 18세기초 專賣制가 성할 때 吉林·奉天·寧古塔 등지에서 채삼에 종사하는 打牲丁만 하더라도 약 1만명에 달하며, 그들이 1년에 專賣署에 納品한 인삼은 무려 4백만량에 달하였다 한다.[45)] 이러한 실정에서 六鎭地域에서 범월한 한인들과 청측 打牲人들간에는 채삼을 둘러싸고 빈번한 마찰을 빚었으며, 심지어 상호간에 무력으로 인삼을 약탈하거나 사살하는 사건까지 유발하기도 하였다. 예를 들면, 1690년 咸鏡道民 10여명이 厚春에 잠입하여 淸人을 砲殺하고 所採의 人蔘을 빼앗아 돌아오자 청인들은 경원부에 쫓아와 그 정상을 고하고 북병사는 범월한 사람을 잡아 査勅이 오기를 기다리게 하였으며,[46)] 1704년 慶源, 慶興, 鍾城人等 潛越上國之界하여 四名을 殺人하고 人蔘을 竊取하였던 것이다.[47)] 이에 대해 청은 조선정부에 압박을 가하면서 한인들의 범월을 외교문제화 하였다. 청은 범월사건이 발견되면 즉시 咨文을 보내어 범월인을 체포케 하고, 勅使를 파견하여 죄인과 지방관의 처벌은 물론이고, 국왕이 직접 죄인의 鞫問에 同席할 것을 강요하기도 하였다. 이외에도 청측은 한인들의 범월을 이유로 조선정부에 배상금을 요구하기도 하였는데 숙종 7년(1681)에는 한인들이 도강하여

---

43) 顯宗 13年 正月 壬申條.

44) 吉林 他牲烏拉總管에서 打牲人(淸皇室에 供給할 人蔘採集과 狩獵에 전문 종사하는 사람)들에게 발급한 證明書의 일종.

45) 에드윈 O, 라이샤워·존K·페어뱅크著, 全海宗·高柄翊譯, 『東洋文化史』上, 465쪽.

46) 『肅宗實錄』 卷22, 肅宗 16年 9月 11日 戊戌條.

47) 『肅宗實錄』, 肅宗 30年 甲申.

木皮를 盜取하였다고 벌금 1만량을 요구해 왔고, 숙종 12년(1686) 3월에는 放槍殺人하였다 하여 벌금 2만량을 요구하기도 하였다.[48)]

이러한 상황에서 조선정부는 숙종 12년 1월「沿邊犯越禁斷事目」,「南北蔘商沿邊犯越禁斷事目」 등을 제정하여 범월자들에 대한 처단법을 강화하였다.「沿邊犯越禁斷事目」의 주요내용을 살펴보면, 1) 西北沿邊의 범월자는 그 이유를 막론하고 모두 境上에서 梟示하며, 2) 南北兵使는 沿邊을 申飭하며 강북이 禁斷地域임을 알리며, 3) 兵使는 不時에 軍官을 沿邊各邑과 鎭堡에 파견하여 범월행위를 적발케 함과 동시에 매월말 本道監司 및 비변사에 그 상황을 보고하며, 4) 犯越人을 邊卒·邊將이 적발치 못하고 兵使에게 적발되면 그들을 拿問하여 極邊에 充軍시키고 범월사실을 알면서도 보고하지 않은 자는 범인과 함께 처단하고 특히 청국땅에서 범월인이 잡힌 경우 변졸·변장이 비록 몰랐다 해도 중죄에 처하고 兵使·監司도 등급을 두어 定罪할 것이며, 5) 犯越人임을 알고도 容接 또는 教誘·指示한 자도 모두 범인과 똑같이 처단하고, 申告치 않은 자 중 閑良·公私賤人은 邊地의 殘邑에 奴로 삼고 良人 및 官人은 당사자만 西北沿邊 鎭堡에 充軍하며, 6) 犯越人을 申告한 자는 良人以上은 堂上으로, 堂上은 嘉善大夫로, 公·私賤은 良人으로 陞格시키며 아울러 범인의 財物도 준다는 것이었다.[49)] 그리고「南北蔘商沿邊犯越禁斷事目」[50)]에서는 지방관에 대한 처벌법이 상세히 규정되었

48) 金慧子, 앞의 글, 66쪽.

49) 『備邊司謄錄』40冊, 肅宗 12年 正月 6日條.

50) 『肅宗實錄』16卷 肅宗 11年 11月 29日 乙酉條, 여기에서 司諫院에서는 肅宗에게 南北蔘商들과 沿邊犯越人에 대한 處罰法을 다음과 같이 건의하고 있다. "犯越은 대개 蔘貨 때문입니다. 利益이 있는 곳에는 백성들이 法을 두려워하지 않아서 심지어 國家에까지 事件이 생기게 합니다. 今後 北京의 使行이 있을 때에는 員役이하와 南商으로서 蔘貨를 가지고 가는 자는 일체 수색하여 엄하게 처단하고 沿邊의 각 鎭에서는 懸賞을 널리하여 告發하는 자에게는 重賞을 내리고 숨겨둔 자에게는 重律로 다스리게 하소서".

는데 이에 따르면, 범월지방의 守令·邊將 등은 3년간 定配, 座首·兵房軍은 絕島에 유배하며, 변장이 감추고 범월인만을 徵請하는 경우 그 장물까지도 아울러 論罪하며, 변장·수령이 범인을 적발 못하고 節度使에게 적발되면 遠邊에 충군하고 절도사가 적발못하고 감사에게 적발되면 절도사가 삭직되고, 감사도 못할 경우 그도 삭직되는 連坐法, 그리고 변민이 청국으로 도망할 때 守令은 罷黜되며, 面·里任 등은 杖一百, 流三千里로 규정되었다.[51]

이외에도 조선정부의 금월조치는 다양한 방식으로 실시되었는 바, 採蔘 계절인 3~9월에는 중앙에서 직접 관원을 파견하여 糾察하고,[52] 연강지역에 把守軍을 증가하여 一把守幕에 把守將 1인, 把守軍 2인을 두고 5일마다 점고해 兵·監營에 보고하게 하였다.[53] 또한 鳥銃으로 인한 살인사건이 빈번히 발생하자 숙종 12년 비변사에서는 公私鳥銃을 전부 회수하여 관청에서 집적보관토록 하였으며, 또 5家作統制를 실시하여 5일에 한 번씩 변계지역의 軍民人丁의 有無를 점검하여 監司 및 備邊司에 보고하도록 하였다.[54] 그리고 숙종 14년에는 「邊民採蔘犯禁之律」을 제정하여 범월이 발생할 경우 邊卒·邊將 등 採蔘管下者는 모두 極律로 다스리고 집단범월 시 주동자를 誅殺하도록 하였다.[55]

그러나 조선정부의 이와 같은 조치는 근근히 미봉책에 불과한 것이여서 한인들의 범월은 계속 이루어 졌다. 이 시기 한인들의 범월사례에

51) 『肅宗實錄』 肅宗 12年 正月 8日條, 『續大典』, 卷5, 刑典.

52) 『肅宗實錄』 12年 閏4月 壬午條.

53) 『北路紀略』 元 江路守幕條.

54) 『備邊司謄錄』 48冊 肅宗 22年 正月條, 五家作統制는 地域과 季節에 따라 일정한 차이가 있었다. 肅宗 14年 茂山·慶源·鍾城·慶興地方은 10日에 1回, 穩城地方은 20日에 1回로 하였으며, 肅宗 37年에는 統一로 10日에 1回로 규정하였다. 그러나 이러한 制度는 農耕에 막대한 被害를 주어 대부분 형식상에 그치는 경우가 많았다.

55) 『肅宗實錄』 14年 3月 庚辰條.

대하여『同文彙考』와『肅宗實錄』에 기록된 경우만 간추려 보아도 다음과 같다.56)

(1) 1639년 수렵하기 위하여 월경한 訓戎人 및 慶源人 12명이 送還됨(同文彙考 別篇 卷3 犯越)
(2) 1642년 채삼범월인 45명을 처벌(同文彙考 別篇 卷3 犯越)
(3) 1646년 狩獵을 위하여 寧古塔에 入하여 中國人家에 있던 남 2인과 여 1인을 체포하여 3년 후 歸還함(同文彙考 原篇 卷49, 犯越 1)
(4) 1648년 狩獵을 위하여 寧古塔에 간 23명중 22명을 체포하여 송환함(同上)
(5) 1652년 採蔘하기 위하여 越境한 10명을 淸이 체포하여 조사함(同上)
(6) 1653년 越境하여 採蔘한 劉春立 등 23명에 대하여 조선은 그 一部는 絞刑에 처하고 一部는 減罪함(同上)
(7) 1654년 90명이 渡江하여 伐木하였음(同上)
(8) 1661년 의주인 1명이 淸에 投降하였다가 송환됨(同上 卷50 犯越2)
(9) 1686년 咸鏡道 三水郡人 31명이 越境 採蔘하다가 일부는 淸側의 화살에 맞아 죽고, 남은 사람 27명이 還送되었는데 朝鮮이 이들을 處罰하고 그것을 淸에 알림(同上 卷51, 犯越 3)
(10) 1690년 咸鏡道民 10여명이 厚春에 잠입하여 淸人을 砲殺하고 所採의 人蔘을 빼앗음(肅宗 16年 9月 11日)
(11) 1694년 咸鏡道 富寧, 鍾城民人 犯越採蔘함(숙종20년 12월 1일)
(12) 1696년 犯蔘禁人 林貴立, 方次叔을 梟首하고 慶源府使 申益恬, 慶興府使 李弘肇를 拿問함(肅宗 22年 7月 17日)
(13) 1699년 凶年으로 越境하여 求食하던 남녀 3인이 寧古塔에서 송환됨(同文彙考 권52 犯越4)
(14) 1704년 慶源, 慶興, 鍾城人等 潛越上國之界하여 四名울 殺人하고 人蔘을 竊取하였음(肅宗 30年 甲申)

---

56) 全海宗,「韓族의 滿洲(특히 間島)移住에 대하여」,≪東亞硏究≫26집, 1993.8, 西江大學校 東亞硏究所, 152~154쪽 면과, 玄圭煥,『韓國流移民史』상, 131쪽에서 再引用.

위의 사례는 한인들이 범월하였다가 청측에 발견되어 송환된 극히 제한된 관방기록에 불과한 것이어서 한인들의 범월은 실제로 그 수가 훨씬 많은 것으로 추정된다. 그리고 위의 범월사례들을 분석하여 보면 수렵과 벌목을 위한 범월은 소수에 불과하고 절대 대부분이 인삼채집을 목적한 범월로 나타나고 있음을 알 수 있다. 이는 당시 인삼채집이 조선 북방변민들의 주요한 생계수단이었음을 입증하는 것이기도 하였다. 이러한 사실은 『肅宗實錄』에서 "山蔘의 採取를 금하기 위해서는 엄하게 단속하지 않을 수 없으나 이 길이 끊어지고 나면 미천한 백성들은 살아갈 도리가 또한 어렵다",[57] "二水·甲山 兩邑은 토지가 척박하여 生理가 심히 어려워 오직 採蔘에 의해 생계를 유지한다",[58] "三水 백성들의 命은 오직 採蔘과 연결되어 있으므로 얻으면 살고 못얻으면 죽는다",[59] 라는 기록을 통하여서도 그 단면을 엿볼 수 있다.

2. 백두산정계비 건립이후의 북변개발과 '범월'문제

1710년 渭原犯越淸人殺害事件[60]이 발생하자 청조는 즉시 조선정부에

57) 『肅宗實錄』 16卷 肅宗 11年 11月 10日 丙寅條.

58) 『肅宗實錄』 권17, 숙종 12年 6月 庚辰條; "三甲兩邑等地瘠薄 生理絕難 惟以採蔘資生 今因禁令申嚴 生理頓絕 若不別樣顧恤 必無保存之勢"

59) 『肅宗實錄』 19年 12月 乙未條; "此地(三水-필자주)人民命脉 只繫採蔘 得則生 不得則死 國家雖如是禁斷 而他無生路 明年(1694년-필자주)又將往採 如不欲弛禁 則三甲一境 必盡爲空閑"

60) 『肅宗實錄』 49卷, 肅宗 36年 11月 9日 己亥條. 1710년 渭原의 백성 李萬建, 李萬成, 李萬枝, 李枝軍, 李先儀, 李浚建, 李浚元, 宋興準, 尹萬信, 등이 경계를 넘어 淸人 5명을 撲殺하고 蔘貨를 약탈하고 歸還, 그후 淸人 20여명이 渭原의 北門에 이르러 犯越人을 逮捕, 引渡할 것을 요구하였으며 巡邏長 高汝岡을 납치하여 人質로 하였고, 이에 郡守 李後悅은 城門을 닫아걸고 거절하다가 후에는 날마다 술을 준비해 접대하고 銀, 牛, 쌀 등 뇌물을 주었다. 그후 高汝岡이 淸人들이 잠든 틈을 타서 逃走하자 淸人들은 물러갔다. 이 사실을 郡守는 보고하지 않았으

자문을 보내어 본사건에 대한 공동조사를 요구하였다.[61] 또한 청정은 양국 변민간의 충돌사건이 빈번히 발생하는 것은 궁극적으로 양국간의 국경이 명확하지 않은데 그 원인이 있다고 인정하고 있었다. 그리하여 1712년 청조는 烏喇總管 穆克登을 差使로 파견하여 조선국과 공동으로 국경을 답사하게 하였으며, 백두산에 정계비를 세워 압록강과 두만강을 양국 국경으로 확정하였다.[62]

정계비 건립이후 청조는 훈춘에 琿春協領을 설치하고 장백산일대의 봉금을 강화하였다.[63] 이에 따라 乾隆 27년(1762)에는 「寧古塔等處地方禁止流民例」[64]가 제정되었고, 道光 28년(1848)년에는 「査勘吉林輝發土門江二處協緝章程」이 제정되어 매년 봄과 가을에 두만강 연안지역을 순라하면서 범월자들을 엄격히 단속하였다.[65]

나 觀察使 李濟가 發見하고 이만건 등 5명을 가두고, 강계로 압송하던 중 그 族屬들이 길에서 砲를 쏘아 領率하던 長吏를 쫓고 犯人을 脫走케 하였다.

61) 一般的으로 白頭山 定界碑 건립배경으로 1710년의 渭原事件(一名 李萬枝事件)을 들고 있다. 그러나 白頭山 定界碑의 건립은 康熙帝가 中國大陸을 통일한 후 淸帝國의 國境을 進一步 確定하기 위한 사업의 一環에서 추진되었던 것으로 보아야 한다. 여기에서 渭原事件은 淸 · 朝 國境劃定의 發端에 불과한 것이었다. 渭原事件의 罪人들에 대하여서는 李萬成 · 李萬枝 등 5인은 立斬하고 범인 등의 妻子는 奴婢로 삼고 家産은 沒收하였으며, 범인의 兄弟 中의 한사람인 李萬建과 李俊元은 老父母를 奉養하라고 살리고 觀察使, 節度使, 郡守, 僉使, 萬戶 등은 모두 革職하는 것으로 處理되었다.

62) 定界碑의 原文은 다음과 같다. "大淸 烏喇總管 穆克登 奉旨查邊 至此審視 西爲鴨綠 東爲土門 故於分水嶺上勒石爲記". 여기에서 '土門'이한 두 글자가 그후 淸 · 朝 國境紛爭의 불씨로 되었던 것이다.

63) 琿春協領은 초기 琿春을 중심으로 南方 12里, 西方 7里以內를 駐防하였으나, 이후 駐防兵丁의 增加와 더불어 駐防範圍를 점차 豆滿江 全域으로 확대하여 갔다. 琿春協領 설치시 駐防兵丁은 40명에 불과하였으나 乾隆 25年에는 200명, 道光初年에는 430명으로 增加했다.

64) 『三姓檔』卷 四二.

65) 吳祿貞, 『延吉邊務報告』第2章, 「延吉廳建設之沿革」, 1쪽 "吉林地方或與盛京山界毗連 或與朝鮮隔江爲界 均宜一體淸查勿任奸民竄入 著額經布等 照議於每年統巡及欽派大臣巡查之年 愼重選擇協領防禦各員會同各卡弁兵責成認眞巡緝 倘有匪徒

한편 정계비 건립을 계기로 조선은 과거 북방지역에 대한 소극적인 태세에서 벗어나 보다 자립적이고 적극적인 정책을 수립해 나가는 양상을 보이기 시작했다. 이러한 변화는 대체로 세 가지로 요약될 수 있는 바, 하나는 금월조치의 개정과 범월인에 대한 처단법의 완화이고, 두 번째는 청인들의 월경과 변경지역의 거주에 대한 적극적인 항의이며, 세 번째는 북변지역에 대한 주민들의 입주와 경작생활 허용, 즉 북방개척논의 부분적인 시행이라 볼 수 있다.

먼저 금월조치의 개정과 범월인에 대한 처단법의 변화과정을 살펴보기로 하겠다.

첫째 鳥銃사용에 대한 전면허용이다. 조선은 금월조치의 일환으로 민간에서의 조총사용을 엄격히 금지하여 왔다. 그러나 조총사용 금지법은 변민들의 수렵생활은 물론이고 年少한 군병들은 조총이 어떠한 물건인지도 몰라 변방군사력의 강화에 막대한 곤난을 조성하였다.[66] 그러나 정계비 건립이후 범월은 단속하되 수렵은 허용하여야 한다는 주장이 거론되어 영조 3년(1727)에는 조총훈련이 허용되었으며,[67] 영조 8년에는 매월 2,3차의 放銃訓練을 제도화하였다.[68]

둘째, 범월관련자들에 대한 처단법의 수정이다. 숙종초부터 실시된 "연좌법"은 오히려 죄를 두려워 진상을 덮어 감추거나,[69] 아예 대안지

墾田構舍 立卽査拏並將田舍平毁 或此拏彼竄迅卽知照隣封協同追捕 勿令遠颺庶奸謀永杜而邊界肅淸"

66) 『肅宗實錄』 28卷 肅宗 21年 6月 5日 乙未條.

67) 『英祖實錄』 卷11, 英祖 3年 6月 29日 甲寅.

68) 『英祖實錄』 卷31, 英祖 8年 3月 25日 壬午.

69) 『英祖實錄』 36卷, 領照 9年 10月 28日 丙子. 1733년 강 건어 淸人이 땔나무를 採取하여 혼자가는 사람을 붙잡아 가지고 犯越하였다 威脅, 恐喝하니 理山府使 禹夏亨은 事端이 두려워 쌀 10두를 淸人에게 주고 眞相을 덮어감추려 하였다. 이에 대해 朝廷은 이러한 길이 한 번 열리면 뒷날의 弊端이 많으니 拿問하여 定罪하기를 懇請하자 임금은 이를 允許하였다.

역으로 도피하는 현상을 초래케하였다. 이러한 현상은 1734년 道臣 朴師洙는 沿邊사람들이 죄를 피하여 넘어가 숨은 자는 그 수효가 거의 다 헤아릴 수가 없다고 한 上疏에서도 알 수 있다.[70] 이를 극복하기 위하여 영조는 범월인들에 대하여 심중한 조사를 거쳐 처단할 것을 강조하였고, 1735년 5월 함경감사가 범월한 백성 50여명의 죄를 문의하자 왕은 어사를 보내는 연석에서 "처벌을 너그럽게 한 잘못에 빠질지언정 사납게 하는 잘못에 빠지지 말라"고 지시하였다.[71] 영조대 범월인들에 대한 처벌법도 대폭 약화되었는데 1734년 범월한 지방수령인 강계부사 金浚과 변장인 고산리 첨사 李泰祥은 형률을 고쳐서 減死島配하였다.[72] 특히 1742년 청측에서 범월자들의 사죄를 면해주라는 자문이 오자 조정은 동년 死罪를 범한 20명의 죄인중 15명은 정배하고, 5인은 석방하였으며, 범월죄로 인하여 刑曹에 수감된 죄인은 모두 減死島配하고, 북도에 갇혀있던 죄인들도 전부 석방하였다.[73]

다음으로 청인 월경에 대한 적극적인 항의와 수변책의 강화를 살펴보기로 하겠다.

조선은 일찍부터 청인들의 월경에 인한 피해를 감수하면서도 단 한 번도 청정에 공개적으로 항의한 적이 없을 정도로 소극적 위치에 처해 있었다.[74] 그러나 정계비 건립후 조선의 수변정책은 현저한 변화를 가

70) 『英祖實錄』 38卷, 英祖 10年 5月 18日 癸巳.

71) 『英祖實錄』 127, 附錄, 英祖大王 行狀3.

72) 『英祖實錄』 38卷, 領照 10年 8月 20日 癸亥.

73) 『英祖實錄』 55卷, 領照 18年 5月 29日 丁亥. 청조에서 범월인에 대한 형벌을 경감하여 줄 것을 요구한 사실은 정계비 건립전 三道溝事件시에도 있었다. 당시 조선정부는 李萬建 4형제와 李先議 3형제 모두를 死刑에 처하기로 결정하자 청조는 咨文을 보내어 그들 형제들중 1명은 死罪를 免除하여 줄 것을 건의한 바 있다. "彼國咨文中 有罪人兄弟 三四人中 一人存留 使之養親之語"(『備邊司謄錄』 第63册, 肅宗 37年 10月 26日).

74) 『肅宗實錄』 50卷, 肅宗 37年 3月 13日 壬寅條. 1711년 修撰 정식은 청국에 移咨을 보내어 청국 사람으로 하여금 연강근처에 막사를 짓지 못하게 하고 우리 백

져왔다. 즉 과거 한인의 범월을 엄격히 규제하여 청조와의 외교적 마찰을 줄이려는 소극적인 대응 정책에서 외교적 분쟁을 감수하더라도 청인의 조선경내 침범을 철저히 견제하려는 적극적인 변방대책으로 전환되어 갔던 것이다.[75]

1714년 六鎭地方에서 慶源과 訓戒 대안의 安都立·他木奴 등지에서 胡人들이 作舍墾田하며 道路를 개설하고 있다는 보고가[76] 올라오자 조정에서는 그 대책을 거듭 논의한 결과 동년 12월 司譯院正 金慶國을 통하여 처음으로 淸 禮部에 자문을 전달키로 하였다. 자문에서 조선정부는 豆滿江沿岸에 淸人들이 거주하며 토지를 개간하면 朝鮮邊民들의 금월에 영향이 있으므로 철거시켜 줄 것을 강력히 요구하였다. 이에 康熙帝는 즉시 寧古塔將軍에게 명하여 관민들이 豆滿江연안에서의 거주와 둔전을 금지시키고 그들을 後春陳荒處와 瑟海濱으로 옮겨 개간하도록 조치하였으며,[77] 이후 연강근처에서 家舍를 짓고 農事짓는 것을 엄금하고 해당관원들이 수시로 조사해 違禁이 있으면 治罪하도록 명했음을 조선정부에 알려왔다.[78] 이를 계기로 조선정부는 그후에도 이와 유사한 사건이 발생하면 즉시 청의 禮部에 자문을 보내어 철거를 요구하였다. 憲宗 8년(1842) 조선 上土鎭 滿浦鎭 대안에서 淸人이 構舍 墾田하자 조선정부에서는 淸廷에 咨報하여 乾隆 13年의 例에 따라 撤毁할

성도 또한 약간 먼 곳으로 이주시키면 범월현상은 단절될 것이라고 건의하였으나 조선정부는 이에 대하여 아무런 조치도 취하지 않았던 것이다.

75) 姜錫和, 앞의 글, 51쪽.

76) 淸朝는 1714년 琿春에 琿春協領을 설치하고 두만강연안 지역에서 屯田을 실시하고 있었던 것이다.

77) 『同文彙考』 原編 卷四八, 肅宗四十年, 甲午 撤毁訓戍越邊房屋事; 『肅宗實錄』 卷五六, 四十一年七月 甲午, "適有胡人, 出來江邊, 呼問以烏羅寧古塔兩處胡人, 將爲移居後春地然耶, 答曰然, 江邊近處雖云土沃, 禁令至嚴, 即有毁家之舉, 則不敢起耕, 故後春陳荒處及瑟海濱空虛之地, 將爲開墾矣"

78) 『同文彙考』 原編 卷之 48 疆界條, 康熙 54年 10月 25日, 禮部知會撤毁咨.

것을 요청하여 청정은 성경장군에게 명하여 搜查 處罰케 하였는데 이때 撤毁한 家屋과 耕地는 窩棚 28처, 草房 98間, 墾田 3,300여무에 달하였다. 그리고 憲宗 12년(1846)에도 江界府 左中右三寨 및 上土鎭 閭閻四把 대안에 청인이 들어와서 집을 짓고 벌목, 墾田하자 조정은 또다시 그들의 철회를 요청하였다. 이때에도 청정은 군대를 파견하여 연강일대를 수색, 토벌하여 草房 65개를 불사르고 류민 28명, 벌목인 220명을 구축하였던 것이다. 이러한 사실은 1867년 清 軍機處를 통하여 總署에 전달된 조선국왕 高宗의 「咨覆文」에서도 어느정도 확인된다.79)

정계비 건립이후 조선정부의 북방경영에 있어서 제일큰 변화는 폐사군이래 끊임없이 제기되던 북방개척논이 또다시 조정의 議事日程에 오르게 되었다는 점이다. 이에 따라 조정은 북변지역에 대한 주민의 입주와 토지개척을 전면 허용하여 변경지역의 안정된 생활을 보장함으로써 변민들이 생활난으로 인하여 발생되는 범월을 사전에 방지하고, 나아가 정계로 인해 보장된 북방지역의 영유권을 보다 확고히 한다는 방향으로 정책전환을 시도하기에 이르렀던 것이다.80)

英祖 9년(1733) 평안감사 權以鎭은 평안도 渭原郡 건너편 청인들의 동정을 보고하면서 방어와 변금단속을 위해 촌락을 모으고 작은 堡들

---

79) 中央研究員近代史研究所 編,『清季中日韓關係史料』2卷, 泰東文化史, 1980, p.81, 「具奏朝鮮國王咨覆匪類侵擾邊界實情」. "竊伏念康熙五十三年 上國人等結屋墾田於土門江越境 因小邦陳咨 聖祖仁皇帝亟命撤毁 乾隆十三年 上國人等就沿江近處蓋房種地 因小邦陳咨 高宗純皇帝亟賜撤毁 道光二十二年及二十六年 上國人等造舍墾田於江界府越邊 亦因小邦陳咨 宣宗成皇帝並令焚毁窩棚 平毁田地 大抵邊界近處 蓋房種地者嚴行禁止".

80) 朴權,『北征日記』, 壬辰年 7月 13日條. 정계비 건립시 朝鮮接伴使연던 朴權은 "이제 국경의 限界가 정해졌으므로 沿邊人에게 압록강과 토문강이 경계임을 알리고 또한 두강 사이의 西水羅德虛項嶺綏項嶺等地 및 甫多會山의 左右前後는 모두 蔘田이며 貂鼠가 産出되는 곳이니 백두산아래의 天坪, 長坡등지에 三水 甲山 茂山 3읍민의 採獵을 허락해 衣食을 족하게 하면 邊民의 偷越도 과히 念慮할 바 없다"고 지적하였다.

을 합쳐 큰 관부를 세울 것을 건의하였으며,[81] 영조 10년 함경도 갑산의 유생 金命洙도 갑산·삼수 지역 방위를 위해 雲龍堡와 惠山鎭을 합쳐 군을 설치해줄 것을 청하기도 하였다.[82] 그리고 1741년 평안도의 유학 최성은 지난날 사군을 철폐한 것은 단지 야인이 침입하여 핍박한 때문이었는데 지금은 야인의 피해가 제거되었고, 또 관부로 하여금 서로 바라볼 수 있는 곳에 파수를 설치하면 범월은 근심할바 없으므로 산삼이 생산되는 閭延의 동쪽과 갑산 북쪽의 虛項嶺 부근에 4군을 설치하여 백성들로 하여금 삼을 캐어 貢物에 충당하게 한다면 백성들은 충실하고 번성해질 것이라고 건의하였다.[83] 이외에도 순조 1년(1801) 강계부사 申鴻周는 압록강 일대를 전면 개방하여 주민입거를 허용할 것을 건의하였으며,[84] 1809년 평안감사 徐榮輔도「江界府防軍屯田節目」을 올려 압록강 연변일대의 개간을 허용하여 둔전을 설치하고 방수군을 누는 방인을 건의하였던 것이다.[85] 상술한 건의들에 대하여 비변사는 초기에는 폐사군지역에 이주를 원하는 주민들은 可居地를 찾아 빈번히 이동하는 유민의 성격이 강하므로 변금통제에 곤난을 조성할 수 있다는 이유로 국부적인 개발만을 허용하였으나,[86] 지방관원들의 계속되는 건의로하여 순조 9년(1809)년에 북변지역에 대한 전면개발을 윤허하기에 이르렀다.

이와 같이 정조년간부터 폐사군지역에 대한 주민의 입주가 부분적으로 허용되자 인근지역의 會寧·茂山·吉州·明川·三水·甲山·北青 등지의 백성들이 육속 모여들기 시작했다.[87] 정조 17년(1793) 12월 평

81)『英祖實錄』卷35, 英祖 9年 7月 13日 壬辰.
82)『英祖實錄』卷38, 英祖 10年 5月 25日 庚子.
83)『英祖實錄』53卷, 英祖 17年 1月 26日 壬辰.
84)『備邊司謄錄』第193冊, 純祖 2年 8月 24日.
85)『純祖實錄』卷12, 純祖 9年 5月 30日 己丑.
86)『備邊司謄錄』第192冊, 純祖 1年 4月 12日.

안도관찰사 李秉模의 보고에 의하면 1792년 이 지역에 입거한 민호는 59호, 인구는 223명이었고 개간한 토지는 294일경에 불과했으나, 이듬해에는 인구가 1,161호에 3,742명으로 증가했으며 경작지는 6,465일경으로 대폭 증가하였고,[88] 정조 20년에는 1,800호로 급증하였다 한다.

정계비 건립이후 조선의 적극적인 북방경영으로 말미암아 급속한 발전을 이룬 것은 두만강상류 지역에 위치한 무산부였다. 무산부는 백두산 정계비 건립 이전부터 주민의 입거가 허용되어 인구가 모여들고 개간지가 꾸준히 확대되고 있었다. 그리하여 17세기 말 設邑 당시의 무산읍의 田案은 898결로 불과하였으나 영조 35년(1759)에는 元田이 1,716결에 달하여 약 70년 사이에 90% 이상 늘었음을 알 수 있다. 호구 역시 747호 4,085인에서 3,428호 22,095인으로 급증하였다.[89] 그리고 18세기 후반에도 무산의 읍세는 계속 성장하여『大東地誌』의 기록에는 무산의 호수는 6,537호로 17세기 말에 비하여 90%이상 늘었고, 口數는 38,640으로 약 75%로 증가하였다. 농지 역시 18세기 중엽의 원전은 1,716결이었는데 19세기 초에는 旱田 3,722결, 續田 1,029결로 증가하였다.[90]

그러나 백두산 정계비 건립이후 조선정부의 적극적인 북변개발 정책에도 불구하고 한인들의 만주 범월은 계속 진행되었다. 이러한 사실은『朝鮮王朝實錄』과『同文彙考』,『通文館志』의 기록을 통해서도 알 수 있다.[91]

---

87)『正祖實錄』卷40, 正祖 18年 7月 27日 壬子.

88)『正祖實錄』卷41, 正祖 18年 11月 19日 癸卯.

89)『北關誌』下, 茂山府條. 姜錫和, 앞의 글, 60-61쪽 參照.

90) 姜錫和, 앞의 글, 61쪽.

91) 全海宗,「韓族의 滿洲(특히 間島)移住에 대하여」,≪東亞研究≫ 26집, 1993.8, 西江大學校 東亞研究所, 152~154쪽 면과, 金龍國,「白頭山考」,『白山學報』8號, 29~31쪽에서 再引用.

(1) 1729년 穩城府인 申丁龍 등 7명이 潛越 被捉되다. 地方官도 革職處分을 받았으며 1730년 申丁龍 등은 江邊에서 梟示하였다(영조5년)
(2) 1732년 朴處彬 등 5인이 越江하여 清人과 通商하다가 義州江邊에 被誅되고 犯越潛商 李永三은 梟示하다(通文館志)
(3) 1733년 渭原潛商 金尙萬, 裵進萬 등을 梟示(通文館志)
(4) 1734년 高山里鎭民 金世丁 등 28명이 潛越하여 清人 9인을 毆殺하고 人蔘 1斤10兩을 掠取하다. 동년 犯越者 徐貴江을 邊境에 梟示, 穩城 犯越人 金水京 등 4인을 境上에 梟示함.(영조10년)
(5) 1736년 犯越人 金世丁 등 3인을 斬하고, 金貴同 등 16명은 免死爲奴하였으며, 徐云必 등 9인은 各杖一百하고 高山僉使와 江界府使는 流二千里 하였다(通文館志)
(6) 1739년 穩城人, 鍾城人 十數人이 逃入清國하여 投附清國奸民 하였음.(영조15년)
(7) 1740년 江界府인 남녀 21명이 범월채삼하다가 청인에게 체포되었다(通文館志)
(8) 1741년 山城人 25명이 年荒飢餓로 因하여 土門江 凍氷時 越去, 奉天衙門으로 解送하였다가 朝鮮國 領憲書人 回國使에 順付還國함.(英祖17년)
(9) 1750년 柔遠鎭士兵 金仁述 등 7명이 越江하여 清人 5명을 打殺, 7인 중 主犯, 從犯의 差異는 있으나 越境行兇한 罪로 全員이 處死, 妻子爲奴 家産籍沒의 罰을 받고 觀察使, 節度使는 革職, 穩城府使는 革職에 流二千里함.(英祖26년)
(10) 1756년 寧古塔將軍이 朝鮮越境人 韓尙林, 李桂新 등을 朝鮮國 領時憲書員에 托하여 回送함. 同年에 鍾城府民 趙自永 등 7인이 越江하여 清人 2인을 刺殺, 趙自永 등 7인은 立斬, 妻子爲奴, 家産籍沒 地方官은 革職流二千里함.(英祖32년)
(11) 1761년 咸鏡道 三水府人 7인이 犯越하여 잡히고 2년 후에는 犯越採蔘한 23이 잡혔음(同文彙考 原篇, 卷58, 犯越 10)
(12) 1763년 江界府民 朴厚贊등 10인이 범월하여 수렵하였다(通文館志)
(13) 1805년 崔宗大등 6인이 犯越하여 頭道黃溝 二道陽岔 등지에서 狩獵하다가 법에의해 처리되었다(通文館志)
(14) 1817년 吉林地方 범월인 徐鏡一은 冒越禁境한 지 4년만에 체포되

어 江邊에 梟示되고 觀察使以下 地方官은 革職되었다(通文館志)

(15) 1827년 茂山府民 延必元 등 2명이 捕鹿失路 境上에 梟示警衆, 地方官 革職함.(純祖27년)

(16) 1832년 甲山府人 張高麗 深入禁境 採蔘捕牲 梟首 地方官 革職함.(純宗32년)

(17) 1853년 慶源府인 李東吉이 越境하여 琿春지방에 18년간 있다가 가족과 함께 잡혀서 1871년에 송환되어 梟示됨(同文彙考 原篇續, 犯越 2)

(18) 1854년 三水府 법월인 張添吉이 효시되었다(通文館志)

(19) 1857년 犯越罪人 金益壽를 鍾城府에 移送 梟首함.(哲宗8년)

(20) 1860년 博川人 明德成, 義州人 鄭允化 등이 犯越하여 清甲軍을 毆殺하였으므로 법률에 의해 誅殺하고, 觀察使, 兵使는 革職되었으며 府尹僉使는 定配되었다(通文館志)

(21) 1866년 10월 慶源人이 여러번 逃走 越境하였으며 한번에 15戶, 남여 75人이 越境한 일이 있음(同文彙考 原篇續, 犯越 2)

(22) 1871년 清의 大規模의 檢索으로 咸鏡道에서 越境하였던 犯越者 合 511人이 送還됨(同文彙考 原篇續, 犯越 2)

위의 사례는 정계비 건립이후에도 한인들의 범월은 지속적으로 이루어 졌음을 설명함과 동시에 범월형태와 규모가 전 시기에 비해 현저한 변화를 가져왔음을 나타내고 있다 하겠다. 즉 과거 채삼이나 수렵을 위한 일시적인 범월에서 경작을 위한 이주가 이루어 졌으며, 그 규모도 수십호 내지는 수백명에 이르게 되었다는 점이다. 특히 이러한 현상은 1860년대에 들어와 급속히 증가되는 추세를 보이고 있었는바, 이는 당시 조선정부의 북변개발 정책으로 인하여 인구가 대폭 증가된데다가 1860년대부터 조선북부지방에연속되는 극심한 자연재해가 발생되었기 때문이었다고 볼 수 있다.

Ⅳ. 19세기 중엽 한인의 대량 '범월'과 정착과정

1. 19세기 중엽 조선북부지역의 재해와 한인의 대량 '범월'

철종 11년(1860) 조선의 북관지방에는 유사이래 보기드문 大水災가 발생했다. 그런데 이와 같은 水災는 그후에도 계속되었고, 여기에 수년간 북변지역에 만연되었던 疫疾은 그 해를 더한층 심각하게 하였다. 이로하여 1860년 부녕일대만 하여도 천여호의 농민들이 류민으로 전락하였으며 길가에는 식량을 구걸하며 하루하루를 살아가는 사람들이 가득하였다 한다.[92] 특히 1869년과 70년에 또다시 흉년이 발생하자 수 많은 백성들은 길가에서 굶어죽는 비참한 상황에 처하게 되었다. 이러한 상황에 대하여 윤정희는 『間島開拓史』에서 다음과 묘사하고 있다.[93]

> 高宗卽位 甲子(1864)年 以後로 北邊은 連年 凶作으로 民生의 艱難이 甚하더니 距今 85年(1870) 高宗 庚午에는 前古에 無한 大饑饉이라 此로 因하여 慶源, 慶興 兩郡은 廢邑의 지경에 至하였고 流離하는 飢民은 人相食의 慘禍와 路邊에 飢餓의 尸體가 浪籍하여 自不忍見의 大變을 釀出하였다. 前進士 全羲錫氏의 年事狀啓草에 曰 禾黍는 長揖不拜하고 豆太는 仰天大笑라 하였으니 此文字의 意味를 見하면 穀不熱은 可知인 事라 然하나 朝家에서는 坐視할 따름이오 何等의 救濟가 無하였다. 畢竟 流離하는 飢民은 越江하여 彼淸人의 奴隷 或은 子女로 還粮하고 或은 嫁母, 或은 收養子로 命을 連하여 餘生을 維持하였다. 所以로 庚午饑饉은 我民으로 越江케한 動機라 云한다.

92) 『日省錄』 庚申 9月 9日,10日. "北關大水爲害 富寧等一邑民家漂頹一千二百二十五戶 列邑民戶之漂頹數以千計 而茂山鍾城等邑被灾害孔酷 年形儿乎判歉… … 其黎庶之惊遑圖命 扶携號泣之狀 不忍思不忍聞矣 城內民生之今年因水而失農者 逅疾而致傷者 不可數計 道路日至 民命辺止 若不保朝夕"

93) 尹政熙, 『間島開拓史』, 『韓國學研究』 別集3, 1991, 14쪽.

윤정희는 여기에서 경원과 경흥 양읍이 제일 비참한 지경에 이르렀다고 서술하면서 심지어 사람이 사람을 잡아먹을 지경에 이르렀다고 묘사하고 있다. 그럼에도 불구하고 정부에서는 아무런 대책이 없어 결국 기아에 허덕이던 변민들은 월경의 길에 나설 수밖에 없었다고 지적하고 있다.

그러나 1860년대 한인들의 만주에로의 대량이주는 조선북부지역의 연속되는 자연재해 외에도 다음과 같은 원인에서 비롯되었음을 알 수 있다.

하나는 교제창의 운영문제이다. 사실 북변지역의 개발과 더불어 조선정부는 기근시 백성들을 구제할 수 있는 교제창을 운영하여 왔던 것이다. 함경도에 기근이 들면 강원도나 경상도의 곡물을 수송하여 구제하는 것이 17세기 말 18세기 초에는 이미 관행이 되어왔다. 숙종때의 사례만 보아도 숙종 21년(1695)에 2만 5천석, 숙종 29년(1703)에 5만석, 숙종 46년(1720)에 1만 5천석 등 여러차례 영남의 곡물을 해로를 통하여 함경도로 운송하였다. 그리고 영조 13년(1737), 영조 17년, 영조 22년(1746)에도 영남의 곡물을 관북으로 옮겼다. 영조 22년에는 경상도의 14만석이 함경도에 이송되었다.[94] 그후 영조 30년에는 「咸鏡道吉州以北各邑交濟倉節目」이 제정되어 북관지역에도 안정적인 교제곡 운영이 가능해졌다.[95]

그러나 교제곡은 19세기에 이르러 기근 구제라는 본래의 목적을 벗어나 지방재정 보충에 쓰이게 되었고, 여기에 이른바 三政紊亂이 심화되고 특히 환곡의 부정이 심해지면서 주민수탈의 수단으로 이용되는 경우가 많아 함경도 주민들에게 커다란 피해로 작용했던 것이다.

다음으로 조 · 청간의 互市問題이다. 조청간의 호시는 일찍부터 개시

94) 『備邊司謄錄』 第115册, 英祖 22年 2月 4日.
95) 『備邊司謄錄』 第127册, 英祖 30年 8月 20日.

지역 변민들에게 막대한 부담을 주어 하나의 중요한 피폐로 지적되어 왔다. 당시 경원부에서 부담하는 개시비용을 포로 계산하면 463동이 넘고 곡물로 계산하면 8,720여석이나 되었다. 그러나 그중 국가에서 획급하는 것은 田米 350석, 보리 2백석에 지나지 않아 그 대부분은 개시지역 변민들의 세금으로 충당할 수밖에 없었다. 결국 개시지역 변민들은 이로 인하여 타지역으로 도망하거나 두만강을 넘어 북간도로 이주하였던 것이다.[96] 그리고 개시지역은 아니였으나 청 차사원들이 왕래하는 요로에 위치한 온성의 피해도 마찬가지였다.[97] 당시 함경감사의 보고에 의하면 온성은 4천호의 인구가 1천호로 줄고 4천결의 전토가 1천결로 감소되었다고 하였다.[98]

1871年 鍾城等地 軍人減少 狀況[99]

地域別 / 人數	鍾城	潼關鎭	防垣鎭	計
駐防軍人數	2,197名	318名	145名	2,660名
現有軍人數	285名	198名	112名	585名
逃亡・死亡人數	1,912名	120名	33名	2,075名
減少比率(%)	87%	38%	23%	78%

96) 『英祖實錄』 卷93, 英祖 35年 1月 10日 壬辰.
97) 『備邊司謄錄』 第140冊, 英祖 37年 2月 20日. 1761년 開市의 負擔을 피하여 穩城 茂山으로 流入한 戶口中 일부를 다시 穩城으로 되돌려 보내는 措置도 행해졌다.
98) 『備邊司謄錄』 第140冊, 英祖 37年 2月 20日.
99) 高永一, 『中國朝鮮族歷史硏究』, 延邊敎育出版社, 1986, 119쪽, (原典 『北關邑誌』)

1850~1883年 咸鏡道 耕地 및 人口 減少 狀況表[100]

年 代	耕地面積	戶 數	資料來源
1850~1863年	4,9363結	57,955戶	『大東輿地誌』
1870~1871年	4,6928結	53,601戶	『北關邑誌』
1883年	4,4928結	未詳	咸鏡北道戶案文書

위 표에서 볼 수 있는바, 1860년대 함경도의 호구수는 4천 3백여호나 감소되었으며 鍾城, 潼關鎭, 防垣鎭의 군인들도 평균 78%로 감소되었음을 알 수 있다. 이는 당시 압록강과 두만강연안의 인구감소와 경작지의 축소는 민간뿐만 아니라 주방군인들에게도 커다란 영향을 미치고 있었음을 말해주는 것이었다.

2. 압록강대안 지역의 한인이주민 실태

청정부는 1860년대부터 만주지역을 부분적으로 개방하여 황무지를 개척하는 조치를 취하였으나 조선과 국경을 마주한 압록강연안만은 조선측의 거듭되는 항의로 말미암아 류민들의 입주를 엄격히 통제하여 왔다. 그러나 청정부의 봉금완화 조치와 더불어 중원지역에서 물밀처럼 모여드는 중국인 流民들의 이주 행열은 同治년간에 이미 압록강연안에까지 이르러 청정부로 하여금 국경문제의 우려를 자아내게 하였다. 이에 따라 청정에서는 압록강부근의 流民私墾禁止問題가 거론되었으며, 1867년는 조선국왕에게 行文을 보내어 본국은 압록강북안의 유민사간을 금지시켜려 하는데 이럴 경우 流民들이 월경하여 조선변경을 소요

100) 高永一, 『中國朝鮮族歷史研究』, 延邊教育出版社, 1986, 119쪽.

할 우려가 있고, 또 流民중에는 越墾韓民도 있을 수 있기 때문에 조선 정부는 사전에 상세히 조사하여 그들을 안착시킬 방법을 강구하기 바란다고 통보하여 왔다.[101] 그리하여 동년 奉天府尹 延煦과 朝鮮 差員[102]간에 변경지역의 엄금에 관한 章程이 구체적으로 논의되어 靉江西岸 일대의 南北 400여리 구간을 沿江에서 3,50리 넓이로 酌留시켜 양국 변민들의 월경을 단속하기로 협의하였다.[103] 조청간의 이와같은 협정은 1860년대 이후 중국인들의 압록강연안지역에로의 대량적인 유입을 저지하는데 일정한 효과를 보았던 것으로 추정된다. 1869년 盛京將軍 都興阿가 軍機處에 올린 보고에 의하면 당시 盛京附近의 鳳凰門南쪽부터 旺淸門북쪽에 이르는 지역은 이미 9만6천여晌의 토지가 개간되었고, 거주한 이주민은 무려 10여만에 달한다고 하였으나, 압록강연안에 대하여서는 8년후인 1877년의 上奏文에서도 "東邊外 朝鮮交界地域은 禁令이 嚴하여 彼此人民들이 私越하였다는 소문을 듣지 못했다"[104]라고 할 정도로 류민들의 유입이 금지되었던 것이다.

그러나 1860년대 압록강대안의 空曠지대의 설정은 오히려 조선북부지역 한인들이 자연재해로 인하여 대안지방으로 대량 월경하는데 지역적 공간을 마련해주는 결과를 초래하였다. 비록 당시 청측의 조사자료에는 이 지역에 이주한 한인들의 사례가 명확히 밝혀지지 않으나 1872년

101) 『大淸穆宗毅皇帝實錄』 卷203, 23~25쪽, 同治 6年 5月 20日 壬申條. "至東界朝鮮地方 有無窒礙 自當妥籌憮綏 俾該國猜疑悉泯 轉致騷擾該國邊境 且該國邊境民人 亦難保無潛行越界私墾情事 令其先行詳査 或擬作何安揷之處"

102) 『承政院日記』에 의하면 당시 朝鮮 委員으로 파견된 사람은 江界府使 鄭周應, 滿浦僉使 李義明, 定州牧使 李京鎬(후에 楚山府使 趙昌和로 改差)로 推定된다.

103) 『大淸穆宗毅皇帝實錄』 卷264, 8-9쪽, 同治 8年 8月 4日 癸卯條. "惟靉江西岸一帶 南北四百餘里 與朝鮮僅一江之隔 該處地狹人稠 別無安揷之地 擬照延煦等前與朝鮮委員所議 於沿江附近地方酌留三五十里 畵淸界限"

104) 『大淸穆宗毅皇帝實錄』 卷46, 6쪽, 光緒 3年 正月 8日 甲子條. "東邊外與朝鮮交界地方 嚴立禁令 以杜彼此人民私越報聞"

압록강북안을 답사한 崔宗範의『江北日記』[105]에서는 1850년대부터 이곳에 이주한 한인들이 이미 마을을 형성하고 정착생활을 하고 있었다고 기록하고 있다.

1872년 평안도 厚昌郡 郡守 趙瑋顯은 崔宗範과 金泰興, 林碩根 등 3명을 압록강북안지역에 파견하여 이주민들의 상황을 조사하도록 지시하였다. 이에 따라 동년 5월 30일 최종범 등 3인은 臨江 七道溝口의 馬鹿浦(現 馬鹿溝)에서 출발하여 7월 11일까지 약 40일간 압록강북안지역의 한인이주민 실태를 조사하였는데 그들이 경유한 마을로는 馬鹿溝·穴岩坪·淸山洞(五道溝)·板乃洞(三道溝)·往絕路·二道溝·場乭里·高麗城·楡巨干子·王溝·小溝·三千洞·紅實羅阿子·道溝·頭江·巴瀦江(渾江)·卵峰·六道溝·道里沙河·羅段洞·四道江·長沙福洞·地坎子·唱鷄城·始頭河·葛物伊·東台洞·八道溝(浮云洞)·巨柴洞 등 29개에 달하였다.[106]

조사에 의하면 당시 이 지역에는 470여호, 3,000여명에 달하는 한인이주민들이 정착하고 있었는데 이들은 대체로 老嶺을 계선으로 두 개의 작은 집거구를 형성하고 있었다. 그리고 이 지역에는 이른바 "會上制"라는 자치조직이 설치되어 있었으며 會上制의 수령은 "都會上" 혹은 "大會頭"라 칭하였다. 또한 매개 마을의 頭目은 "會上", 또는 "統首"라 하였는데 한인마을에는 한인이 統首가 되고 화인마을에는 華人이 통수가 되였다. 영남의 한 都會頭는 辛太라는 사람이였는데 그가 관할하고 있는 지역은 조선의 함경도 三水郡 仁遮 대안으로부터 평안도 厚昌郡 대안의 淸金洞에 이르는 약 400리 지역인데, 경내에는 18개 촌락과 한인 193호, 1,673명이 거주하고 있었다.[107] 會上制는 저들의 관할범위을

---

105)『江北日記』는 1872년 崔宗範과 金泰興, 林碩根 등 3인이 鴨綠江 北岸地域을 調査하고 韓人들의 生活實態를 日記体 形式으로 記錄한 文書이다.

106) 高永一 編,『朝鮮歷史研究參考資料』第1輯, 延邊大學出版社, 1989, 156~177쪽.

보호하고 비적들의 침입을 방지하기 위한 무장도 갖추고 있었는데 辛太의 관할하에 있는 무력은 軍士 310명, 淸銃 85대, 大銃 20정, 鳥銃 48대를 보유하고 있었다.[108] 그리고 다른 한 都會頭는 金元澤이라 하는데 그는 영남의 淸金洞에서 三道溝 서쪽의 약 150리 지역을 관할하고 있었다. 경내에는 277호, 1,466명의 한인이 거주하고 있었으며 대총 20자루, 청총 216자루를 소유하고 있었다.[109] 이외에도 영북의 華人 都會頭 王老大가 관할하는 撫順과 湯河유역에도 적지않은 한인이 정착하고 있었다. 그러나 영남의 한인들은 가정을 중심으로 한인촌락을 이루고 있는 반면 영북의 한인들은 거의 모누가 단신으로 이주하여 대부분 화인들의 고용인으로 생활하고 있는 것이 특징적이었다.[110]

이 시기 한인들은 압록강북안에 이주하여 정착하였으나 그들의 생활은 극히 불안정하였다. 이들은 황무지를 개간하여 감자와 보리를 일부 생산하고 있었으나 생계는 여전히 인삼채집과 수렵에 의거하는 실정이었다.[111] 따라서 그들의 생활은 극히 빈곤하여 남자들은 호복을 설치고 여자들은 치마도 변변히 입지 못하여 차마 눈뜨고 볼 수 없을 지경이였다 한다.[112] 이러한 상황에서 이곳의 한인들은 정착생활에 실패하고 고향으로 되돌아 오는 경우도 있었는데 1872년 여름에는 이미 50여호가 떠났고, 가을을 기다려 떠나려는 사람도 적지 않았다고 한다.[113]

그런데 여기에서 압록강지역에 이주한 초기 한인 월간민중 대부분은 압록강남안의 거주민들이 아니라 두만강남안의 무산인들이었다는 사실

---

107) 『江北日記』, 六月初三日條, 前揭書, 161쪽.
108) 『江北日記』, 六月初三日條, 前揭書, 161쪽.
109) 『江北日記』, 六月初八日條, 前揭書, 164쪽.
110) 『江北日記』, 六月十八日條. "我人之雇於胡者 不計其數 而絕無作家 獨戶者也"
111) 『江北日記』, 六月初五日條, "問其所農 則地高且寒 只種甘薯 或有麥田 六月未熟 所居十三戶 皆是我人 而以採蔘獵貂爲業"
112) 『江北日記』 六月二十九日條, "皆至貧 男衣胡服 女不着裙 褌弊生? 眞不堪見也"
113) 『江北日記』, 七月二日條, "目前還歸者 已至五十餘戶 而待秋欲還者 亦多有之"

이 주목된다 하겠다. 『강북일기』의 저자 최종범은 압록강연안의 천여리 구간에서 만난 사람가운데 "十居七八"은 무산인들이였다고 하였으며, 그 원인을 당지 이주민 李德禧에게 묻자 이덕희는 무산부사 馬行逸의 폭정과 조정의 還逋政策에서 비롯된 것이었다고 대답하였다.[114] 사실 두만강연안의 육진지역에 대한 환포의 피폐에 대하여서는 일찍 1858년 각지를 암행어사로 다닌 洪承裕의 조사에서도 확인된다. 洪承裕는 조사 보고에서 六邑의 還逋는 매호에 正谷 5,60石에 달하고 獵戸에도 수십석에 달하여 수많은 백성이 사처로 흩어져 류랑생활을 할 수밖에 없었다고 기록하고 있다.[115] 이외에도 무산인들의 대량 이주에는 당시 무산지역에서 실시되고 있는 御貢도 한 원인이 되었다. 무산은 장백산남록에 위치하고 수렵에 종사하는 獵戸들이 많았다. 獵戸들은 대체로 매년 5월에 수렵하여 7월에 조정에 御貢하는데 만약 수렵에 실패하면 책벌을 받아야만 하였다.[116] 그러므로 수렵인들은 수렵에 실패한 후 왕왕 죄를 두려워 월경하는 경우도 있었다. 1862년 무산인 金汝玉은 백두산에서 수렵을 하다가 성공하지 못하자 그 죄를 두려워 압록강북안으로 도피하였으며, 李春京·李興實·李成允 등 수 많은 포수들도 모두 같은 상황에서 압록강북안으로 이주하였던 것이다.[117]

---

114) 『江北日記』, 七月初二日條, "德禧曰 丁卯之夏, 馬行逸爲茂山府使, 查出無名還逋十萬石, 狼食虎吃, 半歲之間, 一邑塗炭, 富者貧, 貧者死, 至于哭聲連巷, 甚于兵火, 民既無皆聳喜, 相促而發, 如水赴海, 而路出白頭山腰, 是五百餘里無人之地也, 夏而病暑, 冬而饑寒, 死于中途者不可勝數, 至今猶腥, 而幸其不死者皆到此地, 是所以居人者茂山多. 而他來小也"

115) 『日省錄』, 哲宗戊午年, 1858年 2月 3日, 『朝鮮歷史研究參考資料』, 148쪽, "北峙以若六邑勘寡之戸, 受彼一省滋長之還, 每戸所受多者或至正谷五六十石, 獨戸亦不下近數十石, 又從以營邑無名之谷混合出納, 分排徵斂, 終歲盼盼服勤食力, 及見其秋成之後, 則瓶罌俱罄, 短褐無完, 轉至于流散之四境, 篰屋之困瘁, 箕斂之頻繁, 未有若六鎭民之爲尤甚"

116) 『北塞紀略』, 「孔州風土記」, "鹿茸每五月獵取, 七月進獻, 惟茂山多產而良", (高永一, 前揭書, 173쪽 再引用)

그러나 무산인들이 압록강지역으로 이주한 것은 위에서 언급한 주관적인 원인외에도 객관적으로 당시 청정부의 봉금정책과도 관계가 있다. 즉 청정부는 1860년대부터 압록강북안지역의 봉금을 점차적으로 폐지하고 있었으나 두만강북안의 북간도일대에 대하여서는 계속 봉금을 강화하고 있었던 것이다. 때문에 무산인들은 두만강북안을 지척에 두고서도 그곳에 이주하지 못하고 압록강지역이나 혹은 북간도를 거쳐 러시아의 연해주지역으로 이주하는 현상을 초래하였던 것이다.

3. 두만강대안 지역의 한인이주민 실태

두만강대안의 북간도와 녕고탑 지역은 한인들의 범월이 가장 빈번히 발생되던 지역이었다. 그것은 이 지역이 조선의 육진지방과 지리적으로 인접된데다가, 兩地住民은 일찍부터 北關開市를 통해서 상호 빈번한 來往交易을 하고 있었기 때문에 더욱 그러하였다.[118] 특히 18,19세기에 걸쳐 두만강 일대의 개발이 이루어지고 강변에 거주하는 인구가 늘면서 양국 변민들 사이에 접촉이 잦아졌으며, 이에 따라 범월사례도 증가하는 추세를 보였다. 1803년 북평사를 지낸 부교리 朴宗正은 "육진은 두만강 일대로서 남북의 限界를 삼고 있는데, 그 너비는 거룻배도 용납할 수 없고, 그 깊이는 치마를 걷고 건널 수 있으므로, 禁防이 조금 허술해지고 防守가 해이해지면 범월의 근심이 곳곳마다 도사리고 있습니다. 무산의 貂皮와 인삼은 모두가 우리 나라에서 생산된 것이 아니고

117) 『江北日記』, 六月八日條, "往在壬戌, 行獵於白頭山腰, 負債失(獵), 与其歸里督報, 毋寧自死不歸, 苟全於此地, 頑縷不絕, 豈我本意哉"

118) 淸太宗은 寧古塔과 烏喇일대에 거주한 駐防八旗들의 농경에 필요한 물자를 조선에서 求하기 위하여 天聰二年 10월부터 會寧과 慶源에 開市하도록 강요하여 兩國官憲의 監視하에 耕牛·鍋·犁·鹽·布篩子·煙草 등을 교역케 하였다(『同文彙考』 別編 卷3 交易, 原編 卷45 交易).

경원의 銀貨는 대부분 彼地에서 무역하고 있습니다. 그래서 강이 잠시라도 얼어 붙으면 나무하고 꼴을 베는 아이들이 다니는 길이 이루어지는데, 어리석은 백성들은 마치 外府처럼 보고 완악한 풍속이 법기를 알지 못하니 … 또 오랑캐의 산에는 초목이 무성한데 우리나라 경내에는 민둥산이 되었으니 백성들이 금법을 무릅쓰는 것은 오로지 이에 말미암은 것입니다"[119]라고 보고하고 있다. 이는 당시 六邑地域 한인들이 銀貨의 무역은 물론이고, 지어는 땔 나무까지 대안지역에서 해결하고 있어 사실상 범월의 금지가 어려웠음을 설명하는 것이기도 하였다.

이와 같이 두만강대안지역은 한인들의 범월이 잦은 지역이었으나 청조의 봉금조치가 계속 엄격히 준수되어 1860년대에 이르러서도 압록강연안과 같은 정착이민의 현상은 보이지 않았다. 위에서 이미 서술하다 싶이 1860년대 두만강상류지역의 무산인들은 백두산을 가로질러 압록강연안지역으로 이주하여 정착생활을 하고 있었음을 알 수 있다. 그러나 이와는 달리 두만강 중,하류지역의 한인들은 처음에는 북간도지역에 이주하여 농사를 지으려 하였으나 청측의 단속과 강제축출을 당하여 부득불 거주지를 연해주지역으로 옮길 수밖에 없었던 것이다.「크라-뵈」의 調査報告[120]에 의하면 1863년 육진지방에서 13호의 가족적 이주자가 포셋트에 들어와서 정부의 허가도 없이 경작에 종사하였으며, 그후 간도를 경유한 한인 窮民들의 이주가 계속 증가하여 1868년에는 露領지방의 한인이주민은 165호에 달했고 1869년에는 766호로 급증하였다고 한다.[121] 이 시기 육진지역의 한인들이 간도에 이주하였으나 정착하

---

119)『純祖實錄』卷5, 純祖 3年 5月 11日 甲辰.

120) 크라-베의 報告書는 1911년 니콜라이 二世의 명에 의하여 沿黑龍地方總署 엔·곤닷치가 主宰한 黑龍調査事業報告 제11권으로 刊行되었고, 그후『滿鐵調査資料』제8권「極東露領에 있어서의 黃巴人種問題」란 주제로 飜譯 記載되었다(申基碩, 앞의 책, 33쪽).

121) 申基碩, 앞의 책, 33쪽.

지 못하고 연해주지역으로 이동한 사실은 중국측자료에서도 쉽게 찾아볼 수 있다. 1867년 2월 5일 길림장군 富明阿의 上奏文에서는 琿春河口 지방을 통하여 한인 남녀 200여명이 노령으로 이주하고 있음을 발견하고 그 원인을 탐문하였더니 그들은 흉년과 課稅의 증가로하여 생활을 유지할 수 없어 고향을 버리고 살길을 찾아 떠났다고 대답하였다 한다.[122] 그리고 1890년 청정부의 파견을 받고 러시아 국경지대를 답사한 山西太原鎭總兵管 聶士成의 보고에서도 연해주지역에 이주한 한인 李永白에게 그들의 이주경위를 문의하자 그는 이곳에 이주한 한인들은 대부분 함경도인들인데 同治 9년의 재해로 인하여 훈춘에 이주하여 경작하려 하였으나 청국관원들이 3일내에 무조건 出境할 것을 강요하여 부득불 남녀 405명을 거느리고 이곳으로 이주하였다고 하였다.[123]

1869년 11월 길림장군은 禮部에 러시아의 嚴杵河, 吉心河지방에 이주한 한인수가 이미 1,000여명에 달한다고 보고하자 예부는 조선국왕에게 行文을 보내어 越民을 領回하고 犯越을 엄금할 것을 요구하였으며,[124] 이와 동시에 길림장군에게 변계지역에 대한 순라를 진일보 강화하여 한인들의 북간도 이주는 물론이고 나아가 간도를 경유하여 러시아지역으로 이주하는 한인들까지도 철저히 단속할 것을 지시하였다.[125] 그후에도 청정부의 북간도지역에 대한 봉금은 계속 강화되었으며,[126] 1870

122) 中央研究院近代史研究所編, 『淸季中日韓關係史料』 卷2, 臺北 1972, p.6, "年景課稅加倍 交納無力 實難度日 無奈棄家逃出渡命"

123) 聶士成, 『東游紀程』 卷一. "有李永白云 原係朝鮮咸鏡道人 値同治九年旱荒 轉徙琿春 意欲種地 其官不允 限三日內出境 違者治罪 因携帶男女四百五口 投入俄境"

124) 『大淸穆宗毅皇帝實錄』 卷270, 10-11쪽, 同治 8年 11月 5日, 壬申條. "將逃赴俄界民人 飭令該國邊界官悉數領回 並有該國王申明禁令 嚴飭該國沿邊官弁 約束民人 毋許再有逃越 以重邊防"

125) 『大淸穆宗毅皇帝實錄』 卷292, 同治 9年 10月 1日, 癸巳條. "飭邊界各員弁 隨時認眞稽査 如有朝鮮民人 由中國地界 逃去俄國者 卽行査禁 毋任乘間偷越"

126) 王彦威 等編, 『淸季外交史料』 卷27, 臺北 文海出版社, 1964, 6쪽, 1882년 길림장군 銘安과 屯墾事宜 吳大澂이 禮部에 올린 보고에서 "同治九年 光緖三年 嚴禁

년에는 녕고탑부도통의 직접적인 감독하에 훈춘협령관할내 街市와 村屯을 비롯하여 豆滿江以北의 霍蘭溝·瑪爾佳河·二道河·湾溝·密占通街大路·赫西和路 등지에 대한 대대적인 搜索을 감행하여 무려 524명에 달하는 越界韓民을 나포하였다.[127] 그러나 조선정부의 월경인에 대한 領回는 아주 소극적이였다. 差使員들은 월경인 호송에 수요되는 로비도 갖추지 않아 녕고탑부도통은 그들에게 수송비용으로 庫提銀 300여량을 貸與하여 주기도 하였다.[128]

이 시기 조선정부는 한인들의 범월이 자연재해로 인한 생활난에 있음을 너무도 잘 알고 있었다. 그러므로 高宗은 쇄환된 범월인들에 대하여 문책하지 말고 식량을 나누어 주어 안착시키도록 명하였다.[129] 이에 따라 온성부에서는 粮米는 壯年은 일인당 매일 七合五勺, 婦女는 六合, 老弱은 四合五勺를 분급하고 의복은 鄉收吏 및 부유한 자들로부터 醵出하여 급여하였다. 그리고 未納의 還穀과 稅金, 私債는 일체를 탕감하고, 또 이미 타인의 소유가 된 田地도 도로 찾게하였으며 경지가 없는 자들은 官에서 周旋하여 주고 鄉邑이 서로 보호하여 安業을 기하게 하였다.[130]

당시 북간도에 이주한 한인들의 모습은 참으로 비참하였다. 굶주림에 시달린 월강민들은 청인들과 米一, 二升에 처자식을 막 바꾸어 생계를 유지하는 경우도 있었다.[131] 吳祿貞의 『延吉邊務報告』에 의하면 동치

朝鮮民人越界成案"이라한 것을 보면 당시 청조는 북간도지역에 대한 봉금을 계속 강화하였음을 알 수 있다.

127) 『清季中日韓關係史料』 卷2, 앞의 책, 151쪽, 238-239쪽.

128) 『高宗實錄』 卷8, 高宗 8年 8月 20日.

129) 『承政院日記』 高宗 第3, 826쪽, 同治 10年 辛未 5月 28日條, "究其情則還爲哀矜使之分給粮米 各安其業 無有一民流離棲遑之歎"

130) 『高宗實錄』 卷8, 高宗 8年 8月 20日(申基碩, 앞의 책, 36쪽).

131) 『吉林省志』 卷 47. "同治初, 朝鮮曾大饑, 野殍狼籍, 饑民挈眷逃至江左, 將妻室子女鬻於華人, 每名抵換米一, 二升, 傷慘已甚"

년간에 이주하여 본 지역에 남은 한인들은 그 대부분이 청인들에 의하여 "男僕女奴"의 운명을 피면할 수 없었다고 한다.132)

이상에서 보는바와 같이 1860년대 이후 북간도지역도 압록강연안과 마찬가지로 한인들의 대량적인 이주가 이루어 졌으나 청조의 이 지역에 대한 봉금책의 강화로 말미암아 그 대부분이 연해주로 이동하거나 쇄환됨으로써 정착이민으로 이어지지 못했음을 알 수 있다. 그런데 이 시기 북간도지역로 이주한 한인들 전부가 쇄환되었거나 청인의 노복생활을 한 것은 아니었다. 비록 압록강대안과 같이 한인촌락을 형성하지 못했지만 청측의 搜索을 피해가면서 오시에 들어가 소규모의 황무지를 개간하고 농사를 지으면서 생활하는 사람도 있었다. 그 대표적인 사례가 바로 1853년에 월경하여 18년간이나 북간도에서 정착생활을 하였던 이동길 일가의 범월사례인 것이다.

이동길은 慶源府民이며 父 李陽恩과 母 崔氏의 둘째 아들로서 蔡씨를 妻로 맞아들여 慶源에서 살고있다가 咸豐3年(1853년)에 滋事하여 관병의 追捕를 받자 이를 피면하기 위하여 李青山이라 개명한 후 江東으로 범월하였다.133) 동년 族弟가 처 蔡氏와 함께 범월하여 유리걸식 하다가 우연히 이동길을 만나게 되었으며, 그후 그들은 薙髮易服한 후 霍隆溝裡에서 황무지 2晌을 개간하고 고기를 잡으면서 은거생활을 하여 왔던 것이다.134)

---

132) 吳祿貞, 『延吉邊務報告』, 第4章, 「韓人越墾之始末」, 2쪽, "然不逾年 而韓民之有家室者 仍歸故土 其流寓中國者 男僕女奴而已"

133) 『清季中日韓關係史料』 2卷, 148~151쪽, 同治9年12月15日(1871.2.4) 「總署收署吉林將軍奕榕文」, 附件 〈李東吉供狀〉, "李青山卽李東吉 小的年五十八歲 是朝鮮慶源府民 祖父母俱故 父李陽恩 母崔氏 現在我們兄弟三個 長兄李東明已故 三弟李明山不知逃往何處 小的居次 娶妻蔡氏 於咸豊三年間 因在本國慶源府滋事 恐被官兵拏獲 更名李青山 逃越江東 各處遊蕩"

134) 『清季中日韓關係史料』 2卷, 148~151쪽, 同治9年12月15日(1871.2.4) 「總署收署吉林將軍奕榕文」, 附件 〈李東吉供狀〉, "於是年夏間 有族弟李姓帶領我妻蔡氏 偷越

그러나 이동길은 은거생활을 하면서도 조선국내 한인들을 유혹하여 범월하도록 사촉한 것으로 추정된다. 그것은 조선국왕이 청국예부에 자문을 보내어 이동길의 체포, 인도를 청원한 사실에서도 어느정도 입증된다 하겠다. 조선국왕은 청원서에서 李東吉이 琿春地方으로 도망하여 "蓋屋墾田 嘯聚無賴"하고 있으며 또 본국인들이 자주 범월하는 것도 모두 李東吉의 招誘에 인한것이나 琿春人들이 그와 친숙하여 "不肯擧發" 함으로 청측에서 협조하여 조사, 체포하여 줄 것을 요구하였다.[135)]

1870년 10월 23일 이동길은 琿春協領에서 파견한 佐領文福의 巡察隊에 의하여 琿春西南 토문강변 霍隆溝裡에서 체포되었다. 당시 李東吉은 청국인 복장을 입고 있었으며 자신은 이동길이 아니라 이청산이라고 변명하였지만 관병들이 심문한 결과 그가 바로 이동길임이 밝혀졌다. 당시 이동길과 같이 체포된 사람들로는 이동길의 부친 李陽恩, 모친 崔氏, 이동길의 동생 李尙海, 처 邦氏, 雇工 蔡諾彌, 이름모를 부인 1인 등 도합 8명이었다.[136)] 淸朝에서는 그들을 체포한 후 그들의 가옥과 밭을 소각해 버리고 10월 25일 朝鮮慶源府에 인도하여 懲罰토록 하였다.[137)]

이외에도 光緖初 무산인들이 청측의 搜查가 미치지 못하던 무산 대안의 外六道溝지방에서 일부 私墾에 종사한 것으로 추정된다. 이러한

江界 各處乞討 不意撞遇我妻 彼此相認 隨與族弟二人互相剪髮改裝 帶領我妻蔡氏 逃奔南邊霍隆溝裡隱藏 刨地兩晌 搭盖馬架存住 撈魚度命"

135) 中央研究員近代史研究所 編,『淸季中日韓關係史料』2卷, 泰東文化史, 1980, 141쪽, 「飭屬嚴拏朝鮮逃犯李東吉及其黨徒」, "朝鮮國王咨文內稱 該國慶源府農圃社居民李東吉 逃往琿春地方 蓋屋墾田 嘯聚無賴 該國民口時有犯越 皆李東吉招誘所致 琿春人與之慣熟 不肯擧發 願懇查拏"

136) 中央研究員近代史研究所 編,『淸季中日韓關係史料』2卷, 泰東文化史, 1980, 145~151쪽, 「朝鮮逃犯李東吉已解交該國慶源府收禁沿江一帶並無該犯招引匪類情事」

137)『淸季中日韓關係史料』2卷, 161쪽, 前揭書, 同治 10年 1月 29日「總署收署吉林將軍奕榕文」

사실은 1878년 돈화현의 개방을 위하여 황무지를 조사하던 중 외육도구지방에서 한인들이 盜墾한 경작지를 발견하였다는 청측의 보고를 통해서도 알 수 있다.[138] 그러나 이 시기의 私墾은 어디까지나 아침에 월경하였다가 저녁에 돌아 오거나, 혹은 농망기에 들어갔다가 가을이 끝나면 되돌아 오는 임시적인 월경경작에 불과한 것이었고, 정착적인 이주는 아직 이루어지지 않았던 것이다.

Ⅴ. 맺음말

청조는 중국대륙을 통일한 후 이른바 清皇朝의 '發祥之地'를 보호한다는 명목으로 만주의 백두산일대를 봉금지대로 설정하고 타민족의 이주를 엄격히 단속하였으며, 조선정부에 대해서도 한인들의 犯越을 엄금시킬 것을 강력히 요구하였다.

조선정부는 일찍 세종대에 압록강 및 두만강연안에 연강방위선을 구축하여 북경관방에 임하고 있었으나, 정묘호란과 병자호란을 거치면서 對淸 위기의식은 고조되어 갔다. 또한 청과의 충돌을 우려하여 변강지역에 대한 개척을 포기한 채, 청의 요구대로 금월조치만 강화해 갔다. 그러나 조선정부의 이같은 금월조치에도 불구하고 조선북변지방의 한인들은 그들의 주요한 생계수단인 인삼채집과 수렵을 쉽게 포기할 수 없었고, 이에 따라 한인의 범월은 계속되었다.

한편 1712년 백두산정계비의 건립은 조선정부의 북방경영에 있어서 획기적인 것이었다. 이를 계기로 조선은 과거 소극적인 태세에서 벗어나 보다 자립적이고 적극적인 정책을 수립해 나갔다. 또한 범월문제에

138) 吳祿貞, 앞의 책, 2쪽, "光緒初元 敦化縣放荒清查地畝 朝鮮茂山對岸如外六道溝等處 間有韓民私墾者… …時則但有冒禁盜墾之韓民 而無領荒租種之韓民"

있어서도 종래 금월조치에서 북변지역에 대한 개척으로 수정되어 갔다. 이는 변경지역 한인의 안정된 생활을 보장함으로써 범월을 미연에 방지하고, 나아가 定界로 인해 보장된 북방지역의 영유권을 보다 확고히 하고자는 것이었다. 그리하여 정조년간에는 廢四郡지역에 대한 주민의 입주가 부분적으로 허용되였고, 인구수와 경작지도 현저히 증가했다. 이 시기 조선정부의 북방경영으로 말미암아 급속한 발전을 이룬 것은 두만강상류에 위치한 무산부였다. 18세기 후반 무산부의 호구수는 6,537호, 인구수는 38,640명에 달하였으며, 경작지는 19세기 초에 이르러 4천 7백여결로 증가하였다.

그런데 조선정부의 북변지역에 대한 개발정책과 더불어 한인들의 만주 이주는 오히려 증가되는 추세를 보였다. 또한 이주형태와 이주 규모도 전 시기에 비하여 현저한 변화를 가져왔다. 즉 과거 채삼이나 수렵을 위한 일시적인 범월에서 경작을 위한 정착이주로 이루어 졌으며, 그 규모도 수십호 내지 수백명에 이르렀던 것이다. 이러한 이주 현상은 1860년대 북부지역에서 발생된 연속적인 자연재해에서 기인한 바가 컸으며, 여기에 조선 내부의 三政紊亂에 의한 피폐는 한인들의 만주 이주를 가속화시키는 요인으로 작용하였던 것이다.

한편 청정부는 이시기에 이르러 봉금을 완화하면서, 漢人 이주민들의 입주와 개간을 점차적으로 허용하는 정책을 취해 나갔다. 이에 따라 중국 關內地域 漢人들이 만주지역으로 대거 이주하게 되었으며 盛京附近의 황지는 이들 이주민들에 의해 본격적으로 개척되었다. 그러나 청정부는 漢人들의 압록강연안 이주는 조·청간의 국경문제를 유발할 수 있다는 점을 내세워, 압록강 북안 靉江일대의 넓이 3,50리, 길이 4백여리 구간을 공광지대로 설정하고 朝·淸 양국변민들의 입주를 금하였다. 그렇지만 이와같은 조치만으로는 자연재해로 인하여 사경에 다달은 한인들의 대량 월경을 막지 못하였으며, 결국 압록강 북안지역에는 1860년대 초에 이르러 점차 한인촌락이 형성되기 시작했다.

이렇듯 청조는 압록강 북안지역에 대해 부분적으로 개방 정책을 취하였지만, 청조 발상의 聖地였던 두만강북안지역에 대해서는 철저하게 봉금을 실시하였던 것이다. 그리하여 북간도에 이미 범월 이주하였던 한인들 조차 러시아의 연해주지역이나 압록강 북안지역으로 다시 옮겨갈 수밖에 없었으며, 따라서 북간도지역의 한인 이주와 정착은 1880년대 청의 移民實邊이 시행되던 시기에 이르러서야 이루어질 수 있었다.

〈白山學報 第51號, 1998.8.30. pp.155~195〉

滿洲事變前 東亞勸業株式會社의 土地占有形態와 在滿韓人에 대한 中國當局의 土地政策

孫 春 日*

〈目 次〉

Ⅰ. 머리말

1915년 日本은 中國과 〈南滿洲와 東部內蒙古에 관한 條約〉(이하 滿蒙條約이라 약칭함)체결함으로서 1909년 〈間島協約〉을 이어 在滿韓人의 問題를 가지고 滿洲를 侵略할 수 있는 또 하나의 구실을 가지게 되었다. 日本은 〈間島協約〉에서 間島는 中國의 영토라고 승인하는 댓가로 間島에서 領事館設立, 領事裁判權 그리고 商埠地開放 등 상당한 권리를 中國當局으로부터 얻어냈지만 그것은 일제의 야심을 채우기에는 너무나 부족했다. 그들의 목표는 滿蒙, 나아가서는 全中國을 獨占하는 것이다. 이를 위해 일제는 滿蒙條約에서 土地商租權을 취득하고 또 그 내용을 임의로 해석해 만몽지역의 토지를 점유하는데 법적 근거로 이용하였다. 그러나 일제의 이

* 연변대학교 교수

런 불법행위가 중국당국로부터 강력한 견제를 받게 되자 일제는 재만한인을 또 토지를 점유하는데 하나의 수단으로 이용하였다.

일제는 滿蒙條約에서 규정된 土地商租權을 토지소유권으로 간주하였다. 이것은 중국당국이 주장하는 賃借權과 너무나 차이가 있으므로 中日의 對立은 매우 첨예하였다. 당시 奉系軍閥도 비록 親日的이라 하지만 間島協約을 통해 日帝의 滿洲에 대한 침략야심을 간파하고 모든 수단과 방법을 동원해 일제의 土地商租를 저지하였다. 그러나 中日紛爭에서 가장 큰 피해자는 在滿韓人이었다. 日本은 韓日合邦 이후 韓人도 日本帝國의 臣民으로 되었으므로 재만한인에게도 토지상조권이 적용되어야 한다고 주장하며, 또 그들이 상조한 토지에 대부분 한인을 소작농으로 고용하였다. 더욱이 歸化韓人에게 토지소유권이 있다는 점을 이용하여 融資方式을 통해 많은 토지를 수매하였다. 그러자 奉系軍閥은 韓人을 日帝의 滿洲侵略 "前衛"로 간주하고 수 없는 訓令과 법령을 내려 韓農들의 土地所有權과 耕作權을 제한하고 剝奪하는 동시에 군대와 경찰을 동원해 여러가지 구실로 한인들을 迫害하였다. 특히 1925년 中日 ≪三矢協定≫ 후부터 만주사변이 일어나기전까지 在滿韓人는 中日兩側으로부터 오는 二重迫害는 받아야만 했다. 때문에 이 시기는 在滿韓人이 滿洲로 이주한 이래 民族壓迫과 葛藤, 그리고 滿洲에서 流動이 가장 심하던 시기였다.

日帝는 滿蒙條約에서 획득한 土地商租權을 만몽의 土地를 侵略하는데 이용하였는데, 東洋拓殖會社, 東亞勸業會社 등은 그 첨병이었다. 특히 東亞勸業會社는 설립시기부터 토지상조권을 이용하여 만주 각지에서 토지를 買收하는 것이 그 목적이었다. 또 이렇게 취득한 토지로 만주사변후 南, 北滿에서 安全農村을 건설하고 많은 한농을 끌어 들였다. 본 논문에서는 滿蒙條約으로 야기된 中日土地商租權紛爭과 在滿韓人은 어떤 關聯이 있으며, 東亞勸業會社는 어떻게 재만 한인을 이용해 토지를 점유했으며, 중국정부는 일제의 토지침략을 저지하기 위해 在滿韓人에게 어떤 토지정책을 실시하였으며, 이런 가운데 재만한인의 경제생활은 어떻하였는지를 살펴보겠다.

Ⅱ. 中日 土地商租權紛爭에서 在滿韓人의 土地所有權問題

中日 土地商租權紛爭은 滿蒙지역에서 일본신민은 토지상조권을 갖는다고 한 만몽조약규정에서 비롯된 것이다. 일본은 滿蒙地域을 자기들의 生命 延長線으로 간주하고 그들의 滿洲經營에 있어서 근본문제는 滿洲에서 土地商租權을 획득하는데 있다고 보았다.[1] 이런 방침하에 1915년 1월 18일, 새로 임명된 日本公使 日置益은 日本政府의 훈령에 따라 袁世凱에게 "二十一條"를 제기하였는데, 그 가운데 1915년 5월 25일에 체결한 ≪滿蒙條約≫은 21個條의 핵심이었다.[2] 이 조약의 제2조에는 "日本臣民은 南滿에서 각종 상공업상건물을 건설하기 위하여 또는 農業을 경영하기 위하여 필요한 土地를 商租함을 得함", 제3조에는 "日本국 신민은 南滿주에 있어서 자유로이 거주왕래하며 각종의 상공업기타의 엄무에 종사할 수 있는 것을 得함", 제4조에는 "日本국 신민이동부內蒙古에 있어서 中國국민과 합작하여 農業과 공업을 경영할때 中國정부는 이것을 승인함"등이 규정되어 있다.[3] 이 규정은 日本은 南滿과 東部內蒙古에서 土地商租權을 가진다는 것을 의미한다. 그러나 상조권내용에 대한 해석은 中日 두 나라 이해관계에 따라 너무나 대치되었다.

먼저 土地商租權 性格에 대한 日本側의 주장을 보면 土地商租權이란 바로 土地所有權을 가르킨다고 하였다.[4] 日本정부가 中國정부에 처음 21

1) 外務省通商局, ≪人口問題基調トシテ滿蒙拓植策ノ硏究≫, 昭和二年, 267쪽.
2) 淺田喬二 著, ≪日本帝國主義の卜民族革命運動≫, 高麗書林, 327쪽.
3) 日本外務省編, 1965, ≪日本外務年表竝主要文書: 南滿洲及東部內蒙古に關する條約≫, (東京: 原書房), 406~407쪽.

개조 요구를 제기할 당시 土地所有權을 요구한다고 명확히 지적하였다가 中國政府와의 교섭과정에서 中國政府의 체면을 고려해 商租權이라고 두 글자를 고쳤지만 그 내용은 土地所有權과 여전히 완전 일치하다는 것이다. 즉 中日 두 나라는 처음에 그 명칭을 賃借權, 所有權, 購買, 暫租, 永租 등으로 고려하다가 나중에는 商租라고 명칭으로 절충하였다는 것이다.[5] 때문에 日本公使는 "商租"란 두 글자는 뜻이 좀 曖昧하므로 中日 두 나라가 그 뜻을 더욱 확실히 하기 위해서[6] 중국외교부에 교부한 附屬公文書에서 商租란 30년동안 長期間 租借하며 滿期된 후에도 무조건적으로 다시 商租한다는 뜻도 포함되여 있다고 지적하였다고 한다.[7] 이에 따라 일제는 商租權을 短期商租와 長期商租로 나누는데 장기상조란 바로 無條件商租이라고 주장하였다. 즉 30년 商租期限이 만기된 후에도 中國人 地主는 그 商租條件을 變更할 수 없으며 借地料 등 조건은 처음에 계약한 것과 같아야 하며, 모든 것이 무조건적으로 계약되여야 한다는 것이다.[8] 그러나 短期商租는 長期商租와 달리 무조건적으로 재계약 하는 것이 아니다. 그 계약기한은 당사자인 雙方의 합의에 의해 결정하므로 이것은 賃借權과 비슷한 것이다. 때문에 短期商租는 在滿韓人과 크게 상관되는 債權적인 효력을 가지는 토지권리라고 할 수 있으며 또한 日本측도 이렇게 주장하는 것이 대체적이었다.[9]

이러한 日本측의 土地商租權 해석에 대해 中國政府는 당연히 이와 대치되는 賃貸借權說로 일관한다. 다시 말해 商租權은 所有權이 아니라 다

4) 淺田喬二 著, ≪日本帝國主義下の民族革命運動≫, 高麗書林, 331쪽.
5) 宣原信雄 著, ≪土地商租權槪論≫, 弘文堂書房, 6쪽.
6) 南滿洲鐵道株式會社, ≪滿蒙全書≫ 第3卷, 大正十二年三月, 393쪽.
7) ≪中外舊約章條編≫, 제二책, 107쪽. 원문은 다음과 같다."第三條商租二字, 須了解含有不過三十年之長期限及無條件而得續租之意"
8) 위의 책: ≪日本帝國主意下民族革命運動≫, 332쪽.
9) 滿鐵庶務部調査課, ≪滿蒙要覽≫, 소화사년, 91쪽.

만 他人의 物을 이용하는 法的關係라는 것이었다. 중국의 해석을 보면 "商租"란 글자 그대로 "商量하여 租用"하는 의미로 자유롭게 계약하는 賃貸借로 보아야 하며, 따라서 租地한 사람은 土地를 사용하여 收益할 권리만 갖고 土地를 典押하거나 賣買를 할 수 없다는 것이다. 商租權을 또 일본식 사유방식으로 長期商租와 短期商租으로 나눈 것도 전면 부정하였다. 中國政府는 비밀훈령인 ≪商租地畝須知≫에서 상조권에 관한 매개 조항을 매우 상세히 해석하였다. 즉 일본이 상조기한은 30년이며 또 무조건 상조한다는 장기상조 주장에 대해 "商租二字須了解含有不過三十年之長期限及無條件而得續租之意"의 뜻은 그런 것이 아니고 다음과 같은 의미라고 해석하였다. 즉 이 구절은 상조기한은 가장 길어도 30년을 초과하지 못하며, 또 하루라도 넘으면 안된다는 뜻이다. 그러나 30년내에서 1년 혹은 수년, 내지는 10년, 20년 또는 29년까지 마음대로 상조할 수 있다. 하지만 만약 商租契約이 만기되어 지주가 更新할 의사가 없으면 자유롭게 무조건적으로 停租할 수 있으며, 또한 이와 마찬가지로 만일 兩側이 同意할 경우 처음에 계약한 조건으로도 계속 연장할 수 있다.[10] 그리고 무릇 조약이란 개념은 당사국인 두 나라가 서로 반드시 준수해야 할 사항을 규정할 따름이지 결코 두 나라 백성들 사이에 처리되는 수속마저 규정하는 것이 아니다. 때문에 여기서 "무조건"이란 뜻은 承租人과 地主個人사이에 무조건적으로 續租해야 한다는 뜻이 아니고, 중국정부가 日人이 계속 租地하려고 하면 제한을 주지 않은다는 뜻이라고 지적하였다. 결국 중국정부는 日本의 "無條件更新", 다시 말해 土地所有權주장에 대해 전면적인 부정을 하

---

10) 원문은 다음과 같다. ≪商租地畝須知≫ : "租地不含典押賣買意義在內僅有受益使用二權其土地所有者之權利仍屬之地主承租人不得享有之", "凡兩國國家訂立條約所有條文均指國家與國家應行遵守者而言決無將兩國人民間辦事之手續亦訂定在內", "無條件三字之意自可明瞭而期滿續租時所有商租等一切辦法均與第一次同仍須和平商量仍須得地主同意地主如不愿屬租則惟有停租不能受承租人商量猶之第一次租時地主如不愿租出彼承租者自亦不得强迫也".

였다.

다음은 土地商租權의 적용범위에 대해서이다. 日本은 滿蒙條約에 의해 商租權을 행사할 수 있는 지역은 南滿洲와 內蒙古로 한정되어 있다고 주장한다.[11] 그러나 당시 滿洲를 北滿洲와 南滿洲로 나누어 불렀지만 어느 것을 기준으로 하여 부르는가 하는 것은 일정하지 않았으며 東部內蒙古도 역시 마찬가지였다. 때문에 商租權을 행사할 수 있는 지역을 구체적으로 설정하는데 여러가지 문제가 있었다. 南滿洲를 송화강이남을 가르키냐 아니면 장춘이남을 가르키냐 하는 문제도 있었고,[12] 東部內蒙古를 在來의 몽고를 가르키냐 아니면 未開放地域만을 가르키냐 하는 등 문제에도 봉착하게 되었다. 만일 여기서 東部內蒙古를 재래의 몽고를 가르킨다면 鄭家屯, 懷德, 通遼등지는 물론이고 長春, 公主嶺, 四平街도 東部內蒙古지역에 속하므로 日本은 이 지역에서도 土地商租權을 가지고 있다는 것으로 된다. 日本은 될 수 있는한 넓은 지역에서 商租權을 얻으려고 확장 해석하는 것이 특징이었다. 때문에 日帝는 주로 행정구역을 기준으로 주장하는데 그들의 말대로 한다면 商租權을 적용할 수 있는 지역은 행정구역으로 吉林省과 奉天省, 그리고 東部內蒙古 지역이었다.

이러한 日本의 주장에 대해 中國은 더 말할 것 없이 그 商租權 범위를 될 수록 좁은 지역에 한정시킨다. 예컨데 1923년 7월 奉天省長이 관내 各顯 知事들에게 내린 "商租禁止命令"이란 훈령을 보면 南滿洲라고 하는 것은 봉천성의 일부분으로, 구체적으로 말하면 東邊道管內에 있는 19개현 전부와 遼瀋道管內에 있는 遼河동쪽에 자리 잡고 있는 11개현으로 모두 30개현으로 한정되어 있다.[13] 이 처럼 商租權을 적용할 수 있는 지역에

---

11) ≪滿蒙全書≫, 第3卷, 南滿鐵道株式會社, 大正十二年三月, 395쪽.

12) 南滿洲와 北滿洲를 도대체 어느 것을 기준으로 나누냐 하는 것은 정설이 없고 다만 ① 行政區域說 ② 鐵道勢力說 ③ 松花江, 遼河線說 ④ 貿易系統說 ⑤ 緯度說 등이 있다(위의 책: ≪土地商租權概說≫, 43쪽을 참조).

13) 東亞勸業株式會社: ≪南滿洲に於ける土地商租問題≫ (大正一五年), 17~18쪽.

대해서도 中日 사이에는 너무나 큰 차이가 있다.

위에서 나타나다 싶히 "滿蒙條約"에 대해 두 나라는 그 이해관계에 따라 해석하기 때문에 첨예한 대립을 이루고 있다. 그 근본적인 원인은 日帝가 土地商租權를 土地權에서 최고권력인 所有權으로 극단적인 해석을 해 나중에 滿洲와 內蒙古지역에서 土地 수탈을 강행하고 나아가 이 지역을 자기들의 식민지로 전락시키려는데 도움을 주는데 목적을 두고 있기 때문이다.

土地商租權에 관한 中日분쟁에서 또 간과할 수 없는 것이 바로 그 적용대상에 있어서 土地商租權을 在滿韓人에게 적용하는 여부였다. 사실 이 문제에 대한 논란은 中日土地商租權분쟁에서 매우 민감하고 신경을 쓰이는 복잡한 문제었다. 왜냐하면 이 문제는 단순한 土地商租權문제가 아니라 더 나아가 在滿韓人의 土地所有權, 國籍, 치외법권 등 일련의 法的地位와 관련됨으로 중국측의 시각으로 보면 자칫하면 日帝는 滿洲지역에 널리 분포되어 있는 韓人을 이용하며 滿洲를 日本 식민지로 전락시킬 수 있는 위험이 다분이 있기 때문이다.[14] 때문에 中國政府은 在滿韓人을 日本이 滿洲를 침략하는 前衛, 또는 尖兵으로 간주하고 商租權을 韓人에게 적용하는 것을 극력 반대하였다.

먼저 在滿韓人에게 대한 土地商租權의 적용여부의 논란은 韓人과 滿蒙條約의 관계, 間島協約과 滿蒙條約의 관계를 어떻게 보느냐 하는데서 야기된다. 먼저 日本의 주장을 보면, 1910년 한일합병에 의해 韓人은 일본신민이 되었으므로 在滿韓人도 법적으로 일본신민이 되었다는 것이다. 그러므로 1915년의 滿蒙條約 제2, 3, 4조에서 규정한 土地商租權은 日本인과 똑같이 韓人에게도 해당되어야 한다. 아울러 1909년에 체결한 間島협약은 滿蒙條約으로 인하여 이 조약과 모순되는 부분은 자동적으로 무효가 된

14) ≪日本ト滿蒙≫, 53쪽.

다.[15] 그 원인은 간도협약과 滿蒙條約이 抵觸되는 부분이 있을 때 滿蒙條約을 우선하기 때문이다. 심지어 일제는 간도는 지리적으로도 남만주에 속하므로 당연히 간도한인에게도 상조권이 적용된다고 하였다.

이러한 日本측의 주장에 대해 中國은 1910년에 日本이 한국을 합병하였지만 1915년의 滿蒙條約 및 교환공문에는 1909년의 間島協約의 규정을 변경한 것이 없었고, 특히 滿蒙條約의 제8조에는 "滿洲에 관한 日支現行各 條約은 본 조약에 別途로 規定한 것을 除外하고는 一切 從前대로 한다"라고 분명히 명시되어 있기 때문에 法律적으로도 간도협약이 유효하다고 주장하였다. 그리고 在滿韓人의 土地所有權은 間島지방에만 국한될 뿐, 滿洲와 동부內蒙古지역에서는 허용되지 않은다. 日本은 間島협약에 의해 韓人들이 間島에 거주하고 土地를 購買, 개간할 수 있는 것을 마치 모든 韓人들이 土地를 구입하거나 개간할 수 있는 뜻으로 해석하는데 이것은 확대 해석이라고 지적하였다. 中國은 다만 귀화 韓人들에게 間島에서 이런 土地권리를 주었을 뿐, 비귀화인에게는 주지 않았다고 反駁하였다. 중국측은 이 문제를 또 한발 더 나아가 지리적으로도 해석하는 일본의 주장에 대해 반박하길 間島는 지리상 南滿洲가 아니므로 너무 정치적인 억지를 부리지 말라고 하였다.[16] 즉 중국정부는 歸化한 韓人을 제외하고 비귀화 韓人이 滿洲에서 土地를 구입하는 것은 물론이고, 자유롭게 거주하거나 土地를 商租하는 것을 허용하지 않은다는 것이다.

그러나 여기서 지적해야 할 것은 중국정부가 韓人은 중국국적에 가입

---

15) Lytton報告書, (中央公論11月號別冊附錄), 東京: 1932, 66~68쪽.

16) 위의 책, Lytton報告書, (中央公論11月號別冊附錄), 東京, 1932년, 67쪽. 중국의 주장에 의하면 滿蒙條約은 南滿洲에 거주하는 일본인에 관한 조약이기 때문에 간도에 거주하는 한인에게 적용할 수 없다는 것이다. 만일 만주를 "鐵道勢力圈說"에 의해 나눈다면 남만철도가 지나가는 지역이면 남만주이고, 中東鐵道가 지나가는 지역이면 북만주이다. 그런데 북간도는 두만강북쪽에 자리 잡고 있고 남만철도와 너무나 먼 거리에 있으므로 일본주장처럼 그 남만철도 범위가 아니라는 것이다.

하여야만 間島에서 土地을 구입하거나 소유할 권리를 가질 수 있다고 하지만, 그 규정이 명확하거나 철저하지 않기 때문에 많은 非歸化 韓人들도 佃民制란 수단으로 中國地方官憲의 묵인하에 土地所有權을 취득하고 있었다는 것이다.[17] 이것은 다른 측면으로 볼 때 바로 일본이 개입할 수 있는 기회을 제공해 주는 것이다. 사실 滿蒙條約에는 在滿韓人에 대해 間島지역을 제외한 다른 지역에서 土地를 商租하거나 또는 취득할 수 있는 권리를 특별히 부여하거나 금지한다는 사항도 명확하지 않다는 것도 부인할 수 없는 사실이다. 때문에 일제는 바로 이런 허점을 이용하여 간도를 벗어나 전체 재만한인에게도 토지소유권을 주어 만주의 토지를 점차 잠식하려고 시도하는 것이다. 당시 海蘭河, 布爾哈通河, 嘎呀河의 충적평원을 중심으로 한 間島지역에는 이미 韓人 집단거주지가 형성되여 있고, 동변도를 포함한 南滿철연선지역과 송화강하류에도 한인들이 깊숙히 들어가 살고 있었다.[18] 재만한인의 총 인구 수를 보면 間島를 제외한 다른 滿洲지역의 韓人들만 하여도 60만명이 넘었다.[19] 韓人의 다수는 漢人地主와 임대계약을 맺고 滿洲벌에서 수전농사를 하는 것이 일수였는데 그 계약은 일반적으로 1년 내지 3년을 기한을 한다.[20] 더욱이 간도이외의 만주 각 지역에서 많은 한인들이 토지소유권 또는 租借權을 갖고 있는 것도 사실이었다.[21] 즉 在滿韓人은 中日이 1915년 滿蒙條約을 체결하기 전에 이미 漢人地主와 商租契約을 맺고 있거나 토지소유권을 가지고 있었다. 日帝가 극력 在滿韓人의 土地商租權을 주장하는 窮極적 목적은 바로 이런 韓人들이 영농자금을 대부분은 이자가 낮은 日本금융기관에서 빌려 쓰기 때문이다. 그 조건으로 土地를 抵當하는 것인데 많은 한인은 나중에 빚을 갚지

17) ≪滿鐵調査月報≫, 第十七卷, 十一號, ≪間島に於ける農業機構の概要≫, 67쪽.
18) 拙作, ≪民族硏究≫, 1990年 1月, 中國社會科學院民族硏究所, "論延邊朝鮮族聚居區形成".
19) ≪在滿朝鮮人事情≫, 民政部總務司調査課編, 5쪽, 이는 1930년의 통계임.
20) 위의 책, ≪日支紛爭に關する國際聯盟調査委員會の報告附屬書≫, 754쪽.
21) 위의 책, Lytton보고서, (中央公論 11月號 別册附錄), 東京, 66쪽.

못하므로 결국 토지를 일본금융기관에 양도하고 많은 것이다. 때문에 1927년후 中國관헌이 在滿韓人에 대한 迫害도 역시 土地문제가 주된 원인으로 된 것이다.[22] 일제는 바로 이런 수단으로 韓人을 이용하여 滿洲의 광활한 지역에서 토지권을 장악하고 결국 商租權이란 미명하에 침략정책을 실현하려는 것이다.[23]

일제가 한인의 토지소유권문제와 관련시켜 또 문제 삼는 것이 바로 在滿韓人의 二重國籍問題이었다. 二重國籍問題란 간단히 말하면 中國에 歸化한 韓人은 中國측의 입장에서 보면 中國人이고 日本측의 입장에서 보면 여전히 일본신민이다. 왜냐하면 伊藤統監時代에 韓人이 外國에 歸化하는 것을 허용하지 않은다는 법령이 있기 때문에 在滿韓人이 中國에 귀화하여도 여전히 일본신민으로 간주한다는 것이다. 때문에 일제는 한말국적법에 따라 在滿韓人이 中國에 귀화한 것을 승인하지 않아 在滿韓人의 二重國籍問題를 惹起시겼고 한인들의 입장을 점점 곤혹스럽게 만들었다. 二重國籍문제는 在滿韓人의 土地商租權과 所有權문제와도 관련된다. 歸化韓人은 중국국적에 가입한 韓人이므로 그들은 중국관헌부터 중국인으로 간주되어 中國人과 같은 土地所有權을 가지게 된다. 그러나 日本정부는 歸化韓人이 중국국적을 가지고 있어도 구한말시대의 국적법에 의해 계속 韓人으로 보아야 하며 그들에 대해 여전히 치외법권이 적용된다고 주장하면서 결국 土地商租權문제와 연결시켰다. 즉 日帝는 1915년의 滿蒙條約과 그 交換公文에 의해 日本이 획득한 商租權을 모든 재만한인이 均霑해야 한다는 것이다.[24]

1914년의 중화민국국적법에 의하면, 외국인이 중국국적에 귀화하려면

---

22) 위의 책, 757쪽.

23) 앞의 책, ≪南滿洲に於ける土地商租問題≫, 1쪽.

24) ≪日支紛爭に關する國際聯盟調査委員會の報告附屬書≫. 國際聯盟協會發行, 一九三二年 十一月十五日, 724~725쪽.

본국의 法律이 의해 타국에 귀화할 수 있다고 인정을 받아야만 귀화하여 중국국민이 될 수 있다고 하였다.[25] 그런데 이 부분이 바로 日本이 개입할 수 있는 하나의 법적 근거가 되었다. 왜냐하면 1910년 韓日合邦전의 한국의 국적법을 보면 국적 이탈이 허용되지 않으므로 설사 타국에 귀화하여도 인정되지 않은다는 것이다. 때문에 日本은 이것을 근거로 삼아 만주지역 韓人들이 中國에 귀화여부를 불문하고 재판관활권을 가지려 하였다. 그러나 여기서 日本의 주장은 모순되는 점이 하나 있다. 즉 日本의 국적법에는 중국의 국적과 같이 만일 日本人이 타국의 국적에 가입하면 日本의 국적을 상실한다고 규정되어 있다.[26] 그런데 韓日合邦후 韓人이 일본신민이 되었다고 주장하면서도 이 국적법만 조선인에 적용하지 않았다. 물론 그 이유는 韓人들에게 參政權을 賦與하지 않기 위해서 라고도 볼 수 있겠지만,[27] 이와 같히 또 하나의 중요한 원인은 만일 在滿韓人에게 日本 국내법을 적용하면 日本利權의 伸展에도 불리하다고 판단하였기 때문이다.[28] 이에 대해 中國정부는 間島지역의 韓人들은 中國에 귀화한 이상 중국국민으로 인정돼야 하며 일본정부는 러시아에 귀화한 韓人은 승인해 주면서 在滿韓人에 대해서 승인안하는 것은 불합리하다고 지적하였다.[29] 그

---

25) 滿洲事變前의 중국의 국적법으로는 청말에 규정된 『大淸國籍條例』, 『大淸國籍條例施行細則』, 『限制細則』, 『取締細則』, 『入籍細則』 있고, 1914년과 1929년에 규정된 『中華民國國籍法』 외에도 『國籍法施行條例』·『和龍縣公署墾民入籍簡章』 등이 있다.

1914년에 中華民國國籍法을 보면 "外國人或無國籍人經內政部許可得歸化, 但非具備左列各款條件, 內務部不得爲前項之許可"라 하고 그 各款條項은 모두 5개항인데 第五項에는 "本無國籍者或取得中國國籍之同時喪失本國國籍者"라 하였다. 그러나 1929년의 국적법에는 이 조항이 지워졌다.

26) 朝鮮總督府, ≪在滿洲朝鮮關係領事館打合會報告≫, 大正十二年十一月, 16쪽 참조.

27) 朝鮮史料研究會編, ≪日本統治下の在滿朝鮮人問題≫ (朝鮮史料研究集成, 第二號), 東京, 1955년, 133쪽.

28) ≪日本外務省: 特殊調査文書≫ (3), (日帝의韓國侵略史料集), 高麗書林, 99쪽.

29) 앞의 책, ≪日支紛爭關國際聯盟調査委員會報告附屬書≫. 759페지.

리고 1929년 2월 5일에 수정한 중화민국국적법에는 아예 외국인이 중국국적에 가입하기 위해서 본국의 국적을 상실해야 한다는 조항을 지워버렸다. 이렇게 되자 더 많은 韓人들이 日本의 방해를 무릅쓰고 中國에 귀화한다.

물론 韓人들의 귀화문제에 대해 일본 내부에 分岐가 없었던 것은 아니다. 특히 일본정부내의 각 省과 조선총독부는 늘 반대되는 입장을 취할 경우가 많았는데 조선총독부는 현재의 제도를 변경하는 것을 명확하게 반대하였지만 일본정부내의 外務省과 拓務省은 이에 대해 약간한 견해 차이를 보이기도 하였다. 1930년 5월, 일본신문에서는 외무차관이 조선과 滿洲를 시찰여행한 결과가 보도되었다. 여기서 일본정부가 在滿韓人이 中國에 귀화하는 권리를 박탈하는 것은 중국인들과의 분쟁만 초래고 韓人을 이용만 하려는데 지나지 않으니 현명책인지 아닌지 신중히 고려해야 한다고 하였다.[30] 척무성도 韓人들로 하여금 滿洲의 각지에서 土地所有權을 가지게 하기 위해서는 韓人들이 國籍을 離脫하는 것을 허용해야 한다는 意見을 조심스럽게 表明하였다.[31] 일본정부는 在滿韓人들이 中國에 귀화하는 것을 어떻게 보면 매우 좋은 일로 생각할 수 있다. 당시 매년 수 만명 韓人들이 滿洲로 이주하는 것을 감안할 때, 韓人의 뒤를 따라 다니는 일제는 滿蒙의 광범한 지역에서 영사관을 설치하고, 발을 붙힐 수 있는 기회가 생기게 되며, 또 韓人들의 귀화를 이용해 더 많은 土地를 강점할 수 있기 때문이다. 이러한 원인으로 韓人들의 歸化入籍을 默認하여 韓人들이 土地所有權을 얻은데 편리를 제공하는 것이 오히려 상책이라 생각했을지도 모른다.

滿洲事變前 재만한인에 대한 土地商租權의 적용여부와 二重國籍問題는 외면적으로는 中日의 분쟁이지만 결국은 저들의 이해관계에 따라 어떻게

30) 위의 책, ≪日支紛争に關する國際聯盟調査委員會の報告附屬書≫, 763쪽.
31) 위의 책, 764쪽.

재만한인을 더 유리하게 이용하는가 하는 것이 근본적인 목적이었다. 때문에 경우에 따라서는 中日 두 나라는 결탁도 한다. 1925년에 체결한 三矢協定이 가장 좋은 실례이다.

Ⅲ. 在滿韓人을 이용한 東亞勸業株式會社의 토지침략

滿蒙條約을 체결한 후 일제는 중국당국의 강력한 저지도 무릅쓰고 토지상조권을 시행히기 위해 갖은 수단을 다 동원하였다. 그들이 이용한 수단을 보면, 첫째는 在滿韓人가운데 이미 中國에 歸化한 韓人의 名義로 土地所有權을 얻는다. 中國에 歸化한 韓人은 法律的으로 中國人으로 간주되기 때문에 중국정부는 중국인과 마찬가지로 土地所有權을 인정하였다. 그러나 이것은 日帝의 滿蒙土地侵略政策에서 더 없는 좋은 기회를 마련해주었다. 1927년 田中內閣의 滿蒙에 대한 침략정책에서 滿洲의 歸化韓人을 利用하여 土地를 收買하고 東拓, 滿鐵 그리고 각지 銀行을 이용하여 歸化韓人에게 資金을 주어 食糧增産을 하자는 주장이 제기된다.[32] 둘째는 中國人의 名義를 빌어 土地를 매수하거나 소유한다. 이것은 滿蒙條約이 체결된후 일본이 滿洲에서 土地를 매수하는 가장 중요한 수단이다. 그들은 일부 중국인지주와 결탁하여 中國官府를 기편하기 위해 표면상 短期商租로 계약서를 교환하지만 地契에 관계된 모든 서류는 일본인이 가지고 있다.[33] 세번째는 中國人과 合辦事業한다는 名目으로 土地를 購入하거나 所

---

32) 楊昭全, 李鐵環 著: ≪東北地區朝鮮人革命鬪爭資料匯編≫, 遼寧民族出版社, 1053쪽. 원문은 다음과 같다 : "一面利用有歸化支那國籍之鮮民, 成爲收買滿蒙水田地. 而另由各地之信用合作或銀行, 或東拓會社, 或滿鐵公司, 通融彼等有支那籍之朝鮮民以資金而作我經濟侵入之司令塔也. 亦可作爲我食料之增産以救國危. 是亦新植民地開拓之一機會".

33) ≪滿蒙拓殖策ノ研究≫ 275쪽.

有한다. 이것은 주로 東蒙에서 많이 쓰이던 수단이다.[34]

滿洲에서 土地買收에 가세한 日本植民經營機構들을 보면 주로 南滿洲鐵道株式會社,[35] 關東廳,[36] 東洋拓殖株式會社, 東亞勸業株式會社 등이다. 그러나 재만한인과 토지상조권을 이용하여 토지를 수매한 가장 대표적인 기관은 바로 동아권업주식회사이다.

東亞勸業株式會社는 1922년 1월 20일, 만주에서 水田開拓과 在滿朝鮮人農民을 지도 보호하는 목적으로 奉天에서 설립된 회사이다. 설립초기 회사의 총 株式은 40만주(一株 50원, 資本金 2천만원)로 東拓이 17만 2천주, 滿鐵이 12만 5천주, 大倉이 10만주를 소유하고,[37] 나머지 3천주가운데 2백주는 李完用, 朴泳孝, 宋秉畯 세 朝鮮人이 소유하고 있었다. 본사를 奉

---

34) 위의 책: 276쪽.

35) 南滿鐵道株式會社는 "滿鐵"이라고도 약칭한다. 1906년11월에 兒玉源太郎, 后騰新平등 80여명으로 구성된 일본의 軍閥, 官僚, 財閥등이 日本政府의 指令에 의해 大連에서 성립되였다. 名義上으로는 南滿鐵路를 經營한다고 하지만 실지로는 日本의 侵略國策을 執行하며 全滿洲를 經營하는 特殊機關이며 나아가서는 中國을 侵略하는 大本營이다. 때문에 滿鐵은 日本政府外務省의 산하에 있고 滿鐵總裁는 關東都督府의 顧問을 兼하고 關東都府의 民政長官은 滿鐵의 副總裁를 겸한다. 滿鐵의 機構는 매우 尨大한바 滿洲의 政治, 經濟, 文化등 각 領域을 모두 浸透하여 滿洲에 대해 全面的인 植民統治를 실시하였다. 滿鐵은 "附屬地"라는 名義로 滿鐵沿線의 土地를 强占하고 行政, 司法, 征稅, 警察權을 行使하므로 附屬地란 滿鐵의 "植民帝國"이나 다름없었다.

36) 關東廳이란 關東都督府를 改稱한것이다. 1904년에 日露戰爭이 한창 진행되고 있을 때 일본은 滿洲南部의 軍事占領地域에 "軍政署"를 설치하여 이 지역의 中國人들에 대한 軍政統治를 실시하였다. 1905년 6월에는 日本政府의 156號勅令에 의해 大連에 "關東州民政署"를 설치하고 滿洲軍總司令部에 隸屬되여 있었다. 1906년에 또 196號勅령에 의해 旅順에 "關東都督府"를 설치하고 軍政과 民政 두개 部를 두었다. 이렇게 되여 日本은 旅大地域, "滿鐵" 및 그 沿線附屬地地域에 대해 行政, 司法, 軍事, 經濟, 文化等면에서 전면적인 植民統治를 하기 시작하였다. 1919년에 關東都督府를 關東廳으로 고치고 關東軍司令部를 따로 설치하였다. 이렇게 되여 滿洲는 滿鐵, 關東廳, 關東軍이 分立하는 統治體制를 실시하게 되였다.

37) ≪東亞勸業株式會社十年史≫, 昭和八年 三月, 13쪽.

天琴平丁에 두고 자본금 1천만원으로 만철부속지는 물론, 남북만주에 걸쳐 농장경영, 농산물가공판매, 금융, 및 기타 農牧業에도 간여하여 경영하였다. 만주사변후 그 기능을 일신하여 韓農을 위해 안전농촌을 건설하고 哈爾濱방면에서는 일본인이민용지를 매수, 滿蒙牛를 개량하여 일본에 수출하고 재만한농금융조합에 대해 농업자금융통하는 등 활약을 하여 과도시기 만주국내에서 유일한 農事會社로서 일제의 침략을 위해 많은 공을 세웠다. 그러나 東亞勸業會社의 主腦사업은 토지경영이었다.[38] 때문에 東亞勸業이 소유한 토지를 보면 滿蒙 각지에 산재하고 있었는데, 그 면적은 매우 광대히였다. 예컨데 1932년까지 동아권업이 소유한 토지를 지역별로 보면, 奉天省 14,206.343町步, 吉林省 18,311.460町步, 東部內蒙古 104,296.704町步, 朝鮮新義州 250.490町步로 총 면적은 137,064.997町步이며, 그 토지가격은 416만9천9백78원72전에 달했다. 地目別로 보면 水田 20,885.74町步, 旱田 58,424.66町步, 宅地 129,53町步, 荒地 1,076,621.05町步, 雜地 189.54町步, 葦地 17,835.45町步, 間島外四個所(假勘定土地) 87,080.00町步, 滿鐵受託土地 109,484.00町步이다.[39] 이런 광대한 토지를 東亞勸業會社는 여러 형식으로 취득하였는데, 대체로 (1)각종 계약에 의해 취득한 토지, (2)引繼받은 土地, (3)買收한 土地, (4)租地, (5)受託한 土地 등 다섯 형식으로 나눌 수 있다. 이것을 구체적으로 보면 다음과 같다.

(1) 각종계약에 의해 취득한 토지. 이런 토지에 대해 일제는 1915년 "滿蒙條約"에 규정된 토지상조권에 의해 취득하였다고 하지만 중국관헌이 이 권리에 대해 부정적인 입장을 취하고 있었기 때문에 그 내용은 매우 복잡하다. 만일 이런 토지를 각 종 계약에 따라 구분한다면, ① 商租契約에 의한 것. 이것은 물론 中日官憲이 모두 인정하여 상조한 것도 있겠지만, 일본관헌만 인정하고 상조한 것이 대부분이다. 즉 토지상조권에 대해 중국

38) 위의 책: ≪東亞勸業株式會社十年史≫, 47쪽.
39) 위의 책: ≪東亞勸業株式會社十年史≫, 47~48쪽.

관헌은 부정적인 태도를 취하기 때문에 중일관헌이 동시에 인정하여 상조한 것은 매우 적고 대부분 中國人地主나 名義人과 會社사이에 상조계약을 체결한 것이다. 중일관헌이 모두 인정하여 상조한 토지는 주로 중국측에 제시한 조건에 따라 상조계약을 체결한 것인데, 이런 토지는 新民縣五道溝外 두 곳에 있다. 그 계약방법을 보면 기한은 25년이고 商租料는 한 번에 지불하며, 세금은 매년 지주에게 받친다고 규정하였다. 그리고 承租人이 준수해야 할 사항이 있는데, 즉 토지를 다른 목적으로 사용하거나 계약법위이외의 목적을 위해 사용한다면 지주는 계약을 해제하고 토지를 반환할 것을 요구하며, 承租人은 지방의 관습에 따라 課稅 또는 지주로서 납부해야 할 토지관계 모든 것을 부담하고 대납해야 하며, 承租人은 토지를 타인에게 轉租하지 못하며, 만일 轉租할 경우 지주는 계약을 해제하고 토지를 회수한다는 등 내용이다.[40] 다음은 日本官憲만 인정하여 상조한 토지는 日本領事館의 인정만 받았기 때문에 토지의 權利를 證明하는 地券, 地租領收證 등 모든 것을 회사가 보관한다. 그리고 이런 토지에 대해 회사는 內規 있는데, 즉 토지는 地券面積을 표준으로 하고 附餘地에 대해 모두 무조건적으로 상조권을 인정하며, 기한은 30년으로 하지만 續租는 원칙적으로 無償이고 無條件적이며, 금후 中日官憲이 協定해야 할 商租細則는 보류하며, 商租人은 商租地의 경영 및 처분에 대해 自由權을 가지며, 상조지의 일반 세금과 水利稅는 商租人이 부담하며, 장래 토지상조에 관한 중일조약의 개정 혹은 법규에 대한 제정 또는 改廢가 있을 경우 여기에 따라 본 계약을 수정한다는 것이다.[41] 이런 토지에 대해 회사는 모두 세 개 경로를 통해 취득하였다. 하나는 "滿蒙條約"이전에 日本人이 中國人의 명의로 典契約하여 토지를 취득한 것인데, "滿蒙條約" 체결된 이후 다시 그 名義人과 상조계약을 맺고 일본영사관의 認證을 받은 것이다. 그

40) 위의 책: ≪東亞勸業株式會社十年史≫, 56쪽.
41) 위의 책: ≪東亞勸業株式會社十年史≫, 57~58쪽.

런데 이런 토지에 대해 회사가 설립된 후 日本人關係土地라고 발표하지 않았기 때문에 중국인 명의 등으로 또 계약을 체결한 것이다. 다음은 상조계약을 체결한 후 별도로 租契約을 작성하여 실제경영을 한 것이다. 중국인지주와 상조계약을 맺은 후 중국관헌부터 외국인에게 토지를 매각했다는 사실이 발각되는 것이 두려웠다. 하여 중국관헌에 변명할 수 있는 문서를 별도로 작성하여 문제가 발생할 경우 이것으로 관헌과 대항하는 것이다. 회사는 이와 같은 뜻에서 별도로 租契約 혹은 중국측과 단기계약을 체결하여 표면적으로 租契約을 맺는 것으로 하여 복잡한 토지문제를 회피하였다. 또 하나는 상조계약을 체결하고 위임경영을 부탁한 것이다. 회사가 직접경영에 착수하면 상조계약을 맺은 지주가 중국관헌의 압박을 받게 되고 토지를 만족스럽게 이용할 수 없다는 감지하고 회사는 직접적인 관계가 없는 중국인에게 위임경영할 것을 부탁하였다. 물론 이런 이유외에도 토지가 편벽한 지역에 있기 때문에 회사의 직접적인 경영이 불편할 경우 이런 형식을 취하였다. ② 合辦契約에 관계되는 것. 이것은 "滿蒙條約"에 의해 東部內蒙古에서 合辦經營하는 것과 東部內蒙古와 南滿洲 행정구역이 確然하지 않기 때문에 合辦契約 또는 商租契約한 것이다. 예컨데 公濟號와 錢家店農場과 같이 당초는 東部內蒙古에서 王地로 拂下하였지만 후에는 奉天省通遼縣의 관할지역으로 되었다. 때문에 상조권을 적용하는가 아니면 합판경영권을 적용하는가 하는 것을 구별하기 어렵다. 이럴 경우 그 토지에 대해서는 편의상 토지상조와 합판경영하는 권리를 동시에 확보하는 것이다. ③ 典契約에 의한 것. 典이란 他人부터 일정한 금전을 융통 받고 그 대신 자신의 부동산을 使用收益하게 하는 행위를 말하는데, 他日 그것과 同額의 금전을 주고 그 사용수익을 종료하게 하는 법적관계를 말한다. 이런 계약형식은 또 短期典契約, 長期典契約(또는 無期典契約)으로 구분한다. 短期典契約은 奉天附近의 도지에 대해 이런 형식을 많이 취하였다. 그리고 기한은 10년이상을 넘는 것이 없기 때문에 중국인 지주는 10년후에 典價를 지불하면 토지를 다시 회수할 수 있어 토지의 권리를 외국인에게 이전할 위험이 없는 매우 안전한 방법으로 간주되었다. 그러나 典까지도 중국관헌은 토지매매로 간주하고 외국인에게 금지하도록 하는 명확히 규정하였기 때문에 지주는 관헌의 압박을 두려워 별도로 租契約을 체결하여 표면상 소작관계로 표방하는 것이었다. 長期 또는 無期限의 典契約은 老典이라고도 부른다. 이것은 賣買라는 문자는 피했지만 사실상 매수한 것과 같다. 때문에 중국관헌은 표면적으로 容認하지 않지만 이것은 "만몽조약"이전에 일본인이 취득한 토지이기 때문에 대부분 이런 형식을 빌었고 또 가장 편의한 형식이었다. 회사가 滿鐵부터 인계한 토지는 대부분 이런 방법으로 취득한 것이고 후에 상조계약으로 수정한 것이다.[42] ④ 租契約에 의한 것. 奉天附近은 물론이고 南滿一帶에서 中國官憲의 적극적인 反日政策은 土地商租를 공식적으로 주장하기 어렵게 되자 회사는 租契約을 체결하여 토지를 이용하고 수익을 얻는 목적에 이룬 것인데, 이것은 異例적인 것이다. 租契約은 普通租와 永租로 나누는 것이 통례이지만 회사의 계약은 普通租로서 短期와 長期로 나눈다. 普通租短期契約은 회사가 경영하는 토지와 인접되어 있거나 또는 사이에 끼여 있는 토지에 대해 합병하여 경영하는 것이 유리하다고 판단되거나, 또는 농장을 개량, 정리하는 공사를 시행할 때 필요하다고 생각될 경우, 그 지주와 교섭하여 租借한다. 기한은 보통 3년 내지 4년이고 韓人의 명의로 계약하는 것이 보통이다. 普通租長期契約은 회사와 中國人地主가 체결한 것인데 기한은 보통 10년이상 또는 20년이상이며, 그 지역은 奉天農場내의 板橋子農區의 일부이다.[43] ⑤ 借款契約에 의한 것. 토지를 매수하거나 상조계약을 체결하여 권리를 확정할 욕구가 있지만 지주가 응하지 않을 경우 편의상 차관계약하는 형식을 빌려 실질적인 경영을 하는 것이다. 차

42) 위의 책: ≪東亞勸業株式會社十年史≫, 60~61쪽.
43) 위의 책: ≪東亞勸業株式會社十年史≫, 62~63쪽.

관계약은 地價 그리고 기타 여러 경비를 합친 것이 借款金額으로 되며, 기한은 30년, 이자는 매년 토지소작료로 지불한다. 沈陽縣西也什牛彔所在토지가 바로 이런 종류이다. 이런 토지의 권리는 중국관헌의 압박을 피면하려는 편법이기 때문에 완전한 재산으로 취급하기 어렵다. 때문에 나중에 지주와 교섭하여 토지상조계약으로 변경하였다. ⑥ 蒙古未開放地에서 永代使用權을 취득한 것. 동아권업회사는 東部內蒙古巴林旗內에서 永代使用權을 巴林王으로부터 취득한 것이다. 그런데 이것은 蒙古王의 개인계약으로 해석되어 權利關係가 박약하기 때문에 후일 債務關係로 변경되었다. 상술한 형식으로 동아권업회사가 취득한 토지를 보면 奉天省에서는 奉天農場, 撫順水田, 東山農場, 大來農場, 公濟號農場, 錢家店農場, 哈番農場, 盖平土地, 大孤山土地, 營口土地, 利興公司土地 등을 모두 139,150.23町步이며, 吉林省에서는 間島土地, 滿井土地 등으로 모두 73,630.60町步이며, 熱河省 즉 東部內蒙古에는 産業公司土地, 隆育公司, 實業公司, 華峰公司, 阜新土地 등으로 모두 1,042,967.04町步으로, 모두 1,255,747,87町步이다.[44)]

(2) 引繼받은 토지. 東亞勸業會社가 설립된후 東拓과 滿鐵會社가 출자한 관계상 그들과 관계있는 토지를 새로운 회사에 인계하기 위하여 東部內蒙古와 南滿 각지에 흩어져 있는 토지에 대해 實地調査를 하였다. 이를 위해 또 關東廳, 拓殖局, 外務省, 農商務省, 東洋拓植會社, 滿鐵會社, 東亞勸業會社 등 감독관청과 관계자로 이루어진 '土地評價委員會'를 조직하고 인계할 토지에 대해 평가를 실시하였다. 하여 東亞勸業이 東拓會社부터 인계한 토지를 보면 隆育公司의 토지388,800.00町步, 華峰公司와 實業公司의 토지 378,685.62町步, 通遼農場과 錢家店土地 34,582.17町步로 모두 1922년에 인계하였다.[45)] 滿鐵會社로부터 인계한 토지를 보면 奉天農場의 토지 3,527.05町步(1922년에 인계), 大來農場의 토지 5,906.59町步, 阜新土

44) 위의 책: ≪東亞勸業株式會社十年史≫, 64~66쪽.
45) 위의 책: ≪東亞勸業株式會社十年史≫, 68쪽.

地 1,800.00町步, 奉天農場의 토지 2,544.90町步(1925년에 인계), 盖平土地 2,421.81町步, 營口土地 757.80町步로 모두 16,958.15町步이며, 대부분이 1922년에 인계한 것이다.[46]

(3) 買收한 토지. 이런 토지는 1932년까지 土地臺帳을 정리한 것과 未整理한 것으로 나눌 수 있다. 未整理한 토지란 또 假勘定買收地라고도 하는데, 이것은 1928년에 滿鐵 등의 사촉에 의해 매수한 토지이나, 1932년 3월까지 아직 帳簿上 정리되지 않은 것들이다. 정리된 토지를 농장별로 그 면적을 보면 奉天農場은 1922년부터 1929년까지 13,195.33町步, 東山農場은 1923년부터 1927년까지 3,651.88町步, 通遼農場과 公濟號土地는 1923년에 26,151.48町步, 合番農場은 1923년에 6,804.00町步, 利興公司土地는 1923년에 15,180.49町步, 大孤山土地는 1924년부터 1926년까지 17,835.45町步, 産業公司土地는 1922년에 275,133.60町步, 撫順水田은 1929년에 491.64町步이다. 假勘定買收地는 間島土地 72,097.10町步, 滿井土地 1,533.50町步, 盖平土地 8,033.30町步, 遼陽土地 2,911.20町步, 新義州土地 2,504.90町步으로 모두 87,080.00町步이다.[47]

(4) 租地. 이런 토지는 중국인지주가 정부의 정책이나 기타 사정에 의해 토지상조나 典契約을 체결하지 못할 경우 동아권업은 지주와 租契約을 체결하여 토지를 이용하고 수익하는 목적에만 이루는 것이다. 토지취득형식에서 이미 언급하였지만 이런 토지는 단기와 장기로 나누고 보통 10년 내지 20년으로 계약한다. 租地는 奉天農場에서 1924년에 1,967.02反, 通遼農場公濟號에서 1931년에 79.20反을 계약한 것이 있다.

(5) 受託土地. 이 토지는 永吉, 敦化, 額穆, 樺甸 4縣에 분포되어 있고 면적은 10,948.4町步이다. 이 토지는 原來 滿鐵會社의 소유지이었으나 1931년 10월에 委託管理를 맡았다.[48]

---

46) 위의 책: ≪東亞勸業株式會社十年史≫, 71쪽.
47) 위의 책: ≪東亞勸業株式會社十年史≫, 75~82쪽.

이렇게 동아권업회사가 1922년에 설립된 이래 조선총독부와 관동군의 지원하에 만주에서 토지를 매수하거나 강점한것이 남북만주와 내몽고의 일부를 거쳐 약 11만町步에 달했고(朝鮮新義州를 제외함),[49] 1934까지 牡丹江省, 三江省 등 동북지역에서 상조한 토지는 약 100萬町步에 달했다.[50]

물론 상술한 토지는 중국인지주를 이용하여 상조한 것이 대부분이지만 적지 않은 부분은 또 재만한인을 이용한 것이다. 특히 間島土地는 그러하다. 1929년에 東亞勸業은 "滿鐵幹部들의 慫慂에 의해" 간도지역에서 토지를 매수하기 시작하였는데, 歸化入籍한 한인의 명의로 2월부터 4월까지 7,209町步의 토지(水田 138町步, 旱田 1,178町步의 旣耕地를 포함)를 매수하였다. 이외도 동아권업은 간도지역의 토지 4만정보를 매수하여 大地主로 되어 한농들에게 장기년부상환하는 방법으로 토지를 분양하였다.[51] 그리고 大孤山土地도 한인 明濟泰와 李泰鉉이 중국인 華浦와 孟繼志가 소유하고 있던 토지를 상조하여 다시 회사에 양도한 것이며, 撫順水田도 日本人 久保孚와 朝鮮人民會의 명의로 소유되어 있던 것을 회사가 1929년에 인계매수하여던 것이다.[52] 사실 동아권업회사가 중국인지주부터 직접 상조한 토지라 해도 그 소작농은 대부분 한농이다. 이 사실은 뒤에서 더 자세히 언급하기로 하겠다.

Ⅳ. 中國政府의 對韓人 토지정책 변화

상조권을 이용한 일제의 토지침략은 중국정부의 저지에도 불구하고 암

48) 위의 책: ≪東亞勸業株式會社十年史≫, 83～84쪽.
49) 위의책: ≪兩社五年史≫, 67쪽.
50) ≪滿洲開拓年鑑≫, 康德七年版, 滿洲國通信社, 56쪽.
51) 金靜美 著: ≪中國東北部抗日朝鮮・中國民衆史序說≫, 現代計畫室, 316쪽.
52) 위의 책: ≪東亞勸業株式會社十年史≫, 141쪽, 132쪽.

암리 계속 진행되자 중국정부는 강력한 행정조치와 법령으로 이것을 단속하려 하였다. 이것은 中國人에 대한 단속뿐만 아니라 韓人에 대한 제재도 포함되어 있었다. 특히 1922년 中日商租權交涉이 파탄된 후 중앙정부부터 지방정부에 이르기까지 헤알리 수 없는 법령, 훈령, 포고 등이 쏟아지는데, 韓人에 관한 법령과 훈령을 보면 일본의 간섭을 경계하여 韓人에 대한 토지계약법, 소작법과 그리고 귀화를 강요하는 것이 비교적 많다.[53)]

이 시기 中國人에 대한 법령과 훈령을 보면 土地商租權을 직접 저지하는 것과 간접적으로 영향을 주는 것이 주된 내용이다. 그것을 간단히 분류하여 보면 (1), 刑事法規나 行政命令에 의해 土地商租를 원천적으로 금지하는 것, (2) 商租權의 내용에 대해 제한하는 것, (3), 세금을 내거나 商租가 성립되는 조건을 까다롭게 하여 商租계약이 실질적으로 이루어지지 어렵게 만드는 등 직접적인 수단이 있는 것 외에도 (3) 土地를 담보로 외국차관을 금지하는 것, (4) 외국인에게 國有土地를 拂下하는 것을 금지 등 간적적인 수단이 있었다.[54)]

그리고 在滿韓人 대해서는 日帝의 土地侵略 尖兵이라는 판단하에 중국정부는 未然에 防止한다는 목적으로 韓人의 土地權과 耕作問題에 관련해 별도로 더 구체적이고 다량적인 訓令를 내렸다. 이 法令의 내용은 韓人의 歸化와 土地所有權問題, 韓人의 土地小作과 水田雇傭問題 등에 관련된 것이다.

첫째, 在滿韓人에게 土地所有權을 취득하기 위해 귀화할 것을 강요하였다. 韓人의 귀화문제와 土地所有權에 관련된 훈령을 보면 吉林省政府의 "和龍縣公署墾民入籍簡章", "鮮人의 歸化는 政治的 必要부터 生活의 必要", "歸化勸誘와 退去命令", "歸化하지 않은 자는 土地를 沒收함", "歸化

53) 여기서 地方政府라고 하는 것은 주로 當時 滿蒙地域을 支配하고 있던 奉系軍閥을 가르키지만 龍井縣, 和龍縣등 縣政府에서도 발표한것이 적지않다.

54) 滿鐵庶務部調査課: ≪支那側の商租妨害手段≫(昭和四年), 2~5쪽.

와 土地權에 관한 規定", "非歸化者에게도 土地所有權을 認定함", "歸化强要의 訓令", "歸化制限할 訓令", "敦化縣長의 入籍命令", "日本의 侵略을 防止하기 위하여 鮮人의 歸化를 허용하지 않음", "入籍優待方法取消", "鮮人의 歸化目的은 日本의 侵略主義先驅를 위한 것임", "歸化禁止와 取消" 등이며, 遼寧省정부의 "歸化者와 非歸化者의 待遇", "歸化入籍의 禁止", "歸化하면 各種의 利權을 享有함", 등이다.[55]

이런 훈령을 보면 당시 중국관헌은 정책적으로 심한 모순상태에 빠져 있음을 알 수 있다. 그들은 在滿韓人에 대한 中國의 법적관리와 행정적 관리도 필요하였지만 韓人을 이용한 日帝의 土地침략을 또한 경계하지 않을 수도 없기 때문에 귀화를 강요하다가도 또 제한도 한다. 1917년에 발표한 "和龍縣公署墾民入籍簡章"의 제7조에는 만일 墾民이 入籍하면 "본현에 土地資産이 있는 자는 그 所有權을 가진다는 것을 확정한다"고 하였고 1929년에 발표한 "敦化縣의 入籍命令"을 보면 "中國에 入籍한 韓民은 中國民과 같은 권리를 가지고 中國民과 같은 待遇를 받는다"고 하였다.[56] 吉林省長도 韓人으로서 土地를 소유한 자라면 전부 中國國籍에 가입해야 하며, 이러면 中國인으로서 土地所有權을 가지는 것은 물론이고 參政權 등 기타 公權까지 부여한다고 하였다.[57] 그러나 大部分의 訓令은 歸化할 것을 강요하고 귀화하지 않으면 土地를 몰수하겠다고 으름장을 놓았다. 1922년 8월에 있은 "歸化와 退去命令"을 보면 和龍縣廳에서 개최한 회의에서 各社 社長과 屯長에게 和龍縣에 居住하는 韓人이 一千坪 이상의 밭을 갖고 있는 자에 대해서 귀화할 것을 권유해야 하며, 만일 이에 응하지 않으면 퇴거시켜야 한다고 하였다. 1924년 6월에 琿春縣知事는 "歸化하지

55) 위의 책: ≪東北地區朝鮮人革命鬪爭資料匯編≫, 朝鮮總督府: ≪在滿朝鮮人ト支那官憲≫을 참조.

56) 日本外務省陸海軍省編, ≪日本의 韓國侵略史料叢書≫ (20), 韓國出版文化院, 789쪽, 朝鮮總督府警務局, ≪在滿鮮人ト支那官憲≫, 218쪽.

57) 위의 책: ≪在滿朝鮮人ト支那官憲≫, 209쪽.

않은 자에 대해 土地를 沒收"하는데 관한 布告를 내려 非歸化者가 歸化人의 이름을 빌어 土地를 購入한 자 있으면 절대 土地管理權과 地上權을 주지 않은 동시에 그 土地를 無條件 沒收한다고 하자 歸化者가 속속 늘어났다고 한다.

1926년에 延吉道尹은 이와 관련하여 각 地方官에게 訓令을 내려 日本의 經濟壓迫으로 많은 韓人이 우리 領土에 移住하고 있을 때, 그들의 生活基盤으로 되는 土地에 관해서 賣買, 典地, 租地 등의 權利와 義務가 명확하지 않을 경우 神聖한 領土主權이 손실을 입는 동시에 歸化한 韓人들의 不平을 자아내므로 아래와 같이 규정한다고 하였다. (1)非歸化者가 歸化者의 名義로 土地를 購入한 것이 발각되면 그 즉시 歸化의 手續을 밟아야 한다. 따라서 일정한 기간내에 그 구입한 土地를 본인의 소유로 한다. 그러나 귀화수속을 하지 않을 경우 그 土地를 官府에서 몰수한다. (2)本令이 發布된 후 土地賣買할때 歸化者가 非歸化者에게 이름을 빌려주면 旣定法規定에 따라 嚴罰한다. (3)本令이 發布되는 동시 非歸化者가 典地하는 慣例를 폐지한다.[58]

이러한 훈령은 일반적인 下達로 그치는 것이 아니라 실제 행동까지 옮기는 것이었다. 1930년 8월, 和龍縣知事의 命을 받은 和龍縣總社長 兼 農務會長인 中國人인 陳天璋은 土地所有權과 관련시켜 韓人의 귀화를 강요하여는데 만일 응하지 않은 韓人이 있으면 수명 내지 수십명의 군경을 파견하여 위협하는 수단으로 귀화수속을 끝마쳤다.[59] 그리고 입적한 韓人도 다음과 같은 조건이 붙어 있다. (1)朝鮮人民會[60]부터 離脫해야 하며, 職務

58) 위의 책, ≪在滿鮮人ト支那官憲≫, 206~207쪽.

59) 위의 책, 209쪽.

60) 朝鮮人民會는 朝鮮人會 또는 朝鮮人居留民會라하고도 하는데 通用되는 것이 朝鮮人民會이다. 日本領事館의 지휘를 받아 조직 설립되였고 또 日本領事館의 指導와 監理를 받는 친일단체이다. 그 目的은 겉으로는 在滿韓人을 保護하고 福利를 增進시키기 위해서라 하지만 실은 韓人을 統制하고 反日志士를 彈壓하기 위

를 맡은 자는 辭職해야 한다. (2)속히 日本國籍부터 離脫해야 한다. (3)朝鮮人民會費를 負擔하는 것을 거절해야 한다. (4)中國國籍을 가지지 않고서도 지금까지 土地를 소유한자는 시급히 수속을 해야 한다.[61] 그런데 비귀화한 韓人에게도 土地所有權을 주는 특수한 사례도 있다. 예컨데 1926년 12월, 延吉縣知事는 종래의 제도를 변경하여 歸化나 非歸化를 구별하지 않고 모두 土地所有權을 주니 종래 귀화인의 명의로 토지를 소유한 자는 속히 手續할 訓令을 내리고, 동시에 登記料로 一千坪에 약 50錢씩 받는다고 하였다.[62] 이것은 당시 非歸化人이 佃民制 등 형식으로 실질적으로 土地를 所有하고 있는 상황에서 어쩔 수 없는 조치이기도 하겠지만 또한 中國側이 韓人을 誘引하려는 적극적인 수단이라고도 볼 수 있겠다.

그러나 中國側은 無條件的으로 재만한인을 歸化시키는 것이 아니다. 日帝가 歸化한 한인들은 土地所有權이 있다는 점을 이용해 그 배후에서 귀화를 조종하거나 개입하므로 때로는 제한하기도 하였다. 1929년 8월 吉林省政府主席인 張作相이 각 縣長에 내린 訓令에서 요즘 韓人들의 移住가 急增하고 있는데, 그 背後에서 일본제국주의가 이를 조종하여 침략을 시도하고 있다. 그런데도 延吉地方에는 國土를 盜賣하는 사건이 일어나고 있으니 寒心한 일이다. 鮮人들의 移住를 防止하고 日本의 侵略魔手를 저

한것이다. 1912년3월 前一進會員이였던 金鍾洛이 처음 奉天總領事館에 朝鮮人居留民會를 組織할것을 신청하였다. 이에 앞서 間島에는 間島總領事館의 지휘하에 朝鮮人會가 組織된다. 그러던것이 日本外務省의 法的인 승인을 받아 日本領事館의 후원으로 1913년에 安東朝鮮人民會가 처음조직되였다. 그러나 日本領事館의 指揮下에 본격적인 着手는 1917년 8월 10일 龍井村朝鮮人居留民會가 發足함에부터 였다.그러던것이 三·一運動이후 거의 파괴되였다가 1920년부터 再建하기 시작하며 1931年 10月 20日에는 全滿朝鮮人民會聯合會를 설립하는데 會長은 日本人이였다. 1936년에 이르러 일반적인 行政을 滿洲國側에 인계하면서 有名無實해 졌다. 朝鮮人民會는 滿洲에서 生活이 安定되여 있거나 歸化하여 土地를 所有한 韓人을 入會할것을 강요하여 中國側과 摩擦이 많았다.

61) 위의 책, ≪在滿朝鮮人ト支那官憲≫, 210쪽.

62) 위의 책, 210쪽.

지하기 위해서 첫째, 鮮人들의 歸化를 허용하지 않으며 둘째, 鮮人들에게 土地所有權을 附與하지 않은 등 수단을 선택할 수 밖에 없다. 省內 각 縣政府에 이를 通令하니 실시하기 바란다고 하였다.[63] 같은 달 省政府에서 또 密令이 내려 왔는데 "朝鮮人 大多數가 貧困한 것을 감안하여 入籍費를 한 사람당 吉林大洋 30圓씩 내는 것을 특히 2圓40錢으로 경감하여 주었는데 부담을 덜어 준것이 오히려 弊端를 낳았다. 最近 各地에 있는 歸化韓人들은 歸化란 이름을 내 걸고 國土를 사서 日本人에게 轉賣한다. 또 表面上으로는 入籍한다 하지만 사실은 日本領事館 또는 日本資本家가 出資하여 國土를 買收한다. 만일 엄하게 取締하지 않으면 여러가지 糾紛을 일으키며 國權을 喪失하게 된다. 때문에 오늘부터 朝鮮人入籍優待辨法을 取消한다"고 하였다.[64]

1930년 2월, 濱江縣政府는 길림성 정부로부터 密令을 접수하였는데, 韓人들이 입적여부를 따지지 말고 地券을 갖는 것을 허용하지 말며, 登記하지 않은 韓人은 土地를 開墾하지 못하도록 하며, 華人地主는 韓人에게 土地를 貸與하지 못한다고 훈령을 내렸다.[65] 琿春縣 정부는 더욱 노골적으로 韓人들이 귀화하는 목적은 일본제국주의 전위로서 우리나라 국토를 점유하기 위한 간책이라고 지적하였다. 그러나 1930年 9月에 이르러 이런 制限政策은 또 歸化를 獎勵하는 政策으로 바뀐다. 吉林省政府主席인 張作相은 訓令을 내려 "省政府가 以前에 韓人들이 歸化하는 것을 制限하여 居住하고 韓人들이 우리 當局에 대한 믿음을 잃게 하였는데 이는 韓人에 대한 政策에서 하나의 큰 失策이다. 延邊地區에 居住하고 있는 韓人은 歸化與否를 떠나 "間島協約"에 따라 우리 법률에 복종해야 하며 日本은 干涉하지 못한다. 本 省政府는 중앙정부의 指令에 따라 原來 歸化를 제한하던

63) 위의 책, 218~219.
64) 위의 책, 220쪽.
65) 위의 책, 221쪽.

규정을 고쳐 적극적으로 韓人들이 入籍할것을 奬勵하고 公民權을 준다"고 하였다.[66] 이와 같이 중국정부의 在滿韓人에 대한 歸化政策을 보면 强要와 制限, 그리고 奬勵을 병행하고 있는데 그 주요한 원인은 일본간섭에 대한 심적 부담 때문이다. 즉 날로 늘어만 가는 在滿韓人에 대해 有效한 법적 관리와 행정적 관리를 하기 위해서는 그들을 歸化시키는 것이 편리하지만 日帝는 歸化한 韓人이 土地所有權이 있다는 점을 이용하여 토지침략을 꿰하고 있으니 경계하지 않을 수 없는 것이다.

다음은 韓人에 대한 土地小作과 雇傭에 대한 訓令도 많다. 예컨데 吉林省의 "有租地小作規則", "鮮人의 小作과 雇傭問題에 대한 建議", "鮮人所有의 水田回收策" 등이 있고, 遼寧省의 "土地商租는 登錄해야 함", "遼寧省取締韓僑方法", "鮮人에 土地를 貸與할때 許可를 얻어야 함", "小作에는 自由契約을 認定하지 않음", "韓僑雇傭種稻田條例", "從來의 小作契約을 廢棄하고 雇傭契約으로 고침", "朝鮮人耕作土地規則", "日鮮人土地租借禁訓令", "土地契約을 制限함", "稻田耕作移住鮮人雇傭管理辨法", "修正東邊道各縣鮮人小作章程", "水田回收令", "韓僑租地回收令", "旣稻種知識을 知得하였으니 鮮人雇傭이 必要 없음", "土地商租權回收辨法"등이 있다.[67] 이런 訓令은 주로 韓人과 對中國地主와의 小作契約 그리고 雇傭時間 등을 규제하면서 商租權에 대한 저지를 실제행동에 옮기려는 것이다.

먼저 소작계약을 맺는 방법을 보면 1924년 5월 吉林省에서 公布한 "有租地小作規則"에서 規定하길 當事者는 小作에 관해서 반드시 官府로부터 발행한 小作券을 받아야 하는데 모두 3장으로 하나는 各社 社長들이 證人으로 하는 印章을 찍어서 縣公署에서 保管하며 그 나머지는 地主와 小作人이 하나씩 보관해야 한다. 그리고 地主가 小作을 줄 때 小作人외에 1명

66) 위의 책, ≪東北地區朝鮮人革命鬪爭資料匯編≫, 75～76.

67) 遼寧省檔案館藏: 奉天省公署一類檔,卷號2681, 楊昭全, 李鐵環 著: ≪東北地區朝鮮人革命鬪爭資料匯編≫, 朝鮮總督府警務局: ≪在滿韓人ト支那官憲≫ 등을 참조.

내지 2명의 保證人이 있어야 하는데 保證人도 契約內容에 대해 義務를 부담해야 한다. 이 내용은 이듬해 遼寧省政府에서 公布한 "土地賃貸規則"과 별반 차이가 없다. 다만 이 규칙에서는 보증인은 本縣에 거주하는 사람이어야 한다는 것을 添加하였다.68)

그러나 1927년 12월에 공포된 "朝鮮人耕作土地規則"은 이 조건을 더 까다롭게 하여 契約을 맺을 때 保證人은 반드시 中國人의 商店이나 地方住民, 또는 歸化한 지 3年 以上인 朝鮮人이 되어야 한다고 하였다.69) 1928년 8월에 規定한 "修正東邊道各縣鮮人小作章程"에서는 또 위의 規定들과 많이 다르다. 이 章程에 의하면 華人地主는 이후부터 鮮人을 招募하여 계약을 맺는 것을 스스로 할 수 없고 매년 春耕이 시작되기 전에 管轄警察署에 가서 新式小作契約書 써서 받쳐야 한다. 從前에 華人地主와 土地契約이 있어도 만일 滿期되어 계속 契約을 맺으려면 역시 스스로 맺을 수 없고 6개월이내에 管轄警察署에 가서 報告해야 하며, 警察부터 新式小作契約書를 받아 記入해야 한다. 그리고 華人地主와 鮮人이 맺은 契約이 아직 滿期되지 않아도 본 규정에 따라 契約書를 바꾸어야 하며 이를 違反한 자는 處罰한다고 규정하였다.70)

다음은 契約에서 小作人에 대한 義務도 規定하였는데 위 "土地賃貸規則"에서는 賃借人은 賃借期限內에 土地를 他人에게 轉賣하지 못하며, 地主가 土地를 賃貸한후 賃借人은 土地를 債務를 위해 담보하지 못한다고 하였다. 그 다음 가장 중요한 것은 일본이 主張한 長期商租권에 겨냥하여 華人地主의 權利와 그 契約期限에 대한 명확한 규정이다. "修正東邊道各縣鮮人小作章程"에서는 무릇 華人地主로서 鮮人을 招募하여 荒蕪地를 開墾하고 熟田을 小作할 때, 契約期限이 滿期된 후에는 地主는 自意로 處置

68) 위의 책: ≪在滿鮮人ト支那官憲≫, 267쪽, 244~245.
69) 위의 책: ≪東北地區朝鮮人革命鬪爭資料匯編≫, 1040쪽.
70) 위의 책, ≪在滿韓人ト支那官憲≫, 254~255.

할 수 있으며, 소작인과는 관계가 없다. 荒蕪地를 開墾한 小作人은 契約期限내에 스스로 다른 小作人을 招募할 수 없으며, 만일 事情가 있어 中止해야 할 경우에도 반드시 地主와 協議해야 하며, 황무지를 개간하거나 熟田을 소작하는 것은 여하를 물론하고 그 土地所有權은 지주에게 있다고 하였다. 그리고 土地를 租借하는 시간은 대부분이 일년으로 규정하였다.[71]

그러나 1929년에 이르러서는 이 一年이란 契約期限은 고사하고 中國官憲이 土地商租權을 回收한다는 구실로 아예 小作權마저 취소한다. 이것은 1928년에 "東北易幟"후 中國은 南北統一을 이루면서 거국적인 반일운동이 일어난 것과 갈라 놓을 수 없나. 1929년 2월 奉天省政府는 南京政府의 지시에 따라 "韓僑租地回收令"을 내렸는데 韓僑들이 中國에 移住하여 耕作하는 것은 日本의 植民政策이니 韓人들이 경작하고 있는 水田을 2월부터 3월까지 전부 回收하며 2월과 3월 사이에 租借한 契約은 전부 解除하며, 이로서 나타나는 손실은 各縣에서 賠償金을 支出하라고 하였다. 이리하여 奉天省에 水田이 있는 37個縣에 省政府에서 관련된 縣에 奉票 500萬圓을 支拂하여 回收하는 事務에 쓰인다고 하였다.[72]

1930년 6월 20일에 東北政務委員會에서는 土地商租權을 回收할때 관한 지시를 내렸는데 이에 의하면 各縣에서 鮮農에게 土地를 商租한 자는 그 期限이 滿期與否를 막론하고 一律로 취소해야 하며 各地의 地主는 영원히 그 소유한 土地를 鮮農에게 貸與耕作시키지 못한다. 이를 위반하는 자는 賣國犯으로 엄중히 처단한다. 만일 各縣에서 鮮農에게 貸與한 土地에 대해 鮮農들이 抵當金을 요구하면 地主는 한개월내에 그 상황을 村長을 통하여 縣農會에 보고하여 상응한 돈을 모아 鮮農에게 換拂해야 한다. 土地

---

71) "小作은 自由契約을 認定안함", "朝鮮人耕作土地規則", "小作契約制限"등 訓令에서 一年으로 規定하고 있지만 自由契約時期에는 7년 내지 8년되는 것도 있었다고 어떤 訓令에서는 承認하고 있다.

72) 위의 책: ≪東北地區朝鮮人革命鬪爭資料匯編≫, 1042쪽.

를 租借한 鮮農이 만약 규정을 따르지 않을 경우 지주 혹은 農會에서 抵當金을 還拂하고 土地를 찾아야 한다. 만일 기한이 차지 않았다거나 배상을 요구한다는 구실하에 고의적인 거절을 할 때에는 抵當金을 銀行에 보관시키고 강제적으로 土地를 回收해야 한다. 그리고 華人地主에 대한 단속도 매우 심하였다1. 鮮農에게 商租를 주고도 村長을 통해 縣農會에 보고하지 않으면 그 土地를 農務會에서 鮮農부터 직접 앗아서 耕作權은 물론 영원히 地主의 土地所有權마저도 取消하며 또 고의적으로 위반한자는 3年以上, 7年以下의 有期徒刑에 처한다고 하였다.[73)]

이상은 물론 非歸化韓人에 대한 土地政策이다. 만일 歸化韓人이라면 土地의 租賣, 典當 및 각종 不動産의 權利, 심지어 選擧權까지도 가진다. 그러나 여기에는 조건이 붙어있는데 中國의 法律을 지키고 納稅의 義務를 負擔하는 것은 물론이고 子女는 一律로 中國學校에 다녀야 하고 中國衣服을 着服해야 한다는 것이다. 그렇지 않으면 역시 非歸化人으로 취급된다. 사실 이것이 바로 在滿韓人들이 귀화를 꺼려하는 기본적인 원인이다. 물론 귀화를 하면 土地所有權도 있고 심지어 政治的으로는 選擧權도 있지만 그 댓가로는 中國政府로부터 이런 강요를 당하게 된다. 때문에 아무리 매력적인 조건이라 해도 자기의 傳統文化를 버리고 中國에 同化된다는 것은 在滿韓人에게 그리 쉽게 받아 들이지 않았다. 滿洲事變前까지 歸化韓人은 在滿韓人 總人口의 1／10도 안되었다.[74)] 그리고 歸化韓人의 土地賣買에 대해서는 역시 단속이 심하다. 그것은 日本이 歸化韓人을 買收해 南滿 各縣에서 中國人으로부터 土地를 사 들이고 있다는 정보를 입수한 中國官憲은 1929년 1월에 "歸化鮮人土地賣買取締"라는 訓令을 내려 무릇 歸化鮮人이 土地를 구입할때 먼저 管轄警團에 보고 해야 하며 管轄警團은 警官을 보내 契約에 참석

73) 위의 책: "在滿鮮人ト支那官憲", 264~265.
74) 위의 책: ≪東北地區朝鮮人革命鬪爭資料匯編≫, 94쪽.

하도록 동시에 구입한 土地를 확실히 자기가 耕作하며 將來 外人 또는 未入籍한 자에게 팔지 않겠다는 誓約書를 쓰게 하는 동시에 保證人을 있도록 해야 한다. 그리고 귀화한인이 이미 소유한 土地는 각 현에서 査明하여 수시로 外人 또는 未入籍者에게 팔지 않았는가를 確認해야 하며 歸化韓人이 거액의 日本資金으로 土地를 구입했을 때에는 警團에서 金錢의 出所를 審問해야 하며 만일 出所를 명확히 밝히지 못할 때에는 上司에 보고해 處置해야 한다고 하였다.[75)]

그러나 중국관헌이 한인의 土地소작권을 제한하고 심지어 취소하려 해도 수전농사에서는 不得不 韓人을 고용해야 하는 것이다. 이로서 韓人의 土地소작은 제한하면서도 또 다른 한면으로는 韓人을 고용하는 정책을 취한다. 이것은 중국측은 수전농사가 높은 소득을 올릴 수 있다는 것을 알면서도 북방중국인은 수전농사를 모르므로 어쩔 수 없기 때문이다. 그리하여 1925년 8월에 奉天省長은 各縣知事에 내린 訓令에서 稻田耕作할 때 韓人을 雇傭하고 田地를 租貸하는 것을 허용한다고 하였다.[76)] 1929년 6월 遼寧省實業廳長인 劉鶴齡이 各縣水利局에 내린 通令에서 본 廳에서 稻작을 제창한 목적은 국민의 스스로 種稻할 것을 바랬지만 稻作의 요령을 모르므로 韓人을 많이 고용했다고 승인했다.

그러나 1930년 4월에 이르러 遼寧省民政廳은 이미 稻作을 하는 知識을 모두 습득하였으니 韓人을 雇傭할 필요가 없게 됐다면서 韓人을 取締 乃至 驅逐할 의사를 내비쳤다.[77)] 中國측에서 稻作에서 韓人의 필요하다고 하면서 또 이렇게 警戒하는 것은 역시 1925년 萬寶山事件처럼 일본의 介入문제 때문이다. 稻作이란 도랑을 파서 물을 끌어 들여야 하므로 자칫하면 타인의 土地를 侵害한다. 韓人은 地主가 아니더라고

75) 위의 책, ≪在滿鮮人ト支那官憲≫, 286쪽.
76) 南滿洲鐵道株式會社, ≪滿蒙全書≫, 1925年, 248쪽.
77) 위의 책, ≪在滿鮮人ト支那官憲≫, 259쪽, 262쪽.

직접 工事를 하고 있기 때문에 表面으로는 늘 韓人農民과 中國地主와의 충돌로 나타난다. 또 事件이 일어나면 日本은 韓人을 保護한다는 名義로 늘 干涉한다. 때문에 1927년 12월에 제정된 "朝鮮人耕作土地規則"에는 水田을 耕作할때 韓人은 물을 마음대로 끌어들이지 못한다고 규정까지 하였다.[78] 그러나 稻作은 매우 매력적인 농사이기 때문에 성정부에서 韓人을 고용하지 말라고 하여도 지방정부에서는 자기들의 실속을 차리고 있었다. 1930년 6월에 通化縣公安局은 上司의 密令에 의해서 韓人을 驅逐하고 있지만 水利局은 中國地主와 韓人小作人 사이에서 주선하면서 稻作을 激勵하고 특히 農鑛聽長은 각현에 布告를 내려 도랑을 팔때 中國人과 鮮農사이에 紛爭이 일어나면 水利局長이 직접 나서서 주선하여 원만하게 해결할 것을 바랬다.[79]

위에서 본 바와 같히 中國政府는 日帝의 土地商租權을 원천적으로 封鎖하기 위하여 헤알릴 수 없는 法令, 訓令 그리고 布告 등을 내려 自國民을 단속하였을 뿐만 아니라 在滿韓人에게도 매우 구체적이고 엄한 條件을 부쳐 土地를 다루게 하였으며 만일 그것을 위반한다면 迫害와 追放을 서슴치 않았다.

Ⅴ. 在滿韓人의 小作狀況과 二重受難

土地商租權에 대한 中日분쟁은 中國의 강력한 조치로 사실상 滿洲國이 성립되기전까지 실시하기 어렵게 되었다.[80] 따라서 在滿韓人의 土地耕作權과 所有權도 中國當局의 각종 제한을 받게 되었다. 所有權을 취득

---

78) 원문은 다음과 같다. "耕作稻田, 不許任意引水, 須由地主報告該管警察署, 經檢查認爲不妨害交通及旱田時, 得許可引水".

79) 위의 책, ≪在滿鮮人ト支那官憲≫, 263~264.

80) 南滿洲鐵道株式會社: ≪滿蒙全書≫ (第三卷), 大正十二年三月, 394~395.

하려면 귀화해야 하고 土地小作을 하려고 하여도 매우 까다로운 조건이 따른다.

滿洲에 이주한 韓人은 대부분 소작농으로서 土地를 소유한 자가 워낙 매우 적었다. 아무런 財産이 없이 滿洲로 이주한 韓人은 土地는 물론 먹을 것도 없는 상황에서 사실상 중국인 지주의 소작인으로 되어 半農奴的 생활을 하는 것이다[81]. 20년대 전후 滿洲의 비옥한 평야는 이미 中國人에 의해 대부분이 개발되어 未耕地가 얼마 없었고 奉天省과 같은 경우는 1910年 辛亥革命前夜에 이미 可耕地의 80% 乃至 90%가 개간되었다.[82] 未耕地라는 것도 그나마 耕作하기 어려운 荒蕪地나 旱田농사를 짓기 어려운 濕地 등 뿐이다. 韓人들은 바로 中國人들이 포기하다 시피 한 이런 땅을 中國人 지주와 계약을 맺아 개간하고 농사를 짓는다. 그리고 中國人들은 워낙 平坦한 土地와 마른 땅에서 농사를 짓기 좋아함으로 산가운데 혹은 계곡에서 농사를 짓는 韓人들과 어떤 이해 충돌이 없었으며, 中國人 地主들은 오히려 자기들이 버리는 土地를 경작하는 韓人을 歡迎하였다.[83] 물론 熟地를 소작을 맡는 경우도 있다. 韓人들이 中國人 地主부터 土地를 소작 맡을 때 대개 4가지 방법을 취하는데 定額法, 分益法, 貸金法, 折半法 등이다. (1)定額法: 이것은 또 租糧과 租錢으로 나누는데 租糧은 大豆, 粟, 高粱, 包米가운데서 3가지 혹은 4가지의 穀物을 全收穫物의 절반 내지 1/3로 당초의 계약대로 배분하는 것이다. 租錢은 일반적으로 租糧額을 金錢으로 換算한 것이다. (2)貸金法: 이 方法은 契約 當時 土地 一天地에 보통 上

81) 이런 生活을 "榜靑" 혹은 "辦裡靑"이라고도 부른다. 在滿韓人들은 中國人地主와 契約을 맺고 나면 囊中에 資金이 거의 없으므로 필요한 農具, 資金, 그리고 일년간의 모든 生活費用을 地主에게 빌린다. 그러므로 결국은 地主에게 자기의 몸을 의탁한거나 다름없으므로 半農奴的인 生活을 하는 것이다.

82) ≪地學雜誌≫, 宣統三年, 13~14.

83) 위의 책: ≪滿蒙全書≫ (第6卷), 76쪽.

地는 大洋 120圓, 中地는 100圓, 下地는 90圓으로 無利子 貸與하고, 그리고 소작을 3年 혹은 5年을 期限으로 하는 경우 300圓 내지 500圓으로 地主에게 小作人이 貸與하는데, 이 기간의 전체 收穫物은 小作人이 가지고 地主는 이 資金의 利子로써 小作料를 充當한다. 만기되면 原金은 소작인에게 돌려 주는데 이 방법은 資金이 없는 자에게는 좀 어렵다. (3)分益法: 이것은 收穫物의 高低, 土地의 肥瘠에 따라 각 지방마다 다른데 地主가 4分, 小作人이 6分 혹은 地主가 3分, 小作人이 7分으로 收穫物을 나누는 방법이다. (4)折半法: 이것은 收穫物을 地主와 小作人이 절반씩 나누는 방법이다.[84] 이런 4가지 형식 가운데서 가장 보편적인 것이 分益法과 折半法이다. 이 외에도 地主와 小作人 사이에는 小作契約에 대한 여러가지 관계가 설정되는데 小作期限, 小作料, 小作義務 等이다. 이 문제에 대해 지역별로 고찰해 보자.

北間島地方에 移住한 韓人은 이 지역에서 土地를 많이 가지고 있는 漢人地主의 환영을 받았다.[85] 土地가 많고 人口가 稀少한 이 지역에서 中國人 地主들은 小作人이 필요했던 것이다. 때문에 많은 韓人은 間島에 이주하여 中國人 地主가 所有한 土地를 開墾하거나 耕作 하여 대다수가 小作人으로 된다. 물론 나중에는 이들은 부지런히 일하여 일정한 資金을 장만한 후에는 약간한 土地를 購入하여 自作農이 되는 경우도 있었다.[86] 이 시기 間島地域의 韓人과 中國人의 農業戶數와 각 身分關係는 다음과 같다.

---

84) 南滿鐵道株式會社: ≪滿蒙全書≫(第6卷), 大正十二年八月, 1053～1054.

85) ≪朝鮮統治史料≫, 第十卷, 335쪽.

86) 自作農으로 되는 또 다른 경우는 朝鮮國內에서 間島地方이 土地價格이 低廉하고 耕作하기에 적합하다는 소문을 듣고 國內에서 所有하고 있던 土地를 賣却하고 그 資金을 가지고 온 家族과 함께 間島에 移住하였기에 自作農이 될수있는 경제바탕을 이미 가지고 있는 韓人도 있었다.

〈間島地方韓人戶數와各階層比較[87]〉

(1925年)

縣別	農業戶數			地主, 自作及小作農別戶數				
		朝鮮人	中國人		地主	自作農	小作農	自作小農
延吉	戶 口	24,582 139,068	2,988 18,196	朝 中	1,389 1,189	9,039 1,191	8,203 398	5,951 210
和龍	戶 口	16,397 100,239	537 2,741	朝 中	1,703 235	7,182 208	2,786 50	3,726 44
汪淸	戶 口	4,795 26,338	1,926 10,509	朝 中	252 696	1,391 728	2,424 287	727 215
琿春	戶 口	6304 35,648	2,756 15,974	朝 中	645 1,736	1,412 626	2900 303	1,347 91
合計	戶 口	52,078 301,293	8,207 47,420	朝 中	3,990 3,856	19,024 2,753	17,313 1,038	11,751 560

위 표에서 나타난 바와 같이 間島에서 小作農과 自作農의 數字는 거의 비슷하며, 漢人은 대부분 地主나 自作農이며 小作農은 韓人小作農 17,313戶의 1/17도 안된다.

間島지역에서 小作契約을 맺는 形式은 약 83%로가 口頭上에 그치고, 70%가 定期契約을 맺는데 그 가운데서도 64%가 1年 契約을 맺으며, 3年契約을 맺는 韓人은 매우 드물었다.[88] 소작료의 형태를 보면 87%가 物納인데 그 가운데서도 80%가 分益法을 취하였다. 이것을 도표로 보면 다음과 같다.[89]

87) ≪朝鮮統治史料≫, 第十卷, 350~351을 참조하여 제작함.
88) ≪滿鐵調査月報≫, 昭和十一年, 九月號, 『在滿鮮農の社會的諸條件』 122쪽.
89) 위의 책, 122쪽.

〈縣別物納小作料百分比〉

縣　名	上 等(%)	中 等(%)	下 等(%)
延　吉	50	50	33
琿　春	50	40	30
和　龍	4	3	2

위 표에서 보면 延吉과 琿春의 경우에는 上等地와 中等地의 小作料가 50%나 되므로 韓人에게 비교적 큰 부담이 되었다. 사실 이것은 당시 間島地域의 小作料의 慣習이어서 韓人들의 불만이 매우 컸다. 때문에 1931년 3월 29일에 延吉縣政府는 墾民의 小作料 引下에 관한 지시를 내렸는데 원래 收穫物의 折半으로 하는 小作料를 40%, 즉 地主는 收穫物의 40%, 小作人은 60%를 가지는 것으로 하되 土地가 매우 優劣할 때에는 양측이 협상해서 결정하라고 하였다.[90] 이 지시는 당시 間島韓人을 보호하는 차원에서 下達된 것으로 그해 1月에 延吉市에서 開催된 延吉, 琿春, 汪淸, 和龍 4縣行政會에서 결정되었던 小作慣行을 개선하고 일반 鮮農의 待遇를 向上시킨다는 지시에 의해 기초된 것이며 4월에는 吉林省政府로부터 허락도 받았다. 그러나 이것은 발표되자 마자 中國人地主들의 강력한 반대에 부디쳐 재차 수정하지 않으면 안되었다. 나중에 四六租에 대한 條項은 土地의 優劣에 따라 雙方에서 協商해 加減하되 地主의 所得은 折半以上이 되면 안된다고만 하여 원래 규정부터 많이 후퇴 하였다.[91] 그리고 間島에는 韓人地主도 적지 않게 있었는데 漢人地主들이 韓人小作人에 대해 자기

90) ≪滿鐵調查月報≫, 第十七卷, 十一號, 『間島に於ける農業機構の概要』 65쪽.
91) 延吉縣政府에서 처음 발표한것은 『墾民租地納糧及전墊糧方法』이고 이것을 修訂한 것이 『小作墾民救濟方法』이며 나중에 개정한것이 『小作墾民救濟法改正施行規則』이다.

들의 權利를 강요하는 반면에 韓人地主들은 비교적 厚待하는 편이었다. 예컨데 小作地에 稻作을 하는 경우, 種子를 無償供給하여 주고 耕作은 물론 小作料에서도 小作人이 유리하고 주요작물이외의 作物, 그리고 기타 野菜 등은 小作人이 전부 갖도록 하였다.[92)]

南滿地域의 小作關係는 東邊道地域과 沈陽附近으로 갈라 볼 수 있다. 東邊道地域의 小作期限을 보면 熟田은 대체로 1年으로 한다. 그러나 2, 3年으로 하는 것도 있으며 새로 開墾된 土地는 제일 짧은 것이 보통 3年이다.[93)] 만일 通化地方을 실례를 들어 설명한다면 韓人들이 중국인지주과 借地契約을 맺는 방법은 3가지 이다. (1)開墾取得이다. 중국인들이 포기하였거나 원하지 않은 濕地, 또는 密林을 採伐하고 버린 땅을 官衙에 請願하여 官有地를 借入하거나 私有地를 借入하는 것이다. 이런 경우는 그 기한이 4년 내지 5년이 되며, 어떤 사용도 지불하지 않는다. (2)壓租契約이다. 소작료를 5년 내지 7년인 것을 積算하여 앞당겨 지불하는 것이다. 그러면 韓人은 그 동안 土地를 자기의 소유처럼 사용할 수 있고 지방관리는 土地소유자에게 地稅를 받고 韓農에게는 地方課稅를 받아 一擧兩得이 되며, 地主는 그 받은 元本에서 小作料에 해당되는 利子를 받으므로 서로 손해가 없다는 것이다. (3)租子契約이다. 이것은 每年의 收穫高에 따라 地主와 小作人이 協議해서 소작료를 정하는 것이다.[94)] 이 지역에서 소작료는 지방마다 다른데 分益小作은 보통 절반씩이다.

그리고 安東縣大東溝地方의 예를 들어 설명한다면 만일 韓人사이에서 소작계약을 하면 전부 口頭上으로 하며, 韓人과 中國인사이에 소작계약을 한다면 계약서를 쓰는 것이 보통이다. 다만 지주가 조선국내 혹은 기타

---

92) 朝鮮總督府內務局社會課: ≪滿洲及西比利亞地方に於ける朝鮮人事情≫(昭和二年十月). 122쪽.

93) 위의 책: ≪在滿朝鮮人事情≫, 94쪽.

94) 在外朝鮮人事情臨時贈刊號: ≪南滿及東蒙朝鮮人事情≫, 16쪽.

먼 곳에 있을때 자기의 소작인중에서 비교적 신용이 두터운 사람을 골라 일정한 보수를 주면서 소작지를 관리하게 한다.[95] 그리고 이 지역에 있는 韓人은 間島지역의 韓人보다 그 지위가 不安定하다. 때문에 鳳城縣에서 課金의 負擔方法을 보면 이것은 당연히 지주가 부담해야 할 성격인데도 韓人과 중국인지주가 소작계약을 맺을 때 한인으로 하여금 모든 課金을 부담하게 하며, 더욱이 고용계약에 있어서도 일체 비용을 韓人들을 부담하게 한다.[96] 奉天附近의 韓人의 小作狀況을 보면 이 지역의 韓人은 대부분 水田농사를 하고 있는데, 워낙 자금이 없는데다가 奉系軍閥의 통치중심지역이여서 이 지역의 韓人들은 土地所有權을 가지기 매우 어려웠다. 게다가 中日 상조권분쟁으로 中國측의 경계가 더욱 심하여 韓人들이 취득한 소위 토지권이란 주로 단기계약으로 인한 賃貸權, 즉 小作權이었다.[97] 그러므로 이 봉천부근의 韓人의 수전농사는 한 두가지 특수한 상황을 제외하고는 거의 소작이다.[98]

그러나 『滿洲及西比利亞地方に於ける朝鮮人事情』에 의하면 이 지역의 韓人도 商租權紛爭이 있기전에 中國人의 名義로 土地를 소유하는 外典(또는 押)에 의해 土地所有權과 상당한 土地권리를 가지고 있었다고 한다.[99] 때문에 상조권 분쟁 이후부터 상황은 악화되기 시작한 것이다. 20년대 후반기에 이르러 소작기한도 3년이상은 허락안되며, 심지어 1927년에는 소작계약마저도 취소하고 고용계약을 강제로 실시하였는데 그 고용금은 1년을 기한으로 남자 小洋50圓, 여자 40圓에 고용관계만 허락하였다.[100] 여기에서 심양부근의 韓人의 처지는 間島나 동변도지역보다 열악하였음을 알

95) 위의 책: ≪朝鮮統治史料≫, 第十卷, 525쪽.
96) 위의 책: 530쪽.
97) 위의 책: 563쪽.
98) 위의 책: 578쪽.
99) 위의 책: 552쪽.
100) 위의 책: 582쪽.

수 있다.

沈陽附近 韓人의 小作形態는 주로 "租子"와 "靑子" 두 가지이다. 租子는 5, 6년을 기한으로 하여 계약서를 작성하는데 소작인은 지주에게 1天地에 곡물로 1石, 현금으로는 小洋 7 원 내지 8원을 지불하며 地稅, 兵餉錢, 水利稅를 地主가 負擔하고 收益의 전부를 소작인이 가지는 것이다. 황무지를 개간하는 경우는 4, 5년간의 작물은 소작인의 수입이 되는데 만일 자연재해가 없다면 소작인에게 유리한 것이다. 그러나 1920년 이후부터는 계약기한은 3년이내로 단축되었으며, 곡물은 2석, 현금은 10원 내지 60원으로 인상되였다. 靑子는 分益小作과 비슷하며 한국에서의 竝作法과도 가깝다. 계약은 1년으로 하는 것이 원칙이며 계약서는 작성하지 않는다. 수확물은 地主七, 小作人三 혹은 地主四, 小作人六으로 分割한다. 그리고 地主와 小作人이 자유로운 意志에 따라 解約 혹은 繼續할 수 있다.[101] 그런데 간과할 수 없는 것은 빈곤한 韓人에 대해 中國인지주가 생활비 혹은 농구비용을 먼저 대부하는데 년5할 내지 10할되는 高利貸였다. 때문에 소작인은 가을에 가서는 대부분이 약탈당하고 마는 것이다. 바로 이런 기회를 타서 일본은 韓人들에게 저리금의 자금을 대출해주어 韓人농민을 유인했다가 나중에 그들의 土地를 잠식하는 것이다.

북만에서는 대부분 稻作을 하였는데 수전을 일군 후 첫 3년간은 소작료를 징수하지 않으며, 상당한 수확을 거둘 때부터 첫해 地主三分, 다음해도 三分, 그 다음해 四分, 4번째해부터 절반씩 分益하기로 하였다. 이것은 소작인에게 매우 유리하였으므로 南滿이나 기타 지역에서 이주해 오는 韓人이 많았다. 그러자 중국인지주들은 이것을 교묘하게 이용하여 1晌土地의 수확물에서 租子와 一石種糧代로서 二斗五升 乃至 一斗를 내놓고 殘高는 지주와 소작인이 이분하였다. 그리고 國稅로 되는 警察費, 保衛團費,

---

101) 위의 책: 584쪽.

教育費 등의 地方税를 소작인이 부담하게 한다. 韓人중에서 일정한 資力이 있는 사람은 중국인지주로부터 土地를 빌린 후 다시 한인소작인에게 소작을 주는 경우가 있었는데 이런 韓人을 중간지주라고 하며, 이것은 직접 中國인지주와 계약하는것보다 韓人을 다소 안심시켰다. 계약기한은 보통 1년 내지 3년이었는데 1년이 보통이었다.

위의 사실은 한농들의 소작실태이고 과세면에서도 在滿韓人은 朝鮮人이라는 것 때문에 많은 差別的인 待遇를 받았다. 그들은 中國人들이 支拂하지 않은 朝鮮人税, 朝鮮人雇傭税, 水利税, 朝鮮人居住税, 證明費, 朝鮮人借地證明費 等 각종 附加税를 내야 할 뿐 만아니라 中國人地主들이 내야 할 税金도 韓人에게 轉課하였다.[102] 예컨데 황무지를 개간하여 수전으로 만드는 경우 대규모의 공사 혹은 제방을 쌓기, 도랑을 파는 등 특별한 것을 제외하고는 일반적인 開墾費, 堤防, 水路등 費用은 小作人이 부담하게 한다. 寬甸縣에서는 未墾地開墾費用, 種子代耕作費, 水利税등, 鳳城縣에서는 수리관개 그리고 堤防에서부터 播種栽培에 이르는 모든 費用은 전부 韓人小作農이 부담하게 하였다. 1927년 당시 滿洲에서 72호 鮮農이 水田을 經營하기 위해서 새로운 水路을 개설하는 費用은 一年에 一戶당 5,42 墨銀이며 거기에 이미 개설한 排水施設의 修繕費는 一年에 一戶당 19,98 墨銀에 이르렀다.[103]

그러나 韓人小作人들이 이렇게 투자하여도 耕作權은 결코 보호되는 것이 아니며, 地主들은 약속을 지키지 않고 마음대로 小作契約을 解除하거나 小作을 再契約하는 것은 아니다. 예컨데 봉성현의 경우 韓人에게 소작을 주던 水田을 中國人地主들이 回收하여 韓人을 雇傭하거나 아니면 直營하여 본 縣 東大堡附近에서만 하여도 500여명 韓人이 400天地의 水田을 經營하던것이 本年에 와서 200여명으로 激減하였다. 더욱이 小作料를 引

102) ≪滿鐵調査月報≫, 昭和十一年, 八月號,『在滿鮮農の社會的諸條件』120~121.
103) 위의 책: 122쪽.

上하는 것은 中國人地主들이 愛用하는 수단이었다. 예를 들어 租子는 원래 5, 6년을 期限으로 하여 契約을 하고 一天地에 穀物을 一支石을, 現金으로 할 때에는 小洋7, 8元으로 地主에게 支拂하고 地稅, 兵餉稅는 地主가 부담하는 것으로 되여 있으나 근래는 契約期限이 3年以內로 短縮되였으며 小作料는 二支石 乃至 20圓 혹은 60圓으로 크게 올랐다.[104] 이와 같히 대체로 韓人小作人은 地主로부터 搾取를 많이 당하는 편이고 經濟的인 負擔도 컸다.

在滿韓人들에게 또 하나의 큰 부담을 주는 것은 中國人地主들의 상업, 고리대자본의 착취이다. 당시 在滿韓人은 워낙 찌지게 가난하기 때문에 1년 내지 5년동안은 賃租料를 中國인지주에게 지불해야 했다. 때문에 농경기부터 수확물이 나올 때까지 식량부터 일반 생활용품까지 지주에게 빌려써야 한다. 그런데 중국인지주들은 워낙 고리대를 잘 놓기 때문에 가을에 가서 수확물로 그것을 물고 나면 이듬해 농경기까지 살아나가기 힘들므로 또 위와 같은 악순환이 되는 것이다.[105] 在滿韓人의 대부액은 25墨弗이상은 거의 없고 대부분이 10墨弗안밖인데 보통 상환기한은 한달로 한다. 10墨弗은 한달 후에 12墨弗을 償還하는데 利子는 20%셈이다. 그리하여 在滿韓人의 8, 90%가 負債者로 전락되었으며 거기에서 빠져 나오기 매우 힘들었다.[106]

≪滿洲와 朝鮮人≫의 著者 李勳求氏가 1930년 扶餘, 阿城, 雙城, 哈爾賓, 珠河, 寧安縣의 鮮農 201戶를 조사한데 의하면 197호가 빚지고 있고 負債없는 집은 3戶에 지나자 않으며 빚진 總額은 48,058.00墨弗인데 一戶當 평균 243.90墨弗씩 지고 있으며 그 利子는 매월 4分이므로 일년 후 每戶마다 117.07墨弗의 利子를 지불해야 한다고 밝혔다.[107] 사실 이런 막중

104) 위의 책: 122쪽.
105) 위의 책: 594~595쪽.
106) 위의 책: ≪滿鐵調査月報≫, 昭和十一年, 八月號, 115쪽.

한 負債 때문에 韓農들은 일본금융기관에서 韓人에게 저리로 대부금으로 준다고 하니 그 유혹에 빠질 수 밖에 없는 것이다. 日本金融機關이 間島에서 農業자금을 대여하였다가 나중에 그 담보로 된 土地를 차지하는 것은 대표적인 실례이다. 1930년전 間島에는 日本의 金融機關으로 "朝鮮銀行出張所", "東洋拓殖會社間島出張所", "間島商業金融會社"(이상은 龍井에 있었음) 그리고 日本領事館이 있는 5곳에 "人民會附設金融部"가 있었다. 이가운데서도 동척은 주로 귀화韓人을 이용하여 土地를 구입하는데 투자하는데 1931년에 동척이 대부금 전체 금액의 83%가 農業투자였다.[108]

東拓의 貸付金은 처음에는 모두 土地로 담보하였으나 나중에는 中國人에게는 이 조건을 폐지시키고 다만 韓人에게만 적용하였다. 東拓의 貸付金의 利子는 年賦貸는 1割 내지 1割5分이 였는데 普通貸는 日步로 2錢7厘 또는 4錢1厘였다.[109] 같은 시기에 만일 韓人이 中國인지주에게 생활도움을 바라면 보통 곡물을 대여해 주는데 粟一石이면 나중에 一石五斗를 갚아야하고 농경시기에 소를 빌어 쓰면 賃貸料로 月 三分利子를 받거나 大石二石을 받는다.[110] 당시 間島에서 粟一石의 單價는 8.50圓이므로 一石五斗는 12.75圓으로 된다.[111] 거기에다 鮮農과 高利貸業者 사이에는 또 仲介人이 있어 이들도 手續料를 챙긴다. 때문에 一石負債가 二石 혹은 三石으로 되는 것이 일수였고 몇 개월 안지나면 이것은 상당한 수량으로 변한다. 바로 이러한 利子差異때문에 間島韓人들은 東拓이나 人民會金融部등에 가서 필요한 資金을 借款할 수 밖에 없었다. 이 시기 적지않은 間島韓人들이 親日團體인 人民會에 가입하는 것은 두가지 원인으로 볼 수 있는데 하나는 反日이란 嫌疑을 받지 않기 위해서이다. 당시 間島의 분위기에

107) 滿洲國軍事顧問部編: ≪滿洲共産匪研究≫, 第一卷, 535쪽을 참조.
108) 滿洲國軍事顧問部編: ≪滿洲共産匪研究≫, 第一卷, 572쪽.
109) 위의 책: 80쪽.
110) 위의 책: 79쪽.
111) 위의 책: ≪滿鐵調査月報≫, 第十一卷, 第九號, 1027쪽.

서는 “反華”하여서는 괜찬아도 “反日”하였다면 災禍를 당하기 쉽기 때문이다. 다른 또 중요한 原因은 바로 日本金融機關에 가서 차관을 쉽게 하기 위해서이다. 日本金融機關에 가서 借款하는데는 人民會가 소개하는 것이 절대적으로 필요하기 때문이다.112)

때문에 위와 같은 東拓의 土地金融貸付은 中國人이냐 아니면 韓人이냐 하는데 따라 그 결과가 틀린다. 土地商租權問題가 해결되지 않아 中國人地主에게 貸付한 資金은 만일 제때에 償還히 이루어지지 않은 경우 담보하였던 土地에 대한 처리가 문제로 되었다. 中國人地主가 債務를 移行하지 않을 경우, 그 담보한 土地를 引渡해야 하지만 日本은 土地權을 갖고 있지 못했기 때문에 中國官憲이 그것을 强制 管理한다. 그 방법은 가을에 債務者로부터 收穫의 일부를 徵收하여 해마다 債權者에게 現物을 지불하는 것이다. 바로 이런 원인으로 東拓은 나중에 中國人地主에게 融資하는 것을 제한하였던 것이다. 그런데 韓人地主가 담보한 土地는 별로 분쟁이 없었다. 워낙 韓人이나 中國人을 막론하고 農耕地를 담보로 融資할때 商租權讓渡擔保의 방법으로 借用證書와 함께 商租權設定契約書, 商租權讓渡契約證 및 기타의 執照, 地券 등 證據書類를 債權者가 가지고 있는 동시에 領事館의 認證을 받는 것이다.113) 때문에 債務를 償還하지 못한 韓人의 土地는 이미 日本에게 引渡한 셈이다. 1927년 7월에 이르러 東拓이 延吉, 和龍, 汪淸, 琿春 4개현에서 일본이 구입한 土地는 58,170畝달하며 거기에 비밀에 부치고 발표하지 않은 土地도 5만여무에 이른다고 한다.114) 이는 당시 이 4個縣에 耕作地面積은 약 3,473,109畝인데 上等土地는 20萬畝밖에 안된다고 하니 良田은 이미 거의 주인을 바뀐 것과 다름이 없다.

112) 沈茹秋 著: ≪延邊調查實錄≫, 延邊大學出版社, 1987年再版, 59쪽. 原文은 20年代末 ≪民聲報≫에 실렸던 것임.

113) ≪滿鐵調査月報≫, 第十一卷, 第九號, 71~72쪽.

114) 위의 책: ≪延邊調查實錄≫, 50쪽.

일본이 이렇게 매수하거나 구입한 土地를 농작지로 경영하는 경우, 韓人에게 소작을 주어 수전을 개발하는 것이 많다. 그러나 이것이 바로 韓農과 中國人이 충돌할 수 있는 소지를 조성한 것이다. 여기서 두 농장을 실례로 설명하겠다. (1) 奉天農場: 이 농장은 봉천시에서 서쪽으로 약 3리 떨어진 곳에 있는데 수전을 중심으로 하는 소작제 대농장이다. 1931년까지 농장의 총면적은 1948정보인데 그 가운데 수전면적은 1446정보이며 소작인은 전부 韓人들이다. 이 농장은 동아권업회사에서 가장 우수한 농장이며 滿洲에서 수전농장의 "모범"이라고 까지 불리웠다. 1925년에 배수구를 파고 경작지를 정리하자 閻家荒의 村民들이 저지해 나서 商租계약을 취소하기까지 이르렀다. 1929년에 또 농장에서 수로를 파고 관개를 하는 가운데서 인근의 中國인의 土地를 건드려 놓아 宋家崗子村民들과 심한 충돌이 일어났다.[115] (2)榊原農場: 奉天北陵에 위치하고 있으며 1929년에 소유한 면적은 122.6정보인데 그 가운데 수전면적은 약 90정보였다. 일본인 榊原는 1913년에 清皇家御料地를 관리하는 溥豊模範農場公司의 理事 崔洵生과 30년간租地계약을 맺었다. 이 계약에 의하면 榊原이 溥豊農場公司부터 租地한 면적은 880정보이고 그후 제2농장이 개간한 100정보를 합치면 980정보된다고 한다. 그런데 이듬해 溥豊公司는 崔詢生이 公司를 대표해 榊原과 맺은 商租계약은 公司와 無關하다고 하면서 廣告文을 發表하고 商租계약은 무효라고 주장했다. 그러다가 나중에 여기에 학교를 설립하고 시가지계획도 짜고 상인들에게 대부하여 골프장까지 만들려고 하니 일본은 韓人들은 고용하여 여기에서 수전농사 짓도록 하였다. 그러자 中國관헌은 1924년후부터 여러차례 군대와 순경을 파견하여 소작하고 있는 韓人을 강박하여 물러가도록 하였다.[116] 이러한 사실들은 在滿韓人들의 입장을 매우 곤혹스럽게 하였으며 中日의 억압밑에서 二重苦를 치려야만

115) 위의 책: ≪支那側の商租妨害手段(續編)≫, 13쪽.
116) 위의 책: ≪日本ト滿蒙≫, 108~109쪽.

하였다. 때문에 "在滿朝鮮人의 窮狀과 그 解決策"의 저자 金三民은 "日本帝國主義와 中國新帝國主義가 충돌한 결과 日本은 朝鮮人을 親日派로 일본에 이용당하는 것을 바라고 中國은 排日派로 日本帝國主義와 抗爭할것을 强要하고 있으니 이 사이에 朝鮮人은 死線에서 헤매고 있다"[117] 고 개탄하였다.

中國관헌이 韓人에 대한 탄압은 여기에서 그치지 않고 1925년을 계기로 더 멀리 나아간다. 즉 이해에 朝鮮總督府 警務局長 三矢宮松과 奉天全省 警務處長 于珍이 奉天에서 "雙方商定取締韓人方法綱要"(所謂 三矢協定)을 체결하여 韓人을 탄압할 수 있는 법적근거를 마련하였기 때문이다. 한국독립운동자를 상대로 한 이 협정에서 中日 두 나라는 저들 나름대로의 계산이 있었다. 일본은 滿洲에서 활약하는 소위 "不逞鮮人"을 取締하기 위해서 以韓制韓政策을 遂行하였으나 如意치 않아 하는 수 없이 以華制韓하는 手法으로 그들을 체포하려 하였다. 당시 關東軍은 滿鐵附屬地外에서 활동은 금지되어 있었다.

여기서 간과할 수 없는 것은 평시에는 韓人을 "保護"한다던 日本이 歸化나 非歸化를 막론하고 中國관헌이 그들을 체포할 수 있다는 점을 승인했다는것이다. 이와 반대로 中國측은 더욱 음험한 목적이 있었다. 물론 中國도 "韓匪[118]"를 체포하기 위해 日本軍警이 附屬地外에도 不法으로 侵入하는 事例가 많았기 때문에 이를 방지하자는 목적도 있었지만 그 보다도 日本大陸侵略의 "前衛"이며 "走狗"인 在滿韓人을 驅逐하여 日帝의 侵略을 방지하기 위해 法的土臺를 마련하자는데 目的이 있었던 것이다. 사실 中國관헌은 "韓匪"를 逮捕하는 것보다 韓人을 압박하는데 더욱 열을 냈던 것이다. 三矢協定 이후 中國官憲이 韓人에 대한 迫害方法을 보면 주로 (1)

117) ≪滿蒙≫, 第十二年, 第九號, 昭和六年九月, 26쪽.

118) 이 당시 在滿韓人獨立運動者들을 日本側에서는 "不逞鮮人"이라고 부르고 中國側에서는 "韓匪"라고 불렀다.

土地家屋賃貸를 拒絕 (2)小作料를 不當하게 引上 (3)學校를 閉鎖 (4)退去命令 (5) 小作料受領을 拒絕 (6)歸化와 僑居證을 携帶를 强要 (7)軍警이 個人의 金品을 奪取 (8) 不當課稅와 無理한 罰金(9) 毆打 혹은 暴行侮辱 (!0)家宅과身體檢査이다.[119)]

中國측이 在滿韓人을 가장 심하게 迫害한 때는 1927년과 1931년이었다. 1927年에 中國人들에게 日帝가 滿蒙침략계획을 상세히 담은 日本內閣總理大臣田中義一의 奏摺이 알려졌다. 워낙 이 자체가 中國인을 자극한데다가 奏摺내용에 또 韓人을 이용할 것과 귀화한인도 얼마지나지 않아 다시 일본신민이 될 것이라는 구절이 있어 中國인들이 韓人에 대한 排斥情緒를 더욱 불러 일으켰고 韓人을 迫害하는 것을 反日하는 하나의 수단으로 여겼다.[120)]

1931년은 만보산사건[121)]이 일어난 후 중국인들이 韓人에 대한 敵愾心은 더없이 강화되어 전례없는 迫害로 이어졌다. 물론 이 시기에도 中國人가운데서 在滿韓人을 배척만 하지말고 동정하거나 이용해야 한다고 주장하는 사람이 있었다. 이것은 東北大學學報에 실린 中國人 極仁氏의 "東北韓人問題", 滿洲日報社說 "在滿鮮農問題"등에서 잘 나타나고 있다. 그들의 주장은 크게 3가지로 볼 수 있다. (1)推誠相對說: 조선인을 보호하는 기관을 설치하여 외국인이 조선인을 이용하거나 압박하는 것을 방지하며 동북지방에 있는 조선인은 中國인에게 도작을 배워주며 中國인은 조선인에게 豆作을 배워주면서 생활상에서 충돌 없이 융화되도록 하여야 한다. (2)勞力利用說: 在滿韓人의 稻作技術을 이용하여 人口稀薄하고 資源이 豊富한

119) 金三民 著: ≪在滿朝鮮人の窮狀と其の解決策≫, 新大陸社, 68쪽.

120) 위의 책: ≪在滿朝鮮人の窮狀と其の解決策≫, 75쪽.

121) 萬寶山事件이란 1931년7월1일에 吉林省長春萬寶山地域에서 韓,中農民사이에 일어난 流血衝突사건이 였다. 그러나 일본이 韓中離間策을 책동하여 朝鮮日報長春支局長 金利三을 買收하여 虛僞誇張 報道하여 한국내에까지 波長되여 中國人排斥事件이 일어났고 중국에서는 韓人에 대한 박해로 이어졌다.

동북지방에서 수전을 경영하면 매우 큰 이익을 얻는다. 1928년의 통계에 의하면 동북에는 수전이 16萬町步있고 水田可能性이 있는 未開墾地는 200萬町步이상이 된다. 때문에 수전개발하면 동북의 재정상 수입도 늘고 금융도 호전을 가져올 것이다. 中國折江省移民들이 朝鮮人의 稻作을 탐내 실험하여 보았지만 모두 실패하였기 때문에 조선인이 아니고서는 稻作이 불가능하다. 그러므로 조선인에게 土地所有權을 주지않고 土地매매를 제한하며 이를 위반한 자는 엄벌하며 土地등기제도를 설치하여 조선인의 土地구매를 방지하여 조선인을 영구히 소작인으로 만족감을 주며 中國인에게 고용되어 충실히 일하게 한다. (3)동화설이다. 특수기관을 설립하여 선량한 자를 귀화시키며 동화하는 조건을 만드는 것이다. 그러나 韓人을 배척해야 한다는 주장도 만만치 않았다. 그들은 日帝가 朝鮮人을 보호한다는 美名하에 東北에서 領事裁判權을 확장하고 있으며 中國영토를 침범하고 있을 뿐만아니라 中國인사신의 인구문제해결도 불가능한 상황에서 조선인을 수용할 곳이 어디에 있는냐고 주장하였다.[122] 어쨋든 많은 在滿韓人은 결국 中國관헌의 迫害로 자기들의 닦아 놓은 삶의 터전을 떠나 귀국하지 않으면 滿鐵沿線 혹은 타지역으로 이주하였다.

Ⅵ. 맺음말

위에서 滿洲事變前 일제의 토지침략과 중국정부의 對韓人 토지정책, 그리고 한인에 대한 박해를 검토해 보았다.

일본은 1915년 滿蒙條約에서 제기된 土地商租權문제를 확대 해석하여 土地所有權이라고 주장하고, 그 적용범위는 滿蒙지역이라고 하였다. 그리고 在滿韓人은 韓日合邦이후 일본신민이 되었기 때문에 그들도 일본인과

122) ≪滿蒙≫, 第十二年 第九號, 1931年 9月, 27~30쪽 참조.

마찬가지로 商租權이 있다고 주장하였다. 그러나 中國정부는 土地商租權이란 土地를 소유한다는 의미가 아니고 단지 土地에 대한 賃貸權이며 만기된 후 재계약여부는 지주의 뜻에 달린 것이며, 그 적용지역도 봉천성의 일부지역에만 한정된다고 주장하였다. 따라서 中國관헌은 일본이 주장하는 소위 土地商租權이란 다름아닌 土地침략이라고 간주하고 일련의 법령, 훈령, 포고를 내려 土地商租權을 저지하였다. 이런 법령, 훈령은 중앙정부터 지방정부에 이르기 까지 헤아릴 수 없는 정도로 발표되었는데 중국인을 단속하는 것도 물론 있지만 적지않은 부분은 在滿韓人에 대한 단속이었다. 中國측의 이런 韓人에 대한 훈령은 그들 나름대로 이유가 있었다.

中國측의 주장을 보면 間島에 협약에 의해 귀화한 한인들은 間島에서 土地所有權을 갖는다. 뿐만아니라 間島협약은 여전히 法律적인 효력이 있으며 滿蒙條約이 체결되었다고 해서 間島협약이 무효된 것이 아니다. 滿蒙條約은 이름 그대로 滿蒙지역에 대한 조약이므로 이 지역에 거주하는 韓人은 간도조약에 따를 수 없다는 것이다. 즉 土地所有權을 가질 수 없다. 물론 귀화한인은 별개의 문제 이다. 왜냐하면 귀화한인은 중국인으로 취급되기 때문에 그들에게는 中國인과 동등한 권리가 주어진다. 그러나 문제는 일본은 한국국적법에 따라 韓人이 외국에 귀화하는 것을 인정안한다고 주장해 二重國籍問題를 들고 나온 것이다. 일본의 논리대로 한다면 귀화한인도 여전히 일본신민이며 그들의 지배를 받아야 한다. 때문에 귀화韓人이 土地를 소유한다면 일본신민이 土地를 소유한것과 마찬가지이므로 中國을 놓고 보면 이에 대해 신경을 쓰지 않을 수 없었다. 中國측에서 발표한 훈령은 바로 이런 문제에 초점을 맞추었으며 일본이 韓人의 소유하고 있거나 소작하고 있는 土地를 넘어 보지 못하도록 對韓人土地政策을 조절하면서 방어벽을 쌓는 것이다.

그러나 中國측에서 아무리 법적대응을 하고 여러 수단을 취하지만 滿洲에서 土地所有權을 취득할 것을 국책으로 삼은 日帝의 土地수탈을 막을 수 없었다. 일본은 귀화韓人 아니면 친일적인 中國인을 통해 계속 土地를 구입하거나 商租하고 있었다. 在滿韓人의 대부분은 소작농이고 일부만 土地를 소유하고 있었다. 滿鐵, 東拓, 東亞勸業 등 日本滿洲침략첨병들은 저이자로 대부금을 내주는 형식으로 그들을 통해 滿洲土地를 잠식하고 있었다. 日帝는 이렇게 구입한 土地를 다시 韓人에게 소작을 주어 稻作을 하게 한다. 수전은 워낙 수로가 필요하기 때문에 주위에 있는 中國인지주와 충돌하기 쉬운 소지를 앉고 있다. 때문에 표면적으로 한중농민사이의 충돌로 자주 나타나며 또 그럴때마다 일본영사관이나 군경이 나타나 간섭하곤 하였다. 때문에 많은 中國인들은 在滿韓人을 日帝의 침략정책의 前衛 혹은 走狗라고 보고 迫害를 하기 시작하였다. 1925년에 체결한 三矢協定은 在滿韓人을 迫害하기 위한 法律적인 토대를 마련한 것이다. 중국관헌은 "韓匪"를 체포한다는 구실로 무고한 韓人들에게 고통을 안겨다 주었다. 1927년과 1931년에는 그것이 절정에 이른다. 이런 원인으로 수 많은 韓人들은 자기들의 피땀으로 가꾸어 놓은 삶의 터전을 떠나 귀국하거나 타지역을 이동하지 않으면 안되었다.

결국 在滿韓人은 그들의 연약한 사회위치 때문에 中日 두 나라의 土地권분쟁에서 희생품으로 되고 말았다. 생존을 위해 농촌경제생활에서 제일 하층으로 취급되는 소작농으로 그들의 삶을 선택하였지만 그 위치마저도 지켜내지 못했다. 일본은 만몽침략의 국책으로 韓人을 마음대로 이용하였지만 결국은 韓人들의 생명재산은 "보호"되지 않았으며 中國의 관헌은 주권을 보호한다는 거창한 슬로건을 내걸었지만 막후 조종자인 日帝에 대해서는 막무가내였고 연약한 韓農들에 대해서만 마음대로 유린하고 迫害를 하였다.

〈白山學報 第51號, 1998.8.30. pp.197~244〉

1930年代의 滿洲移民에 대하여
- 營口安全農村 建設을 中心으로 -

玄 恩 柱*

〈目 次〉

Ⅰ. 머리말

滿洲[1]는 역사·지리적으로 朝鮮과 밀접한 관계가 있는 곳으로 조선인의 만주지역으로의 이주는 주로 변경지역에서 시작되었다. 17세기 중반부터 淸朝는 압록강·두만강 일대에 封禁을 실시하였으며 朝鮮에서도 國禁으로 越江을 금지하여 조선인의 만주로의 이주는 어려운 실정이었다. 그럼에도 불구하고 정든 고국을 떠나 만주로 이주하는 이들이 있었는데, 이들은 농토가 척박하여 수확이 어려운 함경북도나 평안북도 지방의 농민들로서 봄에 두만강·압록강을 건너 가 농사를 짓고 가을수확 후 타작한 곡식을 가지고 고향으로 돌아오는 季節出家移民이었다. 변방주변에 사는 주민들에게는 이들 季節出家移民者들이 주인이

* 명지전문대 강사

1) 中國에서는 현재 滿洲라는 用語를 사용하지 않고 있으나 滿洲라고 칭하는 것이 우리에게는 더욱 친숙하므로 滿洲라고 칭하겠다.

없는 넓은 땅에서 많은 수확을 거두고 온다는 소문이 나돌고 있었다. 이런 상황아래 1869년과 1870년에 걸친 大凶年으로 인하여 함경북도와 평안북도 지방의 주민들이 대기근을 당하게 되었다.[2] 朝鮮政府는 함경도민을 위한 救恤政策을 펴지 않았기 때문에 생계가 어려워진 함경도민은 그 해결방안으로 越江하여 未墾地를 개척하였다. 즉, 朝鮮人들의 이주동기에는 여러 가지가 있겠지만 가장 중요한 동기는 경제난에 있었고 따라서 농업이민이 대종을 이루었다.

그러나 1905년 乙巳保護條約과 1910년의 韓日合邦을 계기로 이주의 양상은 크게 달라지게 되었다. 이제까지의 경제난 등의 이유뿐만 아니라 日帝統治로부터 탈출하고자하는 정치·사회적 성격의 이주도 행하여졌으며 義兵抗爭이 獨立戰爭으로 전환되어 해외에 독립운동기지를 건설하고자 이주하는 사람도 늘어나게 되었다. 朝鮮末과 日帝下의 만주이주는 경제적인 원인에서도 비롯되고 있다. 그러나 朝鮮末에는 그것이 국경지대주민의 이주에 지나지 않았지만, 1910년 이후의 이주는 日帝의 식민지정책에 의하여, 즉 日本人들을 朝鮮에 이주시켜 朝鮮의 농토를 그들이 점유하게 됨에 따라 자신들의 생활기반인 농토를 빼앗긴 전국 각 道의 朝鮮人들은 할 수 없이 만주로 이주하게 되었다. 그리고 이러한 日帝의 이주정책은 그들의 만주지배가 좀 더 확실해지는 1930年代 이후부터는 더욱 강화되었으며 그 유형도 자유이주의 형태에서 官에 의한 이민의 형태로 변하게 되었다.

日帝는 1931년 滿洲事變으로 만주를 손아귀에 넣은 뒤 대륙 안으로 진출하기 위해 日本人, 朝鮮人의 대량 집단이민계획을 실시하고자 했다. 그러나 이들은 집단이민계획을 추진하기에 앞서 항일독립운동을 막기 위하여 근본적인 치안대책을 수립고자 하였다. 즉 당시 만주지역

---

2) 1869년(高宗6년)과 1870(高宗7년)의 凶荒이었다.

에서 항일운동을 하는 유격대와 만주에 거주하고 있던 朝鮮人農民[3)]들과의 접촉을 막기 위하여 항일유격대의 근거지를 중심으로 하여 그 인근지역에 거주하고 있던 주민들을 통제가 가능한 지역으로 이주시키자는 것이다. 滿洲事變以後 만주에서는 치안유지가 곤란하였다. 이에 치안회복이 어려운 지역에서 피난 온 朝鮮人들과 奧地에 거주하여 보호하기 어려운 朝鮮人들을 집결시켜 集團農村을 만들고 이들을 보다 효과적으로 통제하고자 하였는데 그 중에 대표적인 것으로 '安全農村'을 들 수 있다. 日帝는 安全農村지역에 피난민들을 수용한 뒤, 間島에서의 自作農創定[4)]과 같이 이들 피난민들도 自作農化 한다는 계획으로 安全農村을 건설하고자 하였다.

결국, 1931년 滿洲事變 이후의 朝鮮人의 만주이주형태는 기존의 자유이민의 형태에서 官에 의한 즉, 日帝의 주도하에 이루어진 신규이민의 형태로 변화하게 되있다. 물론 朝鮮總督府가 표면적으로 내세운 安全農村의 건설목적은, 滿洲事變과 자연재해로 인하여 피난 온 朝鮮人農民들을 보호하고 구제하여 안정적인 거주지를 부여한다는 것이었다. 그러나 그 내면에는 匪賊이나 馬賊으로 칭하여지던 항일유격대나 공산당원과의 접촉을 금하고자하는 의도가 내포되어 있었다.

日帝시대 朝鮮人의 滿洲 移住史에 관한 국내 연구 중에는 현규환[5)]

---

3) 滿洲에 거주하고 있던 朝鮮人들은 대부분이 農民들이었기에 朝鮮人農民이라고 하겠다.

4) 당시 간도에서 거주하고 있던 朝鮮人 農民들은 대부분 소작농으로서, 중국인 지주나 고리대업자들에게 매우 불리한 영농자금을 차입하고 있거나 부당한 소작계약관계에 놓여있었기 때문에 높은 소작료와 금리로 인해 어려운 형편에 이었다. 이러한 이유로 朝鮮總督府에서는 간도에 거주하고 있는 農民들을 자작농화 한다는 목표로 1932년부터 5개년간 매년 10만원씩 총독부보조금과 30만원씩의 동양척식수식회사 출지금을 가지고, 토지구입, 주택건축, 役畜구입, 기타 영농자금 대부 등으로 2,500호의 자작농을 창출한다는 계획이었나(朝鮮總督府, 『朝鮮總督府施政年報』 1936년도, 634-635쪽 참조).

5) 玄圭煥, 『韓國流移民史』, 1967.

과 고승제,[6] 오세창,[7] 박영석,[8] 이형찬[9] 그리고 박창욱[10]의 글이 있다. 위의 글들은 이주동기에 치중하거나 中國官憲의 압박 등에 관한 것이 대부분이고 日本의 이민정책에 관한 것은 간단히 언급하는 수준에 그치고 있다. 본 발표에서는 1931년 滿洲事變, 1937년 中日戰爭 등으로 이어지는 침략전쟁에서 수립 실행된 日本의 旣住 朝鮮人 이민통제와 신규이민계획 가운데 출발점이라고 할 수 있는 東亞勸業株式會社에서 건설하였던 安全農村[11]가운데 그 규모가 가장 컸었던 營口安全農村대하여 간략하게나마 다루도록 하겠다.

끝으로 本稿에서 사용한 日本과 滿洲國의 간행물에 표시된 각종 年號인 大正, 昭和, 大同, 康德 등은 모두 西紀로 환산하여 표시하였다.

Ⅱ. 安全農村의 建設

1. 滿洲事變後 朝鮮人의 避難狀況

1931년 9월 18일 일어난 '滿洲事變'으로 인하여 만주에 거주하고 있던 朝鮮人들은 많은 피해를 입었다. 전쟁 그 자체로 인한 피해도 있었지만 敗殘兵이나 匪賊들이 각지에서 저지르는 폭행에 의한 朝鮮人들의 피해는 말로 표현 할 수 없을 정도였으며, 이들은 생명의 위험마저 느

---

6) 高承濟, 『韓國移民史 硏究』, 1973.
7) 吳世昌, 「在滿韓人의 社會的實態」, 『白山學報』 제9호, 1970.
8) 박영석, 「만보산사건의 역사적배경」, 『만보산사건연구』, 1978.
9) 이형찬, 「1920-1930년대 한국인의 만주이민연구」, 서울대학교대학원 석사학위논문, 1988.
10) 박창욱, 「조선족 중국이주사 연구」, 『역사비평』, 1991.
11) 安全農村에 수용된 자들은 官에 의해 朝鮮 最初로 滿洲에 이민해온 사람들이었다(朝鮮總督府, 『朝鮮總督府施政三十年史』 1940, 399쪽).

〈표 1〉 避難地別 避難民의 數 (1932年 3月 9日 現在)

管轄領事館	避難地	戶數(戶)	人口數(名)	人口數/全體人口 (%)	戶當平均人口數 (名)
奉天總領事館	奉天	478	2,195	11.1	4.6
	撫順	357	1,858	9.4	5.2
	本溪湖	68	440	2.2	6.5
海龍領事分館	海龍	306	1,705	8.6	5.6
安東領事館	安東	279	1,403	7.1	5.0
	鳳凰城	114	580	2.9	5.1
鄭家屯領事館	鄭家屯	98	517	2.6	5.3
	洮南	91	478	2.4	5.3
	通遼	107	524	2.7	4.9
鐵嶺領事館	鐵嶺	200	948	4.8	4.7
	開原	409	2,147	10.9	5.2
新京總領事館	四平街	162	680	3.4	4.2
	公主嶺	128	634	3.2	5.0
	新京	323	1,512	7.7	4.7
齊齊哈爾領事館	齊齊哈爾	61	217	1.1	3.6
牛莊領事館	營口	91	449	2.3	4.9
遼陽領事館	鞍山	11	61	0.3	5.5
吉林總領事館	吉林	165	861	4.4	5.2
	蛟河	28	138	0.7	4.9
	敦北	17	76	0.4	4.5
哈爾賓總領事館	哈爾賓	356	1,272	6.4	3.6
	烏吉密	89	418	2.1	4.7
	一面坡	67	234	1.2	3.5
	陶賴昭	79	413	2.1	5.2
計		4,084	19,760	100	4.8

♣ 자료 : 堂本貞一, 「事變後に於ける在滿鮮人の保護救濟施設に就て」, 『朝鮮』 제106호, 1933. 8, pp.37~43을 참고로 표를 작성하였음.

♣ 비고 : %는 소수점 둘째 자리에서 반올림한 수치이다.

끼게 되었다. 특히 경찰이나 군인으로부터 보호를 받을 수 없는 奧地에 거주하는 在滿朝鮮人들의 피해는 더욱 컸는데, 이들은 자신들의 생명을 보호하기 위해 鐵道沿線으로 피난하였으며 이들 피난민의 수는 1932년 3월 9일 현재 4,000餘戶, 19,700餘名에 달하였다. 1932년 당시 在滿朝鮮人들이 피난하였던 장소와 인원수는 앞의 표와 같다.

또한 北滿一圓의 水害로 인하여 이들 피난민의 수는 40,000명으로 증가하였다.

2. 安全農村의 設立目的

1931년 滿洲事變 이후의 만주는 치안유지가 어려운 실정이었다.[12] 이러한 이유로 시설과 경비가 편리한 집단화대책이 요구되었으며, 치안회복이 어려운 지역 또는 치안상의 보호가 힘든 지역의 주민들을 이주시켜 集團農村을 만들고 여기에 피난민을 수용한 뒤, 自作農化[13]한다는 계획을 세웠다. 이것이 安全農村 건설의 동기였다.[14]

朝鮮總督府가 내세운 安全農村의 건설목적을 살펴보면 다음과 같다. 滿洲事變 및 자연재해의 영향으로 인하여 奧地로부터 南滿洲鐵道 주변지역 또는 기타 도회지로 피난 온 朝鮮人農民들을 보호·구제하고 그

12) 朝鮮總督府, 『朝鮮總督府施政年報』 1935년도, 585쪽.

13) 間島지역의 自作農創定計劃과 같은 의미로 당시 간도지역의 朝鮮人農民들은 대부분 소작농으로 생활하고 있었는데, 중국인 지주 또는 고리대금업자들로부터 부당한 소작계약과 영농자금을 차입하고 있었으므로 높은 소작료와 금리에 궁핍한 생활을 면치 못하였다. 이에 朝鮮總督府에서는 간도에 거주하고 있던 朝鮮人農民들을 自作農化한다는 목표로, 1932년부터 5개년간 매년 10만원씩의 총독부 보조금과 30만원씩의 동양척식회사 출자금을 가지고, 토지구입, 주택건설, 役畜구입, 기타 영농자금 貸付등을 통하여 2,500호의 자작농을 창출해 낸다는 계획이었다(朝鮮總督府, 『朝鮮總督府施政年報』, 1936년도, 634-635쪽).

14) 滿鐵資料課, 「朝鮮人安全農村に就いて」, 『滿鐵調査月報』 제14권 제5호, 1934, 96쪽.

들에게 항구적인 安住地를 부여하여 生業의 기초를 확립시키려는 것이었다.[15] 그런데 앞에서 살펴본 安全農村의 건설동기에서도 나타났듯이 치안회복이 어려운 지역의 주민들을 이주시켜 集團農村에 수용시킨다는 것은, 日帝가 朝鮮人農民들과 항일운동가들과의 접촉을 막기 위해서였다는 것이 내포되어있다. 그러므로 安全農村의 건설과정에서 '滿洲國' 警察隊, 日本軍 守備隊, 領事館 警察署가 討伐을 추진하였으며, 安全農村이 건설된 이후에도 그곳에 경찰관이 상주했던 것이었다.[16]

결국 日帝가 安全農村을 건설한 목적은 표면적으로는 日帝의 만주침략으로 타격을 입은 피난민들과 치안상의 보호가 어려운 奧地의 農民들을 그대로 방치해 두었다가 야기될 수 있는 이들의 抗日遊擊隊化를 방지하며, 또한 이들을 集團農村에 수용하여 생활기반을 마련해주어 이들을 自作農化 한다는 것이었다.

朝鮮總督府는 東亞勸業株式會社(이하 東亞勸業)를 통해 1932년부터 1935년에 걸쳐 滿洲지역의 5개소 지역 즉, 奉天省의 營口, 賓江省 珠河縣의 河東, 奉天省 鐵嶺縣의 鐵嶺, 賓江省의 綏化, 奉天省 柳河縣의 三源浦에 安全農村을 건설하였다.

만주지역에 朝鮮人 安全農村을 건설하고자 하는 東亞勸業은 「滿洲및 蒙古에 있어 토지의 경영 및 日本人의 발전과 아울러 在滿朝鮮人의 보호지도를 목적」[17]으로 한다는 취지아래 東洋拓殖株式會社(이하 東拓)·南滿洲鐵道株式會社(이하 滿鐵)·大倉組가 중심이 되어 1921년 12월 10일 日本 東京市에 있는 東拓 회사내에서 發起人 總會를 개최하였으며 다음해 1월 25일 奉天 日本總領事館에 설립등기를 완료한 뒤 奉天

15) 松葉秀文, 「朝鮮人安全農村の經營管理と福利增進施設」, 『朝鮮總督府調查月報』 제7권 제2호, 1936, 23쪽.

16) 앞의 글, 29쪽.

17) 東亞勸業株式會社, 『營業實績概要』, 東亞勸業, 1933, 2쪽.
兒島高信, 「在滿鮮人の金融狀態」, 『朝鮮』 제208호, 1932. 9, 30쪽.

市 琴平町 15번지에서 문을 열었다. 東亞勸業은 초기의 준비단계부터 拓務省·外務省·朝鮮總督府·關東廳 등이 협력하여 만든[18] 식민지회사였다.

자본금 2,000萬円에 40萬株(1株에 50円)의 이 회사는「토지소유를 국가자본에 의하여 실현하고자 한」것으로 東拓이 172,000株·滿鐵이 125,000株·大倉組가 100,000株를 갖고 있는 大株主였으며 나머지 3,000株 가운데 朝鮮側 株主는 朴泳孝·李完用·宋秉畯 3인이 각기 200株를 갖게 되었다.[19] 그런데 朝鮮側 株主인 朴泳孝·李完用·宋秉畯이 갖는 공통점은 日本이 朝鮮을 '保護國'화 하는데 앞장섰던 자들이었다는 것이다. 이러한 여건으로 인하여 위의 세 사람은 東亞勸業의 株主가 될 수 있었다고 본다.

이와 같은 식민지회사인 東亞勸業에 대하여 朝鮮總督府와 關東廳은 1922년 이후 매년 보조금을 주었는데 1931년까지 10년간 朝鮮總督府의 보조금은 206萬餘円이었으며 關東廳도 143萬餘円이나 되었다.[20]

1924년 8월 東拓과 滿鐵은 大倉組가 가지고 있던 주식을 각기 50,000株씩 매수하였는데 이 100,000株(5,000,000円)는 東亞勸業의 이름으로 大倉組가 만주의 실력자 張作霖과 합병회사로 만들어 蒙古 東部의 토지를 획득하기 위한 것이었으나 張作霖이 거절하여 실패하자 大倉組가 東亞勸業을 탈퇴한데 따른 것이었다. 이어서 1928년 4월에는 滿鐵이 東拓의 全株主를 매수하여 총주식의 95%를 소유하게 되므로써 東亞勸業은 滿鐵의 子會社가 되었다.[21]

日本은 국방상 그리고 日本國民의 생존권 때문에 중대한 지역[22]이

---

18) ＿＿＿＿＿＿,『東亞勸業株式會社拾年史』, 東亞勸業, 1933, 3~6쪽.
19) 같은 책, 13~16쪽.
20) 같은 책, 22~26쪽.
21) 같은 책, 17-18쪽.
22) 秋永芳郎,『滿洲國』, 1991, 73쪽.

라고 주장하던 만주를 日本의 식민지로 만들기 위하여 日本軍이 대규모 군사침략행동인 滿洲事變을 일으킨 뒤 「대륙정책에 적극적인 전환을 모색」하게 되었으며, 이에 따라 1932년 1월 東亞勸業은 朝鮮人農民을 만주에 이민시키려는 계획서인 「鮮農移民計劃書」 「奉天地方鮮人自作農創定書」 「奉天地方水田計劃書」를 제출하였다.[23)]

그러나 이러한 계획은 東亞勸業이 자발적으로 작성한 것이 아니라 만주를 실질적으로 지배한 關東軍의 特務部가 「朝鮮人을 집단지에서 점차 단체별로 통제기관을 설치하며 아울러 지방으로 연락을 취하여 在滿日本의 최고통제기관인 關東軍의 지휘감독아래 각 지역 단체를 통제한다」는 것이었다.[24)]

이듬해 關東軍 特務部에서는 「朝鮮人의 이주는 적절한 통제를 도모하며 朝鮮人 이주를 위하여 特務機關으로 하여금 이주업무를 담당하게 하고, 이주 朝鮮人 營農에 필요한 토지는 駐滿洲帝國最高機關이 알선하며 駐滿洲帝國最高機關은 朝鮮總督府를 기관으로 하여 참여시킨다」[25)]고 계획하였다. 그러나 이러한 계획에도 불구하고 만주에서 행해진 東亞勸業의 농장경영은 朝鮮人은 물론 中國人들에게조차 호응을 얻지 못하였는데, 그 이유는 中國人들이 「日本人은 鐵砲를 빼앗고 토지를 빼앗고 그리고 中國人을 毒殺하려 한다」[26)]고 주장하며 東亞勸業의 토지수탈을 저지하였기 때문이다. 이와 같은 상황은 滿洲事變 이후 滿洲國이 수립되고도 계속되었는데 만주가 反帝·反侵略鬪爭의 最前線이 되어 反滿抗日의 슬로건 아래 中國人들의 항일의식은 더욱 높아졌으며 朝鮮과 中國共同의 적인 日本에 대해 연대투쟁까지 전개해 나갔다.

---

23) 滿鐵經濟調査會, 『滿洲農業移民方策 立案書類』 제2편 제1권 제6호, 1935, 400~437쪽.
24) ＿＿＿＿＿＿, 「滿洲に於ける移民に關する要綱案」, 『滿洲農業移民方策案』, 1932, 369쪽.
25) 關東軍移民部, 『滿洲國移民方策案』, 1934. 8.28.
26) 拓務省, 『滿洲開拓史 編纂資料の四』, 267쪽.

東亞勸業이 건설한 朝鮮人 安全農村의 건설지역은 日本人들이「自國의 식량확보와 兵士 그리고 농촌에서의 産業戰士확보를 위하여」[27] 창설한 自國民開拓村과 비교하여 보았을 때[28] 조건이 열악한 즉,「많은 匪賊이나 공산당의 소굴에 가까운 매우 위험한 지대로서 농촌개발에 있어 日本軍 守備隊 · 滿洲國警察 · 領事館警察官의 討伐 및 宣撫工作이 행하여졌던」[29]곳이었다. 이렇게 조건이 불리한 곳에 朝鮮總督府가 주가 되어 拓務省 · 關東軍 · 日本大使館 · 滿鐵의 협력을 얻어 安全農村 건설자금의 1/3은 朝鮮總督府가 부담하였으며 東亞勸業에 보조금을 주어 건설한 朝鮮人 安全農村은 1932년 鐵嶺安全農村을 시작으로 다음해인 1933년에는 營口安全農村 · 河東安全農村을 건설되었으며, 1934년에는 綏化安全農村등 4개소 安全農村의 총면적은 7,200町(水田 5,400町)이었으며 수용농가는 2,400호, 11,000명에 달하였다. 이어 마지막 장소인 三源浦安全農村이 1935년도에 건설되어져 安全農村은 5개소에 이르렀으며 경지면적은 11,300町(水田 9,200町)이었고 4,100호, 20,500명을

---

27) ______,「滿洲開拓第一期五個年計劃要覽」,『拓務時報』, 1942, 96쪽.

28) 일본제국주의가 이민한 곳은 未耕地로 버려진 토지가 아니라 强權的으로 총칼을 앞세워 확보한 토지가 많았다. 실예로 1941년 4월까지 2,000萬헥타르(2,000萬헥타르는 滿洲국총면적 1億 4,000헥타르의 14.3%)였고 그 가운데 旣耕地가 17.6에 상당하는 350萬헥타르(350萬헥타르는 당시 일본 본국경지면적 600萬헥타르의 58.5%이고 당시 滿洲旣耕地 1,500萬헥타르의 23.4%나 됨)였고 이 350萬헥타르 가운데 일본인이민에 의하여 경작된 토지는 겨우 23萬 9千헥타르뿐이었다.(1943년 현재 23萬 9千헥타르는 收奪旣耕地로 351萬헥타르의 6.8%) 이리하여 중국인으로부터 폭력적으로 빼앗은 旣耕地의 대부분을 滿洲拓殖公司管理地(이 管理地의 많은 곳이 중국인農民 내지 朝鮮人農民에게 小作地로 貸付되었고 소작율은 3割 內外) 혹은 旣耕地였었다. 耕地面積에 있어서도 安全農村의 朝鮮人이 戶當 2町~2.4町인데 반하여 일본이민은 10 町이나 되었다.
(淺田喬二,「日本帝國主義と滿洲移民」,『滿洲移民と被差別部落』 1989, 40쪽 및 三井報恩會,『滿洲移住地視察報告書』, 1935, 43쪽)

29) 朝鮮總督府官房外事課,「朝鮮人安全農村の經營管理と福利增進施設」,『會報』 제38호, 1936, 19쪽.

수용하였다.[30)]

東亞勸業에 의해서 운영되어온 5개소 安全農村은 1936년 9월 9일 국책수행을 위하여 朝鮮總督府가 제69회 帝國議會에서「朝鮮同胞의 滿洲移民에 관한 사업을 통제하기 위한 기관」[31)]으로 존속기관 30년 (자본금 20,000,000円 1株 50円씩 400,000株)의 特殊法人인 鮮滿拓殖株式會社[32)]의 간판을 서울에 달았으며 이어서 5일후인 9월 14일에는 鮮滿拓殖株式會社가 전액 出資하여 만주의 長春에 滿洲國特殊法人인 滿鮮拓殖股份有限公司[33)](1938년 7월 4일 滿鮮拓殖株式會社로 개칭함)가 당시

---

30) 東洋協會調查部,『朝鮮農民の移住問題』, 1936, 19쪽.
　姜生永助,『農業と經濟』, 1942, 142쪽.

31) 朝鮮總督府官房外務部,「滿洲に於ける朝鮮同胞」,『朝鮮』, 1938, 48쪽.

32) 滿洲事變 이후 朝鮮人이민의 安全農村 집단부락 등의 시설이 제각기 행하여짐에 이를 종합하며 통괄하려고 서울에 세운 公司로「15년간에 16萬戶 100萬의 朝鮮人을 滿洲로 이민시키기 위한 移民國策遂行特殊會社로 滿鮮股份有限公司에 대한 투자를 주로 하고 그 외에 西北鮮에서 행하여지는 개척을 돕기 위한 것이었다. 役員은 總裁 1人 理事 3人 以上 監事 2人 이상이며 總裁는 조선총독이 임명하고 이사는 주주총회에서 선출하여(2倍數)총독이 임명하고 감사는 주주총회에서 선임하도록 되어 있었다 대주주는 東拓 10萬株, 滿鐵 10萬株, 殖産銀行 6萬株, 朝鮮銀行 4萬株等이고 개인으로는 閔大植 2,000株 河駿錫 1,200株等이었고 資本金 1,500萬円(30萬株, 1株50円으로 중점사업은 ① 滿鮮拓殖股份有限公司에 대한 투자 ② 이주자를 위해 필요한 토지의 취득 및 경영 및 처분 ③ 이주자를 위해 필요한 자금의 대부 ④ 이주자를 위해 필요한 건축물의 築造賣買 및 貸借 ⑤ 이주자를 위해 필요한 토지의 委託에 의한 경영관리 ⑥ 前各號의 附帶事業 (『滿洲年鑑』 1941年版, 1942, 371쪽 및 앞의 책,『朝鮮農民の滿洲移住問題』, 24~25쪽)

33) 朝鮮의 移住民과 在滿朝鮮人의 保護撫育을 위하여 滿洲國 政府의 칙령에 의하여 자본금 1,500萬円(30萬株 1株 50円)으로 1936년 9월 14일 설립된 이 회사는 滿洲國의 융성발전에 기여하고 동시에 朝鮮 특히「南鮮의 人口稠密을 緩和하며 동시에 日本에 渡航하는 조선노동자 문제해결에도 기여하고자 설립된」國策會社로 자본금은 전액 鮮滿拓殖株式會社에서 출자하였다. 회사 존속기간은 30년(정부의 허가를 얻어 연장가능)이며 役員은 鮮滿拓殖株式會社役員이 겸임하였다. 이 회사의 중점사업은 ① 朝鮮으로부터의 新規移民統制 ② 在滿朝鮮人의 統制集結 ③ 在滿朝鮮人 소작농의 自作農創定 (『滿洲年鑑』 1939年版, 1940, 328쪽

「100萬을 헤아리던 在滿朝鮮人의 통제를 위하여」 설립되었다.[34] 이러한 특수회사가 서울과 만주 두 지역에 설립 된 것은 在滿朝鮮人과 朝鮮으로부터 만주로 이주하는 朝鮮人의 통제를 원활히 하기 위해서였다.

滿鮮拓殖株式會社가 설립되자 東亞勸業의 사업과 재산을 계승[35]받게 되었고 朝鮮人安全農村의 재산도 모두 引繼받게 되었다.[36]

Ⅲ. 營口安全農村의 建設

1. 農村地域의 設定

1933년 2월 11일 朝鮮總督府는 「만주에서의 鮮農自作農創定」이라는 美名下에 朝鮮人 安全農村 건설을 위하여 營口부근의 실지조사에 착수하였다. 조사일행은 總督府 파견원 4명과 東亞勸業側 기술원·측량인부·통역 등 약30명으로 조직되어졌는데, 이들은 경찰관과 滿洲國側 군인 50명의 경비를 받아 총3반으로 나누어져 安全農村지구의 高低측량과 함께 遼河工程局·營口觀測所·營口水電會社에서 행한 용수원으로서의 遼河의 수량, 干滿의 차, 기상상황, 전력배급관계 등에 대한 조사를 하였다.[37] 그후 이를 종합하여 開田에 필요한 연구결과 南滿 奉天省 營口縣 田庄臺 부근 양쪽이 최적의 적지로 선정되어져 이곳에 營口安全農村을 건설하기로 하였다.

營口安全農村의 위치는 營口縣下 第7區 小振子房村의 관할지로 小振

및 1941年版, 1942, 367쪽)

34) 같은 책, 1941年版, 1942, 367쪽.

35) 滿洲國民政府拓務司, 「滿洲に於ける朝鮮人槪況」, 『朝鮮』 제265호, 1937. 6, 934쪽.

36) 朝鮮總督府, 『朝鮮總督府施政三十年史』 1940년도, 914쪽.

37) 東亞勸業株式會社, 『河東·營口·鐵嶺·綏化 安全農村建設の經過並に現狀』, 1934, 23쪽.

子房村 前方이 遼東灣으로 향하여 전개되어있는 一大集團草生地이다. 동쪽으로는 奉山支線[38]을 따라서 大遼河에 인접하여있고, 서쪽으로는 약2리정도 遼東灣에 면하고 있으며 河北田庄臺 兩驛사이에 위치하여 교통이 편리한 신설농촌 지역이다.[39]

이 지역의 강우량은 年700mm정도로 大連지방과 큰 차이가 없으며, 이와 함께 日照時數蒸發量이 좋아 南滿지방에서 벼농사를 하기에 좋은 지역으로 꼽혔다. 또한 地勢는 해안지 특유의 평탄한 지형으로서 제4기층 지질에 속하는 大平野지대였다. 단 대부분의 지역이 점성이 강한 회색 埴土로서 수분의 침투가 양호하였으나 강염기성 토양으로 鹽類함유량이 많으므로 朝鮮에서의 干潟地사업의 실적을 본보기로 3년간 완전한 除鹽을 실시하게 되면 상당히 좋은 성적을 낼 수 있는 지역[40]이라 하여 除鹽作業을 실시하였다.

營口安全農村은 水田 2,400町步, 宅地 및 菜園地 100町步, 水路堤防通路 및 其他 500町步 총 3,000町步로 계획된 농촌지역[41]이었다. 朝鮮人農民 800戶(1家口當 5人을 기준으로 총 4,000人)를 1부락을 60戶로 하여 10개소, 80戶와 120戶 규모의 각 1부락씩 총 12개 부락을 창설[42]하려는 계획을 추진하였으나 토지매수계획에서 어려움을 겪다가 지방관헌의 조정에 의해서 해결을 보여 일부 부재자 및 도산, 준도산 관계에 있는 토지도 매수를 끝마쳤다. 매수가격은 일률적으로 1天地當 國幣 20圓으로 하였으며 1934년 6월말 현재 매수상황은 다음과 같다.[43]

---

38) 營口지역을 지나는 鐵道의 이름이다.

39) 朝鮮總督府, 『朝鮮總督府施政年報』, 1933년도, 545쪽.

40) 東亞勸業株式會社, 『河東·營口·鐵嶺·綏化 安全農村建設の經過並に現狀』, 24-25쪽 참조.

41) 朝鮮總督府, 『朝鮮總督府施政年報』 1935년도, 593쪽.
東亞勸業株式會社, 『河東·營口·鐵嶺·綏化 安全農村建設の經過並に現狀』에서의 계획면적은 水田 1,920 町步, 宅地 및 菜園 80 町步, 水路堤防其他雜地潰地豫借地 580 町步 총 2,580 町步로 기록되어 있다.

42) 같은 책, 593-594쪽.

〈표 2〉 農耕地 買收狀況 (1934年 6月末 現在)

	買 收 面 積	買 收 價 格
買收濟地積	2,927天地* (1,756**)	87,500圓
未買收地積	1,448天地(870)	28,960圓
總買收地***	4,375天地 (2,626)	58,540圓

♣ 비고 : * 1天地는 6反이다.
** ( )의 수치는 天地를 町步로 환산했을 때의 수치이다.
*** 未買收地는 주로 도산 또는 준도산관계에 있는 것이다.

水田耕作이 主가 된 營口安全農村에서의 灌漑는 중요한 것이었으며, 특히 營口安全農村은 2,400町步의 水田을 除鹽灌漑한 것으로 朝鮮人農民들은 共同出資와 공동노역의 의무가 있었다. 또한 遼河의 물을 用水로 쓰기 위하여 양수기의 설치 또한 필요했는데 이들 기계에 의한 대규모관개는 만주에서의 최초의 것으로 주목을 끌었다. 이들 관개시설 및 각종 공사의 종류는 다음과 같다.[44]

위의 표에서 직영공사에 使役된 朝鮮人農民의 出役 연인원은 97,000여명, 勞銀 75,000圓에 달한다. 이것은 使役된 朝鮮人農民 1人當 勞銀 0.8圓에 달하는 액수였다. 營口安全農村의 朝鮮人農民들은 수리관개시설비의 부담을 지고 있었는데, 그것은 農民 1가구의 收支豫想[45]을 살펴보면 지출항목에서 부과금 가운데 관개비가 책정되어 있는 것을 알 수 있다. 이것으로 보아 朝鮮人 安全農村이 在滿朝鮮人을 위해 건설되

43) 東亞勸業株式會社, 『河東·營口·鐵嶺·綏化 安全農村建設の經過並に現狀』, 25-26쪽.
44) 같은 책, 26~29쪽 참조.
45) 같은 책, 37~39쪽 참조.

〈표 3〉 營口安全農村 工事現況(1933年 12月 現在)

工事種類	工事樣式	施工者	工事數量
用水支線	直營	收容鮮農使役	延長 91,592.85미터
道路	同	同	同 6,034.30
排水幹線	同	同	同 7,264.00
排水支線	同	同	同 85,284.00
吐口, 護岸 工事其他	同	山崎組	
揚水機供給 및 揚水場 建築工事	同	朝鮮商工 株式會社	
用水幹線	同	山崎組	12條延長 39,902.10
堤防	同	同	延長 16,758.30
各種構造物	同	同	
建造物	同	上木組	事務所, 宿所, 其他附屬建物
平房建築	同	川畑組外	157棟
土幕	同	中谷組	71棟
假事務所	同	山住洋行	事務所 및 警官假駐在所
用水幹線鐵橋 架設工事	委託	奉山鐵路局	

었다고 하였으나 安全農村의 각종 건설에 朝鮮人農民이 무상으로 使役되었으며,[46] 이들 건물이나 수리시설 건설자금 또한 朝鮮人의 세금으

46) 滿鐵調査府, 『鮮人農家經濟調査報告』, 産業調査資料, 第38編, 1935. 를 살펴보면 1935년 농사를 위해 고용된 임시노동자의 경우 평균 13개월을 일한 대가로 130.00 円을 지급 받았다. 이는 1개월당 10 円을 받았다는 계산이 나오는데, 安全農村에서 사역된 朝鮮人農民은 1년 가까이 걸리는 공사에 임금으로 평균 0.8 圓을 받았다. 이것은 노동의 대가로 받았다기 보다는 무상으로 일했다고 표현하는 것이 더 적절하다고 하겠다. 또한 滿鐵資料課, 「營口地方に於ける朝鮮人事情」, 『滿鐵調査月報』 제175호, 1936. 4, 157-158쪽 에서의 朝鮮人 노동자 임금

로 징수되는 이중의 어려움을 朝鮮人農民이 겪고 있었음을 짐작할 수 있다.

2. 朝鮮人農民 收用狀況

1933년 營口安全農村의 朝鮮人農民 수용예정 계획 수는 800호로 처음에는 이들을 1933년 4월중에 수용할 예정이었으나 여러 가지 사정으로 인하여 5월 1일 安東으로 피난나왔던 朝鮮人 피난민 135戶 652名을[47] 수용하는 것을 시작으로 南滿洲 일대에 散在해 있던 朝鮮人 피난민들을 수용하였다. 같은 해 9월에는 군부의 알선에 의해 朝鮮步兵隊退役者 40戶도 수용하였고, 입촌자 가운데는 각종 사유[48]에 의한 退村者도 생겨나게 되었다. 1933년도에 수용된 朝鮮人農民은 636戶, 3,012名이었다.[49] 이듬해인 1934년도에는 朝鮮南部地方의 水害罹災民 465戶, 2,455名을 수용하였는데,[50] 朝鮮에서의 水害罹災民을 포함하여 당 農村의 入村者가 증가한 이유는 遼河일대의 低地가 水田에 적지라는 것이 점차 일반 朝鮮人農民에게 알려진 것은 물론 예상이상의 수확성적을

은 평균 1.50圓이었다.

47) 이들은 營口安全農村 건설공사를 위해 이틀 후인 5월 3일부터 使役되었다(같은 책, 30-31쪽).

48) 당초부터 營口安全農村에 入村意思가 없었으나 부근 旣成水田으로 入植할 목적으로 일시적 수단으로 들어온 경우, 勞役을 싫어하여 몰래 탈출하려는 경우, 老幼하여 노동능력이 없는 경우 등이다. 그러나 마지막 경우는 自意에 의한 退村이 아니라고 생각되고, 安全農村의 설립목적인 어려운 朝鮮人農民을 수용한다는 취지와 일치하지 않는다고 생각한다. 즉, 安全農村에 수용된 朝鮮人農民은 노동능력이 어느 정도 있는 家口에 한하였을 것이고, 생계가 어려운 朝鮮人農民을 위한 농촌이기보다는 朝鮮人農民의 노동능력을 이용하려고 세운 농촌지역이라고 생각한다.

49) 朝鮮總督府, 『朝鮮總督府施政年報』 1933년도, 547쪽.

50) 같은 책, 1935년도, 595쪽.

거두어 들여 營口安全農村의 존재가 朝鮮各地에 널리 알려진[51] 것에 있다. 1934년에 수용된 朝鮮人農民은 1,036戶, 5,102名에 달하였다. 이렇게 늘어난 營口安全農村의 수용인구는 1937년도 3월말에는 1,492戶, 7,532名[52]이었다.

당시 朝鮮農家 1戶當 배당면적은 水田 2.4町步, 宅地 0.1町步 합계 2.5町步였으며,[53] 1935년도의 部落創設 豫定數는 당초 安全農村 設定計劃인 800戶보다 조금 더 규모가 큰 60戶씩 12部落, 80戶와 200戶 규모의 각 1部落씩 總 14개 部落 1,000戶[54]였는데, 1934년도에 營口安全農村에 수용되어 있는 戶口 數가 1,036戶인 것으로 보아 東亞勸業의 계획보다 이미 많은 수의 入植者가 安全農村에 있었던 것으로 추정할 수 있다.

또한 1935년에는 1部落當 40戶 이상 110戶 이하의 규모로 10여개 部落에 3,000町步의 농지규모로 된 第2 營口安全農村을 건설하기로 계획하였으며, 기존에 세워진 安全農村을 第1 營口安全農村이라 하였다.[55] 第2 營口安全農村의 수용계획호수는 1,200戶였으며 1家口當 水田 배당계획면적은 2 町步였다. 1936년 3월에는 만주 내에서 거주하고 있던 朝鮮人農民 150戶, 666名과 朝鮮에서 이주해온 443戶, 2,124名 합계 593戶, 2,790名을 수용하였다.

3. 農業狀況

營口安全農村이 건설된 牛莊領事館內 營口縣에는 東亞勸業이 세운

51) 滿鐵資料課, 「營口地方に於ける朝鮮人事情」, 143쪽.
52) 朝鮮總督府, 『朝鮮總督府施政年報』 1936년도, 623-624쪽.
53) 東亞勸業株式會社, 『河東・營口・鐵嶺・綏化 安全農村建設の經過並に現狀』, 32쪽.
54) 朝鮮總督府, 『朝鮮總督府施政年報』 1935년도, 593-594쪽.
55) 위와 같음.

營口安全農村 이외에 金昌煥이 경영하는 河北農場을 시작으로 한 개인 경영 集團農場과 개별적으로 이주한 자유이민자들의 開墾으로 海城縣 第4區 剪子口, 下站子, 紅草泡 방면등에 朝鮮人農民들이 경작하는 토지가 많았다.[56] 만주에 거주하는 朝鮮人農民들은 대부분이 소작인으로서 滿拓의 토지를 경작하는 경우 他地主의 소작인이 될 수 없었는데 이에 대한 이유를 滿拓은「農事改良과 水利」때문이라고 하였지만 이것은 표면적인 이유에 지나지 않고 당 농촌내의 朝鮮人 통제를 위해서였다. 이런 이유로 滿拓에게 분배받은 토지만으로는 생활이 어려웠던 朝鮮人農民들은 부근의 中國人 소유의 토지 가운데 侵水로 인해 사용하지 못하는 곳을 소작의 형태로 2-3名이 하나의 契를 만들어 水田으로 개간하면서 농사를 짓는 경우도 있었다.

위에서 말한 剪子口, 下站子 지역의 朝鮮人農民들은 모두 30년간의 長期 商租계약을 맺었으며, 營口安全農村의 경우에는 永久的 商租계약 또는 2,3개년의 年租계약을 맺어 소작을 하였는데,[57] 장기계약이 많았던 이유는 營口農村地域의 수확이 순조롭게 진행되었기 때문이었다. 소작의 형태로는 分益小作으로 분배비율은 대부분이 절반이었고 地主는 肥料代의 절반, 揚水費·村公費 등 합계 1天地當 5円을 부담하였으며 그 외는 모두 소작인의 부담이었다. 추수가 끝나면 벼와 볏짚도 절반씩 나누었으며 學校組合費·農務契費 등은 모두 소작인의 몫이었다.

만주에서는 朝鮮과는 달리 기후관계상 水稻의 발육기간이 짧으므로 苗代를 만들어 이식하는 것이 없이 보통 直播에 의하여 행하였는데,

56) 滿鐵資料課,「營口地方に於ける朝鮮人事情」, 149쪽.
57) 위와 같음.
安全農村설정 당시에는 朝鮮人農民이 할당받은 경작지를 15년간 年賦償還하며, 任組하면 農民 개개인의 소유지로 된다고 하였다. 즉, 그들은 표면적으로는 자작농이 된다고 하였으나 朝鮮人農民이 갚아야 할 대부금의 부담은 무거운 것이었다(沖中守夫,「滿洲開拓農村現地報告」,『朝鮮』, 1941. 10, 16-17쪽).

〈표 4〉 營口住民의 職業別分布 (1935年6月30日現在)

職業別	戶數(戶)	從業者(名)			戶數/全體戶數(%)	職業別	戶數(戶)	從業者(名)			戶數/全體戶數(%)
		男	女	計				男	女	計	
農業	2,424	4,406	3.988	8,394	89.05	白米小賣業	3	10	2	12	0.11
精米業	7	28	1	29	0.26	料理店	6	8	33	41	0.22
肥料業	1	1	1	2	0.04	自動車運轉手	4	4	-	4	0.15
金貸業	3	4	-	4	0.11	理髮業	3	6	1	7	0.11
商業	16	33	19	52	0.59	印刷業	1	1	-	1	0.04
物品販賣	57	90	46	136	2.10	銀行會社員	18	15	4	19	0.66
牛乳製造業	1	1		1	0.04	官公吏	30	30	-	30	1.10
豆腐製造販賣	3	6	5	11	0.11	學校敎員	16	17	1	18	0.59
賣藥業	2	2	1	3	0.07	新聞記者	2	2	-	2	0.07
旅人宿	4	15	9	24	0.15	醫師	2	3	2	5	0.07
下宿業	1	1	1	2	0.04	醫術業	1	2	-	2	0.04
精肉店	1	1	1	2	0.04	職工	20	29	13	42	0.74
食料店	4	7	4	11	0.15	其他	69	103	39	142	2.54
日傭職	22	37	15	52	0.81	計	2,722	4,863	4,186	9,049	100

♣ 자료 : 滿鐵資料課, 「營口地方に於ける朝鮮人事情」, 『滿鐵調査月報』 제175호, 1936. 4, 145-146쪽을 참고로하여 작성하였음.

♣ 비고 : %는 소수점 셋째자리에서 반올림 하였음

1934년에는 營口農村의 開田面積 2,400町步 가운데 除鹽作業이 행해진 1,479町步를 朝鮮人農民 625戶에게 경작하게 하여 약 33,000石의 수확을 거두었는데 개화기에 강풍이 불고 결실기에 내린 이른 서리에도 불구하고 反當 2石이라는 예상이상의 수확[58]이었다.

이렇듯이 경작부분에서 좋은 성적을 거두었으며 경제적 안정을 위하여 부업으로 가마니(叺織)를 짜거나 새끼(製繩)를 꼬는 일에 종사했음에도 불구하고 朝鮮人農民의 생활은 어려웠다. 당시 營口縣에서 거주하는 朝鮮人들의 직업을 살펴보면 아래의 표와 같은데, 營口縣 거주 朝鮮人의 경제적 상황은 그 90%정도가 水田經營에 종사하는 것으로

〈표 5〉 營口安全農村 年度別 벼生産 (1934-1938年)

	戶數 (戶)	年度別戶 增加率 (%)	耕作 面積 (町)	耕作面積 增減率 (%)	反當 收穫量 (石)	反當 收穫量 增減率(%)	總 收穫量 (石)	戶當 收穫量 (石)	戶當 收穫量 增減率(%)
1934	1,036	100	1,479	100	2.23	100	33,000	31.9	100
1935	1,035	99.9	2,477	167.5	1.71	76.7	42,370	40.9	128.2
1936	1,628	157.1	3,519	237.9	1.64	73.5	57,730	35.5	111.3
1937	1,861	179.6	4,037	273.0	1.90	85.2	75,000	40.3	126.3
1938	1,700	164.1	3,955	267.4	2.32	104.0	84,192	49.5	155.2
平均	1,452	140.1	3,093.4	209.2	1.96	87.9	58,458	39.6	124.2

♣ 자료 : 朝鮮總督府, 『朝鮮總督府施政年報』 1933년도-1937년도.
_________, 『朝鮮總督府施政三拾年史』 1940년도. 913-920쪽.
참고로 하여 작성.

♣ 비고 : %는 소숫점 둘째자리에서 반올림 하였음.

58) 朝鮮總督府, 『朝鮮總督府施政年報』 1934년도, 586쪽.
당초 예상수량은 反當 1石 5斗였다.

나타난다. 즉, 농경의 성적여하에 따라 營口縣에 거주하는 朝鮮人 전체의 금융경제 방면에 끼치는 영향이 클 것이다. 위의 營口縣 거주 朝鮮人의 직업별 분포는 營口安全農村과 크게 다를 것이 없다고 생각되는데, 그러면 대부분이 水田農인 營口村의 朝鮮人들이 생산하는 벼가 어느 정도였기에 朝鮮人農民들이 경제적으로 어려웠는지 좀더 구체적으로 알아보겠다.

〈표 5〉에서 첫째, 營口安全農村 水田農業의 개척자였던 朝鮮人農民들의 戶別증가율을 년도별로 살펴보면 1934년을 100으로 하였을 때 년평균 140.1%의 증가율을 보였으며, 1936년에는 무려 179.6%가 증가하였는데 이는 第2 營口安全農村 건설에 따른 것이지 安全農村의 거주환경이 좋아져서 戶口 數가 증가한 것이라고는 생각되지 않는다.

둘째, 耕作面積을 살펴보면 1934년의 1,479町을 100으로 하였을 때 이듬해인 1935년에는 167.5%로 증가하여 2,477町이 되었고 1937년에는 273.0%나 증가한 4,037町으로 늘어났다. 그러나 다음해인 1938년에는 오히려 감소하여 267.4%인 3,955町이 되었다. 비록 耕作面積이 감소하였다고는 하나 평균 耕作面積 증감율인 209.2%와 평균 耕作面積인 3,093.4町보다는 높은 수치이므로 營口安全農村의 경우 耕作面積의 성적은 매우 양호하다고 할 수 있다.

셋째, 反當 벼 수확량을 보면 1934년의 2.23石을 100으로 보았을 때 이듬해인 1935년에는 76.7%로 감소하여 1.71石이 되었다가 1936년에도 73.5%로 감소한 1.64石의 수치를 나타내더니 1938년에서야 104.4%로 증가한 2.32石에 수확을 보였다. 1935년부터 1937년 3년간은 평균치인 1.96石에 미치지 못한 수확량을 나타낸 것이었다.

마지막으로 戶當 수확량을 살펴보면 1934년의 1戶當 31.9石을 100으로 보았을 때 이듬해인 1935년에는 128.2%로 증가하여 40.9石으로 수확량이 늘어났는데 1936년에는 111.3%로 감소한 35.5石을 나타내다가

1937년을 정점으로 126.3%로 늘어났으며 1938년에는 155.2%나 증가한 49.5石의 수확량을 나타내었다.

그런데 여기서 살펴볼 것은 耕作面積의 증감율과 反當收穫量 증감율·戶當收穫量 증감율은 현저한 차이를 보인다는 것이다. 이것은 결국 수치상의 耕作面積은 증가하였지만 耕作地에서 수확하는 양이 그에 비례하지 못하였다는 것이다. 이것은 곧 反當 수확량과 戶當 수확량에 영향을 미쳐 反當 平均値는 1934년의 수확량을 100으로 하였을 때 87.9%라는 낮은 수치를 나타내게 된 것이었다. 즉 營口安全農村의 朝鮮人農民들이 경제적으로 매우 어려웠다는 것을 입증하는 것이다.

그러므로 가난한 營口安全農村의 朝鮮人農民들은 생활을 하기 위하여 貸付를 받아야 하였는데 이러한 일을 담당하는 公的인 기관으로는 營口金融會가 있었다. 安全農村내 90% 이상의 朝鮮人農民이 營口金融會에 가입하여 營口金融會로부터 대출을 받고있기 때문에 日帝는 이것을 朝鮮人農民 통제기구로 이용하고 있었다. 보통 朝鮮人農民들은 매년 4월경부터 11월경인 약 7개월간 농경자금 및 생계비로 日步 4錢 5厘[59]로 융자를 받아 추수 후에 벼를 판 가격으로 부채를 갚았으며, 잔액은 다음해의 농경자금에 충당하였다.

4. 生活狀況

營口安全農村은 荒蕪地를 개간하여 만든 지역이므로 이주하여 온 朝鮮人農民들은 주로 土幕小屋에 기거하였으며 이곳에 수용된 朝鮮人農

59) 종래 營口金融會의 금리는 營口安 全農村의 경우 日步 3錢 5厘이었으며, 일반농장의 경우에는 日步 5錢이었는데, 日帝는 營口농촌의 水田經營이 발전하였다고 하여 1936년 4월 1일부터 금리를 營口安全農村은 1錢 인상하고 일반농장은 5厘 인하하여 일률적으로 日步 4錢 5厘로 통일하였다(滿鐵資料課, 「營口地方に於ける朝鮮人事情」, 156쪽).

民들에 의해 새로 이주해 올 이주민들을 위한 새로운 가옥과 경찰관 숙소등이 건축[60]되어졌다.

滿洲醫大와 滿鐵衛生試驗所에서 실시한 營口安全農村 地區내의 水質狀態 시험결과 음료수용도로는 적합하지 않다는 판정[61]을 받았음에도 불구하고 朝鮮人들은 우물물을 여과하지 못한 채 음료수로 사용하고 있었으며, 土幕에서 생활하는 朝鮮人農民들은 위생상태의 취약점으로 인하여 부락 내에 천연두를 시작으로 소화기관・피부병・호흡기병・기타 전염병이 많이 발생[62]하였다. 이런 이유로 朝鮮總督府의 보조를 받아 營口安全農村내의 중앙부락에 병원이 신설되었으며 촉탁의사 1명이 상주하면서 진료를 담당하고 있었는데,[63] 第2農村地區의 수용인구까지 9,000餘名에 달하는 지역에서 의사 1명만이 진료를 담당하고 있었다는 것은 朝鮮人農民의 위생상태에 대한 무관심 그 자체라고 할 수 있다. 왜냐히면 1935년 入村을 시작한 日本人 4次 移民團(濱江省 密山縣의 城下子와 哈達河의 移民村)의 경우 각 移民地區別로 병원을 세워 주었으며 임상경험이 있는 의사를 배치한 것과는 너무나도 다른 상황이었다. 日帝가 「이민사업의 중심문제는 위생문제[64]」라고 외친 것은 허구였으며 그들이 朝鮮人 安全農村을 건설한 것은 朝鮮人을 통제하여 만주통치를 용이하게 하면서 아울러 그들이 생산한 쌀을 수탈하기 위한 것이었다고 설명할 수 밖에 없다.

營口安全農村의 朝鮮人農民도 다른 安全農村과 마찬가지로 朝鮮에서

---

60) 朝鮮總督府, 『朝鮮總督府施政年報』 1934년도, 586-587쪽.
東亞勸業株式會社, 『河東・營口・鐵嶺・綏化 安全農村建設の經過並に現狀』, 27쪽.
61) 東亞勸業株式會社, 『河東・營口・鐵嶺・綏化 安全農村建設の經過並に現狀』, 24-25쪽.
62) 朝鮮總督府, 『朝鮮總督府施政年報』 1935년도, 596쪽.
滿鐵資料課, 「營口地方に於ける朝鮮人事情」, 158쪽.
63) 東亞勸業株式會社, 『河東・營口・鐵嶺・綏化 安全農村建設の經過並に現狀』, 34쪽.
64) 滿鐵産業部, 『移民地調査資料』 第2輯, 1937, 181쪽.

직접 이주한 것이 아니라 故國을 떠나 만주각지에서 흩어져 살고 있던 朝鮮人들이 滿洲事變으로 인하여 생활근거지를 잃은 경우가 대부분이었다. 그들은 營口安全農村에서 14개 部落으로 나뉘어져 생활하였는데 모든 일들은 契를 통하여 이루어졌다. 각 부락별로 農務契가 조직되어 農務契聯合會[65]와 연락을 취하였으며 農村에서 유일한 自活諮問機關이었다. 契에 대한 별도의 규약은 없었으나 契의 특성상 朝鮮古來의 契[66]가 그 효시가 되었다고 하겠다. 契를 통하여 자신들의 복리증진과 생활개선을 위하여 노력하면서 공동부역 등은 契長의 지휘에 따랐다. 일반적으로 만주의 朝鮮人村에서는 朝鮮에서와 마찬가지로 契의 최고 책임자인 契長은 村落의 최고령자가 자동적으로 되었으나 실제업무는 그를 보좌하는 有司가 담당하고 有司는 契에 가입한 집의 청년이 담당하였다.[67]

그러나 農務契聯合會長, 副會長은 농촌지도자의 추천에 의하여 朝鮮總督府의 인가를 받아야 하였으니 親日的인 인물이 취임한 것은 당연하다고 말할 수 있겠다. 실제로 農務契聯合會의 직원 대부분이 滿拓의

---

65) 1934년 4월 1일에 설치되어 營口安全農村 중앙구에 소재하였으며 「농무상호의 통제를 꾀하는 것」을 목적으로 하였다. 사업개황은 아래와 같다.
① 농사지도개량
② 농경용구 또는 일용품의 공동구입과 생산품의 공동판매
③ 농산품 개량에 관한 사항을 의논
④ 도로의 유지관리 및 통신에 관한 사항
⑤ 교육에 관한 사항
⑥ 보건의생에 관한 사항
등을 처리한다(東亞勸業株式會社, 『河東·營口·鐵嶺·綏化 安全農村建設の經過並に現狀』, 159-160쪽).

66) 契의 기능에 따라 경제적·정치적·교육적·종교적 집단 등으로 크게 구분할 수 있고 각 집단의 구성원이 중복되는 경우도 있었다(朝鮮總督府, 『朝鮮の契』, 1926. 朝鮮總督府, 『農山漁村における契』, 1939. 金三守, 『韓國社會經濟史』, 1965. 참조).

67) 洪鍾佖, 「在滿朝鮮人社會團體小考」, 『인문과학논총』 제10호, 명지대인문과학연구소, 1997, 175쪽.

출장원이었으며[68] 이로 인하여 營口安全農村의 朝鮮人農民들은 상호부조를 목적으로 하는 契의 본래 취지와는 달리 철저한 통제 속에서 契長의 지휘아래 생활하여야 하였다.

農務契는 위에서 설명한 것 이외에 중요한 업무가 하나 더 있었는데 그것은 安全農村내의 각 부락에 설치한 農務契에다 무장한 自衛團을 조직해 두었다는 것이다. 營口安全農村은 朝鮮步兵隊出身者 入村者를 중심으로 하여 18세 이상 45세 이하의 壯丁들로 自衛團을 조직하였는데, 이들은 1년에 한번씩 군사훈련을 받기도[69]하였다. 이렇게 각 農務契마다 武裝自衛團이 조직되어 있었다는 것은 部落의 안전을 위해서라는 표면적인 이유도 있었지만 그 이면에는 抗日遊擊隊의 활동을 막기 위해서 조직된 것이 아니었나 하는 의구심과 함께 그 명칭을 農務契라는 美名으로 포장하여 朝鮮人들이 거부감을 느끼지 못하도록 한 의도가 내포되어 있다고 본다. 이런 종류의 武裝自衛團은 다른 安全農村에서도 나타나고 있다.

日帝는 이렇게 安全農村의 朝鮮人에 대한 통제를 하는 것만으로도 마음이 놓이지 않아 營口安全農村의 경우 營口시내에서 가까운 곳에 위치하기 때문에 匪賊[70]이 자주 출범한다고 하면서 평상시에도 營口警察署 경찰관 20名을 상주시켰는데 이들은 기관총까지 소지하고 있었다. 安全農村內 農民들로 이루어진 武裝된 自衛團이 조직되어 있었는데도 일반권총이 아닌 기관총을 갖춘 경찰관이 상주한 것으로 보아 단순히 농촌주민의 안전과 치안을 위하여 있는 경찰관이라기 보다는 전투에 임하는 군인의 모습이었다. 朝鮮總督府와 東亞勸業은 安全農村을

68) 滿洲移住協會, 「榮興村」, 『開拓』 제6권 제9호, 1942, 13쪽.
69) 朝鮮總督府, 『朝鮮總督府施政年報』 1936년도, 625쪽.
滿鐵資料課, 「營口地方に於ける朝鮮人事情」, 154-155쪽.
70) 朝鮮總督府측 문서에는 匪賊이라고 기재되어 있는데, 이는 抗日遊擊隊를 지칭하는 것이라고 본다.

건설할 때 항일유격대가 자주 출몰하는 지역을 중심으로 하여 安全農村 지역을 선정하였으며 朝鮮人農民과 피난민의 경제적인 안정을 위해 安全農村을 건설했다는 표면적인 이유 뒤에, 독립운동을 위해 싸우는 항일유격대의 활동을 저지시키고 나아가서는 유격대와 朝鮮人農民들간의 접촉을 엄격히 금하여 독립운동의 기운이 퍼져나가는 것을 철저히 막고자 한 日本의 저의를 알 수 있다.

營口安全農村에 거주하는 朝鮮人農民들의 생계비는 어느 정도나 들었으며 公課金은 얼마나 부담하였을까?

우선 생계비를 보면 1934년도에 있어서 1家口當 1年間 5人家族을 기준으로 하여 236圓 80錢이 들었으니 매월 평균 1家口當 20圓, 1人當으로는 每月 4圓정도 든 셈인데 그 가운데 食費가 약 35.5%인 84圓이었으며 衣服費는 약 6.3%인 15圓이었다. 光熱費·保健費·文化費등을 포함한 雜費는 약 10.1%인 24圓에 불과 했던 것에 비하여 朝鮮人農民들이 납부해야 할 公課金은 稅金·灌漑費·聯合會負擔金 등이었는데 이것은 약 44.3%인 104圓 80錢에 달하여[71] 朝鮮人農民의 生計費의 반을 차지하는 높은 액수였다. 즉, 이들은 生計費의 절반을 각종 公課金으로 지급한 뒤 그 나머지를 가지고 食費·衣服費·其他 雜費에 충당하였으며, 이외에도 金融會로부터 빌려온 돈의 이자와 경작하는 땅에 대한 年賦償還金의 부담을 지고 있는 어려운 생활을 하였다.

營口安全農村의 教育問題를 살펴보면 1933년도에는 農民住宅을 개조하여 書堂 3校를 두어 校長이하 3명의 教員에 의해 간단한 교육을 시켰으며, 1934년도에는 朝鮮總督府로부터 校舍建築費用으로 12,000圓을 보조받아 6년제 보통학교를 신축하였다.[72] 이 학교에서는 朝鮮總督

71) 東亞勸業株式會社, 『河東·營口·鐵嶺·綏化 安全農村建設の經過並に現狀』, 37~39쪽.
72) 통학아동수는 書堂개설 당시는 140-150명에 달하였는데, 6년제 보통학교 신축 후 1934년도에는 남학생 320명, 여학생 80명, 총 400명의 아동이 교육을 받고 있었다.

府 教育令에 의한 6년제 보통교육을 실시하였으며 水田耕作의 실습을 통하여 농사지식을 함양하도록 하였다. 또한 학생수의 증가로 인하여 오전·오후의 2부제 수업을 실시하고 있었으며, 校舍의 증축을 의해 朝鮮總督府에 보조금 5,800圓을 의뢰하였다. 등교아동에 대해서는 수업료로 10斗씩을 징수받고 있었으며 학교운영을 위해 가을收穫後 일반 朝鮮人農民들에게 벼 1石當 1 升宛 4末出씩을 징수받았다. 1936년 당시 營口安全農村 학령아동 1,027명 가운데 취학아동은 624명이었는데[73] 이것으로 학령아동의 약 60.8%가 교육을 받고 있었다는 것을 알 수 있다. 1937년 3월말에는 보통학교 재학 아동수가 873명[74]으로 증가하였다.

당시 만주에서 거주하는 朝鮮人들은 자신들이 배우지 못하였기에 만주로 이주하였다고 생각하였고, 만주로 이주해왔음에도 불구하고 또다시 日帝가 세운 安全農村에 수용되었다고 생각하였다. 그리하여 그들은 子弟들에게만은 교육을 시켜야겠다는 생각에 어려운 여건에도 불구하고 교육을 시키고자 하였고, 경제적인 이유로 정규학교에 보내지 못하는 경우에는 農務契長의 알선에 의해 夜學校나 農閑期를 이용하여 교육을 받을 수 있는 계절학교에 보낼 정도로 교육열이 높았다.

營口安全農村 朝鮮人農民들의 宗教狀況을 살펴보면 儒教·佛教와는 달리 基督教의 활발한 활동을 볼 수 있는데, 이들 教會의 教派는 長老教였으며 신자확보를 위해 전도활동을 활발히 하여 營口縣의 경우 6개의 朝鮮人教會를 설립하였으며 營口安全農村에 이주한 朝鮮人農民들 가운데 基督教 信者들도 교회를 세우고자 信徒들의 기부금을 모았는데

---

73) 朝鮮總督府,『朝鮮總督府施政年報』, 1936년도, 625쪽.
滿鐵資料課,「營口地方に於ける朝鮮人事情」, 146-147쪽 참조.
東亞勸業株式會社,『河東·營口·鐵嶺·綏化 安全農村建設の經過並に現狀』, 34쪽.

74) 朝鮮總督府,『朝鮮總督府施政年報』 1936년도, 625쪽.

그 액수는 약 800圓에 달하였다. 安全農村經營主인 滿鐵側에서는 安全農村內에 교회를 세우는 것은 시기상조라 하여 교회부지를 사용하는 것을 인가하지 않다가 信者들의 끊임없는 요구로 부지사용의 허가를 내려 第1 營口安全農村內에 건축비용 400圓을 들여 南敎會를, 第2 營口安全農村內에는 건축비용 300圓을 들여 北敎會를 건축하여 1936년 6월부터 예배를 보았다. 이들 교회의 운영은 滿鐵의 보조를 받지 않고 모든 비용이 信徒들의 헌금으로 충당[75]되었는데, 경제적으로 어려웠던 朝鮮人農民들이 자신들의 어려운 생활가운데에서도 헌금을 내어 교회를 세우고 운영하였다는 것에서 安全農村에 거주하는 農民들의 신앙심을 엿볼 수 있다. 安全農村 수용인구 가운데 20%가 기독교 신자였다.

마지막으로 奉天省과 賓江省 지역에 설치되었던 5개의 安全農村의 내역은 다음과 같다.

〈표 6〉 安全農村 概況表 (1939年 10月末 現在)

安全農村名	戶　數	畓面積		償還年限	設定年度
		畓面積(總)	(1戶當)		
營　口	1,700(戶)	3,955(町步)	2.32(町步)	15(年)	1933(年)
河　東	684	1,642	2.40	10	1933
綏　化	446	1,060	2.37	15	1934
鐵　嶺	383	913	2.38		1932
三 源 浦	172	355	2.07	10	1935
合　計	3,385	7,925	2.31		

♣ 자료 : 朝鮮總督府, 『朝鮮總督府施政三十年史』, 1940년도, 914-915쪽.

75) 滿鐵資料課, 「營口地方に於ける朝鮮人事情」, 148~150쪽.

1939년 10월말까지 건설된 〈표 6〉의 安全農村 概況을 살펴보면, 모두 3,385호의 朝鮮人 농가가 수용되어있었음을 알 수 있다.

또한 1941년 日本人이 營口·鐵嶺·河東 安全農村을 시찰한 후 쓴 보고서[76]를 보면 당시의 安全農村의 상황을 파악할 수 있다. 營口安全農村의 경우 第1 安全農村과 第2 安全農村으로 구분되는데 第1 安全農村의 경우는 滿洲事變後 在滿鮮農 피난민을 수용하기 위하여 1933년도부터 주로 朝鮮南部를 중심으로 한 朝鮮全域에서 朝鮮人을 수차에 걸쳐 이주시켜 安全農村을 건설하였으며, 第2 安全農村은 그 인접지역에 1934-1935년에 在滿 사유이민을 수용하기 위하여 건설하였다. 1940년말의 第1·2 安全農村 합계 수용호수는 總 1,895戶이며, 耕地割當面積은 第 1安全農村의 경우 1戶當 2町 4反步, 第2 安全農村의 경우 1戶當 2町步였다. 耕作地는 15년간 年賦償還하며 이후 自作農이 된다고 하였다. 營口安全農村의 경우 관개, 배수시설이 완비되어 수확량이 많다고 하였다.[77]

보고서는 營口安全農村을 중심으로 기록되어 〈표 6〉의 경우와 같이 5개의 安全農村 규모 가운데 營口安全農村의 규모가 가장 컸다는 것을 짐작할 수 있다. 그러나 1941년 당시 安全農村상황을 기록한 자는 그곳에 수용된 朝鮮人이 아니라 시찰 나온 日本人이었으므로 安全農村이 지닌 문제점을 파악하거나 그것을 보고서에 기록하지는 못했을 것이다. 보고서 상으로는 그곳에 거주하는 朝鮮人이 매우 만족한 듯하나[78] 1935년 1월 1일과 1935년 11월 28일자 동아일보기사[79]와는 상반된다.

76) 沖中守夫, 「앞의 글」, 15～28쪽.

77) 1940년에는 反當 평균 2石 3斗 7升, 1호당 57石 7斗, 전 농촌에서 108,000餘石의 수확을 하였다.

78) '營口安全農村에 거수하는 農民 한사림에게 "조선의 농촌으로 돌아가고 싶으냐?" 물었더니 "지금은 돌아가고 싶지 않다. 지금의 생활에 만족한다."라고 하였다.' 라는 기록이 있음(위와 같음, 18쪽).

표면적으로는 自作農을 만들어 준다는 것이었지만 결국 日帝는 安全農村에 수용된 朝鮮人農民들을 日本 植民會社의 小作農이 되게 한 것이었다.

朝鮮總督府가 추진하고 東亞勸業이 건설한 朝鮮人 安全農村은, 滿洲事變으로 인하여 삶의 터전을 잃은 朝鮮人 피난민들, 경비력이 미치지 못했던 奧地의 農民들, 그리고 水害로 인한 朝鮮의 罹災民들을 치안상 중요한 지역이나 항일유격대의 활동구역 내에 건설되었다. 安全農村에 수용된 朝鮮人農民들에게는 삶의 기반을 제공하면서도 이들을 武裝化시켜 항일유격대세력에 대항하도록 준비시켜 항일무장세력을 제압하고자 한 것을 알 수 있다.

Ⅳ. 맺음말

위에서 살펴본 바와 같이 1931년의 滿洲事變으로 삶의 터전을 잃은 많은 在滿朝鮮人들은 자신들의 생명을 보호하기 위해 鐵道沿邊으로 모여들었다. 만주를 차지한 日本은 지배확립을 위해 만주지역에 自國民을 이주시키고자 하였으며, 朝鮮總督府에서도 朝鮮內의 과잉인구 해소책으로 滿洲集團移民을 계획하였다.

그러나 集團移民 이전에 시급한 문제는 滿洲事變으로 인하여 피해를 입은 朝鮮人 피난민들과 匪賊이나 敗殘兵들의 위험으로부터 보호받을 수 없는 奧地에 거주하는 朝鮮人들이었다. 이에 朝鮮總督府는 滿鐵監督下에 東亞勸業으로 하여금 朝鮮人 피난민들을 적당한 지역에 수용하

79) 安全農村에 수용된 이주민들간에는 東亞勸業에서 대부금을 너무 단시일에 회수(營口농촌의 경우 이 때문에 이주민의 1/4가량이 농장을 탈출)하고, 소작료가 보통소작의 약 2배나 되는 고율인점, 그리고 자작농 창정에 관한 발표가 늦어지는 점 등의 불평이 있었다.

여 「自作農創定」이라는 美名下에 集團部落을 건설하여 朝鮮人을 통제하고자 하였다. 그리하여 朝鮮人 통제를 위한 시범책으로 東亞勸業은 1932년부터 5개지역에 「安全農村」을 건설하였으며, 朝鮮人을 수용·통제함과 아울러 集團計劃移民을 위한 시험이민을 추가로 받아들이기로 했다. 이것은 「安全農村」의 원래 취지가 만주내 산재한 朝鮮人 피난민을 수용한다는 것이었는데, 이 「安全農村」에 朝鮮內에서의 수해이주민의 이주도 이루어졌다는 것에서 朝鮮人 통제를 위해 「安全農村」을 건설했다는 것을 알 수 있다. 또한 「安全農村」건설의 목적이 在滿朝鮮人의 自作農化를 목적으로 한다고 내세웠지만 실제로는 만주와 朝鮮에 대한 식민지통치를 더욱 확고하게 하자는데서 나왔다고 생각한다. 「安全農村」의 선정지역을 치안상의 중요지점이나 항일유격대의 출몰이 잦았던 지역을 선정함으로서 朝鮮人農民들과 독립을 위해 싸우는 항일유격대와의 접촉을 금하며 나아가서는 이들에게 대항하도록 「安全農村」의 주민들을 武裝化시켰다는 점에서 日帝에 의한 「安全農村」의 건설이 그들이 내세운 목표가 표면적인 것에 불과했다는 것을 짐작할 수 있다.

또한 「安全農村」에 수용된 朝鮮人農民들은 경제적으로도 어려움을 겪었는데 日帝의 開拓村이 戶當 10町인데 비하여 그들은 戶當 겨우 2町이 넘는 정도의 좁은 耕地를 경작하면서 수확양의 반 이상을 각종 부담금과 세금 등으로 지출하였기에 생활이 어려웠던 것은 당연한 이치라 하겠다. 때문에 「農務契聯合會」로부터 대출을 받아 생활해 온 朝鮮人農民들은 「農務契」의 통제를 받으면서 생활하였으며, 朝鮮總督府의 認可를 받은 者만이 農務契聯合會長·副會長에 취임할 수 있었던 것으로 보아 「農務契」또한 朝鮮總督府가 朝鮮人農民을 통제하기 위한 수단으로 이용한 기구임을 알 수 있다.

결국 日帝가 朝鮮人農民을 위험으로부터 보호하며 農民들을 自作農으로 만들어 주기 위해 만들었다는 「安全農村」은 그들의 표면적인 이유에 불과하였고 朝鮮人農民들은 통제를 받는 아래 어려운 생활을 하고 있었다는 것이 증명되었다.

〈白山學報 第53號, 1999.8.30. pp.283~312〉

1930~40년대의 韓人의 强制移住와 統制·安定政策*

崔 洪 彬**

〈目 次〉

Ⅰ. 머리말

지금 중국에 살고있는 200만명에 가까운 조선족은 연변을 중심으로 흑룡강성·요녕성·길림성(연변을 제외한 기타 지방)과 내몽골자치구와 북경 등 지방에 크고 작은 조선족집거지구를 형성하고 있다. 그들은 明末淸初로부터 월강 이주하여 온후 장기간의 역사과정을 거쳐 점차 집거지구를 형성하였다.

명말청초로부터 1945년 일제 패망까지의 한인의 만주 이주과정을 대체로 5개 시기로 나눌 수 있다.[1] 이 글에서는 다루고자하는 시기가 바

* 본고는 1997년도 「滿洲韓人移住史硏究」(국제협력공동연구응모과제 : 申瀅植 책임연구자)의 최종결과보고서의 제2차분이다.

** 중국연변대학교 민족연구소장

1) 제1시기(17세기 20~70년대)는 강박적으로 납치되어 이주한 시기이다. 제2시기는 봉금시기의 「범월잠입」 시기로서 대체로 1677년이후로부터 19세기 80년대까지이

로 1931년부터 1945년까지의 제5시기이다. 이 시기 이주사에 대한 기존연구를 보면 주로 독립운동사나 항일투쟁사의 시대배경으로 다루고 있는 것이 특징이다. 이들 연구는 일제지배정책하에서 전개된 한인이주를 독립운동이나 항일투쟁이 전개될 수 있었던 사회적 기반으로 서술하는데 그치고 있다. 그리고 전시기에 걸친 연구보다는 단계적인 연구에 제한되어 있었다. 따라서 20세기 30년대와 40년 전반을 이어가는 체계적인 연구가 이루지지 못한 실정이다.

이러한 점을 감안하여 본고에서는 기존연구에 기초하여 20세기 30년대와 40년대 전반기의 이주과정을 추적하여 보고자 한다. 그리고 1931년 「만주사변」이후 일제가 재만한인들에게 실시하였던 「안전농장」, 「가경농창정」과 「집단부락」정책들의 시말을 살펴보고자 한다.

Ⅱ. 20세기 30년대와 40년대 재만한인 이주사 개황

1931년 「만주사변」으로부터 1945년 일제패망까지의 14년동안을 재만한인이주사에서는 일제통치하에서의 "강제이주시기"라 한다. 이 14년간을 다시 3개 단계로 나눌 수 있다. 제1단계는 1931년 「만주사변」으로부터 1936년까지 강제이주의 준비시기이다. 제2단계는 1936년부터 1941년까지 집단이주시기이다. 제3단계는 1941년부터 1945년 8월까지 개척이주시기가 그것이다.

다. 제3시기는 移民實邊시기로서 1881년부터 1910년 일제가 한반도를 강점한 '이주제한시기'를 말한다. 제4시기는 자유이주시기이다. 이 시기는 1910년부터 1931년 「만주사변」까지를 말하는바 이 시기를 다시 1920년을 기준으로 두 개 이주단계로 나눌 수 있다. 제5시기는 일제에 의한 강제이주시기로서 1931년 「만주사변」으로부터 1945년 일제패망까지이다. 이 시기가 바로 본고에서 다루려는 시기이다.

1. 제1단계 : 강제이주의 준비시기(1931~1936년)

일제가 「만주사변」을 일으켜 무장으로 만주를 점령한 후, 그들앞에 놓여진 급선무는 주요하게 세가지였다. 첫째는 만주에서의 항일운동을 탄압, "토벌"하고 위만식민통치체계를 수립한 것이었다. 둘째는 만주를 중국 대륙을 침략하는 전략기지로 건설하기 위하여 일본인 만주 농업이민정책을 추진하는 것이었다. 셋째는 만주에 이미 거주하고 있던 한인에 대한 "통제와 안정"정책을 실시하는 것이었다. 그러므로 조선으로부터 한인 농민들을 만주에로 新規入植시키는 문제는 급신무로 제기되지 못하였다.

일제는 「만주사변」후 국내에서의 "과잉인구"문제를 해결하므로써 국내의 계급모순을 완화시키며, 만주에서의 민족비율을 개변시켜 만주를 제2의 "일본"으로, 만주를 지들의 영구적인 식민지로 전락시켜 중국대륙을 침략하는 전략기지로 건설하려는 구상에서 1932년부터 일본인 만주 농업이민정책을 추진하였다.

일본인만주농업이민정책은 대체로 시험이민시기(1932~1935), 본격적인 이민시기(1937~1941), 붕괴시기(1942~1945) 등 세 개 시기에 걸쳐 시행되었다.

1932년 2월 관동권에 의해 작성된 "이민방책안", "일본인이민안요강", "둔전병제 이민안요강"에서 일본인 만주 농업이민정책과 계획이 처음으로 형성되었다. 그 내용을 요약하면 다음과 같다. 일본인 농업이민을 "보충이민"과 "둔전제이민"으로 나누었다. "보통이민"은 수전경작을 아는 농민을 중심으로 구성된 이민단으로서 15년동안 10만호를 만주로 이주시킨다는 것이었다. "둔전제이민"은 재향군인회에서 서일본에 있는 5개 훈련소에서 훈련을 받은 자들로 이민단으로 구성하여 10년동안 만명을 만주로 이주시킨다는 것이었다.2)

「일본인이민안요강」에서는 "보충이민"이 만주로 이주한 이후의 토지점유방식과 토지점유지역에 대해 구체적으로 규정하고 있다. 토지점유방식을 보면, 만주국에서 구국유지·관유지·역산지를 무상으로 제공하고, 일반 민유지는 유상으로 제공한다고 규정하였다. 토지점유지역에 대해서는 자연적·경제적인 조건이 좋은 기경지와 치안이 안정된 동지철도 이남의 만철·길회·봉길·사정·정통·봉산·장대·제극·호해·길오 등 철도연선 양측으로 규정하였다.[3)]

「둔전병제이민안요강」에서는 둔전병제 이민의 이주지를 동지철도이북의 북만지역에 한정시켰다. 그 원인은 이 지역의 기후·풍토·사회경제적 조건이 어렵고, 또 소련과의 국방선상 중요한 위치였기 때문이었다.[4)]

위의 방책안과 요강외에 1932년 10월 만철경제조사회에서는 "일반농경지의 선정과 획득의 대책인"을 작성하여 일본인 농업이민 용지점유의 방책을 집대성하였다. 1933년에는 관동군 특무부에서 「일본인 이민실시 요강안」을 작성하여 「일본인 이민 대책안 요강」을 확충하고 구체화 하였다.

상기 정책과 계획에 따라 1932년 10월부터 1936년 3월까지 5차에 걸쳐 일본척무성의 주도로 "시험이민"(혹은 무장이민)들이 북만지역에로 이주하였다. 그 형태를 보면 다음과 같다.

제1차는 1932년 10월 13일 가목사 둔간 제1대대, 493호가 삼강성 화천현 영풍진에 이주하였다.

제2차는 1933년 7월, 가목사 둔간 제2대대 494호가 삼강성 의란현 칠호력에 이주하였다.

---

2) 『만주농업이민방책』, 9쪽.
3) 위의 책, 11~12쪽.
4) 위의 책, 101쪽.

제3차는 1934년 10월, 298호가 빈강성 수릉현 북대구에 이주하였다.

제4차는 1935년 5월 선견대 300호가 목단강성 밀산현 성자하에 이주하고, 1936년 3월에 200호가 합달하에 이주하였다.

제5차는 1936년 3월부터 목단강성 밀산현 영안툰에 300호, 조양툰에 300호, 흑대에 200호, 신농촌에 200호가 이주하였다.5)

일제가 만주를 무장으로 점령한 이후 그들이 제정한 만주농업이민정책에는 몰론 일본인 농업이민정책이 중요하고 선차적인 지위를 차지하였다. 그러나 한인과 중국인 이주문제에 대해서도 소홀하지 않았다. 1932년 9월 13일 일본관동군특무부에서 작성한 「만주이민요강안」에서는 이주민의 순서를 일본인 · 한인 · 중국인으로 규정하였다. 일본인 이주에 대해서는 적극적이고 계획적으로 추진하였다. 한인의 이주에 대해서는 장려도 하지 않고, 제한도 하지 않는 방임적인 태도를 취하였다. 그리고 중국인에 대해서는 제한하는 태도를 취하였다.

한인의 만주 이주는 한인의 만주 이주는 「만주사변」이후 한인들이 만주에로 이주하는 문제를 둘러싸고 일본관동군과 조선총독부, 만철 사이에는 의견분쟁이 있었다. 일본관동군은 아래같은 몇가지 점을 들어 한인의 만주이주를 제한하자고 주장하였다. 첫째, 「만주사변」을 통하여 비록 일본이 무력으로 만주를 점령하였으나 만주에서의 식민통치 질서가 아직 확립되지 못하였기에 "치안"과 "안정"이 선차적인 것이지 한인이주가 우선이 아니다. 둘째, 일본 국내의 "과잉인구"문제를 해결하고, 국내의 계급모순을 완화시키며, 만주에서의 민족비율을 개변하여 만주를 제2의 "일본"으로, 만주를 영구 식민지로 만들어 중국대륙을 침략하는 전략기지로 만들기 위해서는 일본이민이 선차적이고, 한인이민은 잠시 접어두어야 한다. 셋째, 만일 쌀농사에 특기를 가지고 있는

---

5) 『만주개척년감』, 1940, 58쪽.

한인 농민을 만주에 이주시키면 일본의 쌀값에 영향을 미치게 되고, 일본인 만주이주지가 줄어들며, 일본인 만주 이주자의 수전경작 면적이 줄어들게 된다. 넷째, 한인들은 "적화의 화근"이고 "반일의 선봉"이다. 특히 한인 엘리트계층의 만주에로의 이주는 조선통치상에서나 재만한인 취체상에서 가장 큰 장애를 가져다 준다는 등 이유를 들어 원칙적으로 한인들의 만주이주를 제한해야 한다고 주장하였다.6)

이에 반발하여 조선총독부와 만철에서는 조선 국내에서 날로 첨예화되어가는 민족모순과 계급모순을 완화하고, 한국의 파산농민들이 일본으로 유입하여 일본국내의 노동시장을 점유하는 것을 방지하며, 한인의 값싼 노동력으로 더욱 많은 만주의 자원을 약탈하기 위해서는 한인 이주민을 받아들여야 한다고 주장하였다.

한인 이민문제를 둘러싼 일본관동군과 조선총독부·만철 사이의 의견 충돌과 논쟁은 그들의 공동한 침략 이익선상에서 다시 타협을 보게 된다. 이에 따라 한인이민에 대한 일련의 정책을 〈표 1〉과 같이 작성한다.

〈표 1〉 한인 이주민에 대한 정책입안 과정

문건 작성 부서	문건 명	작성시기
만철지방농무과	만주에 있어서 이민책요강(선인의 부)	1932.1
동아권업회사	선농이식계획서	1932.1
전만조선인민회연합회임시대회	재만조선인 구호와 장래 이주장려 통제에 관한 계획	1932.1.25~27
만철경제조사회 제2부 농업반	농법의 설정안	1932.4
만철경제조사회 제5부	재만선인근본대책	1932.7
만철경제조사회 제2부 제1반	조선인이민대책안대강	1932.8
관동군	조선이주민처리요강	1932.12

6) 『만주농업이민방책』, 254~255쪽, 292~293쪽.

〈표 1〉에서 제정된 정책들의 내용을 요약하면 다음과 같다. 첫째, 기주 재만한인에 대한 "통제와 안정"의 방침을 확정하였다. 둘째, 한인 농민들이 만주에 이주하는 것을 저지도 장려도 하지 않고, 자연적인 추세로 방임하는 것을 한인이민대책의 근본방침으로 정하였다.[7] 셋째, 금후 20년 사이에 매년 5,000호씩 이민하여 10만호 한인을 자작농으로 창정한다는 것이다. 한인 농민의 자격은 혈족 또는 소지역에서 5호이상 농업 경영 경험이 있는 자로 구성된 단체여야 하고, 만주 재주 선농과 이민통제기관에서 인정하는 단체여야 한다.[8] 한인의 만주이주에 대해 통제하여야 하며, 특히 엘리트계층에 대해서는 더욱 통제해야 한다.[9] 넷째, 한인 이주에 대하여서는 두 시기로 나누어 계획하고 있었다. 제1기는 기주 남북 만주의 한농들을 모두 수용하여 자작농을 창정한다. 제2기는 조선 국내에서 신규 이민을 모집하여 만주에 이주시킨다는 것이다.[10] 다섯째, 1934년까지 「만주사변」에 의해 피해받은 재만한인을 모두 처리하고, 1935년부터 신규에 의해 한인 이주를 실시한다는 것이었다. 기주 재만한인 가운데서 반드시 처리해야 할 주요한 대상은 무고정 직업자, 불정당한 영업에 종사하는 자, 귀순자 등 2,300호이다. 그 중 약 400호는 동아권업회사에서 경영하는 하동과 영구농장에 수용시키고, 나머지는 영사관·총독부 혹은 개인들이 계획하고 있는 통화농장(할빈시 특무기관 계획), 강교농장(치치하르 영사관 계획), 파니하자농장(신경수리조합계획), 만보산농장(신경민회 계획), 간도자경농장(조선총독부 계획), 간도경비부락(간도영사관 계획) 등 농장에 수용시킨다는 것이다.[11] 1935년이후 한인이주자들에 대해 간도와 동변도의

---

7) 『만주농업이민방책』, 254쪽.
8) 滿鐵農務課 編, 『滿洲に於ける移民策要綱』, 1932. 1.
9) 『만주농업이민방책』, 292~293쪽.
10) 「연합회 연혁」, 『전만조선인민회연합회회보』, 1933년 3월호, 창간호.
11) 『만주농업이민방책』, 249~250쪽. 관동군 통치부, 『조선이주민처리요강』, 1932. 12.

적당한 지역에 수용시켜며, 또 이를 위해 일본군부와 조선총독부는 집단부락 구성, 자경농창정, 이민통제기관 설치 등 3가지 조치를 취한다는 것이다. 여섯째, 1932년 1월 동아권업회사에서는 봉천 부근에다 표준적인 소작농장을 창립하여 토지를 개간한다는 계획을 작성하였다. 이 계획에 따르면 자작농창정과 소작인모집을 통하여 동아권업회사의 지도아래 한농이 스스로 자치농촌을 형성하게 하여 최종적으로 강력한 통제와 집단화를 목적으로 하는 한인집단부락 계획의 모델로 만든다는 것이다.

상기의 내용으로부터 보면, 「만주사변」이후, 일제는 기주 재만한인에 대하여 「통제와 안정」의 방침아래 안전농촌·집단부락·자경농창정 등을 실시하여 재만한인들을 통제하려고 하였다. 1935년이후부터 받아들이는 한인이주민에 대해서도 간도와 동변도 일부 지역에 수용시켜, 기주 재만한인과 마찬가지로 안전농촌·집단부락·자경농창정 등을 실시하려 계획하였다.

이리하여 일제는 1932년부터 철령현의 난석산, 영구현의 전장대, 주하현의 하동, 수화현의 흥화, 유하현의 삼원포에 5개의 안전농촌을 설립하여 남북만의 3,500여 호 난민을 수용하였다. 1933년 연변에서 시작하여 「집단부락」정책을 실시하였다. 또 1933년부터 연변지구에서 「자경농창정계획」을 실시하여 1936년 12월까지 연변의 180개 촌락, 2,800여 호의 한인농민들을 "창정"대상으로 하였다. 한편 일제는 한인이주민에 대해서는 1932년 8월에 작성한 「조선인이민대책안대강」에 따라 제한도 장려도 하지 않고 자유방임하였다. 이리하여 「만주사변」후 수많은 파산된 한인 농민들이 만주로 이주하게 되었다. 1935년 이르러서는 10만명을 초과하게 되었다. 1933년부터 1935년까지 재만한인 인구증가수를 보면 〈표 2〉와 같다.

〈표 2〉 1933~1935년 재만한인 인구 증가표(단위 : 명)12)

년 차	남 만	연변 5개현	북 만	합 계
1933	190,608	405,953	59,771	655,972
1934	214,744	421,941	73,885	710,600
1935	248,367	453,345	98,350	850,062

2. 제2단계 : 집단이주시기(1936~1941)

1936년이후 특히는 「노구교사변」이후, 일제는 중국에 대한 본격적인 침략전쟁을 개시하였다. 일본관동군은 만주를 "대동아성전"의 병참기지와 후방공급기지로 만들기 위하여 일본인 이민지책을 실시함과 동시에 한인이주에 대한 종전의 방임적인 태도를 버리고 계획적인 이주를 실시하였다.

다시 말하면 1937년부터 시작된 전면적인 대중국 침략전쟁과 더불어 일제는 만주에 대한 본격적인 농업이민정책을 실행하게 되었다. 따라서 재만한인에 대한 정책도 이와 궤를 맞추어 종전의 "통제와 안정"정책으로부터 "통제와 무육정책"으로 전환하게 되었다. 한인이주에 대해서도 종전의 방임하던데로부터 계획적인 이주를 실시하게 되었다. 여기서 말하는 이른바 계획적인 이주란 통제와 강제적인 이주를 말한다.

일제의 만주농업이민정책에서 선차적이고 주도적인 것은 일본인 이민이었다. 이를 위하여 일제는 1932년부터 계획적으로 시험이민을 실

12) 朴昌昱, 「試論日本帝國主義在東北殖民統治時期對朝鮮族農民所實行的"自耕農創定"計劃」, 『延邊大學學報』(社科版), 1963년 제1기, 8쪽.

시하였다. 일제는 시험이민시기의 경험을 토대로 1936년 8월에 「20개년 백만호 개척민 계획」을 작성하고, 1937년부터 본격적인 일본인 이민을 실시하였다.

1936년 5월 11일 관동군은 대량적인 일본인 이민을 목적으로 新京에서 제2차 이민회의를 개최하였다. 관동군은 「만주농업이민백만호 이주계획안」과 구체 실시계획인 「잠행 갑종 이민실시 요령안」을 작성하여 회의 의제로 상정하였다. 일본정부와 만주국정부는 8월 25일 백만호 이주 계획을 廣田내각의 10대 국책의 하나로, 만주국정부의 국책으로 결정하였다.

일본관동군에 의하여 작성되고, 일본정부와 만주국정부에 의하여 결정된 백만호 이주 계획에 따르면, 백만호 이주 계획은 두 개 시기로 나누어 실행하기로 하였다. 전시기는 1937년부터 1939년까지다. 후반시기는 1940년부터 1942년까지다.[13] 백만호 이주 계획은 갑종이민(정부이민)과 을종이민(자유이민) 두가지 형태로 구분하였다. 그리고 1937년부터 향후 20년을 모두 4기로 나누어 5년을 1기로 하여 실시한다고 하였다. 제1기는 10만호, 제2기는 20만호, 제3기는 30만호, 제4기는 40만호씩 하여 모두 백만호를 만주에 이주시킨다는 것이다.[14] 백만호를 1호당 5명으로 계산하면, 20년후가 되면 재만 일본인이 500만명으로 되어, 만주 5개 민족 가운데 10%를 차지한다는 것이다. 이렇게 되면 만주에서 일본인이 핵심을 이루는 일본인 지배질서를 확립할 수 있다는 계산을 하고 있었다. 여기서 일본인 만주농업이민정책의 침략적 본질을 여실히 엿볼 수 있게 된다.

백만호 이민계획에 따르면 일제의 만주 이민 용지는 주로 국토개발, 국방상의 요구, 교통, 치안, 경작물 등 관계를 감안하여 선정하고, 만주

---

13) 天澤不二郎, 『開拓政策の展開』, 河出書房, 144~115쪽.
14) 『現代史資料』 11, 950쪽.

국정부에서 이것을 정비한다고 규정하였다.[15] 이러한 이민 용지 지역을 살펴보면 주로 북만지역이었다.[16] 북만지역은 개척되지 않은 토지가 많고 항일연군 활동이 활발한 지역이었다. 그리고 소만 국경지대로 앞으로 소련과의 전쟁을 념두에 두면 군사적 요충지대였다. 일본 관동군의 입장에서 보면 이러한 지방에 일본 이민을 이주시키는 것이 국토개발, 국방상의 요구와 치안 등 목적과 수요에 상응되는 지역이라 할 수 있었다.

백만호 이민계획에 따르면 일본인 만주농업이민을 담당하는 기관은 1937년 8월에 설립된 만주농업이민 대행기관인 만주척식공사였다.[17] 이 공사의 감독기관은 일만 두 정부에서 각기 6명 위원을 임명하여 실치한 만주척식위원회였다.

1937년 7월 7일 「노구교사변」을 계기로 전면적인 중일전쟁이 발발하였다. 그 이후 중일전쟁은 장기적으로 돌입하였다. 이에 따라 일본에서는 수많은 농업 노동력이 군대나 군사공정에 징용되면서, 농업노동력의 급속한 감소를 초래하였다. 이런 상황은 일본인 만주농업이민계획의 실행에 직접적인 영향을 미치게 되면서, 백만호 이주계획을 예상대로 시행할 수 없게 되었다.

이주계획의 제1차년도인 1937년에는 제6차 집단이민으로 5천호로 예정하였으나, 1938년말까지 겨우 4,059호로, 자유이민으로 예정하였던 1천호는 겨우 473호밖에 채우지 못하였다. 제2차년도인 1938년에는 제7

15) 『現代史資料』 11, 949쪽.

16) 일본인 이민 용지를 만주국정부에서 정비한다는 방침에 따라 이민용지가 선정된 지역은 ① 三江省 地帶 ② 小興安嶺 南麓 지대 ③ 齊齊哈爾 이북과 松花江 상류 지대 ④ 黑河·璦琿 지대 ⑤ 舊北鐵東北線 지대 ⑥ 京圖線과 拉濱線 지대 ⑦ 大鄭線 재대 ⑧ 遼河 하류 지대 ⑨ 洮索線 지대 ⑩ 三河 지대 ⑪西遼河상류 시내 등 시역으로 도지면적은 1,000만 町步였다(『現代史資料』 11, 949쪽).

17) 만주척식공사의 전신은 1935년 12월에 설립된 만주척식주식회사이다(『만주년감』, 1942, 308쪽).

차 집단이민을 1만호, 자유이민을 5천호로 예정하였으나 그 해 말까지 겨우 20%밖에 모집하지 못하였다. 그리하여 종전의 장년 개척민만 이주시킬 계획을 청소년 의용대를 이주시켜 장년 개척민의 부족 부분을 보충하는 정도에 이르게 되었다.[18]

이러한 상황에서 일제는 1939년 1월 19일과 12월말에 「개척농정요강」, 「만주개척정책기본요강」을 결정 발표하였다. 이에 따르면 일본개척민은 장차 동아의 새로운 질서를 확립하는데 초석이 되어야 하고, 만주의 신농촌을 건설하는데 지도적 역할을 담당해야 한다는 방침과 백만호 이민계획을 실현하기 위한 이민정책을 더욱 구체화 하였다.[19]

위에서 이미 살펴본바와 같이, 일제는 1937년 7월 중국에 대한 전면적인 침략전쟁을 발동한 이후, 재만한인에 대한 정책을 종전의 "통제와 안전"정책으로부터 "통제와 무육"의 정책으로 전환하였다. 이에 따라 한인 이주정책도 종전의 방임정책에서 계획적인 이주정책으로 바꾸었다. 따라서 재만한인이주사에서는 "집단이민시기"가 시작되게 된다.

그러면 일본관동군이 한인이민정책을 종전의 방임정책에서 계획적인 이민정책으로 전환하게 되는 이유는 어디에 있을까? 그 원인을 규납하면 아래와 같다. 첫째, 일본으로 유입하는 대량적인 한인 이민을 만주로 돌려놓아야 하는 것은 당시 일본 국내사정과 긴밀하게 연계되었다. 당시 일본으로 말하면, 1929년부터 1933년까지 세계경제공황에서 받은 상처를 미처 치유하기전에 새로운 경제공황을 맞이하게 되었다. 따라서 날로 증가하는 실업문제는 일본사회의 부담과 불안정을 초래하는 요소로 작용하고 있었다. 여기에 한인들의 일본에로의 유입은 해마다 증가되어 1936년에는 70만명에 이르렀다. 그 중 66만명이 체력노동자였는데, 완정 실업자 혹은 반실업자가 50만명이나 되었으니 일본사회의 부담과 불안정

18) 天澤不二郎,『開拓政策の展開』, 河出書房, 144~116쪽.
19) 위와 같은 책, 117~118쪽.

요소를 더욱 가중시킨 것은 명백한 사실이었다. 이러한 사회적 부담과 불안정 요소를 해소하는 유일한 방법이 바로 일본으로 유입하는 한인이주민을 만주로 돌려놓는 것이었다. 둘째, 조선총독부의 입장에서 보면, 날로 격화되는 조선국내의 민족모순과 계급모순을 완화시키고, "과잉인구"문제를 해결하자면 한국에서 만주로 이민을 대량적으로 송출하는 것이 매우 필요하였다. 1937년 7월 일제가 전면적인 중국 침략전쟁을 발동하여 조선이 일제의 대륙전쟁병참기지로 변한 이후에는 한인이민의 필요성이 더욱 절박하였다. 셋째, 만주에서의 "興農增産"을 위해서는 대량적인 한인 이민이 필요하였다. 「만주사변」이후 만주의 많은 토지가 황폐화 되었고, 또 단위당 수확고도 현저히 내려갔다. 이러한 상황은 일제의 대륙침략전쟁의 수행에 막대한 어려움을 가져다 주었다. 만주의 농업수확을 「만주사변」이전의 1930년 수준으로 다시 끌어올리는데 수전경작면적을 늘이고, 벼농사를 대폭적으로 늘이는 것이 가장 효과적인 방법이었다. 여기에 손꼽히는 적임자는 바로 남한 지역의 한인 농민들이었다. 넷째, 1936년에 이르러 일제는 만주에서의 저들의 식민통치질서가 기본상 "확립"되었고, 한인문제에서 늘 근심하던 치안문제가 기본상 "해결"되어 계획적인 한인 이민을 실시할 수 있는 사회적인 여건을 기본상 "형성"하였다고 판단하였다.

이리하여 일제는 일본인 백만호 이민계획과 함께 1936년 8월에 제정한 「재만조선인지도요강」에 근거하여 한인이민계획을 시행하게 되었다. 그리고 1936년 9월에는 한국의 서울과 만주국의 신경에다 각기 선만척식회사와 만선척식회사를 설립하여 한인 이민에 관련되는 보호, 통제, 지도하는 계획을 수립하도록 하였다.[20] 그러므로 이 두 회사는

20) 1936년 5월 11일 관동군 주최하에 신경에서 제2차 이민회의를 개최하였다. 이 회의에서 만주농업이민 백만호계획을 수립함과 동시에 한인이주를 주관하는 선만척식주식회사와 만선척식회사를 창설할 것을 결정하고 9월에 가서 두 회사를

사실상 일만 양국의 국책대행회사라 할 수 있다.

1936년 8월에 제정된 「재만조선인지도요강」은 첫째로, 새로 이주하는 한인이민은 특정지역인 간도나 동변도에 이주하게 하고, 기주 한인은 군사상의 수요와 현재 또는 장래 일본인이주를 방해하지 않는 범위 내에서 일정한 지역에 집단적으로 이주하게 하여야 한다고 하였다.[21) 둘째, 「재만조선인지도요강」이 작성된지 얼마 안되어 발표된 「조선인이민지도실시요령안」에서는 한인이민을 1936년 가을부터 1937년 봄까지 간도와 동변도의 23개현에 이주해야 한다고 구체적으로 명시하였다.[22) 그리고 23개 현 가운데서도 이주지 건설의 중점을 안도 · 왕청 · 혼춘 · 연길 · 무송 · 장백 · 집안 · 임강 · 흥경 · 휘남 · 금천 · 유하 등 12개 현에 두어야 하며, 이주지는 원칙적으로 집단부락이어야 하며 자경농창정을 목적으로 하여야 한다고 하였다.[23) 셋째, 한인농민에 대한 사무를 지도 통제하는 기관을 설치하는데 각 성정부에는 척정과나 척정고를 신설하고, 간도와 동변도의 23개 현에서는 척정판사처를 설립하며, 안도 · 도문 · 상삼봉 등지에는 만선척식회사의 선농보도처를 설치해야 한다고 하였다.

상술한 내용으로 제정된 「재만조선인지도요강」은 강제적인 한인이민 정책이라 할 수 있다. 그러므로 그 실시 결과는 계획과는 달리 큰 효과를 거두지 못하였다.

그리하여 만주국정부는 1937년에 「재만조선인지도요강」을 제1차로

설립하였다(『만주년감』, 1940, 340쪽).

21) 만철산업부, 『조선인농업자유이민처리규정』, 1~3쪽. 1936년 위만주국이 발표한 『재만조선인지도요강』 참조.

22) 간도와 동변도의 23개현이란, 연길 · 왕청 · 혼춘 · 화룡 · 안도 · 관전 · 환인 · 집안 · 통화 · 임강 · 장백 · 무송 · 무순 · 청원 · 흥경 · 유하 · 해룡 · 동풍 · 휘남 · 금천 · 몽강 · 반석 · 목릉 등 현을 말한다.

23) 만철산업부, 『조선인농업자유이민처리규정』(조선인이민관계참고자료), 40~42쪽.

수정하였다. 수정한 내용은 주요하게 두가지였다. 첫째는 강제적으로 시도하였던 국경지역 기주 한인에 대한 철수를 취소하고, 특수한 상황을 제외하고 원지에 안정시키는 완화된 조치를 취하는 것이었다. 둘째는 기주한인 통제집결지역을 남만을 중심으로 한 16개현으로 축소하여 결정한 것이었다.[24)]

기주 한인의 통제집결지역이 주로 남만으로 결정됨에 따라 봉천·안동 두성의 치안유지회에서는 1937년 4월 1일에 「봉천·안동 양성 이주선인 통제규정」 13개 조항을 발표하였다.[25)] 일본관동군도 1937년 4월 2일에 「남방위지구 이주선인 지도요강」을 발표하여 이런 지구들에서 시종 일관하게 치안 제일주의를 관철할 것을 강조하였다.

이러한 상황속에서 만주국정부 산하 개척민사무처리위원회에서는 1938년 7월 22일에 회의를 개최하였다. 여기서 「재만조선인지도요강」을 제2차로 수정하고, 「신농취급요강」 12개 조항을 결정하였다.[26)] 이 요강의 주요한 내용을 요약하면 다음과 같다. 첫째, 농업경영을 목적으로 만주에 신규입식하는 한인이주민은 매년 1만호로 통제한다. 둘째, 신규입식 이주민의 형태를 처음으로 집단·집합·분산 등 세가지로 규정하였다. 셋째, 종래의 신규입식지역인 23개 현, 집결지역인 16개현으로 지정된 제한을 원칙적으로 철폐하고 특정지역외에는 만주의 어떠한 곳에나 입식할 수 있다고 규정하였다. 넷째, 한인이주민들의 소질제고를 위하여 한국과 만주에 훈련소를 설치하여 이주민들을 지도할 수 있는 "간부"와 "중견인재"를 양성해야 한다고 규정하였다.

1939년 12월 22일 일만 양국은 「만주개척정책기본요강」을 제정발표

24) 16개현 기주 한인통제집결지역은 개원·철령·서안·서풍·영길·액목·돈화·쌍양·회덕·서란·화전·녕안·수화·태래·요남·통료 등 현을 말한다

25) 만철산업부, 『조선인농업자유이민취급규정』, 1937, 37쪽.

26) 『만주개척년감』, 1941, 292쪽.

하였다. 이 기본요강은 일만 양국이 한인이주민에 대한 또 하나의 대표적인 정책이고, 한인 이주민정책에서 하나의 획기적인 발전이라 할 수 있다.[27] 이 기본요강에서는 종래의 한인이주민을 처음으로 개척민이라 지칭하였고, 원칙상 한인개척민을 일본개척민에 준한다고 하였으며, 한인개척민에 관한 구체조항들을 규정하였다.

상술바와 같이 집단이주민시기의 한인이주는 1936년 8월에 제정한「재만조선인지도요강」, 1938년 7월 22일에 「재만조선인지도요강」을 제2차로 수정한 「선농취급요강」 그리고 1939년 12월 22일 일만 양국이 제정한「만주개척정책기본요강」에 의해 시행되었다.

이 시기 한인이주의 상황을 집단·집합·분산 세가지 형태로 살펴보면 다음과 같다.

집단이주민 : 집단이주민이란 시종 만선척식회사에서 전문적으로 취급하는 이주민을 말한다. 만선척식회사는 1936년 9월에 설립된 후 집단이주민들이 입식할 입식지를 조사, 매수함과 동시에 기타 필요한 준비를 추진하여 1937년부터 입식을 시작하였다.[28] 1939년까지 안도·왕청·심양·흥경·휘남·금천·유하·통화·화전·회덕·반석·목릉·영안·위하·연수·태래·반산·용진·눈강 등 현에 입식한 집단이주민부락은 147개, 호수는 9,000호, 인구는 49,000명이었다.[29] 그리고 1940년 11월까지 4개의 집단개척단 총 3,494호, 9,966명이 북만지구에 배치되었다.[30]

집단이주민은 원칙상 1인당 한전이면 4정보, 수전이면 2정보를 소유하게 하여 자작농으로 창정하는 것을 목표로 하였다.[31] 그리고 조선총

---

27)『만주개척년감』, 1941, 293쪽.
28)『만주개척년감』, 1940, 208쪽.
29)『만주개척년감』, 1940, 208~209쪽.
30) 위와 같은 책, 1941, 277쪽.
31) 만철조사부,『만주농업이민개설』, 103~105쪽.

독부로부터 주로 남한 각 도에서 집단이주민을 선정하였는데 1939년에는 충청남북도·경상남북도·전라남북도·강원도 등 7개도에서 3,000호를 선정하였다.[32)]

일제는 집단이주민과 집합이주민의 소질을 함양하기 위하여 한국과 만주에다 훈련소를 설치하였다. 훈련내용은 첫째, 황국신민의 덕성을 갖추고, 농민정신을 함양하며, 둘째, 만주국의 건국정신을 철저히 이해하고, "일만불가분"의 신념을 함양하며, 셋째, 이주지의 영농상 필요한 지식과 기능을 체득시키는 것이었다.

한국에서 총독부는 선만척식회사로 하여금 강원도 평강군 고삽면 세포리에 세포훈련소를 설치하고, 각 도에서 추천한 한인 청년 105명을 수용하여 1938년 1월 26일에 훈련을 시작하였다. 이 훈련소는 1939년까지 졸업생 478명[33)]을 만주로 파송하였다. 1940년 4월 1일부터 조선총독부가 이 훈련소를 접수하였다.

만주에서는 만선척식회사의 주도로 길림성 영길현 강밀봉에다 훈련소를 설치하고, 57명의 한인을 모집하여 1939년 11월부터 훈련을 시작하였다.[34)] 이 훈련소에는 간부훈련생과 중견청년훈련생이 있었다. 간부훈련생은 원칙상 유급이있다. 지원자 자격은 중등학교 정도 이상의 졸업생, 만 25세 이상의 남자였다. 목적은 개척단의 단장 혹은 지도원을 양성하는 것이었다. 훈련기간은 약 10개월, 그중 1개월은 개척지에 파견되어 현지훈련을 하였다. 중견청년훈련생은 무급이었다. 지원자 자격은 초등학교 졸업생, 만 20세 이상의 남자면 가능하였다. 목적은 노동훈련을 통하여 학술기능을 체득하는 것이었다. 훈련기간은 4개월이었다. 1941년 1월 1일부터 개척총국이 이 훈련소를 접수하였다.[35)]

---

32) 위와 같음.
33) 『만주개척년감』, 1941, 287쪽.
34) 『만주개척년감』, 1941, 287쪽.

집합이주민 : 집합이주민이란 1938년말에 인정받아 1939년 봄부터 실시되었다.[36] 집단이주민의 규모보다는 좀 작았다. 이주지의 주선은 만선척식회사가 하는 것 외에 다른 모든 것은 만주국의 위촉을 받은 지방금융회가 지도원조하는 것을 말한다.

집합이주민의 종류는 세가지로 나눌 수 있다. ① 1940년 봄 개척단법에 의해 종래 집단개척민이 집합개척민으로 개칭된 것, ② 1939년부터 구금융회에서 취급해오던 것을 1940년 4월부터 만선척식회사에서 인수한 것, ③ 1940년부터 정부가 직접 취급해 온 것이다. 1940년까지 집합 이주민 상황은 〈표 3〉과 〈표 4〉와 같다.

〈표 3〉 1940년까지 만선척식회사에서 신규입식한 한인농민 상황[37]

支店 別	건설한 부락수 (개)	입식호수 (호)	입식인구 (명)
신경	49	1,197	11,807
봉천	35	1,953	10,329
연길	79	5,910	30,726
목단강	11	912	5,134
북안건설사무소	24	2,810	6,274
정부에서 취급한 것	2	13,977	65,065
합 계	200	26,759	129,325

35) 『만주개척년감』, 1940, 212쪽.
36) 『만주개척년감』, 1941, 277쪽.
37) 『兩社五年史』, 72~74쪽.

〈표 4〉 1940년 구금융기관 및 정부엣 취급한 집합개척민 상황표[38]

종 류	支店 別	입식호수(호)	입식인구(명)
구금융기관에서 취급한 것	신경	100	521
	봉천	43	231
	연길	272	1,460
	목단강	464	2,469
	합계	879	4,681
정부에서 취급한 것	빈강성	195	805
총 합 계		1,074	5,486

분산이주민 : 분산이주민이란 사실상 장유이주민으로서 개척총국이나 지방행정기관에서 취급하는 것을 말한다. 분산이주민의 대상은 정책적으로 규정된 1만호, 5만명으로 제한되어 있기 때문에 한인 농민들은 이전처럼 아무때나, 마음대로 만주로 이주할 수 없었다. 따라서 한국측에서 발급한 이주증명서가 필요하였다. 그리고 한국측에서는 신의주·만포진·혜산진·상삼봉·남양에, 만주국측에서는 안동·집안·장백·개산둔·도문에 개척총국청정판사처를 특설하고, 이주 증명서가 없는 한인 농민은 세관을 통과하지 못한다고 규정하였다.[39] 따라서 개척총국의 통계에 의하면 1938년부터 1940년 사이에 만주에 이주한 분산이주민은 6,775호, 24,912명밖에 되지 않았다.[40] 이 통계숫자는 상기 5개 판사처의 공식수자로서 사실상 판사처를 통과하지 않고도 압록강

38) 『만주개척년감』, 1941, 280~281쪽.
39) 『兩社五年史』, 80쪽.
40) 『만주개척년감』, 1941, 282쪽.

과 두만강을 마음대로 건너 국경을 넘을 수 있었기에 분산 이주민의 수는 공식적인 통계수보다 훨씬 더 많을 것으로 추정할 수 있다.

일제의 한인이주정책에서 한국으로부터 한인농민들을 새롭게 만주로 이주시키는 것도 주요한 내용이었지만, 재만 기주 한인에 대하여 통제 집결하는 것도 또한 주요한 사업이었다. 일제는 재만 지구 한인에 대한 통제 집결을 치안제일주의에서 비롯되었다. 통제집결지역은 국방상·치안상 일본인 이민에 방해되지 않는 지역을 선정하였다. 처음에는 남만을 위주로 하는 16개 현에 국한되었으나, 후에는 북만지역까지 확대되었다. 재만 기주한인에 대한 통제 집결은 강제성을 띠고 있었다. 따라서 한인 농민들의 반발에 부딛혔다. 그럼에도 불구하고 일제는 한인들을 지정지역에 강제적으로 통제 집결시켰다. 그 형식은 주요하게 집단부락이었다. 일제는 1939년 10월까지 안도·왕청·반산·금서·유하·철령·회덕·반석·서란·이하·태래·서과전기·목릉·영안·대함장·벌리 등 현에 재만 기주 한인 2,730호, 12,221명을 통제 집결시켰다.[41] 1940년에는 신경·봉천·연길·목단강 등 支店에 재만기주한인 2,828호, 12,668명을 집결시켰다.[42]

집단이민시기 일제가 실시한 한인이민정책으로 하여, 수많은 한인 특히는 남한 농민들이 집단·집합·분산 등 이주형태로 일제의 강압적인 수단과 기편적인 수단에 의하여 만주로 이주하게 되었다. 그 결과 만주에서의 한인인구는 급속한 증가를 보였다. 1936년에 재만한인 인구가 854,411명이던 것이 1939년에는 1,065,523명으로 증가하였다.[43]

재만한인인구의 증가에 따라 만주에서의 수전경작면적이 현전히 늘어갔고, 벼 수확고도 높아갔다. 1938년이후 만선척식회사는 저들이 관

41) 『만주개척년감』, 1940, 210~211쪽.
42) 위와 같은 책, 285쪽.
43) 『재만조선인개황』, 제1장, 「인구통계」.

할하고 있는 한인 농민들을 이용하여 매년 1만정보이상의 수전을 개간하였다. 1939년의 통계에 의하면 재만한인 농민들이 경작하고 있던 수전면적은 244,003정보에 달하고, 벼 수확량은 6,757,004石에 달하였다. 이것은 당시 전만주 수전총면적의 85%와 전 만주 벼 총 수확량의 89%를 차지하는 것이었다.[44)]

3. 제3단계 : 개척이주시기(1941~1945.8)

일제는 1941년 태평양전쟁을 도발하면서부터 1945년 패망할때까지 한인에 대하여 개척이민정책을 실시하였다. 일제가 종전의 집단이민시기로부터 개척민이민시기로 전환한 것은 1936년 9월에 설립되어 한인 개척민에 대한 모든 행정업무와 정책집행을 담당했던 만선척식회사가 종래 일본인 개척민만 취급하던 만주척식공사와 통합되면서부터 시작되었다.

만주척식공사와 만선척식회사의 통합은 1939년에 제정한 「만주개척정책기본요강」에서 이미 제기되었다. 여기에서는 "만주척식공사를 개편해 만선척식회사를 통합하여 그 기능을 조절하는 동시에 개척사업의 일원화를 도모한다. 각종 개척민에 대한 공정한 보도조성과 민족협화를 적극적으로 이루기를 기대한다. 동시에 개척사업에 관계되는 금융, 물자배급 등을 전일적인 통제하에 각종 개척민의 특성에 맞게 적당한 방도을 취한다"[45)]고 하였다. 개척사업의 일원화를 위해 통합한다는 방침아래 물론 통합추진파와 통합반대파 사이에 논쟁이 있었지만, 이러한 논쟁은 어디까지나 일본 침략의 근본이익을 이탈하지 않는 전제하에서의 논쟁이었다. 또한 어떻게 하는 것이 침략이익에 더 유리하겠는

---

44) 개척총국 편, 『만선척식주식회사5년사』, 226쪽.

45) 『만주개척년감』, 1940, 15쪽.

가의 논쟁이었기에 일단 기본요강에서 통합이 결정된 후에는 통합반대파도 통합결정에 복종하였다. 기본요강이 제정된 후 두 회사 통합은 관계 기관의 일년반이란 착실한 준비를 거쳐 통합내용을 구체화하고, 1941년 6월 1일에 정식 통합조인을 하였다.[46)]

두 회사의 「통합처리요강」에서는 만주척식공사가 만선척식회사의 전부를 매수하고, 그것을 해산시키며, 만선척식회사가 해산한 후에도 그 주요 주주였던 조선은행과 동양척식회사 등 조선관계기관은 새로 조선인 개척사업을 조성하기 위하여 만주척식공사와 함께 그 자금을 조달히 위해 노력한다[47)]고 하였다.

한편 만선척식회사는 1941년 6월 10일 마지막 주주총회를 열고 해산을 선고하였다.[48)] 이렇게 되어 만선척식회사는 창립된지 4년 9개월만에 해산에 이르게 되었다.

만주개척공사가 한인개척민을 주요사업대상으로 하던 만선척식회사를 통합한후, 한인개척민에 대한 정책은 모두 일본개척민에 준하게 되었고, 만주개척공사에서 취급하게 되었다. 이리하여 만주개척공사는 개척부 경영과 가운데 제2경영계와 개척경영부에 제2금융계를 설치하여 특별히 한인개척민을 취급한 외 기타 모든 것은 일본인 개척민과 동일하게 취급하였다.

만주척식공사가 만선척식회사를 통합함에 따라 만주국은 1940년 5월 3일 34개 조항으로 된 개척단법을 공포하였다. 이에 따라 한인개척민에게 이 법을 적용하기로 하였다.[49)] 따라서 개척총국도 1940년 11월에 개척단법을 한인개척민에게 정식으로 적용하였다.[50)]

46) 『만주년간』, 1942, 307~308쪽.
47) 위와 같음.
48) 『兩社五年史』, 186쪽.
49) 『兩社五年史』, 187~188쪽.
50) 위와 같음.

만주개척공사가 만선척식회사를 통합한 후 興農部에서는 1941년에 「조선인개척흥농회설립과 조성지도에 관한 건」, 「조선인흥농회설립과 조성지도요령에 관한 건」을 공포하고[51] 개척지 경제활동을 원활하기 위한 목적으로 개척흥농회를 설립하였다. 이에 따라 일본개척민과 같은 한인개척민의 기구와 내용을 정비하고, 개척단법 내지는 조합법을 적용하였다.

일제는 태평양전쟁의 진전에 따라 1941년 12월에 만주개척 제2차 5개년 계획을 수립하고, 새로운 개척민입식계획을 작성하였다. 이 계획은 1943년부터 실시하게 되는데, 일반 개척민과 의용군 개척민을 합쳐 모두 22만호, 청년의용대 13만명을 입식시킨다는 계획이었다. 송출기간은 종전의 3~4년에서 1~2년의 단축하고, 첫해에 60%, 그 다음해에 40%로 하였다. 집단개척단은 반드시 50호 이상으로 구성되어야 하며, 종래의 집단과 집합으로 구별하던 것을 철폐한다고 하였다.[52] 이 계획에 따르면 한인개척민의 예정수는 3,000호, 일반 일본인 개척민 1,500호, 의용대 개척민 11,800호, 만주개척청년의용대 13,500명, 만주건설근로봉사대 11,100호, 일본 개척민 10,600호였다.[53] 이 계획에 따르면 태평양전쟁후의 전시체제에 적응하여 식량증산, 일본인 개척민중심, 기주한인 농민의 보도안정에 중점을 두고 있었다.[54] 여기서 한인개척민 입식은 거의 포기하다싶이 하고 있음을 알 수 있다.

일제가 제정한 새로운 개척민입식계획은 태평양전쟁이후 변화된 일본과 한국 국내 사정과 연계되어 있었다. 1937년 중일전쟁이후 일제가 조선을 「대륙병참기지화」하는 정책을 실시하였기에 조선국내에서도 노

51) 『만주년감』, 1943, 280쪽.
52) 『만주년감』, 1943, 257쪽.
53) 『만주개척년감』, 1944, 90쪽 ; 138쪽.
54) 위와 같음.

동력이 대량으로 필요했다. 또 중일전재의 진전에 따라 일본 국내에서 많은 청장년들이 전쟁 제1선에 끌려 나갔기에 후방에서 군수품을 생산할 수 있는 노동력은 매우 부족하였다. 이러한 상황에서 전쟁에 필요한 물자나 노동력을 전면적으로 동원하기 위해 일제는 1938년 4월에 「국가총동원법」을 발포하였다. 1939년 7월에는 「국민징용령」을 발포하여 일본 군사공업의 중용한 산업에 한인 노동자들을 배치하기로 하였다. 따라서 「국민징용령」을 한인에게 그대로 적용하여 한인을 대량적으로 모집하는 정책을 강행하였다.[55] 이리하여 1942년 3월부터 조선총독부를 매개로 보다 조직적이고 강제로 한인을 일본에 강제연행하는 정책을 실시하였다.[56] 이러한 결과 1945년 일제패망까지 한인징용노동자들이 일본 내지·화태·남양 등지에 근 40만명이 강제연행되었다.[57] 1940년을 계기로 한인이 일본과 만주로 이동한 수는 역전을 이루는 상황이 나타났다. 조선총독부가 1944년 8월에 작성한 「제85회 제국의회 설명자료」를 보면, 1936년부터 1940년까지 한인이 일본에 이동한 수(249,916명)와 만주에 이동한 수(255,991명)으로 거의 비슷하였다. 그러나 1941년부터 1944년까지 일본으로 이주한 한인은 363,327명이고, 만주로 이주한 한인은 6,500명으로 격감되었다.[58]

태평양전쟁이후 일제가 실시하던 일본인 백만호 이주계획은 그 실시가 매우 어렵게 되었다. 사실 제1기(1937~1941)계획에서 10만호를 입식시킨다고 하였지만 그 실행계획은 85,086였고, 5년동안 실제 입식수는 개척민 48,085명, 청년의용대훈련생은 31,661명이었다.[59] 이것은 원

---

55) 박경식, 『조선인강제연행기록』, 미래사, 1965, 50쪽.

56) 松村高夫, 「日本帝國主義下に於ける'滿洲'への朝鮮人移動について」, 『三田學會雜誌』 63권 6호, 59쪽 ; 87쪽.

57) 위와 같음.

58) 『조선근대사자료』 2, 205쪽.

59) 『만주년감』, 1943, 257쪽.

실행계획에 훨씬 못치는 숫자였다. 제2기 계획(1942~1946, 20만호 입식)은 중일전쟁과 태평양전쟁의 확대 그리고 국제정세의 긴박한 변화와 더불어 식량문제와 같은 새로운 문제들이 속출하면서 더욱 어렵게 되었다.

이런 상황에 대한 해결책으로 만주개척총국은 1942년 12월 8일에 「전시긴급실행방책」을 결정하고 1943년도의 개척중심목표를 "입식의 확보"와 "증산의 완수"에 두었다. 그리고 1943년 9월 일본정부는 일만 공동식량자급체제를 건립할 것을 공언하고, 만주국 긴급농지조성계획을 작성하였다. 긴급농지조성계획획에 따르면 신규조성지는 제2송화강 유역과 東遼河유역의 미경지를 개척하여 수전경작을 하는 것이었다. 그리고 기정의 계획중에서 조성할 토지는 학립강 · 연강구 · 태평진 · 흑대 · 신개하 · 음마하 · 차로하 · 후유이 · 수하 · 감남 · 반산 · 강평 등 12개 곳이다.[60]

일제는 긴급농지조성계획의 수요와 "국책개척민으로서 사명을 발휘하게 하기 위해 전시체제에 적응하여 식량증산에 적극적으로 가담해야 한다"는 제2차 5개년 계획에서 한인개척민에 대한 계획에 근거하고 일본인 백만호 이주계획에 어려운 것을 보충하는 수단으로 남한으로부터 수많은 개척이민단을 조직하여 만주의 북만 · 서만의 東西 遼河와 송화강유역의 황무지에 이주시켜 수전을 개간하게 하였다.

이리하여 1944년에 이르러 재만한인 인구는 1,658,572명으로 증가하였고, 1945년 일제가 투항하기 직전인 1945년 6월 1일 현재 재만한인 실제인구는 2,163,115명으로 증가하였다.[61]

---

60) 『만주개척년감』, 1944, 93~94쪽.

61) 『조선년감』, 1948, 玄圭煥, 『韓國流移民史(上 · 下)』 語文閣, 1967, 169쪽.

Ⅲ. 20세기 30년대와 40년대 일제가 실시한 "안전농촌"·"집단부락"과 "자작농창정"정책

만주사변과 만주국 성립후, 일제는 만주에서 식민지지배질서 확립에 박차를 가하였다. 식민지지배질서 확립에서 만주농업이민정책은 중요한 자리를 차지하였다. 만주농업이민정책이란 일제가 만주를 대륙침략의 기지로 건설하기 위한 목적으로 일본인 또는 한인을 만주에 이주, 정착시키는 것을 말한다. 그런데 일제는 만주사변직후 만주의 사회질서가 혼잡하고 사회치안이 불안정하며 식민통치체계가 아직 확립되지 못한 점을 감안하여 일본인 만주농업이민만을 실시하였다. 반면에 한인 만주이민에 대해서는 장려도 제한도 하지 안흔 방임정책을 취하였다. 그리고 재만기주한인에 대해서는 "통제화 안정"정책을 취하였다.

안전농촌과 집단부락의 건설, 자작농창정의 실시는 만주사변직후 재만한인들의 처지와 일제가 재만한인에 대한 "통제와 안정"정책의 필연적인 산물이라 할 수 있다. 재만한인들은 만주사변의 큰 충격과 중국패잔병이나 마적들의 피해를 받아 수확을 앞두고 하는 수 없이 모든 것을 포기하고, 유랑의 길에 오르게 되었다. 그리고 적지않은 재만한인들은 만주사변이후 일제의 침략을 반대하는 반일운동에 가담하였다. 재만한인들의 이러한 상황은 일제에게 여러 가지로 불안을 가져다 주었다. 그리고 만주사회치안에 가장 위험한 존재로 되었다.

이러한 상황에서 일제는 피난 한인들을 "구제"한다는 미명하에 강제적으로 집결시켜 그들을 조직화하고자 하였다. 이를 위해 치안대책상 통제하기 쉬운 일정한 지역에 집단거주시켰다. 그러므로 안전농촌과 집단부락의 건설 그리고 자작농창정의 실시는 일제가 재만한인에 대한 "통제와 안정"정책의 필연적인 산물이라 할 수 있다.

1. 안전농촌

안전농촌은 「만주사변」후 조선총독부가 재만한인을 위한 3개 사업 가운데 하나였다.[62] 안전농촌은 주로 남만과 북만에 건설되었다. 안전농촌건설에 필요한 토지는 주로 관동군과 대사관에서 주선하고, 동아권업주식회사가 조선총독부에서 보조한 자금으로 만주국 혹은 만주인 지주로부터 商租한 것이다.[63] 총독부의 위촉을 받고 동아권업주식회사는 1932년부터 1935년 사이에 철령 · 영구 · 하동 · 수화 · 삼원포 등 5개의 안전농촌을 건설하였다.

철령안전농촌을 난석산안전농촌이라고도 부른다. 1932년 조선총독부는 동아권업회사에 약 7만원을 보조하였다. 동아권업은 여기에 자기의 자금을 합쳐 모두 21만원으로 만철연선인 철령 남쪽 20Km 떨어진 곳에 위치하고 있는 난석산역의 서쪽에 약 600정보의 수전기경지를 매수하여 안전농촌을 건설하였다.[64] 1932년말 조선총독부의 독려와 동아권업이 여러 수단을 사용하여 만주사변 당시 천진으로 도망간 장작림의 매제 양춘방으로부터 426정보의 토지를 매수하여 한인농민 190호, 천여명을 수용하였다. 1933년말에는 233호, 1,271명으로 증가되었다.[65] 1934년에 예정되었던 토지매수는 기본상 끝내고, 관개수리시설도 완공되어 경작면적은 650정보에 달하고, 한 부락에 30~40호씩 나누고 8개 부락을 창설하였다.[66]

1933년 동아권업은 조선총독부에서 하동안전농촌과 영구안전농촌을

62) 조선총독부가 재만한인을 위한 3개 사업이란 안전농촌 · 집단부락건설 · 자작농창정을 말한다(「朝鮮總督府の三事業」, 『全滿朝鮮人民會聯合會會報』 27, 1935. 5, 107쪽).

63) 『全滿朝鮮人民會聯合會會報』 제4권 제4호, 1936. 4, 15쪽.

64) 「朝鮮人安全農村に就いて」, 『滿鐵調査月報』 제11권, 1934년 5월호, 99쪽.

65) 朝鮮總督府, 『朝鮮總督府施政年報』, 16, 1933, 551쪽.

66) 朝鮮總督府, 『朝鮮人移民問題の重大性』, 1935, 65쪽.

건설하기 위하여 보조한 비용 56만원으로[67] 하동안전농촌을 건설하였다. 商租계획면적은 수전 2,000정보와 한전, 택지 470정보 등을 합쳐 2,470정보였는데 그 중 기성 수전은 780정보였다.[68] 하동농촌에는 주로 만주사변과 북만에서 돌발한 수해에 의해 하르빈에 피난중에 있던 한인 농민들이 수용되었는데 851호, 3,485명이었다.[69] 조선총독부와 동아권업은 이곳에 이미 살고있던 한인과 중국인을 강제로 퇴거시키고 안전농촌을 건설하였다.[70]

1933년 조선총독부는 봉천성 영구현 전장대 부근에 영구안전농촌을 건설했다.[71] 원래 계획은 800호의 난민을 수용하고 미개간지를 개척하여 2,000정보의 토지를 얻어 전부락을 12개로 분할하여 방사도로를 건설하기로 하였다.[72] 이 지역은 염질토양의 황무지었기에 조선총독부와 동아권은 건설비용 90여 만원만 투자하고[73] 황무지 약 2,580정보를 상조하여 수전개간에 1,920정보, 가속 및 채소밭에 80정보, 수로·제방·도로에 580정보를 충당하였다.[74] 중국식 가옥·병원·보통학교·경찰분서·사무소 등을 건축하였다. 1933년 2월 안동·무순·봉천·해룡등지에서 온 피난민 600호[75]와 재향군인 40호, 181명[76]을 수용하였다. 1934년에 열하와 남한 낙동강 지역의 난민 500호를 수용하여 모두 1,817호, 5,482명을 수용하고 있었다.[77]

---

67) 『朝鮮總督府施政年報』 제16권, 1933, 539~541쪽.
68) 위와 같음.
69) 朝鮮總督府, 『朝鮮人移民問題の重大性』, 67쪽.
70) 『滿鐵調査月報』 제11권, 1934년 5월호, 101~102쪽.
71) 『조선총독부시정년보』 제16권, 1933, 540쪽.
72) 『滿洲評論』 제4권 제25호, 21쪽.
73) 西野雄治, 『滿洲移民農村の現狀竝に緊急移民對策』, 1935, 15쪽.
74) 「朝鮮人安全農村に就いて」, 『滿鐵調査月報』, 1934년 5월호.
75) 西野雄治, 『滿洲移民農村の現狀竝に緊急移民對策』, 1935, 16쪽.
76) 「朝鮮人安全農村に就いて」, 『滿鐵調査月報』, 1934년 5월호.
77) 朝鮮總督府, 『朝鮮人移民問題の重大性』, 1935, 63쪽.

1934년 3월에 조선총독부는 14만원을 동아권업에 보조하여 한인농민 400호, 2,000명을 수용할 수 있는 수화안전농촌을 건설하게 하였다.[78] 수화안전농촌은 중국인들의 한전을 매수하여 수전으로 개답하였는데 그 면적은 1,000정보, 수전건설비는 35만원이었다.[79] 수화안전농촌은 할빈 · 齊齊哈爾 · 海拉爾 등 도시에 피난한 직업없이 아편 등 금지제품을 밀매하는 한인을 수용할 목적을 건설하였다.[80] 1934년 4월 처음으로 285호를 수용하고, 이듬해에 수재민을 수용하여 모두 350호가 9개 농무세에 분산되어 있었다.[81]

1935년 삼원포를 중심으로 유하현 제4구와 제5구의 일부를 포함시켜 삼원포 안전농촌을 건설하였다. 토지는 총 470정보를 商租하였는데 400정보는 수전으로 개척하고 나머지는 택지와 기타 雜地로 계획하였다.[82] 여기에 수용하는 호수는 200호였는데 1936년 3월말까지 177호, 854명을 수용하였다. 삼원포 안전농촌은 외부의 피난한인들을 수용한 것이 아니라 그 토지의 소작인으로 있던 한인농민들을 전부 안전농촌의 주민으로 정착시켰다.

일제가 상술한 5개 안전농촌을 건설한 목적은 1932년 8월에 제정한 재만한인에 대한 "통제와 안정"정책에 따라 치안제일주의를 일관되게 관철하고자 하는데 있었다. 안전농촌을 건설한 5개 지방은 모두 만주사변 전후 반일운동이 활발한 지방들이었다. 이런 지방에 안전농촌을 건설한다는 것을 한인들을 집단거주시켜 그들을 통제하려는데 그 목적은 둔 것이 사실이다. 또 실제상 안전농촌에다 경찰서 · 자위단을 설치하고 재향군인까지 거주시켰다. 예하면 영구에 18명, 하동에 30명, 철

78) 『조선총독부시정년보』 제18권, 1935, 586~602쪽.
79) 西野雄治, 『滿洲移民農村の現狀竝に緊急移民對策』, 1935, 18~19쪽.
80) 『만주년감』, 1938, 357쪽.
81) 西野雄治, 『滿洲移民農村の現狀竝に緊急移民對策』, 1935, 18~19쪽.
82) 『朝鮮總督府施政年報』, 1935, 604쪽.

령에 2명, 수화에 15명의 경찰관을 주재시켰으며[83] 삼원포에는 1935년 6월말 조사에 의하면 일만 군경 200명, 한인자위단 100명, 만인자위단 24명을 배치하였다.[84]

1937년에 이르러 안전농촌의 경영은 조선총독부로부터 만주국으로 이관되었다. 따라서 조선총독부의 "안전농촌관계시설"도 모두 "만주국관계 관헌"에 인계하였다.[85] 연변(간도)으로부터 실시하기 시작한 자작농창정계획을 안전농촌에 도입하여 안전농촌의 한인 농민들이 자작농으로 되는 계획을 수립하였다. 이 계획에 따르면, 철령은 7년, 영구·수화·삼원포는 10년, 하동은 15년으로 하여 모든 자금을 분년 상환하기로 하였다.[86]

상술한 5개 안전농촌외에 조선총독부는 하북성 녕하현에 대량의 토지를 구입하여 북경·천진 그리고 경산선 연선에서 방황하고 있던 무직업 한인을 수용하여 장래 북중국에서 모범적인 시설로 될 수 있는 노대모범농촌건설을 계획하였다. 이리하여 1937년 5월부터 준비하기 시작하여 1940년에 예정된 공사를 완성하였다. 여기에 수용할 자를 처음에는 천진·북경·당산·산해관·석가장 등지의 무직업자들로 예정하였지만 후에는 중국인 소작농을 지도할 수 있는 우수한 농가를 입식시켜 농업경영의 모범을 보여주어야 한다는 목적으로 한국내에서 150호를 엄선하여 입시켰다. 이렇게 하여 1940년 수전농사를 처음 시작하였는데 1,700정보에서 벼 16,000여 石을 수확하였다. 이듬해에는 1,900정보에서 42,000石을 수확하였다.[87]

---

83) 『全滿朝鮮人民會聯合會會報』 제4권 제4호, 1936년 4월호, 19쪽.
84) 「時局ニ因ル避難朝鮮人ニ對スル措置」, 『外務省警察史-在滿大使館』 제2-119.
85) 『朝鮮總督府施政年報』, 1940, 649쪽.
86) 「東北墾殖史資料』, 3~128쪽.
87) 『朝鮮總督府施政年報』, 1940, 644~666쪽.

2. 집단부락

집단부락건설 역시 안전농촌과 마찬가지로 만주사변후 조선총독부가 재만한인을 위한 3개 사업중의 하나였다. 이는 일제 기주재만한인에 대한 “통제와 안정”정책의 필연적인 산물이며, 조선총독부를 포함하여 일본의 여러 기관에 의해 계획된 것이었다. 후에 만주국도 군부의 사촉하에 집단부락을 건설한다는 계획을 수립하였다. 그러므로 집단부락을 조선총독부에서 건설한 것과 만주국측에서 건설한 것으로 나누어 볼 수 있다.

① 간도지방에서의 집단부락

전만주에서 집단부락의 건설은 간도지방으로부터 시작되어 점차 다른 지역에로 파급되었다. 간도지방에서의 집단부락건설은 세차례 걸쳐 진행되었다. 조선총독부가 동양척식회사(아래에서는 동칙으로 약함)에 자금보조 및 기타 원조를 하고 간도총영사의 협력하에 조선인민회를 말단행정단위로 하여 自作自衛하는 집단부락을 건설하였다. 집단부락건설이 좋은 거두었다고 판단됨에 따라 만주국 간도지방정부측(당시는 間島省公署의 전신인 吉林公署特派駐延辦事處였다)에서도 민정부의 허가를 얻어 3년동안 92개의 집단부락을 건설하려고 계획하였지만 결과적으로 67개밖에 건설하지 못하였다. 이리하여 조선총독부가 건설한 것을 포함하면 전 간도지역에 건설한 집단부락은 80개나 되었다.[88]

집단부락을 건설하는 위치는 아래의 조건에 부합되어야 하였다.[89]

① 일만군경이 현재 주둔하는 지점과 가깝고 경비가 가능한 지역.

---

88) 『全滿朝鮮人民會聯合會會報』 제4권 제3호, 1936년 3월호, 86쪽.

89) 嘉村龍太郎, 「間島に於ける集團部落」, 『滿蒙』 제15년 제7호, 1934.7.

② 부근에서 경작할 수 있도록 경지 300정보 내지 400정보를 확보할 수 있는 곳.
③ 땔나무와 음료수를 얻기 쉽고 부락구축에 필요한 재료를 얻기 쉬운 등 생활환경이 좋은 곳.
④ 장래 오지를 개발하는데 거점으로 될 수 있는 곳 또는 부락에 수용한 호수 이상의 귀농 혹은 신규이주자들을 초래할 수 있는 지점.
⑤ 자동차가 통과하는 도로에 인접하고 또 부락용지와 경작지는 앞으로 도로를 닦는데 사용할 수 있는 곳.

이외에 한 개 집단부락을 형성하는 조건으로 100호에 반드시 소를 소유한 호가 30호 이상이어야 하며, 1개원이상 먹을 수 있은 식량과 당년에 파종할 수 있는 종자를 확보하여야 한다.[90)]

집단부락에 입주할 수 있는 자격자 조건은 첫째, 사상이 건실하고, 근면해야 함. 둘째, 가족에서 노동할 수 있는 사람 2명이상이어야 함, 셋째, 가옥이 불탔거나 피해 막대하여 원주지에 복귀할 수 없거나 다른 지역에 이주해 농업경영을 할 수 없는 자여야 했다.

집단부락의 수용자는 민회에서 선택하고 부락건설에 관한 직접적인 지도는 조선인민회에서 예속된 기술원이 책임지며, 각 부락은 일만군경의 지도하에 자위단을 조직하고 조선인민회가 조선총독부와 영사관의 지도감독하에 집단부락의 경을 맡아서 실시하였다.[91)]

집단부락의 구조는 농경지 중아에 일하는 부락민을 감시하는 망루를 쌓는다. 부락 주위는 토담(방어벽)을 쌓거나 혹은 굵고 긴 나무로 울바자를 세우고, 밖에는 깊이 3자, 너비 3자나 되는 해자를 팠다. 부락안에는 2호 1동, 2간씩 축사가 붙어있는 온돌가옥을 서로 이어 줄집을

90) 위와 같음.
91) 朝鮮總督府,『間島集團部落』, 1936,「제1차집단부락건설요강」.

짓는다 것이었다. 부락주위에는 동서남북에 4개의 대문을 세우고, 정문으로부터 부락중앙의 광장까지 통하는 도로에는 아무런 건물도 짓지 않는다 것이었다.92)

상술한 부락 위치의 선정조건, 부락민의 입주자격, 부락의 관리와 경영, 부락의 구조로부터 볼 수 있는 바, 집단부락의 건설은 재만한인들을 부락마다에 통제집결하여 집단거주케 하므로써 부락민들과 항일유격대의 연계를 단절하려는데 그 목적이 있었다. 또 집단부락은 실제상에서 인간지옥이었다.

제1차 집단부락건설은 1933년 4월 초순부터 중순까지로서93) 선정된 지점은 북하마탕·태양촌·중평·춘흥촌·세린하·세린하·장인강·토산자·청산리·낙타하자·탑자구 등 10개 부락으로 매 부락에 100호 기준으로 1,000호를 선정하였다. 자금은 조선총독부에서 1933년에 6만원을 동척에게 보조하고 36,000원은 동척으로부터 차입하는 형식으로 모두 96,000원을 동척에게 지불하였다.94)

제2차 집단부락건설은 1934년 4월초순부터 중순까지로서 선정된 지점은 금불사·상명월구·도목구·석문내·와룡호·용흥동·우심산·소백초구·목단천·오잠·전각루·석두하자·태평구·설대산 등 15개곳이었다. 여기에 제1차 예정지었던 탑자구를 포함하여 모두 16개 지역이었다.95) 자금은 1934년에 총독부에서 68,000원, 관동군에서 5만원, 금융부에서 6만원을 차입하여 지불하였다.96)

제3차 집단부락건설은 1935년 4월 하순부터 5월초순까지 진행되었다. 만주사변후 한국내에 피난한 한인농민들을 상대로 건설하였다.

---

92) 조선총독부, 『間島集團部落』, 1936, 2쪽.
93) 嘉村龍太郎, 「間島に於ける集團部落」, 『滿蒙』 제15년 제7호, 1934.7.
94) 「最近の間島農業狀態」 2, 『全滿朝鮮人民會聯合會會報』 제3권 제10호, 1935년 10월호.
95) 「最近の間島農業狀態」, 『全滿朝鮮人民會聯合會會報』, 1935, 11호.
96) 嘉村龍太郎, 「間島に於ける集團部落」, 『滿蒙』 제15년 제7호, 1934.7.

1935년 3월부터 함경남북도, 강원도로부터 400호를 모집하여 예정호가 차지 않은 각 부락에 246호, 1,454명[97]을 보충 입촌시켰다. 그리고 나머지는 남하마탕·용암평·장흥동·봉암동 등 4개의 집단부락을 건설하여 입주시켰다. 자금은 조선총독부의 보조금 33,664원과 동척의 자작농창정자금 62,908원을 포함하여 모두 95,762원을 배정하였다.[98]

이렇게 1차부터 3차까지 건설된 집단부락은 모두 28개였다. 1936년 6월말까지 2,933호, 16,469명 한인 농민들이 입주하였다.[99]

② 만주국측에서 건설한 집단부락

만주국측에서는 집단부락건설의 취지를 간도 각지에 산재하고 있는 한인 농민부락을 집단적으로 통일병합하여 피난민이 원지에 귀환하는 것에 도움을 주며 "匪禍"에 시달리는 한인 농민을 구제하고 지방치안을 유지하는데 두었다.[100]

만주국측 吉林省駐延辦事處는 1933년에 집단부락건설계획을 제기하여 만주국민정부의 동의를 얻어, 간도지방에 3년동안 92개 집단부락건설계획을 작성하였다. 이 계획을 표로 작성하면 다음과 같다.

이 계획은 만죽구민정부 대신이 허가를 한후 만주국 화폐 657,720원을 8푼4리의 낮은 이자로 융자하였다. 자금의 명목은 "가옥건축자금" 469,800원, "농경자금" 187,920원으로 하고 추진하기로 하였다.[101]

그러나 이 계획은 재원 부족으로 실행에 옮김에 있어서 어려움이 많았고, 속도도 늦었다. 제1기 집단부락건설은 1935년 3월말까지 진행하였다. 총입촌호수와 인구는 2,534호에 13,622명이었다. 제2기은 1935년

97)『全滿朝鮮人民會聯合會會報』제3권 제10호, 1935년 10월, 72~73쪽.

98)「移民」,『滿洲年鑑』, 1937, 313쪽.

99) 嘉村龍太郎,「間島に於ける集團部落」,『滿蒙』제15년 제7호, 1934.7.

100) 嘉村龍太郎,「間島に於ける集團部落」,『滿蒙』제15년 제7호, 1934.7.

101) 穩田作兵衛,「東滿地方に於ける農村の現狀と'集團部落'建設の重要性」,『滿洲評論』제9권 제3호.

〈표 5〉 만주국에서 간도지방 집단부락 건설 계획표[102]

단계	년도	부락수(개)	수용 호수(호)	소요경비(원)
제1기	1933	25	2,504	175,280
제2기	1934	31	3,690	258,300
제3기	1935	36	3,202	224,140
합 계		92	9,396	657,720

5월 20일까지로서 총입촌호수와 인구는 2,996호에 15,418명이었다.[103] 여기서 볼 수 있는바 제1기는 시간상에서는 늦어졌지만 제1기 계획의 2,504호 보다 30호가 더 많았다. 제2기는 시간상에서도 늦어졌을 뿐만 아리라 제2기 계획의 3,690호 보다 694호가 줄어들었다. 제3기는 원 시간내에 진행하지도 못하였다.

만주국측의 집단부락건설은 1934년 12월 3일 만주국 민정부 대신 장식의의 명의로 봉천·길림·용강·안동·금주·빈강·간도·삼강·흑하·열하 등 각 성장에게 집단부락건설에 관한 훈령을 발표[104]한후 점차 간도로부터 만주의 기타 지방에로 파급되었다. 이리하여 1938년까지 민정부의 집단부락건설계획을 보면 9개성, 92개 현에 4,230개의 집단부락을 건설하려 하였다.[105]

---

102) 「間島四縣集團部落建設狀況調査書」, 『民政部月刊』, 1934년 10월호.

103) 「最近の間島農業狀態」 3, 『全滿朝鮮人民會聯合會會報』, 1935년 제11호. 조선총독부, 『간도집단부락』, 1936. 8, 61~62쪽.

104) 金靜美, 『中國東北部における抗日朝鮮·中國民衆史序說』, 現代企劃室, 1992, 349쪽.

105) 滿洲國軍政部顧問部, 『滿洲共産匪の研究』 2, 1937, 28쪽.

③ 자작농창정계획

「만주사변」이후부터 1945년 일제패망까지 14년간이란 전반 식민통치 시기에 일제는 재만한인에 대한 통치와 착취를 강화하기 위하여 이른바 「자작농창정계획」계획을 실시하였다. 자작농창정계획이란 조선총독부가 안전농촌·집단부락건설과 함께 3대 사업의 일환으로 추진되었다. 이 계획 역시 재만한인에 대한 "통제와 안정", "통제와 무육"정책의 필연적인 산물이다.

일제가 만주에서 실시한 자작농창정계획은 간도로부터 시작하였다. 이것의 원인을 요약하면 아래와 같다.

첫째, 「만주사변」에서 간도지방 한인들도 만주의 기타 지방과 만찬가지로 피해가 컸다. 피해받은 한인들은 육속 안전지대에 모여 들었다.[106] 1932년에 간도지방 도회지에로 도망해 온 한인이 6,000호, 35,000명에 달했다. 이들을 수용하고 구제하는 것이 매우 큰 사회문제로 되었다.[107]

둘째, 간도에서 한인이 차지하는 인구비례가 압도적인 우위를 차지하고 있으면서도 소작농이 많다는 점이다. 당시 간도지방의 연길·혼춘·화룡·왕청 4개현의 인구는 총 565,086명이었는데, 그중 한인 411,735명으로 총인구의 73%를 차지하고 있었다.[108] 반면에 소작인은 한인이 많고 지주는 중국인이 많았다. 1932년의 통계에 따르면 한인지주는 7.1%, 중국인지주는 43.7%, 한인빈농은 31.2%, 중국인빈농은 13.7%이었다.[109]

셋째, 간도지방은 만주에서 가장 일찍이 항일유격대와 항일유격근거

106)『全滿朝鮮人民會聯合會會報』 제27호, 1935년 5월, 110쪽.
107) 中谷忠治, 「間琿地方に於ける鮮農集團部落」, 『朝鮮』 1월호, 제244호, 朝鮮總督府.
108) 「東滿地方に於ける農村現狀と'集團部落'建設重要性」, 『滿洲評論』 제9권 제3호.
109) 金正明, 『朝鮮獨立運動』 5, 509쪽.

지를 건립하여 항일유격전쟁을 활발히 전개한 지역이었다. 또한 항일유격대와 항일유격근거지의 창시자·중견과 일반 민중의 절대 다수는 한인들이었다. 그러므로 일제는 항일유격대가 가장 활발히 활동하고 있는 간도에서 소작농의 많은 간도의 한인농민들을 적화할 가능성이 많다고 판단하였다. 이로부터 일제는 한인농민들이 적화되는 원인을 한인농민들의 빈곤에서 찾고 그들을 경제상에서 안정시켜 소작농으로부터 자작농으로 만들어야 한다고 인정하였다.

이리하여 1932년 조선총독부는 동척과 결탁하여 종전에 동척이 꾸리던 지수식 농장을 자작농창정으로 경영하면서 이른바 자작농창정계획을 수립하였다. 이 계획에 따르면 1933년부터 1937년까지 조선총독부가 50만원(1년에 10만원)을 투자하고 동척이 150만원(1년에 30만원)을 투자하여 독척이 직접 간도지역에서 "성실"한 한인농민과 난민 2,500호를 선발하여 년리 8~10푼으로 하여 15년내에 한농과 난민에게 대여하여 준 토지값과 기타 값을 년분하여 상환하게 한다는 것이었다. 그리고 소작농으로부터 자작농으로 되게 한다고 하였다. 그러면서도 조선총독부는 한인 농민들 가운데서 자작농창정하는 대상에 대해 세가지 조건을 제시하였다.

첫째, 간도와 혼춘에 거주하는 한인 가운데서 성실한 자를 선택하여 토지구매 및 개량비·가옥건축비 그리고 부대적으로 농업경영에서 그 성격에 따라 분년 상환 혹은 분기 상환하는 방법으로 대부금을 주어 점차 소작농을 자작농으로 되게 한다.

둘째, 현 소작농 겸 자작농이거나 혹은 자작농으로 되기에 토지가 너무 적어 합리적인 경영을 할 수 없는 자가 토지를 확대하기 위해 자금을 필요할 때이면 고려해 본다.

셋째, 피난 한인 가운데 사력으로 원주지 혹은 다른 지역을 갈 수 없는 자에 대해 집단적으로 거주하기 적합한 토지를 소개하여 그들을 이주하게 한다. 또 위와 같은 방법으로 대부금을 주어 농업생산에 종사하게 한다. 본 안은 피난민이 아닌 한인농민도 포함시킬 수 있다.[110)]

자작농창정방법에 있어서 토지는 동척에서 구입하여 1년 두었다가 한인농민에게 할당해 주면 한인농민은 15년내에 년분상환하는 방법으로 상환이 끝나면 토지권을 취득한다는 것이다. 그런데 한인농민에게 할당되는 토지대부금·가옥건축비·耕牛購入費·농경자금을 합쳐 모두 800원이다. 이것을 5년내에 분기상환해야 한다. 그 가운데 농경자금은 1년에 정기상환하고 3년 계속하여 당시 대금을 한다. 그리고 가옥과 같은 경우 자금은 5년동안 년부하며 농경자금은 1년후부터 회수한다. 회수한 원금은 해마다 반복적으로 한인농민들에게 대출되어 자작농을 점차 증가시킨다는 방침이다. 금리는 어느 것을 막론하고 모두 8푼 2리이다.[111)]

상술한 자작농방침에 따라 총독부는 1952년까지 15년동안의 자작농창정계획을 수립하였다.

이렇게 간도로부터 시작된 자작농창정계획은 1936년에 이르러 2,800호의 한인 농민을 창정하였다. 토지면적은 13,057정보에 이르고, 대여한 금액은 1,448,780원에 달하였다.[112)]

간도지방 집단부락에서의 자작농창정계획의 실시는 이상적이 되지 못하였다. 1935년 6월말까지 간도와 혼춘지역 한인들에 대한 자작농창정은 호수는 33%, 토지면적은 21%밖에 추진하지 못하여 투자금의 6%밖에 해당되지 않았다.[113)] 1936년 8월말까지 집단부락내에서의 자작농창정상황은 토지면적의 19.6%, 투자약의 17.5%에 지나지 않았다.[114)]

110) 朝鮮總督府間島派遣員,『間島に於ける鮮農自作農創定事業に就いて』, 1935.
111)『朝鮮總督府施政年報』, 1934, 593~594쪽.
112)『東洋拓植會社三年誌』, 142~143쪽.
113)『全滿朝鮮人民會聯合會會報』 제4권 제6호, 1936년 6월, 30쪽.
114) 朝鮮總督府,『間島集團部落』, 1936.8, 34쪽.

1937년 12월 상황을 보면 창정된 호수는 2,906호, 토지자금과 기타 잡비 1,677,193원에 달하였다.[115] 이렇게 되는 원인은 난민들로 구성된 집단부락의 경제기반이 워낙 빈약하고 집단부락에 입촌한 한인농민 대부분이 소작농이라는 점이다. 그러므로 집단부락에서 한농들의 자작농 창정을 위해 대부한 자금을 원리금을 합쳐 년부상환하는 시간은 10~15년이나 되었다. 따라서 소작인은 처음부터 한푼도 없는 상황에서 시작하므로 다음해 수확까지 생활비마저 지주에게 빌려 써야 하는 처지에서 상환금을 마련하기 매우 어려웠다. 그러니 이런 결과를 가져오는 것은 필연적이라 할 수 있다.

1936년 8월 일제는 「재만조선인지도요강」을 작성하였다. 이에 따라 재만한인에 대하여 종전의 "통제와 안정"정책으로부터 "통제와 무육"정책으로 전환하였다. 그해 9월에는 선만척식회사와 만선척식회사를 건립하고 동척과 동아권업이 만주에서 경영하던 이민업과 재산을 인수하여 만주의 한인이민업을 독점하였다. 그리고 한인이민이 증가됨에 따라 한인이민구역을 간도와 동변도의 23개현으로 확정하였다.

중일전쟁후 한인이민의 격증됨에 따라 한인통제집결국역을 남만을 중심으로 하는 16개 현으로 확정하였다. 그리고 한인강제비결정책도 완화시켰다. 일제는 한인이민의 증가에 따라 자작농창정계획을 한인이민경영에 이용하였다. 따라서 자작농창정지역은 간도지역을 훨씬 벗어나 간도와 동변도의 23개현 후에는 39개 현으로 확대되었다. 만주 각지 집단·집합이민부락에까지도 실시되게 되었다. 1939년 만선척식회사는 동아권업에서 인수한 철령·영구·하동·수화·삼원포 등 5개의 안전농촌을 10년 혹은 15년간에 토지비용과 기타 촌락건설비용을 년부상환케 하는 방법으로 자작농촌으로 창정하여 버렸다.

---

115) 滿鐵調査部, 『滿洲農業移民概說』, 産業調査資料 제52편, 1935, 89~90쪽.

1939년 12월 일제는 「만주개척기본요강」을 작상하였다. 1941년 6월에는 기본요강에 준하여 만선척식회사를 만주척식공사에 통합시켰다. 이것은 한인만주이주사에서의 한 개 분수령이 되어 개척이주시기로 전환하게 된다. 이에 따라서 자작농으로 창정되는 한인농민은 크게 감소되었다. 1941년 창정된 호수는 4,250호로 1940년의 절반에도 미치지 못하였다. 그 이후에는 더욱 감소되었다.

일제가 실시한 자작농창정계획이란 일제의 농산품에 대한 약탈의 정도, 한인이민의 증가와 분포의 변화, 일제가 실시한 한인이민정책의 변화에 따라 필연적으로 변하게 되었다. 그 실시단계를 살펴보면, 「만주사변」후 한인이주사의 단계와 비슷하다. 자경농창정계획이 달성하려는 목적도 일제가 재만한인에 대한 정책과 한인이민정책의 침략성 목적을 떠날 수 없었다.

Ⅳ. 맺음말

이 글에서는 재만한인이주사의 제5기에 해당되는 1930년대와 40년대 전반기의 한인 이주과정을 연구대상시기로 하였다. 그리고 1931년 「만주사변」 이후 일제가 재만한인들에게 실시하였던 「안전농장」, 「가경농창정」과 「집단부락」 정책들의 실시과정을 추적하였다.

재만한인이주사의 제5기에 해당되는 1931년부터 1945년까지 14년은 「강제이주시기」라 할 수 있다. 이 시기를 다시 3개 단계로 나눌 수 있다. 제1단계는 1931년 「만주사변」으로부터 1936년까지 강제이주의 준비시기이다. 제2단계는 1936년부터 1941년까지 집단이주시기이다. 제3단계는 1941년부터 1945년 8월까지 개척이주시기 그것이다.

일제가 만주를 점령한 후, 당장 처리하여야 할 과제를 보면 다음과 같았다. 첫째는 만주에서 식민통치체제를 수립한 것이었다. 둘째는 일본인 만주 농업이민정책을 추진하는 것이었다. 셋째는 만주에 이미 거주하고 있던 한인에 대한 "통제와 안정"정책을 실시하는 것이었다.

따라서 1931년부터 1936년까지 일본인 만주 농업이민이 최우선 과제가 되었다. 이와는 반대로 한인이주에 대한 일제의 정책은 세가지 측면에서 추진되었다. 첫째는 거주재만한인에 대한 "통제와 안정"을 유지하고, 둘째는 한인 농민들의 만주 이주를 저지하지도 않고, 장려도 하지 않은 자유방임을 유지하는 것이고, 셋째는 금후 20년 사이에 10만호 한인을 자작농으로 창정하여 재만한인들을 통제하려고 하였다.

1936년이후 일제는 중국대륙에 대한 본격적인 침략전쟁을 전개하면서, 만주는 일본제국주의의 "대동아성전"의 병참기지와 후방공급기지로 탈바꿈하게 되었다. 이에 따라 일제는 한인이주에 대한 종전의 방임적인 태도를 버리고 계획적인 이주를 실시하였다. 재만한인에 대한 정책도 "통제와 안정"정책에서 "통제와 무육정책"으로 바뀌게 되고, 한인이주에 대해서도 통제와 강제가 동반한 계획적인 이주를 실시하게 된다.

이러한 한인의 계획이주는 1936년에 설립된 선만척식회사와 만선척식회사에 의하여 추진되었다. 이 두 회사는 1936년 8월에 제정한「재만조선인지도요강」, 1938년 7월 22일에「재만조선인지도요강」을 제2차로 수정한「선농취급요강」그리고 1939년 12월 22일 일만 양국이 제정한「만주개척정책기본요강」에 의해 한인의 계획이주를 집행하였다. 따라서 한인의 이주는 집단·집합·분산 세가지 형태로 전개되었다.

1941년 일제는 태평양전쟁을 도발하면서 한인에 대하여 개척이민정책을 실시하였다. 이 시기 한인의 개척이민정책을 추진한 기구는 종전의 한인 집단이민을 담당한 만선척식회사와 일본인 이민을 전담하던 만주척식공사를 통합한 만주척식공사였다. 만주척식공사는 1940년 5월에 발표된 개척단법에 근거하여 한인 개척단 이민정책을 수행하여 나갔다. 일제의 적극적인 이민정책에 힘입어 1944년 재만한인 인구는 1,658,572명에 이르렀다.

이와함께 만주사변직후 일제는 재만한인을 "통제"하고 "안정"시키기 위한 총체적인 목적에서 안전농촌과 집단부락 건설, 자작농창정 등 3대 사업을 추진하였다. 1932년부터 1935년 사이에 조선총독부는 동아권업주식회사에 위탁하여 철령, 영구, 하봉, 수화, 삼원포 등 5개의 안전농촌을 건설하였다. 이 지역에서는 만주사변을 전후하여 반일운동이 활발하게 전개되고 있었다. 일제가 이런 지방에 안전농촌을 건설한 것은 한인을 집단거주시켜 그들을 통제하고, 반일운동을 근절시키려는데 그 목적을 두고 있었다.

집단부락건설은 조선총독부를 포함한 일제의 여러 기관에 의해 추진되었다. 후에는 만주국에서도 집단부락 건설에 참여하였다. 따라서 집단부락은 조선총독부에서 건설한 것과 만주국측에서 건설한 것으로 나누어 볼 수 있다. 집단부락의 건설은 간도 지방에서 처음 시작되어 점차 다른 지역으로 파급되었다. 간도 지방에서의 집단부락건설은 3차에 걸쳐 진행되었는데 3년동안 88개를 건설하였다. 그리고 만주국측에 의하여 추진된 집단부락건설은 1934년 12월에 시작되어 1938년까지 만주국 9개성, 92개 현에 4,230개의 집단부락을 건설하려 하였다.

「자작농창정계획」은 일제가 만주를 강점하였던 1931년부터 1945년까지 재만한인을 통치하고 착취를 강화하기 위한 목적에서 추진되었다. 자작농창정계획은 간도에서 시작되었다. 이 계획에 따르면 1933년부터 1937년까지 조선총독부가 50만원을 투자하고 동척이 150만원을 투자하여 간도지역에서 "성실"한 한인농민과 난민 2,500호를 선발하여 연리 8~10푼으로 하여 15년내에 한농과 난민에게 대여하여 준 토지값과 기타 값을 년분하여 상환하게 한다는 것이었다. 간도로부터 시작된 자작농창정계획은 1936년에 이르러 2,800호의 한인 농민을 창정하였다. 토지면적은 13,057정보에 이르고, 대여한 금액은 1,448,780원에 달하였다. 일제가 실시한 자작농창정계획은 농산품에 대한 약탈의 정도, 한인이민의 증가와 분포의 변화, 일제가 실시한 한인이민정책의 변화를 보였다. 그 실시단계를 살펴보면, 「만주사변」후 한인이주사의 단계와 궤를 같이 하고 있음을 주목할 수 있다.

〈白山學報 第54號, 2000..30. pp.101~141〉

滿洲事變後 土地商租權登記와 在滿無籍韓人에 대한 就籍措置

孫 春 日*

〈目 次〉

Ⅰ. 머리말

만주사변이 발발한 이듬해, "만주국"이 성립되자 사변전 유명무실해졌던 토지상조권문제는 전적으로 일본이 바라는 방향대로 해결되어 갔다. 관동군의 손에서 탄생된 만주국은 하나의 괴뢰정권에 지나지 않으며 그들이 발표한 모든 정책은 어느 것 하나가 관동군의 손을 지나지 않은 것이 없었다. 사실 在滿無籍韓人에 대한 토지상조권 등기거부도 역시 관동군의 묵인하에서 진행된 것이다.

재만무적한인에 대한 토지상조권등기거부란 재만한인들 가운데 戶籍을 가지고 있지 않은 한농에 대한 토지권 부정이다. 만주사변후 만주에 거주한 한인들 가운데 약 80%는 이러저러한 사정 때문에 조선에서

* 중국연변대학교 민족연구소장

호적을 가지고 있지 못한 자들이다. 이들은 이로하여 만주국 토지상조권등기 시기에 그 증거로 되는 호적을 제기하지 못하여 기득 토지나 경작토지를 박탈당하게 되는 처지에 놓이게 된 것이다. 그러나 이러한 결과는 결국 신"만주국"의 사회질서와 이른바 5族協和에 상당한 악영향을 줄 것이 명백함으로 일제와 "만주국"은 이런 정책을 무단적으로 추진할 수는 없었고 할 수없이 無籍韓人들이 就籍할 수 있는 조치를 강구하지 않으면 안되었다.

재만무적한인에 대한 취적문제는 만주사변후 토지상조권 또는 소유권등기에서 나타난 문제이다. 그러나 그들에 대한 취적조치는 다만 토지권문제만 해결하기 위한 것이 아니며, 그 내면에는 만주사회의 외교문제, 治安維持등 문제도 해결하려는 목적이 다분이 있다. 사실 일제가 그들의 취적에 대해 상당한 편리와 조건을 지어 주는 것은 이러한 목적에서 출발한 것이다.

재만무적한인들의 존재와 그들에 대한 就籍措置는 "만주국" 성립 직후 재만한인사회에서 하나의 사회문제로 있었다. 그러나 현재까지 학계에서는 아직 여기에 대한 연구가 거의 없으며 다만 필자가 박사학위논문인 "中日 在滿韓人에 대한 토지정책 연구"에서 약간 언급한 적이 있다. 그러므로 필자는 이 사실의 역사적인 중요성을 감안하여 본 논문에서 보다 더 깊은 검토를 해보려 한다.

Ⅱ. 재만한인들의 土地商租權登記

1932년 3월 1일, 日本의 괴뢰정권인 僞滿洲國이 탄생하자 日本이 滿蒙地域에서 경제발전의 필요한 조건으로 간주하는 土地商租權은 새로운 전환기를 맞이하게 되었다.[1]

滿洲國成立前 中日 두 나라는 1915년 滿蒙協約에서 규정된 土地商租權에 대한 이해와 해석이 서로 첨예한 대립을 이루는 상황에서 일제는 滿洲에서 자기들의 주장대로 商租權을 행사하기란 매우 어려웠다. 日本이 주장하는 土地商租權이란 사실상 변상적인 土地所有權이며 그것은 전 滿洲에 대한 土地侵略에 목적을 두고 있어 이런 土地商租權은 당시 중국정부로서는 도저히 받아들일 수 없는 상황이었다. 그러므로 중국은 중앙정부부터 지방정부에 이르기까지 헤아릴 수 없는 法令, 訓令, 布告를 내려 中國人과 歸化韓人이 日本과 土地商租를 맺는 것을 엄격히 단속하였다. 뿐만 아니라 중국정부는 일제가 在滿韓人을 이용하여 土地侵略을 하는 것을 원천적으로 봉쇄하기 위하여 1925년 中日 "三矢協定"을 체결을 계기로 在滿韓人에 대해 서슴없이 박해를 감행해 수 많은 한인들이 삶의 터전을 떠나 귀국하거나 아니면 타지로 이주하게 하였다. 바로 이러한 中國政府의 商租權防備對策으로 日本이 바라던 土地商租權은 사실상 실시할 수 없게 되었고 결국은 유명무실하게 되었다. 이렇게 되자 토지상조권이 자칫하면 허위로 돌아 간다는 염려하에 일제는 1931년에 심지어 무력으로 "滿洲事變"을 유발하기까지 서슴치 않았다.[2] 즉 중일토지상조권분쟁은 滿洲事變이 勃發하는 하나의 중요한 원인으로 되었다.[3]

그러나 滿洲國이 성립되자 土地商租權問題는 더 없는 빠른 속도로 매듭을 짓게 되었으며, 滿洲國정부로부터 日本의 土地商租權을 보장할 데 관한 法令이 연이어 발표되었다. 먼저 滿洲國이 성립한지 8일이 지난 1932년 3월 9일에 教令第三號 "暫時從前의 法令을 援用할 文件"가

1) ≪滿鐵調査月報≫, 第十五卷, 第八號, 昭和十年八月十五日, 『滿洲國成立後に於ける商租權』.

2) 協調會, ≪社會政策時報≫, 第一九二號, 昭和十一年九月, 野間海造: "滿洲農業移民と土地 政策"(四, 完), 38쪽.

3) 滿洲帝國土地局:≪土地問題研究會記事≫ (昭和十年), 46쪽.

내려졌는데 여기서 종전에 실시하였던 法令이 만일 "建國趣旨"나 國情에 저촉되면 滿洲國은 이것을 援用하지 않은 다고 하였다.[4] 종전에 실시되었던 법령이란 다름아닌 滿洲事變前에 中國政府가 일제의 土地商租權을 空權化시키기 위하여 내린 "商租須知"(1916년), "遼寧交涉總署의 外國人土地購買拒絕令"(1929년), "東北政務委員會의 國土盜賣禁止令"(1930), "日本人와 中國人와의 商租取消通令"(1931년)등 法令 혹은 訓令을 가르키는데 滿洲國政府는 바로 이것을 無效化시킨다는 것이다.

다음은 만주국내에서 商租權을 전면적으로 시행할데 관한 法令이 연이어 발표되는데 1933년 3월 6일 滿洲國財政部, 民政部가 함께 내린 "日本人土地商租暫行方法", 1933년 3월 15일에 내린 "日本人土地商租의 宗旨 및 不正當取得禁止方法", 1932년 4월 17일 司法部에 내린 "日本人土地商租權設定登記에 관한 文件", 1932년 6월 14일에 국무원에 내린 "國都建設局管理의 國有地商租暫行方法" 및 "暫行商租權등기법", 1932년 11월 18일 사법부에서 내린 "暫行商租權登記法施行細則", 1933년 2월 21일에 재정부와 민정부에서 내린 "商租執照發給規則"와 재정부의 "商租執照의 取扱에 관한 契約手續文件", 1934년 12월 10일 사법부의 "讓渡에 의해 滿洲國人의 商租權取에 관한 文件"등이 있다.[5]

이 法令들을 자세히 살펴보면 물론 여전히 商租權의 실체에 대한 법적인 내용은 未解決로 남아있어 앞으로 滿洲國國內法상에서 商租權을 혹은 所有權, 혹은 地上權, 賃借權 등 여러권리로 구체적으로 구분할 것이 필요했다. 그러나 욕망에 가득찬 일제는 토지상조권을 하루 빨리 실시하기 위해 土地商租權 실체의 법적내용보다 그 실행 수속에 초점을 두었던 것이다. 즉 이 법령들은 일제의 욕망을 그대로 반영하고 있

4) ≪滿鐵調査月報≫, 第十五卷, 第八號, 昭和十年八月十五日, 4쪽.

5) ≪滿鐵調査月報≫, 第十五卷, 第八號, 昭和十年八月十五日, "滿洲國成立後に於ける商租權"을 참조.

었다. 이 法令들을 귀납하여 본다면 대체로 3가지 내용으로 볼 수 있다. (1) 土地商租權의 내용과 성격에 관한 문제 (2) 土地商租權 適用地域에 관한 문제 (3) 土地商租權을 취득하는 수속에 관한 문제 등 이다. 앞에 두 문제는 사실상 滿洲事變前 中日 두 나라가 土地商租權에 대한 紛爭에서 초점으로 되었던 문제이며 (3)은 새로 대두된 문제이다.

그리고 滿洲國에서 韓人들의 합법적 직위가 인정됨에 따라 土地商租權문제도 자연히 해결을 보게 되었다. 즉 1932년 9월 15일에 체결한 "日滿議定書"는 在滿韓人에게도 완전히 적용되며 또 "滿洲國領域에 있어서 日本國 또는 日本帝國臣民이 종래 日支間의 조약협정 및 기타의 公私協定에 있는 일체의 권리와 이익을 확인하고 존중한다"는 원칙에 따라 在滿韓人도 "日本帝國臣民"이므로 자연히 1915년 "滿蒙條約"에 의해 土地商租權이 적용되였다.

이와 더불어 1933년 3월 15일 財政部와 民政部의 訓令 "日本人의 土地商租暫行方法", "日本人土地商租의 宗旨 및 不正當取得禁止方法", 1933년 4월 17일 司法府指令 "日本人土地租借權設定登記에 관한文件", 1933년 6월 14일 國務院訓令 "國都建設局管理의 國有地商租暫行方法" 등은 모두 在滿韓人에게도 적용되는 것이다.[6] 더욱히 1932년 8월 12일 吉林省公署訓令인 "商租處理暫行方法"의 別紙第二條에서는 이 점을 강조하였는데 "종래 朝鮮人은 間島地方에 있어서 土地所有權을 享有하였지만 이번 商租方法의 法定을 본다면 旣得의 所有權을 제외하고 금후 다른 지방에서도 같은 商租權을 향유할 수 있다"고 하였다.[7]

그리고 1934년 4월 16일에 司法部가 奉天高等法院에 내린 指令인 "朝鮮人의 商租權所有에 관한 文件"을 보면 "朝鮮人의 民事執行에 의한 土地商租를 취득하는데 관하여서는 당연히 本部大同二年(1933년)제

6) 위의 책: ≪土地商租權概論≫, 45쪽.
7) ≪滿鐵調査月報≫, 第十七卷, 十一號,『間島に於ける農業機構の概要』.

418호訓令에 의해 처리되여야 하며, 또 商租權設定手續과 더부러 最初에 행정기관의 심사를 거쳐 異議가 없을 경우 職權에 따라 商租權設定의 서류를 발급해야 한다. 案件을 집행한 후 障害가 발생하는 것을 免하기 위해서는 財政部訓令第57號과 民政部訓令第109號(즉 日本人의 土地商租暫行方法), 그리고 本部指令第1544號(즉 日本人土地租借權設定登記에 관한 文件)에 부합되는 것이면 이것을 처리하는 것을 허용한다" 고 하였다.8) 이 文件을 보면 滿洲國이 日本人을 상대로 내린 土地商租權에 관한 모든 訓令은 在滿韓人에게도 완전히 적용될 뿐만아니라 在滿韓人에 대한 토지정책은 1909년"간도협약"을 전면 폐기하고 1915년의 "滿蒙條約"을 재만한인에게 완전히 적용시키는 것이였다. 다시 말해 在滿韓人의 기득권이라고 볼 수 있는 土地所有權을 간도에서는 인정하지만 향후 재만한인은 全滿洲國地域에서 토지소유권이 아니라 土地商租權이란 명목으로 토지를 享有할 수 있다는 것을 法的認定을 한 것이다.

그리고 1933년 3월 15일 "日本人土地商租暫行方法"이 발표된 후 滿洲人地主와 韓人農民사이에서는 서로 원하는 원칙하에 공식적으로 土地商租契約을 맺는 현상이 나타나기 시작하였다. 1933년 4월 16일 吉林省永吉縣縣長은 吉林省省長의 동의를 거쳐 當縣에 訓令을 내렸는데 "금후 韓民이 民地租借小作에 관해 만약 地主와 借主가 雙方이 同意하에 契約書를 작성하였다면 유효하다고 인정한다. 契約書에는 借地의 垧數, 借地期限, 借地料 그리고 借地料支拂方法(현금인가 아니면 곡물인가) 등은 전부 기재해야 한다. 약간이라도 强迫的이고 詐僞的인 行爲가 있어서는 안된다. 수확후에도 雙方契約을 준수해야 하며 契約外의 借地料를 요구하거나 또는 借地料交付를 연기하여서는 안된다. 만약

---

8) ≪滿鐵調查月報≫(昭和十年), 第十五卷, 第十二號, 『間島に於ける農業機構の概要』.

借地期限이 만료된후 계속 차지할것을 희망한다면 쌍방은 앞에서 수속한것처럼 契約을 체결하여야 한다. 警團에 별도로 통지하여 이것을 보호하는 동시에 布告를 내려 일반 邑民이 周知하게 한다"고 하였다.[9] 이 訓令은 當縣 公安局과 기타 警察機關에 전달되였을 뿐만아니라 吉林省公署에 의해 吉林省내 다른 현에서도 실행하도록 같은 해 4월 26일에 訓令과 布告가 내려졌다.[10]

한인들이 이렇게 商租한 토지를 바로 暫行土地商租登記法에 의해 滿洲國측에 등기되여야만 했다. 즉 滿洲國의 暫行商租權登記法에 따라 土地商租權을 인정받는 商租登記를 하고 商租執照를 수어받는 수속을 하였다. 1933년까지 朝鮮人民會에서 파악한 통계를 보면 南滿과 北滿에서 朝鮮人들이 상조한 토지를 등기한 상황은 다음과 같다.

그런데 만주국의 상조권 취득에 관한 각종 법령은 너무 복잡하였다. 때문에 1935년에 거행된 第7回 全滿朝鮮人民會聯合會定期總會에서 심지어 일부 대표들은 토지상조권 취득에 관한 만주국의 현행법이 너무 복잡하여 문화수준이 낮은 조선인들이 그 법을 따르기 힘드니 간단하고 확실한 방법을 요구한다고 당국에 제기하였다.[11] 예컨데 앞에서 이미 서술하였던 일본인들이 토지상조권을 취득할 때 거치는 각 종 수속에 관한 규정들이 한인들에게도 적용될 뿐만 아니라 또 한인으로서 거치는 과정이 따로 있었다. 예컨데 상조등기법에 의하 토지를 상조할 경우 外人은 호적등본이 필요하다고 지적하였다. 하지만 조선인가운데 대부분이 無籍者이고 완전한 호적을 가진 자는 극소수에 불과하였다. 이런 상황에서 1934년 5월 22일에 개최되었던 제6회 全滿朝鮮人民會聯合會定期總會에서 第8號議案으로 "土地商租權에 抵當設定法을 설정하

9) ≪滿鐵調査月報≫, 昭和七年, 六月號, ≪吉林省の鮮人土地商租に關する布告≫를 참조.
10) 위의 책: 268쪽.
11) ≪全滿朝鮮人民會聯合會會報≫, 제28호, 昭和十年六月, 171쪽.

朝鮮人土地商租狀況[12]

(1933년조사)

所在地縣名	地　目	面　積	商租年月日	商租權者
開原縣向陽堡	水 田	1000(畝)	1932, 5, 19	開原公司洪淳亨
開原縣 楊家甸	水 田	500	1933, 3, 8	朝鮮商會康宣疇
開原縣馬圈子	水 田	1050	1932, 4, 15	三益糧棧鄭冕極
西豊縣陶鹿	垈 地	1119(평)	1933, 8, 1	朝鮮人會康富達
海龍縣二八石	水田 旱田	12(무), 150(무)	1933, 7, 20	山城子元德一
海龍縣東山城子	水 田	129	1932, 12, 10	山城子韓湜
海龍縣楊樹河子	水 田	52	1930, 5, 4	山城子韓湜
淸原縣英額門	水 田	190	1933, 1, 8	朴龍澤
淸原縣二道河子	水 田	18	1933, 2, 4	金性源
寧安縣	水 田	5610	1918,10～1933,10	趙希道等37人
窯山縣小穆椿河	水 田	2430	1929, 10	23人
合 計	水田, 旱田, 垈地	10011, 330, 1119		

는 件"을 통과하여 조선인은 관할 경찰서에서 증명한 거주증명서를 가지고 있으면 이를 대체할 수 있다고 하였다.[13]

Ⅲ. 無籍韓人들의 존재와 그들에 대한 登記拒否

상술한 바와 같이 만주국 성립 후 법제상 그 인적구성원의 하나로 된 재만한인에게도 자연이 토지상조권이 적용되었다. 그러나 이것은 모든 재만한인에게 적용되는 것이 아니고 다만 有籍韓人들에게만 적용

12) ≪全滿朝鮮人民會聯合會會報≫, 第十三號, (昭和九年三月), 38쪽을 참조.
13) ≪全滿朝鮮人民會聯合會會報≫, 第十六號, 昭和九年六月, 103쪽.

되는 것이며, 만주국정부는 또 그 나름대로 재만한인에 대한 民族差別化 정책을 실시하였다.

1934년 4월, 토지상조권 등기정책을 실시하는 가운데 만주국정부가 갑자기 無籍韓人들에 한해 토지상조권취득 등기를 거절한다고 발표하였다. 또 1935년초에는 無籍韓人들에 한해 治外法權을 철폐한다고 內訓의 형식을 발표하여 재만한인사회에 충격을 주었다.

여기서 이른바 만주의 소위 無籍韓人이란 한일합병전, 즉 조선에서 1909년 4월 1일 발표된 新民籍制度가 실시되기 전에 만주에 이주한 자와 그들의 자녀들로서 이들은 조선은 물론 만주국에서도 戶籍을 가지고 있지 못하는 상황을 가르킨다.[14] 한인들이 만주로 이주하는 원인은 매우 복잡한 사정이 있지만 대체로 생활의 불안과 정치적인 관계로 한일합병전, 즉 조선에서 아직 호적법이 완전이 실시하기 전에 대량으로 만주로 이주하였다. 때문에 이들은 대부분 조선본지의 호적을 갖고 있지 않을 뿐더러 만주에 이주한 후에도 이른바 二重國籍問題 때문에 중국에도 귀화 할 수 없는 상황에서 어느 곳에서도 호적이 없었다. 물론 이것 외에도 여러 가지 사정에 의해 자기의 본적을 고의적으로 비밀에 부치거나, 또는 과다한 負債, 혹은 범죄로 인한 형사 추궁을 피해 진실한 본적을 감추고 무적자로 가장하는 경우도 있었다.[15]

그러나 총적으로 재만한인은 일본신민으로서 국적을 가지고 있고 또 조선국내법상 國籍離脫은 전혀 불가능하므로 사실상 이들 무적자들은 국적으로는 일본국적을 가지고 있지만 호적만은 가지고 있지 못하는 상황이었다. 때문에 무적한인을 엄밀이 따져 본 다면 두 가지로 구별할 수 있는데 하나는 일본국적만 가지고 호적은 전혀 없는 자이고, 다

14) ≪全滿朝鮮人民會聯合會會報≫, 第三卷, 第五號, 昭和十年五月, 7쪽.

15) ≪全滿朝鮮人民會聯合會會報≫, 第三卷, 第四號, 昭和十年四月, 〈在滿朝鮮人の就籍問題に就て〉, 17쪽.

른 하나는 二重國籍을 가진 자이다. 無籍韓人은 대부분 전자이고 후자는 극 소수에 불과한 것이다. 더욱이 무적한인은 재만한인가운데서 상당한 수를 차지하고 있어 그들에 대한 만주국의 토지상조권등기 거부와 치외법권철폐는 하나의 사회문제로 떠 올랐다. 戶籍制度의 意義는 워낙 친족법상 신분과 관계되는 사항을 明瞭하게 적어 놓아 신분관계에서 연장된 재산관계 권리와 의무를 주로 호적부에 기재되어 있는 것에 의해 증명하는 것이다. 그러나 무적한인은 이러한 권리와 의무가 증명되지 않기 때문에 그들에 대한 지배가 어렵다는 것이다. 그리고 이들에 대한 치외법권의 철폐도 이들의 생명과 재산에 대한 보호를 포기한다는 뜻이다. 주지하다 싶이 치외법권은 대체로 두 가지가 있는데 하나는 외교특권을 의미하는 것으로 이것은 외교사절들이 향유할 수 있는 특권이며, 다른 하나는 영사재판권을 의미하는 것으로 영사재판 제도를 말하는 것이다.[16] 때문에 여기서 무적한인에게 치외법권을 철폐하겠다는 것은 후자임에 뻔하다.

당시 상황을 보면 30년대초 만주 각지에 산재하고 있는 한인은 일반적으로 백만 내지 120만으로 보고 있지만 그 가운데 무적자가 적어도 50만명 내지 70만명에 달했다.[17] 1935년 3월에 全滿朝鮮人民會聯合會에서 遼陽外 28개 民會에 대한 조사를 실시한 적이 있는데, 거주자 총수 66,725명가운데 무적자 수가 26,568명에 달해 총 한인인구의 40%가 무적자라는 것을 확인하였다. 구체적으로 보면 다음과 같다.

만주국이 이런 무적한인을 유적한인과 차별화 하여 이런 정책을 실시하는 궁국적인 목적은 사실상 매우 치밀한 계산이 깔려져 있다. 즉 당시 二重國籍을 가진 韓人들을 보면 일본인과 중국인이란 二重身分

16) ≪全滿朝鮮人民會聯合會會報≫, 第三卷, 第四號, 昭和十年四月, 12쪽.
17) ≪全滿朝鮮人民會聯合會會報≫, 第三卷, 第五號, 昭和十年五月, 〈滿洲に於ける無籍朝鮮人の悲哀〉, 7쪽.

때문에 치외법권와 토지상조권을 향유할 수 있었으면서도 또 만주인으로서 반드시 져야 할 납세와 기타 의무는 또 회피할 수 있었다. 그러므로 만일 무적한인에게도 토지상조권을 부여한다면 결과적으로 만주국에는 아무런 이득이 없다는 것이다.

遼陽外28個民會無籍者調査表[18]

區　別	戶數	男	女	合計	摘要
全家族有籍者	7,345	16,799	13,843	30,642	
일부가 戶籍을 가진 자	3,634	5,160	4,355	9,515	有籍者 : 40,157
일부가 戶籍을 안 가진 자		4,794	4,756	9,550	無籍者 : 26,568
全家族無籍者	3,477	9,250	7,768	17,018	
合　計	14,456	36,003	30,722	66,725	

Ⅳ. 無籍韓人에 대한 就籍措置

조선총독부와 조선인민회는 재만무적한인들이 就籍해야 할 이유에 대해 3가지 이유를 들고 있다. 첫째는 섭외사건이 발생 경우 그 자가 조선인인가 아니면 만주인인가 하는데 따라 여러 가지 오해를 불러 일으킬 수 있다는 것이며, 또 有籍朝鮮人을 보호하는데 비해 매우 불리한 입장에 서 있다는 것, 둘째는 사법사무처리상 범죄의 수사 또는 기

18) ≪全滿朝鮮人民會聯合會會報≫, 第28號(總會特輯), 昭和十年六月, 71쪽.

타 경찰상의 보호취체를 철저히 하는데 매우 불편하다는 것, 셋째는 토지에 관한 소유권 또는 상조권 그리고 기타 권리의 得喪에 있어서 제3자에 대항할 수 있다는 것이다.[19)]

이러한 이유로 그들은 한인들의 무적문제를 해결하기 위해 간편하고 빠르게 호적수속을 하는 방도를 강구하였다. 1935년 5월 30일 新京에서 열린 第7回全滿朝鮮人民會聯合會定期總會가 개최되었을 때 奉天, 安東, 臨江, 哈爾濱, 遼陽, 開原 등 민회에서 제출한 "就籍事務講習會開催의 件"이 第4議案으로 설정되어 무적한인들의 문제를 다루게 되었다. 1934년 5월에 거행된 第6會全滿朝鮮人民會聯合會定期總會에서도 각 民會職員의 戶籍事務講習會開催에 관한 결의를 하였데 그 요점은 經費補助方法을 조선총독부에 청닥하는 것이였다. 그러나 조선총독부는 재만한인의 就籍事務는 保護와 取締하는 사항에 속하므로 그들의 주관업무가 아니라고 하면서 이 건의를 거절하여 경비보조사업은 전혀 진척되지 않았다.[20)]

그러나 재만한인무적자들의 就籍問題를 하루 빨리 해결하기 위해 安東, 奉天, 興京, 海龍, 新京, 吉林, 哈爾濱, 佳木斯, 牡丹江, 齊齊哈爾, 錦州, 琿春, 延吉 등지를 戶籍事務講習會開催地로 정하였다. 第1回戶籍事務講習會는 먼저 奉天, 新京 그리고 哈爾濱에서 1935년 10월 14일에 개최되었다. 그리고 강사는 전부 조선총독부에서 파견하였다. 강습제목을 보면 ① 在滿無籍朝鮮人이 就籍해야 할필요성과 이유 ② 就籍方法의 2개 큰 구별 ③ 就籍手續의 순서 ④ 就籍者의 순위 ⑤ 就籍手續에 필요한 서류와 여러 비용계산 ⑥ 就籍에 관한 주의사항 ⑦ 就籍手續에 필요한 書類雛形 등이다.[21)]

---

19) 『就籍事務便覽』, 全滿朝鮮人民會聯合會會報臨時特輯號, 昭化11年 7月, 21쪽.

20) (〈全滿朝鮮人民會聯合會會報〉, 제28호, 昭和十年六月 69쪽).

21) ≪全滿朝鮮人民會聯合會會報≫, 제33호, 第三卷, 第十一號, 昭和十年十一月, 62쪽.

그리고 상황에 따라 就籍手續을 가속화하였다. 즉 1909년 4월 1일 民籍法實施以前부터 戶主가 온 가족을 데리고 만주에 이주하였고 또 중도에 조선에 귀환한 적이 없는 자는 民籍 혹은 호적에 기재할 수 있는 기회가 없었기 때문에 모두 무적자로 인정하였다. 그러나 이 점에 대해 在滿領事는 당사자 뿐만 아니라 스스로 관장하였던 公簿 등을 근거로 1909년 4월 1일이전부터 만주에 재류한 사실을 확인되어야만 한다. 이것이 증명되는 자에게는 바로 간편한 就籍裁判을 한다. 이를 위해 1933년 11월 16일 조선국내 각 地方法院院長과 同支廳判事에게 이와 같은 趣意을 보내 1909년 4월 1일전에 渡滿했고 또 도중에 귀환한 사실이 없다는 것을 증명한 다음 그 서류를 첨부하여 就籍申請을 하면 특별한 사정이 없는 한 다른 증명서류를 생략할 수 있다고 하였다. 즉 무적자는 영사의 증명과 就籍申請書를 재판소에 우편으로 부치면 자신이 재판에 출석해야 하는 번거로움도 없이 비교적 쉽게 목적에 이룰 수 있었다. 그 결과 1933년 조선국내의 각 지방법원과 同支廳에게 就籍許可裁判을 요구하는 受理件數는 5,972건이고 戶籍訂定사건은 18,970건이 되었다. 그러나 1934년에 就籍許可申請을 수리한 건수는 약 11,038건으로 증가하여 재만한인의 就籍件數는 11,503건으로 거의 전부가 허가되었고 단지 11건만 申請不許可가 되었다.[22]

그리고 재만무적한인들은 民會의 재촉으로 就籍하려 하여도 費用關係로 주저하는 상황이 일어나자 신청하는 수속비용도 적게 들게 하였다. 예컨데 就籍許可申請은 소송사건이 아니기 때문에 貼用印紙는 民事訟訴用印紙法에 의해 20전을 貼用하게 하였으며, 당사자는 재판소에 갈 필요없이 就籍許可申請을 우편으로 부치면 그만이다. 또 종래 京城에서 부쳐 오는 서류는 在滿領事館 또는 朝鮮人民會에서 이런 종류의

22) ≪全滿朝鮮人民會聯合會會報≫, 第三卷, 第四號, 昭和十年四月, 19쪽.

申請書, 證明願用紙를 가격이 저렴하게 인쇄하여 만약 영사에게 구두상으로 신청하면 쉽게 수속을 할 수 있게 하였다. 심지어 1933년 12월 18일, 奉天에 있는 全滿朝鮮人民會聯合會長은 外事科에게 재만무적자들의 취적에 관한 여러 증명수속료를 면제해 줄 것을 요구했다.23)

제7회연합회총회에서 開原朝鮮人民會가 제출한 사항을 보면 居住證明手續費를 면제하거나 또는 격감해야만 취적문제가 쉽게 해결될 것이고 그 비용은 居住證明手數料 2元, 無籍證明 20錢, 就籍許可申請 20錢, 裁判告知切手代 30錢, 一切通信費 2元, 代書料 2元으로 모두 5원 20전으로 할 것을 당국에 요구하였다.24)

이러한 조선인민회의 요구는 1935년 7월부터 일부만 관철되었다. 즉 일제는 이 문제는 단순이 朝鮮總督府外事課뿐만 아니라 外務省과 法務局하고도 상관되어 있는 매우 복잡한 문제이지만 우여곡절을 거쳐 민회의 요구를 두 가지만 받아 들였는데, 그 하나는 각 영사관의 證明手數料를 전부 면제하는 것이고 다른 하나는 代書料는 一件에 50錢內로 한다는 것이었다.25)

그리고 취적수속의 순서를 1909년 4월 1일 민적법시행기일을 전후하여 다음과 같이 결정하였다. 첫째, 民籍法 시행전에 渡滿한 무적한인일 경우, (1) 취적을 희망하는 자는 도만전 마지막의 거주지를 관할하는 府尹, 읍, 면장에게 민적법시행전에 도만하기 위해 조선내에 본적을 가지고 있지 않다는 증명을 내야 한다. 즉 부윤, 읍, 면장에게 무적증명을 청구해야 한다. (2) 무적증명을 받은 후 현재 거주하는 지방을 관할하는 영사에게 민적법 시행전에 도만하였고 계속하여 만주에 거주한다는 증명을 얻어야 한다. 즉 영사로부터 거주증명을 청구하여야 한다. (3) 위

---

23) 《全滿朝鮮人民會聯合會會報》, 第三卷, 第四號, 昭和十年四月, 20쪽.
24) 《全滿朝鮮人民會聯合會會報》, 第28號, 昭和十年六月, 75쪽.
25) 《全滿朝鮮人民會聯合會會報》, 제29호, 第三卷, 第七號, 昭和十年七月, 85쪽.

무적증명서와 거주증명서를 받아 가지고 본인이 취적을 욕망하는 조선내의 지방, 즉 도만전에 마지막으로 거주한 지역의 부, 읍, 면을 관할하는 지방법원에 취적허가의 재판을 청구해야 한다. (4) 법원은 위의 허가신청을 바탕으로 취적허가를 결정하고 본인이 받도록 송부한다.

둘째, 민적법시행 후 도만한 한인일 경우, (1) 민적법 시행후 어느달 어느 날까지 조선에 있었으며, 어떤 이유 때문에 민적을 편성할 때 누락되였다는 것을 부윤, 읍면장에게서 무적증명서를 얻어야 한다. 그리고 본인이 거주하는 지역의 영사로부터 거주증명서를 얻어야 한다. (2) 위 무적자는 거주 및 기타 증명서를 가지고 본인이 취적해야 하는 조선내의 부읍면을 관할하는 지방법원에 가 취적허가의 재판을 청구해야 한다.[26]

Ⅴ. 맺음말

상술한 바와 같이 재만무적한인들의 취적문제는 토지상조권등기문제와 관련된 것으로 “만주국”이 성립된 후, 한인사회의 하나의 중대한 문제였다. 조선인총련합회는 이 무적한인들의 취적이 토지의 각 종 권리 취득과 밀접한 관계가 있으므로 각 종 간편한 방법과 낮은 수속료로 취적하려고 일제와 손을 잡으려 하였다.

일제는 상당한 수량의 무적한인의 존재는 그들의 통치에 매우 불리하다고 판단하고 역시 긍정적인 태도로 각종 유리하고 편리한 조건을 지어 주면서 무적한인들의 취적을 가속화 하였다. 결국 일제의 상술한 여러 조치는 만주사회의 통치와 안정을 바라는 것이지 결코 한인들의 생활수준의 향상을 바란 조치는 아니다.

〈白山學報 第55號, 2000.6.30. pp.211~225〉

26) 위의 책, 『就籍事務便覽』, 23-24쪽.

중국 내몽고의 훌룬보이르맹(海拉爾市)

成 斌*

이곳은 中國의 東北部이고, 동쪽은 黑龍江省과 이웃하고 있으며, 서북쪽과 서남쪽은 각각 러시아(娥羅斯) 및 몽골국과 접경하고 있다. 면적은 25만㎢이고, 내몽고 자치구의 한 맹(盟 : 市)으로 6개의 군급(郡級)시(市)와 7개의 군급 기(旗)를 관할하고 있으며 맹정부소재지는 하일라르시(海拉爾市)이다.

이곳의 전체 인구는 272만인데, 몽골·다구르·에웽키(鄂溫克)·오룬춘·한(漢)·만주(滿)·러시아와 조선족 등 36개민족이 화목하게 함께 어울려 사는, 중국에서 가장 다양한 주민 구성을 보이는 지역이다. 이가운데 조선족-고려족은 1만명 정도가 농업지구·목축지구·삼림지구 및 도시에 살고 있다.

훌룬보이르지역은 저명한 역사가 전백찬(翦伯贊) 교수가 북방기마유목민족의 역사요람이라고 지적했듯이 물과 풀이 풍요해서 가장 중요한 목마장이 되어온 곳이다. 맘모스화석이 온전하게 출토되어 복원된 거대한 자연사박물관 자체라고 할 수 있는 이곳에는 석기시대·청동기시대 및 초기철기시대 유적과 유물이 북동아시아지역에서 가장 풍부하게 존재한다. 그리고 삼만년전 인류로 추정되는 잘라이노르인(扎賚諾爾人)은 북동아시아 수렵유목민의 조상으로 간주되고 이곳에는 초기철기시대인 기원전 5~4세기경 고대기마정복제국인 부여(夫餘)의 기원지가

---

* 呼倫貝爾盟朝鮮民族研究會 副理事長

되고 있다.

보이르호(貝爾湖) 남쪽 초원에는 고올리칸의 석인상이 아직도 존재하고 고올리인(高麗人)들이 논농사를 지었다는 동해바다와 같이 드넓은 거대한 농장의 수리시설유적이 남아 있다. 고올리(조선)인들만 먹어왔다는 개뼈(狗骨)가 쌓인 개뼈무덤에서, 2,000~2,700년전 유물로 북경의 어느 고고학자에 의해 고증되고 있는 토기가 출토되고 있다. 뒤이어 수많은 선비(鮮卑)무덤을 비롯한 까셴둥(嘎仙洞) 유적이 보여주듯이 이곳은 선비족들의 역사적 근거지였던 곳이기도 하다. 그 선조가 선비족으로 판명되고 있는 칭키스칸(成吉思汗)이 이곳을 기반으로 하여 세계 몽골제국을 일으켜세운, 역사적 유적이 되었다.

보이르호수언저리 주민들의 증언에 의하면, 아주 먼 옛날에 본래 한 종족이었던 몽골족과 고려족이 이곳에서 두 갈래 갈라져 서쪽 초원으로 간 이들은 그후 몽골족이 되었다고 한다. 그리고 보이로호와 훌룬호에서 에르구네하(額爾古納河)와 눈강(嫩江)-송화강(松花江)을 통해 흑룡강유역으로 진출하면서 동해와 장백산맥을 거쳐서 한반도로 간 사람들은 조선족이 되었다고 한다.

전설적 미인으로 몽골인들 사이에 널리 알려진 칭키스칸 4번째 부인(汗妃)인 홀랑공주는 조선인(고려인)으로 하일라르(海拉爾)강변 헤림투에서 결혼후 첫밤을 보냈다는 성터가 최근에 이곳을 답사(考察)하고 있는 周采赫교수에 의해서 발견되기도 했습니다.

삼림으로 뒤덮인 드넓은 대흥안령이 북쪽에서 남쪽으로 뻗어내려와 훌룬보이르맹은 영서(嶺西)의 草原과 영동(嶺東)의 비옥한 흑토평원은 물론 북으로는 시베리아 벌판과 이어진다. 서쪽은 세계 3대초원에 들어가는 훌룬보이르초원이 전개되고 동쪽은 중국에서 유일한 흑토평원인 광활한 송눈(송화강과 눈강)평원이 펼쳐진다. 중부대흥안령은 화산지대의 특징적인 산봉오리들이 어우러져서 남쪽으로 용트림질쳐 나가고 있다.

이곳은 삼림자원지대가 47%를 점유하고 있으며, 초원의 목축지대가 1.49억무(畝)이고, 농토의 경지면적이 1991만무(畝)가 된다.

이미 발견한 야생의 경제적 식물이 500여종이나 되고, 그중에는 약초가 300여종이나 포함되어 있다. 말사슴(馬鹿), 매화사슴(梅花鹿), 순록(馴鹿) 등 사슴류를 비롯한 야생동물의 거대한 보고로 되는 곳이 이곳 대흥안령이기도 한다.

석유·석탄·금(金)·은(銀)과 동(銅) 등 50여종에 달하는 자연광산자원이 무신상하세 배장되어 있는데, 특히 석유의 유전개발은 이미 대대적으로 시작되고 있어 경제적 개발이 기대된다.

이곳은 3,000여 개의 강(河流), 500여개의 호수(湖泊)가 있어 풍부한 수력자원과 수산물을 보유하고 있다. 특히 시베리아의 설원과 이어지는 망망대해와 같은 겨울의 장엄한 백색초원과 여름의 가이없는 푸른 초원지대 및 광범위한 대흥안령 녹색삼림지대를 함께 내포하고 있는 이 땅은 세계적인 관광명소로 떠오르고 있다.

훌룬보이르맹은 아직까지는 상대적으로 낙후한 지역이지만 지금은 과감하게 개혁·개방을 시작하여 본격적 개발을 통해 발전이 눈부시게 이루어지고 있는 지역이기도 하다. 이 천혜의 훌륭한 곳을 해외의 한 교포가 짤막한 자료를 고국의 동포들에게 전하는 바이다.

〈白山學報 第55號, 2000.6.30. pp.233~235〉

한 · 중 및 한 · 일간 외교분쟁

- 간도, 독도 및 동해문제 중심으로 -

김 우 준*

〈目 次〉

Ⅰ. 머리말

아무래도 국가들도 이웃하다보면 서로간 마찰도 더 있게 마련인 것 같다. 우리나라와 이웃 중국과는 간도(間島)라는 즉, 압록강과 두만강 이북의 남만주의 귀속문제로 외교분쟁이 있어 왔다. 바로 이 간도영유권문제는 우리 학계에서 오늘날까지 많이 연구해 오고 있다. 그래서 본 연구에서는 기존 연구를 보완하는 의미에서 지금까지 소개 안된 새로운 자료들-예를 들면 청시대의 중국 고지도들, 간도에 관한 유럽의 옛 연구서 및 고지도들-을 통해 간도문제를 분석하고자 한다. 우리나라의 자료들이 아니고 우리와의 분쟁 상대방인 중국의 자료와 이와 관련된 유럽의 자료들만을 통해 간도가 한국의 영토로 귀속되어야 한다는

* 연세대학교 동서문제연구원 교수

것을 증명해 보이고자 한다.

우리는 이웃 일본과는 영유권 문제가 없다고 하지만 일본은 현재까지 줄기차게 독도의 영유권을 주장하고 있다. 그래서 이 독도를 둘러싸고 한·일간에 외교분쟁이 존재하는 것은 사실인 것이다. 지금껏 독도문제 연구는 질적으로나 양적으로나 상당히 진척되어 왔기 때문에 마찬가지로 여기에서는 지금껏 소개 안된 일본측 고지도들과 이와 관련된 유럽 고지도 자료를 통해 일본의 독도 영유 주장의 허구를 지적하고자 한다.

그리고 한·일간에는 독도 이외에 동해의 국제 명칭을 둘러싸고 외교마찰이 있는데 서로 입장이 팽팽하다. 현재 동해는 국제적으로 일본해로 불려지고 있는데 우리는 이의 시정을 요구하고 있는데 즉, 최소한 동해의 국제 명칭이 일본해라는 명칭과 병기를 원하지만 일본은 이를 거부하고 있다. 이 문제도 동해를 한국해로 표기했던 옛 서양지도들과 일본 고지도를 통해 동해 국제 명칭의 역사성 그리고 명칭의 변화과정을 고찰하고자 한다. 이 역시 새 자료의 소개를 통해 기존 연구를 보완코자 하는 것이다.

이상과 같은 간도, 독도 및 동해 명칭문제들의 발생의 공통원인은 19세기에서 20세기 초반 우리나라가 이웃 국가들의 대국주의(大國主義)와 제국주의에 밀리면서 야기된 것이라고 할 수 있다. 바로 본 연구에서는 국제정치적 시각에서 동북아에서의 우리의 영유권 문제들을 종합적으로 살펴보고자 하는 것이다. 그리고 본 연구는 새로운 자료들을 소개함으로써 기존 연구를 보완코자 하는 목적을 갖고 있다.

Ⅱ. 중국과 유럽 자료들을 통해 본 간도영유권분쟁

간도(間島)문제는 한국과 중국간의 국경분쟁문제로서 압록강과 두만강 이북의 남만주의 귀속문제를 주쟁점으로 하는 것이다. 물론 이 지역 중에서도 일반적으로 간도문제라 하면 이른바 백두산정계비를 중심으로 발원하는 土門江의 이동지역인 북간도의 귀속문제를 의미하지만 본 연구에서는 여러 자료들을 통해 북간도뿐만 아니라 압록강 이북의 서간도 귀속문제도 고찰해 보겠다.

만주대륙으로부터 한반도에 걸친 동북아시아의 역사를 보면 고조선으로부터 고구려, 발해에 이르기까지 遼河 이동의 만주지역이 우리 역사의 판도 안에 있었으며 고려에서도 이 지역을 계속 확보코자 부단의 노력을 기울여 왔었다. 이러한 남만주지역 확보를 위한 노력은 조선조 창업 후에도 그대로 계승되었으나, 이 지역이 여진족의 침투로 그네들의 생활 근거지가 되어 있어 조선조의 세종 때에 압록강과 두만강 이남의 지역을 일단 최소한의 우리 영역으로 확보를 해 놓았다(박용옥 1985, 59). 당시 여진의 침투를 잘 經略할 수만 있었다면 남만주가 그대로 우리의 영토일 수 있었던 것이 17세기 중엽까지의 형세였었다.

그러나 여진족들이 17세기 중엽 누루하치를 중심으로 세력을 아우르고 마침내 淸을 건설한 이후부터 淸은 백두산 일대를 그들 조상의 발상지라 내세우고 양국간에 국경을 설정할 것에 대한 관심을 보이게 되었다. 그것이 병자호란(1636년) 뒤 압록강, 두만강 이북지역에 설정해 놓은 봉금지대로서 한 · 청 양국 중간에 설정된 이 공간지대에는 양국 어느 편에서도 절대로 입주를 하지 못하게 하여 조선과 청 양국간에는 처음으로 국경대의 설정을 보았다. 그리고 이 국경대인 봉황성으로부터 開原 山海關에 이르는 곳에 淸측에서는 1950여리의 長柵을 세우고

20여개소의 門을 두었고, 봉금지대를 통과하는 사신들의 경호 책임과 이 지역의 관리는 주로 조선측에서 맡도록 관례되어 있었다. 그러나 이러한 국경대 설정 이후에도 조선측의 변계민들은 여러 형태로 이 지역으로 들어가 개간하기에 이르렀으며, 18세기초에 이르러서는 이 지역의 인삼채취권을 중심으로 조선과 청나라 사람들간에 충돌을 자아내는 일까지 있었다. 1712년(숙종 38년, 청 康熙 51년)에 淸측에서는 백두산 일대의 경계를 명확히 하겠다는 뜻에서 穆克登 일행을 조선에 파견하였고, 穆克登은 거의 독단적이고 일방적인 태도로 이해 5월에 「西爲鴨綠 東爲土門」하는 석비인 이른바 '백두산정계비'를 건립하였다. 그리고 淸의 명령에 따라 石碑를 중심으로 土門江을 따라 조선측에서 설책을 하여 경계를 하였다. 이 결과 土門江 이동의 지역 즉, 북간도지역이 우리 영역으로 확보된 셈이었다. 18세기 중엽 이후 조선 변계민들이 이 지역으로 이주하기 시작하여 농민의 수는 급격히 증가하여 북간도의 개간농경지와 거주 인구의 80% 이상이 조선인에 의하여 점유되어 북간도는 사실상의 조선영토 안에 들게 되었다. 반면 소수의 중국인들과는 서로 반목하고 분규가 발생하기도 하였다(박용옥 1985, 60). 여기서 압록강 이북의 서간도지역에 관해 언급해야 되는데 18세기 당시 우리와 淸의 서북경계는 압록강이 아니었다. 이른바 '백두산정계비'는 우리 영토를 축소시킬 의향으로 서북경계를 압록강으로 한다고 했지만 조선의 서북경계는 요동지방의 봉황성이었고 압록강 이북의 남만주에 대한 관할권행사를 1900년경까지 행하였다(현규환 1967, 139-140). 당시 淸의 주력은 中原으로 옮겨갔고 남아있는 세력의 중심지역도 봉황성 북쪽 長柵 내에 있는 盛京과 興京이었다. 따라서 남만주지역은 조선의 세력권 하에 있었다. 이에 대한 증거자료로 淸 강희제 때 만든 "皇輿全覽圖"라는 중국 및 조선지도가 있다. 당시 강희제는 프랑스 예수회 소속 선교사인 도미니끄 파르냉(Dominique Parrenin)의 충고에 따라 1708년에는 거대한 중국 전역에 대한 실측 사업을 하게 되었고 죠아쌩 부베(Joachin Bouvet)와 쟝 바티스트 레지(J. B. Régis) 등을 비롯한 10여명의 선교사가 현지에서 양성한 중국인들의 도움을 받아 사업을 실행하였다. 측량방법에서는 천체관측과 삼각측량을 바탕으로 하였으며 우선 만주지방과 몽고지방을 실측한 뒤 점차 중국 내부지역을 측량하여 1716년에 측량작업을 마무리짓고 그것을 바탕으로 1718년에 皇輿全覽圖를 작성 강희제에게 전달했었다(서정철 1996, 86; 中國古代地圖集-淸代 1997, 17).

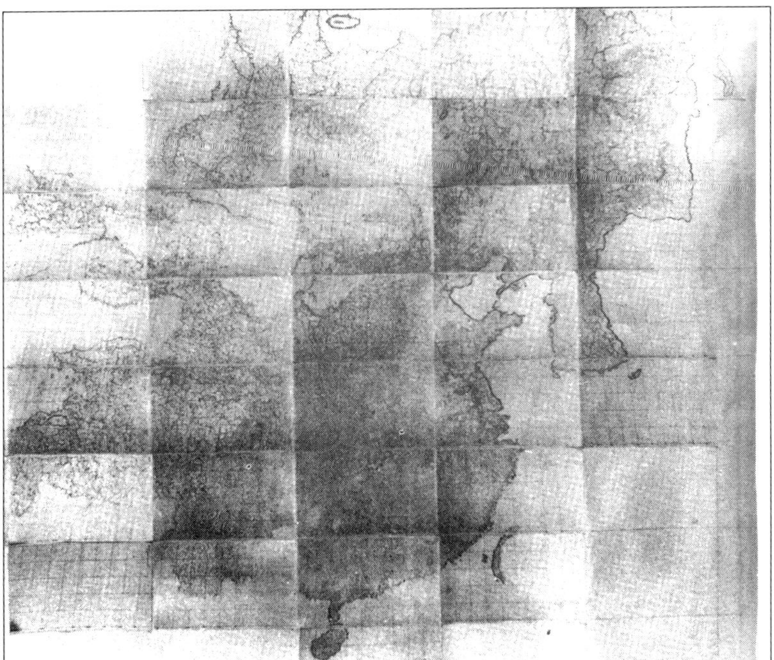

〈지도 1〉 皇輿全覽圖(1718년)

그러나 안타깝게도 지도의 영인본을 복사해서 여기에 실렸기 때문에 (지금까지는 우리 학계에 이름만 알려져 왔었고 혹은 남아있지 않다고 해서 지도가 어떻게 생겼는지 알 수 없었다) 정확하게 조선과 淸의 경계는 알 수 없는데 다행히도 41쪽으로 된 황여전람도의 銅版圖는 프랑스로 보내져서 유럽에서는 이것을 모사해서 약 1740년대 이후 많은 중국 및 조선 지도들이 제작된다. 예를 들면 1750년에 Robert de Vaugondy가 중국 및 조선지도를 만들었고 1740년에 Du Halde가 제작했었고 1794년에는 R. Wilkinson이 중국, 조선 및 일본 지도를 만들었다. 그 외 사람들이 만든 지도들에서도 마찬가지지만 전부 압록강 이북과 두만강 이북의 남만주지역이 조선영토로 되어있는 것을 알 수 있다. 이를 통해서도 당시 淸은 남만주를 조선의 영토로 묵인·인정했다고 할 수 있다.

〈지도 2〉 R. de Vaugondy 지도(1750년)

〈지도 3〉 Du Halde 지도(1740년)

〈지도 4〉 Wilkinson 지도(1794년)

바로 Vaugondy가 만든 지도(지도 2)에서는 압록강과 두만강 이북지역까지 조선의 영토로 점선으로 중국과 경계(색깔로도 구분하고 있지만)를 표시하고 있고 Du Halde의 지도(지도 3)에서는 요동의 봉황성(Fong hoang)의 경계선까지 COREA라 표시하고 있고(지도 오른쪽 끝에 COREA 적혀 있고 평안도의 중국식 발음 PINGGAN이 압록강 이북지역 봉황성 경계지역에 표시되어있다) Wilkinson의 지도(지도 4)에서는 Vaugondy의 것처럼 점선과 색깔로 남만주지역을 조선의 영토로 표시하고 있다.

조선과 淸의 서북경계가 봉황성이라는 또 다른 증거는 1894년 조선을 다녀간 독일인 에른스트 폰 헤쎄-바르테크(Ernst von Hesse-Wartegg)

가 1895년에 출판한 그의 책 「Korea」에 나와있는데 조선을 방문했던 중국 사신 Koei-Ling의 보고서 중 지도에는 長柵이 淸과 조선의 경계로 표시되어 있다고 한다(von Hesse-Wartegg 1895, 199). 중국 사신들이 봉황성문과 의주 사이를 왕래할 때에는 조선측이 관할했다(蔣非非 외 1998, 342). 즉 봉황성이 서북경계가 된다는 뜻이다. 따라서 「Korea」라는 책에도 언급되어 있지만 조선과 淸간의 '관세경계선'도 압록강이 아니고 봉황성이라고 기록하고 있다(von Hesse-Wartegg 1895, 200). 조선관병들이 서간도지역 경비를 담당하고(蔣非非 외 1998, 341), 중국 유랑민들의 이 지역 침투를 저지하는 과정에서 조선 관병 중에 사상자가 발생하기도 했다. 1842년 같은 경우에는 조선은 淸에게 중국 유민들의 강제철거를 요구하기도 했다(蔣非非 외 1998, 340).

그러나 19세기 중엽 淸은 영국과의 아편전쟁 패배 후 1842년 남경조약을 통해 홍콩을 빼앗기고 1856년 Arrow 사건으로 광동을 점령당한 후 북경조약을 체결 당한다. 그 뒤 소위 양무(洋務)운동을 이홍장 등이 주도하면서 부국강병을 지향하게 된다. 또 한편 러시아는 남하를 하게 된다. 이런 와중에서 淸은 서구열강과 제정러시아에 의한 자국 영토의 잠식을 조선을 통해 조금이라도 보상받고자 했었다. 마침내 淸의 이홍장은 1875년 압록강에 군함을 동원해 서간도지역을 넘보게 된다. 물론 군함동원의 명분은 이 지역으로 침입한 중국 도적단들의 소탕이었다. 그런데 이 지역의 면적은 현재 남한지역보다 조금 넓은 약 10만㎢였던 것이다.[1] 당시 조선의 고종은 너무 힘이 없어 이같은 淸의 무력행사에 대응하지 못했다고 에른스트 폰 헤쎄-봐르테크는 기술하고 있다(von Hesse-Wartegg 1895, 201). 그렇지만 그 뒤에도 조선 개간민들이 이 서간도지역으로 지속적으로 이주하게 되는데 이미 오래전부터 있었던 조

1) 서간도지역을 19세기 유럽의 일부 학회에서는 중립지역 혹은 無主지역이라 지칭했었다.

선인 부락들이 늘어나게 되어서 조선 조정에서는 1897년에 徐相懋를 西邊界 관리사로 임명하여 서간도 한인들을 보호케 했다. 1900년경에는 평북 관찰사 李道宰는 서간도지역의 面들을 평북의 각 郡에 배속시키고 서간도 주민에게서 戶稅를 거둬들였다. 또한 도적들에 의한 피해를 막고자 忠義社라는 것을 조직하여 이주민들을 보호케 하였다(현규환 1967, 139-140). 그러나 이 서간도지역은 1909년 清과 日本과의 이른바 간도협약 체결로 북간도가 우리의 의사와는 관계없이 清으로 편입되면서 그 여파로 清으로 편입되고 만다. 이 같이 清이 서간도지역을 자국 영토로 편입시킨 것은 大國主義적 불법행위이기 때문에 재론이 필요하다고 생각된다.

그러면 두만강 이북의 북간도지역에 대해 살펴보면, 당시 清은 두만강이 조선과 청나라간의 천연경계선이라고 주장하면서 土門江도 두만강을 지칭한다고 억지주장을 하게 된다. 1882년의 임오군란으로 무력을 배경으로 하는 정치적 재진출을 보게 된 清은 북간도 귀속문제를 정치적 압력의 위세를 빌어 해결하려고 하였던 것이다. 이에 대해 당시 북간도에 거주하고 있던 조선의 개간민들은 스스로 '백두산정계비'와 土門江 원류를 답사하여 이 지역이 우리의 국토임을 조정에 호소하였으며, 西北經略使로 파견되었던 魚允中도 조선과 清 양국간의 국경문제는 양국이 공동으로 조사할 것을 제의하고 조정에 대한 보고에서도 이 지역이 중국 영토가 아님이 명백하다고 주장하였다. 이 당시 북간도가 조선·清·제정러시아 사이에서 중요한 전략적 요충지로 주목되면서 清의 위협적인 압력은 더욱 가중되었다(박용옥 1985, 61)

1885년 4월에 清측에서는 조선 개간민들을 무력으로 축출하겠다고 통고하고 동시에 清의 군인들이 조선인 집들을 불사르고 농민을 강제 축출하는 사건이 일어났다. 조정에서는 이중하를 土門勘界使로 임명하고 양국 대표는 두만강과 토문강의 江源과 백두산정계비까지의 공동

답사를 하게 되었다. 清측에서는 정계비문의 토문강을 두만강이라 억지 주장을 하게 된다. 두만강의 源流는 碑에서 백수십리나 떨어져 있으나 송화강으로 흘러들어가는 토문강의 원류는 碑 바로 근처에서 발원되므로 토문강이 경계선이 됨에는 너무도 당연한데도 清측에서는 양국경계는 두만강이라는 억지의 주장을 하여 아무 타협없이 각자 귀환하고 말았다. 당시 조선은 間島 지명에 中國名이 없고 朝鮮名 뿐이었다는 사실 등을 들어 이 지역이 조선영토임을 주장했다(신기석 1973, 281). 1887년 4월에 경계선문제는 다시 논의되었으나 역시 清측의 억설로 아무 타결을 볼 수 없었으며, 조선에서도 북간도의 중요성을 인식하여 이 지역 답사에 힘쓰고 1902년 6월에는 이범윤을 간도관찰원으로 파견하였다. 이범윤의 임무는 이 지역 조선 개간민들의 호구를 조사하고 80세 이상의 노인들에게는 여러 혜택을 베풀어 조정의 따뜻한 뜻을 펴는데 있었으며 그곳 주민들의 반응도 좋았었다. 조정에서는 1903년 7월에 이범윤을 간도관리사로 승격 임명하고 주민보호와 收稅의 임무를 맡게 하였다. 이범윤은 十戶를 一統, 十統을 一村으로 하여 통장, 촌장을 두어 지방자치행정단위를 이룩하고 세금징수분으로 행정과 군인훈련비용을 충당하였다. 이것은 북간도가 조선의 영토임을 만방에 공포하는 것이었다(박용옥 1985, 61-62)

북간도 귀속문제가 아직도 틀잡히기 전에 러·일전쟁이 일어났고 조선에는 마침내 통감부정치라는 형태로 일본 제국주의 식민정치의 어두운 막이 드리워졌으며 북간도 문제도 어쩔 수 없이 일제의 통감부로 넘어가게 되었다. 처음에는 日帝도 조선의 주장대로 북간도의 조선 領有를 주장하였었고 이에 따라 간도파출소라는 것을 설치하였었다. 그러나 간도파출소 설지 2년만인 1909년에 일제는 ① 安奉철도 개축문제 ② 撫順 煙臺의 탄광문제 ③ 營口지선의 철수문제 등을 清측에 요구하는 대신 북간도를 清의 領有로 인정하겠다는 소위 간도협약을 양국간

〈지도 5〉 大淸帝國지도(1905년)

에 체결하고 조선과 淸간의 국경은 두만강으로 확정한다고 해버린다(박용옥 1985, 62). 이것은 불법적인 행위라 하지 않을 수 없다. 이른바 백두산정계비문 중의 土門江 논란문제와 관계없이 淸은 강희제의 황여전람도를 모사한 18세기 유럽제작의 지도에서 알 수 있듯이 두만강 이북의 남만주 지역을 조선의 영토로 인정했었다. 또한 조선인들에 의해 이 지역이 선점적으로 개간되었다. 이같은 점들 때문에 두만강(圖們江) 이북지역이 淸으로 일방적으로 편입된 일은 당연히 재론되어져야 한다. 淸光緖제(1905년) 때 제작된 지도 "大淸帝國"에는 서간도를 청 영토로 하고 있는데 동쪽은 두만강을 조선과의 경계로 하지 않고 북간도의 극히 일부를 인정하는 선(두만강 이북으로 경계선을 긋고 있다)에서 우리와의 경계를 표시하고 있다. 가능하면 조선의 영토를 축소시키려고 하는 궁여지책을 엿볼 수 있다.

Ⅲ. 일본 및 서양 고지도들과 독도를 둘러싼 외교분쟁

독도 영유권을 둘러싼 한국과 일본간의 외교분쟁을 여기에서는 일본측의 독도 認知도를 통해 고찰해 보겠다. 일본측의 독도 인지 사실을 알려주는 가장 오랜 문헌으로 「隱州視聽合記」를 들 수 있다. 17세기 중반에 편찬된 이 풍토기를 통해 일본은 울릉도를 竹島로, 독도를 松島로 인식하고 있으며 일본의 영역 밖의 섬들로 인지하고 있었다. 그 뒤 울릉도와 독도가 서구에 알려진 이후 일본 타지역의 사람이 '독도 개발'을 목적으로 신청한 문서(1876년)에서 울릉도를 松島로 호칭하면서 죽도는 조선령이나 송도는 일본에 가깝다는 등의 잘못된 인식을 드러냈는데 이 서류를 접수한 일본정부의 고위관리조차 독도와 울릉도를 구별하지 못하고 있는 것이나. 아울러 일본은 독도를 새삼스럽게 竹島라 명명하면서 島名의 혼란의 책임을 독일인 Philipp Franz von Siebold에게 전가하고 있는데 이 역시 일본 중앙정부의 독도에 대한 무지를 드러낸 것이라 하겠다(임영정 1996, 124-125). 일본 정부는 1953년 7월 13일 우리 정부에 독도가 일본 영토라고 주장하는 장문의 「日本政府見解」를 보내 왔다. 첫 번째 항목에 다음과 같은 것이 있다: "일본에서 江戶시대에는 竹島는 울릉도를 가리키고 松島가 오늘의 竹島의 이름이었다. 이것을 1840년 지볼트(Philipp Franz v. Siebold)가 착오하여 울릉도를 松島라고 한 것이 그 뒤 일본에 통용되어 울릉도를 松島로 부르고, 이전에 松島로 부르던 작은 섬이 竹島로 뒤바뀐 것이다."(신용하 1996, 266).

그러나 필자가 입수한 Hugh Cortazzi(1992)가 펴낸 일본고대지도집에는 v. Siebold 제작 일본지도(1840년)가 포함되어 있는데 v. Siebold는 이 지도 표제에서 "일본인의 원본지도와 천문학적 관찰에 의거해서 만

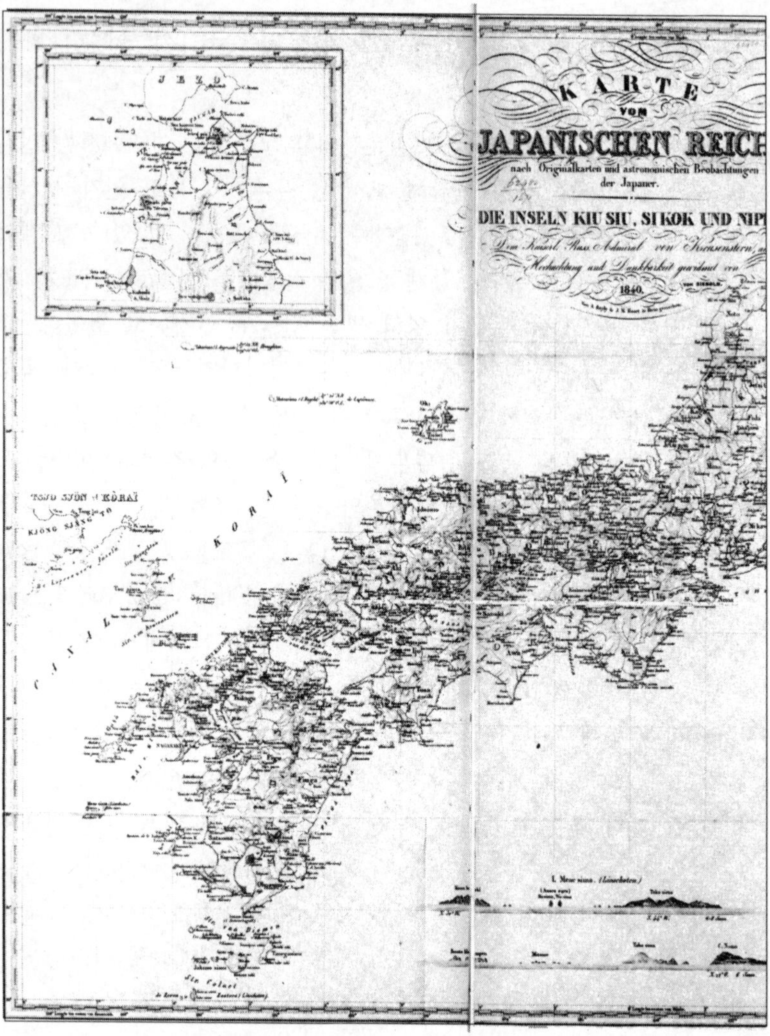

〈지도 6〉 v. Siebold 지도(1840년)

들어진 일본제국도(Karte vom Japanischen Reiche nach Originalkarten und astronomischen Beobachtungen der Japaner)"라고 밝히고 있다(지도 오른쪽 상단에 적혀 있음). 바로 그는 일본의 여러 지도들을 검토한 뒤 이를 제작한 것이다. 따라서 島名의 혼란 책임은 v. Siebold에게 있는 것이 아님을 알 수 있다.

일본 정부의 주장이 허구임이 드러나는 것이다. H. Cortazzi의 지도집에는 아직 우리 나라에 소개가 안된 일본지도 "新制日本輿地路程全圖"가 들어 있는데 1779년에 제작됐다고 한다. 이 지도에서 울릉도와 독도는 하얀색으로 조선영토(하얀색)로 되어 있고(지도 왼쪽 위에 朝鮮이 하얀색으로 되어 있고 거의 수평으로 오른쪽으로 오면 竹島一名 鬱陵島 松島가 역시 하얀색으로 표시되어 있음) 오키섬은 주황색으로 구분되어 있다.

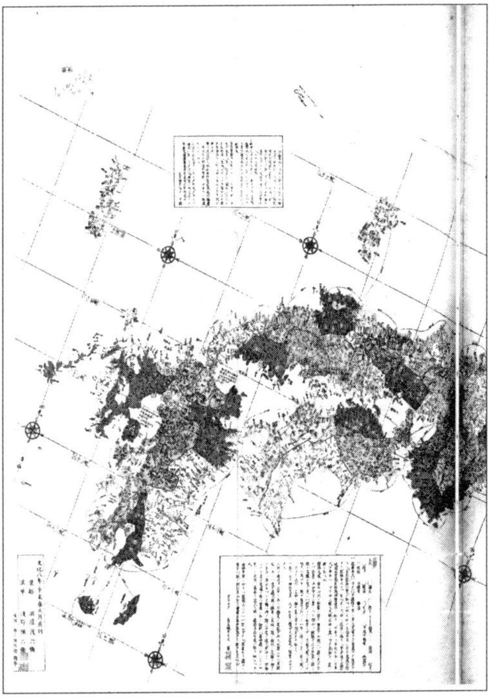

〈지도 7〉 新制日本輿地路程全圖(1779년, 재인쇄 1811년)

또 H. Cortazzi[2])의 지도집 중 많은 일본 고지도들이 있는데 독도가 일본 영토로 표기된 지도는 단 한 건도 없다. 필자가 몇 년 전 언론매체를

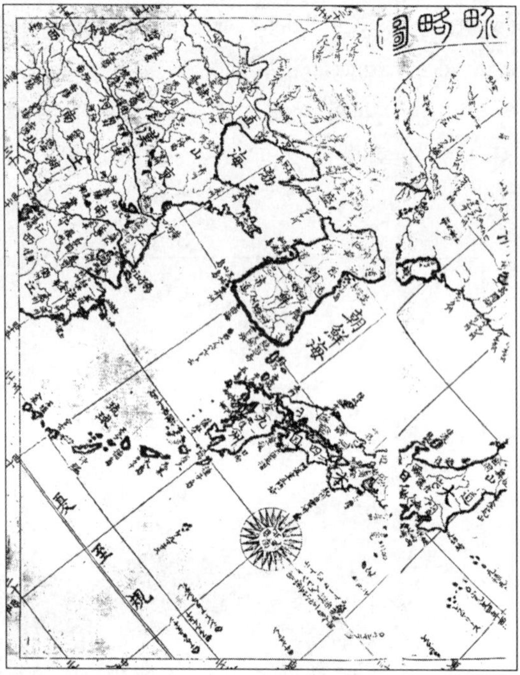

〈지도 8〉 日本邊界略圖(1809년)

통해 공개한 "日本邊界略図"(1809년 제작 日本文化 6年)에는 울릉도와 우산도(독도)가 우리 영토로 되어 있고(단, 위치가 지나치게 한반도 바로 옆에 있음) 동해를 朝鮮海로 표기하고 있다.

이상과 같은 것들을 살펴봤을 때 '독도가 역사적으로 日本 고유의 영토'라는 日本의 주장은 잘못된 것이고 제국주의적 정책의 일환으로 20세기에 와서, 즉 1905년 한국영토인 독도를 자국으로 불법적으로 '영토 편입'했던 것이다. 독도는 서기 512년(신라 지증왕 13년) 우산국이 신라에 통일된 이래 계속하여 한국영토로 존속해 왔으므로(이같은 사실은 日本 明治때 간행된 大日本地名辭書에서도 언급되고 있음), 역사적 진실은 '한국이라는 주인이 있는' 섬이라는 것이다.

2) H. Cortazzi는 전임 주일영국대사였다.

Ⅳ. 서양 고지도들과 동해 국제명칭문제

우리와 일본 사이에는 '독도 문제' 외에 물론 상대적으로 큰 이슈는 아니지만 외교적으로 분명한 입장차이를 노정시키는 문제가 바로 동해의 국제명칭(표기)문제이다. 우리는 동해가 국제적으로 일본해로 표기되는 것을 시정하려고 애쓰지만(새로운 명칭에 합의를 이루기 전까지는 두 개의 명칭을 혼용/병기 주장) 일본은 이를 저지시키고 있다.

동해의 국제명칭을 역사 속에서 살펴보면 서양에서는 17세기에는 동해를 '동양해(Orientale)'로 표기했는데 18세기에 오면서 동해가 '한국해'로 명칭되는 지도들이 제작된다. Emanuel Bowen이 1747년에 제작한 일본지도에는 동해가 한국해로, 일본해라는 명칭은 일본의 남쪽바다의 지칭으로, 그리고 재미있는 것은 기존의 동양해라는 표기는 일본의 동쪽 바다를 가리키는 것으로 되어 있다. 본 연구의 앞부분에서 소개된 18세기 제작의 Wilkinson 지도도 동해가 한국해로 표기되어 있다. 이 시기 대부분의 지도에서 동해의 국제명칭은 '한국해'였었다. 또한 이 시기는 소위 계몽주의 시기로서 오늘날과 유사한 과학적 지도들이 본격적으로 제작되는 시기였었다. '한국해'로 표기되는 지도

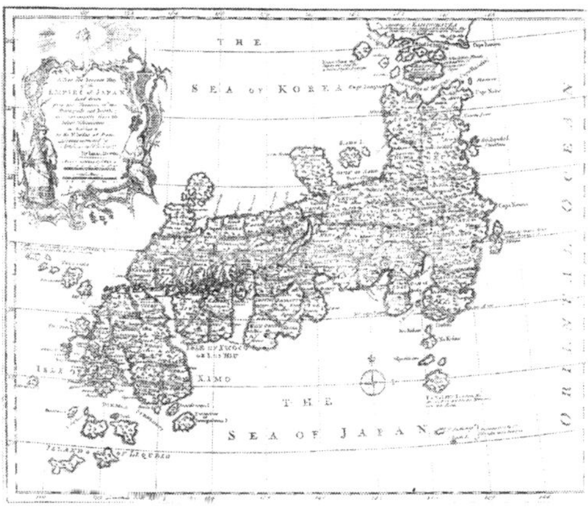

〈지도 9〉 E. Bowen 지도(1747년)

들의 제작은 대체로 19세기 중반까지 이어져 왔었다.

그러나 19세기 후반에 들어 일본은 Preussen을 모델로 하는 근대화를 지향하면서 유럽 및 미국 등 구미 열강과 활발히 교류하기 시작한다. 이때 일본이 서양에 개방되면서 동해가 일본해로 표기되는 것이 본격화되어진다. 이와 연장선상에서 서구식 부국강병정책의 결과 제국주의 일본은 러·일전쟁(1904-1905년)에서 승리하게 되고 러·일강화조약(포츠머스조약)에서 일본해라는 명칭이 국제적으로 공식 사용되게 되었다.

그 뒤 국제 수로업무의 협력 증진 및 해역 명칭의 표준화를 관장하는 정부간 기구인 국제수로기구(IHO: International Hydrographic Organization-1921년 창립)는 1929년 출판한 특별 간행물을 발간하기에 앞서 당시 통용되고 있던 해양의 명칭에 관하여 각국의 의견을 문의했었지만 그러나 당시 일제 식민지하에 있었던 우리나라를 비롯하여 어느 나라도 동해가 일본해로 표기되는데 대하여 이의를 제기하지 않았으므로 일본해라는 표기가 국제적으로 자리잡고 광범위하게 쓰이는 계기가 되고 말았다(외교안보연구원 2000, 3).

동해의 국제명칭이 국제사회에서 처음으로 공식적인 논란의 대상이 된 것은 우리나라가 유엔에 가입한 직후부터이고, 일본해 표기의 변경 문제는 이후 개최된 유엔 지명전문가 회의에서 계속적으로 제기되어 왔다. 북한도 1998년 유엔 지명표준화 회의에서 일본해 명칭의 부당성에 대해서는 한국과 입장을 같이하고 있다. 일본은 이에 대해 일본해라는 명칭은 이미 국제적으로 인정되고 확립되었다는 사실을 반복하면서 동해와 일본해를 동시에 사용할 수 없음을 주장하였다. 그 뒤 제20차 유엔 지명전문가 회의에서 동해의 국제명칭문제가 회의의 쟁점사항이었는데 우리나라는 새로운 명칭에 합의를 이루기 전까지는 동해와 일본해가 혼용/병기되어야 한다고 주장한데 반해 일본은 기술적인 문제를 다루는 전문가회의에서 정치적인 이슈를 토의하는 것은 부적절하다고 강변하였다. 우리의 입장은 일본해로만 표기되면 동해 해역이 마치 일본의 內海인 듯한 오해를 유발시킨다는 것이다. 이에 대해 국제사회가 우리의 입장을 어느 정도 이해해서 국제수로기구(IHO)가 2001년 발간 예정인 「해양의 경계(Limits of Oceans and Seas)」 개정판에 '동해/일본해를 병기토록 회원국에 권고토록 검토중'이라는 안을 일본은 이를 저지시킬 목적으로 적극적으로 대응하여 하루만에 '동해/일본해 문제에 대해 회원국의 의견을 수렴할 예정'이라고 변경시켜버렸다(외교안보연구원 2000, 4-7).

바다의 고유명칭은 그 바다의 인식정도를 나타내는 명칭인데 동해를 국제사회에서 일본해라 부른다고 해서 곧 동해가 일본의 영해가 되는 것은 물론 아니다. 독일서도 북부 독일의 동쪽 바다를 'Ostsee(동해)'라고 하는데 국제명칭은 발틱해이다. 그러나 명칭이 지니고 있는 함축성, 역사성 또는 상징성을 외면할 수 없는 것이다. 그래서 만약 새로운 명칭(예를 들면 동양해, 동아시아해, 평화해 등)이 나타나기 전에라도 동해/일본해(일본해/동해)의 병기는 일본도 외면해서는 안된다고 생각되어진다.

Ⅴ. 맺음말

지금까지 고찰해 보았던 간도 및 독도영유권과 동해국제명칭문제들은 국제정치적 시각에서 봤을 때 우리나라가 19C-20C초반 동아시아의 힘겨루기에서 밀리면서 발생됐다는 공통점이 있다. 희생자로서 불이익을 당했다고 볼 수 있다. 간도문제에 있어 이름만 남아있었던 '皇輿全覽圖'의 실체 확인을 통해 유럽판 '皇輿全覽圖'에서 우리나라의 간도영역은 淸이 인정했다는 것을 알 수 있었다. 그리고 von Hesse-Wartegg의 책에서 언급됐지만 중국사신의 보고서에서도 간도영역이 인정됐고 서간도가 淸으로 불법 편입되는 과정의 연구에 있어 이 유럽문헌은 참고가치가 있다고 생각된다. 그리고 1905년의 중국지도인 '大淸帝國'을 통해 당시 중국이 궁여지책이지만 북간도의 일부를 인정하고 있다는 것을 알 수 있는 것이다.

독도는 von Siebold 지도에서 알 수 있듯이 일본에서 島名 혼란이 Siebold에게 있는 것이 아니고 지도 표제에서 나와 있듯이 일본인 스스로가 독도에 대한 인지문제점을 드러냈다고 할 수 있다. 新制日本輿地路程全圖나 日本邊界略図가 울릉도와 독도가 조선의 영토임을 뚜렷히 나타내주고 있고 다른 많은 일본의 고지도들(H. Cortazzi 지도집)에는 독도가 어느 하나에도 일본 영토로 되어있지 않다. 아직도 적지 않게 국제사회에서 독도가 '竹島'로 표기되고 일본령으로 되어있는 것은 문제이고 조속한 시정이 요구된다. 동해국제명칭문제는 '한국해'로 표기된 서양 고지도들의 발굴소개와 국제사회에 대해 일본해와의 병기 필요성에 대한 이해 확산을 위한 노력 그리고 새로운 명칭연구 등이 병행되어져야 할 것이다.

〈白山學報 第57號, 2000.12.30. pp.333~354〉

【참고문헌】

〈간 도〉

국토통일원. 1969.『백두산 및 간도지역의 영유권 문제』. 국토통일원.

국회도서관. 1976.『間島領有權關係拔萊文書』. 國會圖書館.

김득황. 1988.『백두산과 북방경계』. 도서출판 사상연.

김명기. 1999.『간도연구』. 법서출판사.

노계현. 1987. "간도영유권 문제에 관한 연구". 세림 한국학논총. 제1호

______. 1987."간도영유권에 관한 우리의 자세". 외교. 제3호.

______. 1997.『조선의 영토』. 한국방송대학교 출판부.

박용옥. "間島問題". 국사편찬위원회.『韓國史論』

______. 1985. "백두산정계비 건립의 재검토와 간도영유권". 백산학보. 제30호 · 제31호 합본.

백산학회. 1997.『한국의 북방영토』. 백산자료원.

서정철. 1996.『서양고지도와 한국』.

신기석. 1955. "간도귀속문제". 중앙대학교 논문집.

______. 1973.『신고 동양외교사』. 탐구당.

______. 1979.『간도 영유권에 관한 연구』. 탐구당.

______. 1985.『증정 근대외교사』. 일조각.

양태진. 1989.『韓國邊境史硏究』. 법경사.

______. 1992.『한국의 국경연구』. 동화출판공사.

외교안보연구원. 1990. 間島의 領有權문제 -中國의 입장-.

이일걸. 1995. "간도영유권과 중국 조선족 문제". 국제정치논총 제35집 2호.

현규환. 1967.『韓國 流移民史』, 上卷. 어문각.

淸史列傳

淸朝實錄. 康熙. 光緖年間.

中國古代地圖集 - 淸代. 1997. 北京 文物出版社.

中華古地圖珍品選集. 1998. 하얼삔地圖出版社.
蔣非非/王小甫. 1998.『中韓關係史』. 北京: 社會科學文獻出版社.
v. Hesse-Wartegg, Ernst. 1895.『Korea』Eine Sommerreise nach dem Lande der Morgenruhe. Dresden u. Leipzig

〈독 도〉

김명기. 1982. "獨島問題에 대한 國際司法裁判所의 관할권에 관한 연구".『국제법학회논총』. 27-2.
______. 1987.『獨島와 國際法』. 화학사.
김정균. 1980. "獨島問題에 대한 國際法的 고찰".『국제법학회논총』25-1·2.
신용하. 1996.『독도(獨島). 보배로운 한국영토』. 지식산업사.
______. 1996.『독도의 민족영토사 연구』. 지식산업사.
임영정. 1996. "일본의 독도 영유권 주장의 근거". 한국정신문화연구원.『獨島研究』.
한국관계사연구회. 1996.『독도와 대마도』. 지성의 샘.
한국정신문화연구원. 1996.『獨島問題 學術會議論文集』.
大日本地名辭書
Cortazzi, Hugh. 1992. Isles of Gold : Antique Maps of Japan. New York/Tokyo.
외교안보연구원. 2000. "주요국제문제분석-동해 표기문제: 유엔 지명전문가 회의 결과를 중심으로."

〈답사기〉

국토문제해결사 어윤중(魚允中)

- 녹둔도, 그리고 토자비 -

李 炯 石*

〈目 次〉

Ⅰ. 고종의 명을 받고 녹둔도 조사

1882년(조선 고종 8년, 壬午). 고종은 억울하게 빼앗긴 녹둔도를 조사하도록 서북경략사(西北經略史) 어윤중울 파견하면서 '녹둔도는 본시 우리 땅이였는데 이번에 그 곳에 가서 그 지역을 살펴보고 되찾을 수 없겠는가'를 조사하도록 명하였다.

그해 10월 북방 변계를 살펴보고 돌아온 어윤중은 고종에게 '신이 조산에 가서 그 지형을 살펴보니 섬 동쪽은 모래가 쌓여 강 건너편으로 연계(連界)되어 있고 이 섬에 거주하는 사람들도 모두가 우리나라 사람으로 타국인은 없었습니다'라고 보고하였다.

우리나라 조정에서는 1889년, 청국의 무성의한 국경획정으로 러시아

* 한국하천연구소장

훈춘시내로 옮겨진 오대징이 쓴 용호석각

두만강 건너편 중국의 방천에 세워진 3국 국경선비 토자비

두만강 하류, 방천항에 정박중인 유람선
멀리 북한과 러시아를 잇는 철교가 보인다.

장고봉 밑 방천 마을
산이 장고처럼 생겼으며 마을앞에 작은 호수가 있다.

중국 · 러시아 국경선 철책

1934년 제작 '청구도'에 표기된 녹둔도
두만강을 수빈강(愁濱江)이라 기록하였다.

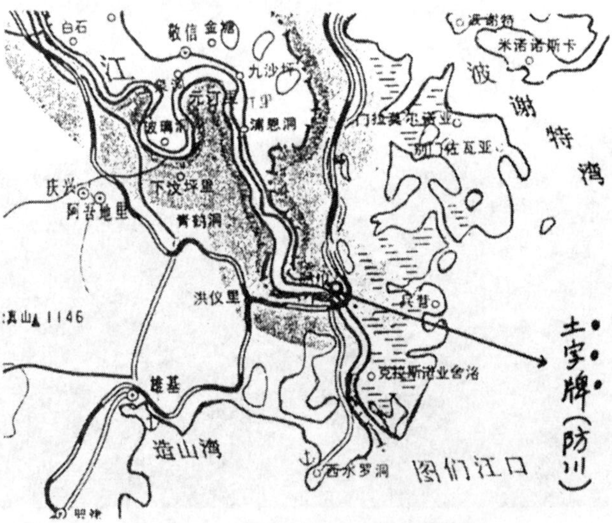

중국 지도상에서 본 토자비의 위치

령으로 귀속되어버린 녹둔도에 대하여 청국측의 심계위원인 오대징 등에게 한·러 국경지계(地界)를 재심하여 줄 것을 요청, 녹둔도를 되돌려 주도록 의뢰하였다. 그러나 청국측은 우리나라 요청을 외면한 채, 녹둔도를 러시아령으로 간주해 버리고 언급조차 하지 않았다.

우리 조정에서는 기회 있을 때마다 녹둔도의 귀속문제를 거론하였다.

1890년 일본 영사(立田革)가 일본 외무성에 보고한 비밀문서 속에 '러시아령에 속해 있는 녹둔도는 한국령으로 한국정부가 러시아 공사에게 이 섬의 반환을 요구한 바 있으며 러시아 공사도 이 문제를 본국정부에 보고하여 알려주겠다고 한 바 있으나 아직까지 통보가 없는 것 같다'고 한 기록도 있다.

고종의 명을 받아 김광훈(金光薰)·신선욱(申先郁)이 작성한 아국(我國)여지도에 '이 섬에는 호수가 113호 인구가 822명이 있고 이곳의 산물로는 쌀, 보리, 수수, 피, 기장, 귀밀 등의 농작물과 연어, 붕어, 황어, 송어 등 해산물, 청백염까지 생산하여 성조(聖祖)들의 수백년동안 함육된 은택을 잊지 못하고 러시아 풍속을 따르지 않고 우리나라 풍속을 높이 숭상하며 살고 있다'고 기록하였다.

이처럼 여러 문헌과 지도에 우리의 고유 영토로 기록되고 표기된 녹둔도는 러시아의 동방경력에 의하여 불법·부당하게 탈취당하고 말았다.

청국의 심계위원 오대징은 훈춘에 있는 동안에 청조말기의 유명한 장군 이크탕아와 손잡고 자르러시아대표단과 '훈춘동부변계조약'과 '중·러 양국변계도로 조사기'를 체결함으로써 러시아로 하여금 경신(敬信)부근의 흑정자를 중국에 되돌리는데 동의하게 하였으며 두만강 어귀의 바다진출권을 얻었다.

이렇게되어 오대징은, 중국에서는 애국관원으로 칭송받고 있으나 우리에게는 매우 섭섭한 행동을 한 인물이다. 그것은 오대징이 부당하게 빼앗긴 녹둔도를 우리에게 돌려달라는 우리 조정의 요청을 묵살하고 말았기 때문이다.

현재 훈춘시에는 오대징이 높이 1.4m의 자연석에 새긴 '용호비'(龍虎碑)가 세워져 있다.

Ⅱ. 연해주에 거주했던 한인(韓人) 추방

우리땅 녹둔도를 포함한 연해주일대에는 생활이 궁핍한 농민들과 학정(虐政)에서 도피하는 유랑민들의 이주로부터 시작되어 일본 침략 이후에는 농토를 잃은 농민과 항일 독립투사의 망명 등으로 수많은 우리 동포가 이주하여 살고 있었다.

1937년 8월 21일, 극동국경지대(연해주) 한인들의 추방에 관하여 소련인민위원 대표자회의와 볼셰비키 전소련 중앙위원회는 다음과 같이 명령(명령서 No. 1428-326CC)을 내렸다.

> 일본의 간첩행위 침투를 차단하기 위하여 극동지역에 다음과 같은 조치를 시행한다.
> ① (연해주 거주) 모든 한인 주민들을 추방하여 남카자스탄주 이랄해와 발하시지역, 우즈베크공화국에 이주시키도록 명한다.
> ② 추방에 즉시 착수하여 1938년 1월 1일 전에 끝마치도록 한다… (이하 ⑫항).
>
> 소련인민위원 대표자회의 의장 몰로토프 볼셰비키
> 전소련공산당 중앙위원회 서기 스탈린

강자로부터 약자에게, 의지할 곳 없는 자에게 행하여지는 모든 유죄 판결문서는 항상 매몰찬 것이며 파렴치한 것이어서 인권보장체계가 존재하지 않은 당시 한인들은 공산주의의 완전한 희생물이 되고 말았다.

'일본의 간첩행위 침투를 차단하기 위하여'라는 명목으로 취해진 이 조치에 어이없게도 반일무장항거의 전설적인 지휘관이었던 홍범도장군의 가족도 포함되어 있었다.

가축을 운반하기 위한 지저분한 화물열차에 실려 엄동설한의 추위에 정든 땅 연해주를 떠나면서 뿌린 그들의 눈물과 심정은 어떠했겠는가!

1925년 당시, 소련에는 25만명의 한인이 살고 있었다. 중앙아세아로 추방당한 18만명(이주 직전 체포당한 2,500명 제외) 외의 약 7~8만명의 한인들은 대체 어디로 증발해 버렸단 말인가?

민족 강제 이주의 첫실험 대상을 왜 우리 조선족을 택했을까? 또 이 과정에서 작가, 교수, 군인, 당간부 등 수많은 지도급 한인들이 '소비에트 전복기도'란 죄목으로 끌려가 목숨을 잃었다. 더 안타까운 일은 러시아정부가 공공연한 사실을 숨긴채 피해자들을 '행방불명자'로 취급하여, 언제 어떤 죄목으로 어떻게 처형했는지 진상을 밝히려 하지 않고 있다는 점이다.

돌이켜보면 러시아와 국경을 접한 후, 연해주 조선족 추방을 비롯, 6·25사변 지원, KAL기 격추 등 우리 민족에게 한(恨)을 안겨준 그 까닭은 어디에 있을까?

행여나 그들의 소원이었던 극동지역에 부동항을 차지하였는데, 우리 민족으로부터 두만강 하구의 녹둔도 반환요구에 대비, 장기적으로 신경질적인 대비책으로 그러한 결정을 내리지 않았나 추정해 본다.

국경을 접한 당초, 러시아는 한인에 대한 유화정책을 폈으며 그 결과, 연해주에 20여만명의 한인이 거주하게 되었고 생활도 한층 더 부유했다. 그리고 한인 중 다수가 소비에트 정부의 지도급 인사로 부상했으며 1937년 강제 이주 직전에는 러시아 정부에 정식으로 한인 민족공화국 구성을 요구하기에 이르렀다.

중앙아세아로 추방당한 한인들은 124회의 수송열차를 통해 우즈베키

스탄에 7만6천여명(16,272가구), 카자스탄에 9만5천여명(20,170가구) 합계 171,781명(36,425가구)이었으며 이주 한인들은 공민증에 '거주지제한'이라는 도장이 찍혀 정해진 지역을 벗어날 수가 없었으며 모국어 사용금지와 군복무와 대학진학의 기회마저도 박탈당했다.

그러나 1953년 스탈린이 죽자 모든 강권 · 독재를 위한 조치들이 무효화되면서 1955년경부터 연해주지역으로 다시 옮겨오기 시작, 현재 연해주지역에 거주하는 한인의 수는 다시 10만여여명으로 늘어났다. 하바로프스크 한인협회가 집계한 한인 수는 △연해주－1만2천여명, △사할린－4만1천여명, △하바로프스크－1만2천여명, △캄차카－2천여명, △페트로 파블로프스크－2천여명, △마가단－5백여명 등이며 현재 중앙아세아로부터 고향땅(?) 연해주로 한인 이주행렬이 이어지고 있다.

Ⅲ. 두만강 하구에 세워진 토자비(土字碑)

훈춘시에서 두만강을 따라 내려가 보자. 경신을 지나고 방천(防川)에 이르면 북한과 러시아를 잇는 철교가 보이며 전망대에서 보면 두만강 하구 너머로 새파란 동해가 보인다.

두만강 하구에서 방천까지 16.5km, 북한과 중국, 러시아 3개국경선 표석(標石)인 토자비(土字碑)가 세워져 있다. 이 비석은 1886년 4월(光緖 12年)에 세워진 화강암으로 된 국경선비로 3국 국경연구에 귀중한 자료이다.

1926년(大正 15年)에 조선총독부에서 제작한 축척 1:50,000 지형도에 보면 두만강 하류북쪽 일대를 '녹도'(鹿島)라고 표기하였는데 이는 '녹둔도'의 약칭으로 추정된다.

북한과 중국 · 러시아간의 국경선은 두만강을 경계로 하는 것이 합리적인데도 불구하고 두만강의 건너편 방천지역에 3국 국경선비인 '토자비'를 건립한 것은 그 남동쪽(하류)에 위치한 녹둔도가 우리땅임을 간접적으로 인정해 주는 의미도 내포되었다고도 생각된다.

방천에는 산 모양이 장고처럼 가운데가 잘룩한 장고봉(長鼓峰 : 149m)이 있으며 장고봉 동쪽에 '핫산호'(哈桑湖 또는 長池)가 있다.

핫산(합상)은 본래 우리말 산밑마을인 하산(下山)마을에서 유래된 땅이름으로 음차하여 러시아말과 한자로 표기한 것에 불과하다.

1992년 방천을 방문한 필자는 토자비를 촬영하고 유람선(望海 1호)을 타고 두만강 하류일대를 탐사하였다.

중국에서는 두만강 하류를 준설하여 방천에서 동해까지 항로를 만들어 2천톤급 선박을 운항할 계획을 세워놓고 방천에 항만시설을 만들고 있었다.

그때가 되면 배를 타고 우리땅 녹둔도를 볼 수 있겠다는 생각이 들었다.

필자는 2년 후인 1994년 다시 녹둔도를 답사하기 위해 러시아의 블라디보스톡에 갔으나 녹둔도는 접근이 허용되지 않아 수분하를 통하여 중국에 입국, 목단강 일대 발해 유적을 답사후 귀국길에 올랐다.

우리땅 녹둔도를 우리 세대에 되찾아 우리의 후손에게 물려 주어야 하겠다는 과제를 현재에 사는 우리는 잊지 말아야 하겠다.

〈白山學報 第50號, 1998.3.30. pp.367~375〉

【중국 연변 룡정 답사기】

"백년아리랑 룡드레 대축제"

육 낙 현*

7월 11일 오전 11시 30분, 인천에서 우리일행을 태운 중국 민항기는 심양에 오후 2시에 도착하였다. 우리 일행은 이곳 심양에서 3시간을 무료하게 기다린후 다음 목적지인 연변은 어둠이 낄린 밤 9시30분에야 도착하였다. 이곳 연변호텔에서 여장을 풀고 여독에 지친 몸을 풀었다.

다음날 아침, 잠에서 깨어나 창밖을 내려다보니, 무질서하게만 보이는 연변거리는 도로 양쪽 가득 메운 자전거 행렬과 함께 연변의 하루가 시작되는 것 같다. 호텔 건너편에 조선족 연변 지치주의 중앙청사, 즉 조선족 행정을 관장하는 청사가 한글과 한문으로 쓰여진 입간판이 나란히 걸려 있었다.

이 청사는 1951년 8월 29일 연변에서 조선족 자치구가 성립된 후 제1차 인민대표회의를 소집 자치기관 간부의 민족정신에 따라 자치기관을 9월3일에 연변조선족 자치구로 정식 선포된 것이다. 이후 자치주 성립이 숙원이었던 조선족자치주가 1955년 12월에 공표된 중국의 첫 헌법의 규정에 따라 자치구가 자치주로 개칭되면서 그 뜻을 이루게 되었다.

그리고 1958년 중화인민공화국 헌법에 의하여 길림성 장백현 조선족 자치현이 건립되고, 흑룡강성에서도 구역자치 근거에 의하여 15개의 조선족 자치향이 세워졌고, 료령성에서도 5개의 민족자치향이 세워졌으며, 내몽골 자치구에서도 1개의 민족자치향이 건립되었다.

---

* 간도되찾기운동본부 대표

연변 조선족 자치주 위원회 청사

호텔에서 간단히 아침식사를 하고 조선족 민족학교인 연변대학에 근무하는 장종운박사의 안내로 학교내부시설과 자료실을 돌러보았으며, 총장실을 방문하여 박문일 총장님으로부터 연변대학에 대한 설명을 듣게 되었다. 우리 일행은 10시30분에 연변대학을 출발하여 11시50분 경에 한·중 국경관문인 도문교에 도착하였다. 북한을 이렇게 가까이에서 바라보게 된 것은 처음이었다.

강을 사이에 두고 도문시와 종성으로 이어지는 도문교와 상류쪽으로 1km 정도 되는 곳에 중국과 북한으로 이어지는 철길이 보였다. 중국쪽에서 북한을 보면서, 300여년전 조선족들이 룡정·연변을 개척하고 발전시킨 시발점이며 문화중심지였던 것이다. 룡정은 한때 일본제국주의가 동만주를 침략하기 위한 거점이었으며, 또한 연변 조선족에게는 혁

명의 요람이기도 하였다. 룡정은 항일투사들이 활동하던 독립운동의 무대였던 곳이다. 룡정은 약 100여년 전에 개척되기 시작한 곳이다. 1880년 초까지만 해도 이곳 해란강변은 청조의 엄격한 봉금정책으로 조선족들은 단두대에 오를지도 모를 위험을 무릅쓰고 살 길을 찾아 이 강을 건너 철새농사를 짓던 곳이기도 하다. 원래 이곳은 청조의 엄격한 봉금정책으로 말미암아 거의 200여년간이나 황량한 원시림지대로 방치되어 있었다.

청조는 1880년대초, 러시아로부터의 침입을 방어하고 자체의 재정문제를 해결하기 위해 봉금제도를 해제하였다. 용정은 땅이 넓고 비옥하여 조선에서 들어오는 농민들은 점차 이곳으로 모여들면서 이곳의 인구가 급격히 증가하기 시작하였다. 룡정은 조선에서 연변으로 가는 길

연변 조선족 민족(연변)대학교와 필자

목이어서 1907년에 이미 100여호나 되는 조선족 마을이 형성되었다. 위의 사진은 미흡하나마 자료가 될까해서 서투른 솜씨로 찍은 것을 여기에 실은 것이다.

지금은 도문교(圖們僑) 중앙을 북한·중국 경계선으로 되어 있다. 도문교를 가로질러 세워진 교각과 상판의 모서리에는 페인트칠로 중국쪽은 파란색, 북한쪽은 붉은색으로 표시되어 있고 상판 중앙에는 검정색으로 10cm선과 변계(邊界)란 글씨가 북한과 중국의 국경을 표시하고 있다. 이곳 입장료는 중국돈 10원 내고 경계선까지 들어갔지만 더 이상은 갈 수가 없었다. 두만강은 몇일전에 비가 많이 내린 관계로 물이 많이 불어나 있었다. 그러나 수영으로도 오고 갈 수도 있는 거리였으며, 물이 많지 않을 때에는 걸어서 건너갈 수도 있다고 한다.

다리 건너편은 북한의 함경북도 종성군이다. 다리에서 바라본 건너편 종성의 산세는 원만한 조금 큰 야산으로 이루어져 있어 힘들지 않게 왕래할 수 있을 것 같은 느낌이 들었다. 지금은 중국쪽 도문교 입구에 보초가 서있고 북한쪽에는 건물만 보일 뿐이다. 이곳 도문교에서 20분후 차번호가 함경00란 빈 트럭 2대가 북한 쪽에서 건너오고, 조금 있다가 30대 여성이 자전거를 타고 건너왔다. 이곳 안내원에게 물어보니, 도문회안(圖們回岸, 국경통과후 신고하는 곳)이란 곳에 가서 신고를 해야만 서로 왕를 한다고 한다.

출발 직전 버스앞에서 12~16살 되어 보이는 북한어린이 3명이 동정을 호소했다. 같이 간 일행들이 머리를 쓰다듬어주고 얼마씩 주기도 했다. 이 어린이들은 두만강을 수영해서 건너왔다고 한다. 이 어린아이를 뒤로 하고 12시 20분에 출발, 연길로 돌아 후 점심식사를 하고 2시경에 일행은 용정으로 출발하였다.

용정에 도착한 일행은 대성중학교에 세워진 윤동주시비와 대성중학교 교실을 기념관으로 개관한 우리 민족의 발자취를 돌러보았다. 이곳

도문대교(북한 · 중국 국경)에서 바라본 북한

북한 종성에서 도문으로 이어지는 철길

에서도 외적의 침입에 굴하지 않은 우리민족의 끈질긴 생명력을 새삼 느낄 수 있었다. 그러나 짧은 일정으로 룡드레 우물을 보지 못하고 일송정으로 출발하는 것이 무척이나 아쉽게 느껴졌다.

일송정 입구에 도착한 우리는 광장에서 낯이 익은 다양한 옷차림의 군중이 모여서 행사하는 광경을 볼 수가 있었다. 이곳 조선족들의 한 만은 이주의 시발점이었던 룡드레 우물에 대한 행사인 "100주년 아리랑 룡드레 대축제" 행사를 하고 있었다. 모처럼의 여행길에서 뜻밖에도 이곳에서 이런 축제를 볼 수 있었다는 게 나에게는 커다란 행운이었다. 이 룡드레 축제는 이곳에 살고있는 조선족들이 이주하여 개척한 고장이다. 그러나 우리 일행 모두는 이 축제보다는 우리에게 익숙한 가곡 선구자에 등장하는 일송정에 더 많은 관심을 갖는 듯, 모두들 일송정으로 발길을 재촉하였다. 나는 일송정을 보지 못한 게 아쉬웠지만 우리민족이 이 땅에서 긍지를 갖고 살아온 자랑스런 우리민족과 어울리고 싶었다.

룡드레에 관한 전설은 용이 우물에서 솟구쳐 하늘로 날아올랐다 하여 그 지명이 세상에 알려지게 되었다는 설이 있다. 회령에 사는 조선족 두 농민이 살 길을 찾아 이곳 룡정에 1883년 봄 처음으로 육도구(룡정에서 회령나가는길 룡정을 륙도구라고 불렀다)에 들어왔다가 해란강 령안이 비록 가시덤불로 덮였으나 벌이 넓고 토지가 비옥한 것을 보고 이곳을 개간하기 시작하였다. 그들은 가시덤불에 불을 지르고 개간을 시작하였는데 하루는 그곳에서 옛 우물 자리를 발견하였다. 정착하여 살려면 식수가 있어야 하였기에 그들은 발견한 우물의 물을 먹어 보았더니 물맛이 좋아 잘 정돈하고 사용하였다. 우물옆에 초가가 점점 늘어나 대여섯 호나 되는 자그만 마을이 형성되었다.

룡정은 회령, 종성, 무산이 가까와 조선에서 오는 장사꾼이나, 이사꾼들이 이곳까지 와서 쉬거나 혹은 하룻밤을 자고 가기도 하였다. 길손들이 쉬면 으레 이 우물을 마시곤 하는데, 물맛이 차고 시원하여 소문이 자자하게 되어 길손들의 편리를 위해 우물에 도르래를 달아 물을 퍼올리는데 편리하도록 만들었다. 이때부터 오가는 길손들은 룡드레촌이라 부르게 되었다. 훗날 사람들은 이 용드레촌을 한자로 룡정촌(龍井村)이라 하고 이후부터 그대로 룡정촌으로 불리게 되었다고 한다.

군중은 약 1000여명 정도 되는 것 같다. 확성기를 통해 들리는 음성은 잘 들리지는 않았지만, 50년전 우리의 가설극장 같은 연극이었다. 내용은 남자는 삼베 바지저고리에 수건을 머리에 동여맨 조선족 농군과, 검정치마 옥색저고리 차림의 소박한 여인이 머리에 물동이를 이고 또 군복차림의 칼을 찬 청군이 등장, 용드래에 얽힌 사연과 조선족들의 삶을 그린 연극이다.

연극이 끝나기 직전에 갑자기 천둥번개가 치면서 소나기가 20분정도 쏟아졌다. 그럼에도 그 대열은 흩어지지 않았으나 워낙 비가 많이 와서 중단되었다. 나는 어떤 조선족의 우산 속으로 들어가게 되어 머리는 많이 젖지는 않았지만 옷은 거의 다 젖었다. 나이가 40대 중반정도 되어 보이는 이 조선족은 이곳으로 이주한 조선족 3세대라고 하는 사람인데, 그는 내가 비를 많이 맞지 않도록 우산 안으로 끌어안았다. 그가 우리와 한 핏줄인 형제들이면서도 중국 국적을 가졌다는 사실에 서글픈 마음을 금할 길 없었다.

반만년동안 만주대륙을 호령하던 우리민족은 어쩌다 역사의 운명에 밀려 한반도로 밀려나게 되었지만, 이곳에 살고있는 조선족은 지금은 남의 땅이 되어버린 이곳에서 그래도 우리민족의 민족성을 간직하면서, 그 옛날 우리의 고토(故土)를 지키고 있다는 생각에 이들이 자랑스럽게 느껴졌다.

1712년 5월 15일에 우리의 의사는 무시하고 청황제 강희제의 뜻대로 백두산에 한·중 국경비를 건립했다. 백두산정계비문에 의하면, 토문강

백년아리랑 룡드레 대축제 연극장면(위), 조선족 군중과 일송정(아래)

원류는 백두산에서 발원하여 송화강·흑룡강을 거쳐 동해로 유입된다.

따라서 이 지역은 우리 영토로 되어야 함에도 현재는 두만강을 경계로 하고 있다. 그러나 언젠가는 우리민족의 고토를 수호하고 있는 조선족 자치주 지역만이라도 그들이 이방인이 아닌 주인으로 살아갈 수 있도록 조치를 취하여야 하겠다.

비는 가는 물줄기로 변했다. 곧이어 군중은 다시 정리되고 이어서 노래자랑이 시작되었다. 그들이 부르는 노래가 흘러간 가요뿐만이 아닌 요즘 한국에서 유행하는 낯익은 가요도 귓가에 들려왔다. 갈 길을 재촉하여 그들과 끝까지 하지 못하고 아쉬움을 남긴 채, 룡드레 행사를 뒤로하고 호텔로 돌아왔다. 이 조선족이 외치는 룡드레 행사의 함성이 의미하는 게 무엇일까? 중국의 56개 소수민족 중 가장 민족성이 강한 조선족이 행한 단합의 장을 다시 한번 보여준 행사이다. 우리 한민족이 함께 어우러진 이러한 행사를 같이 할 날이 언제쯤 오려나!

〈白山學報 第62號, 2002.4.30. pp.291～298〉

韓·中 領土의 관한 論攷

- 간도를 중심으로 -

저　　자 | 백산학회 편
펴 낸 이 | 육낙현
발 행 처 | 백산자료원

인 쇄 일 | 2006. 1. 6.
발 행 일 | 2006. 1. 13.

등록번호 제2-1125호
등록일자 1991. 2. 11

펴낸곳 | 도서출판 백산자료원
㉾100-193 서울시 중구 을지로 3가 334-1
전화 (02)2268-8668 팩시밀리 (02)2267-7710
http://www.paeksan.com
E-mail : pss1966@kornet.net

값 14,000원

ISBN 89-88435-81-8 93910